交通运输概论

（第 2 版）

万 明 主编

人民交通出版社股份有限公司

北 京

内 容 提 要

本书基于通识理念，扼要介绍了交通运输科学的相关知识，具体涵盖交通运输的基本概念、铁路运输、道路运输、航空运输、水路运输、管道运输及交通运输的综合化与智能化。其中，对铁路、道路两种交通运输方式作了更为细致的阐述，尤其展示了我国交通运输发展的文化与成就。

全书内容取材丰富、图文并茂、简明扼要、实用性强，书中列举了大量案例。可作为具有交通行业背景的高等院校学生的公共课程通识教材，也可供交通运输行业的管理人员、工程技术人员和研究人员参考。

图书在版编目(CIP)数据

交通运输概论/万明主编. —2版. —北京：人民交通出版社股份有限公司，2021.7(2024.12重印)
ISBN 978-7-114-17174-1

Ⅰ.①交… Ⅱ.①万… Ⅲ.①交通运输—概论 Ⅳ.①U

中国版本图书馆 CIP 数据核字(2021)第 051370 号

Jiaotong Yunshu Gailun

书　　名：	交通运输概论(第2版)
著 作 者：	万　明
责任编辑：	赵瑞琴
责任校对：	孙国靖　宋佳时
责任印制：	刘高彤
出版发行：	人民交通出版社股份有限公司
地　　址：	(100011)北京市朝阳区安定门外外馆斜街3号
网　　址：	http://www.ccpcl.com.cn
销售电话：	(010)85285911
总 经 销：	人民交通出版社股份有限公司发行部
经　　销：	各地新华书店
印　　刷：	北京印匠彩色印刷有限公司
开　　本：	787×1092　1/16
印　　张：	20.75
字　　数：	483千
版　　次：	2015年3月　第1版　2021年7月　第2版
印　　次：	2024年12月　第2版　第8次印刷　累计第16次印刷
书　　号：	ISBN 978-7-114-17174-1
定　　价：	46.00元

(有印刷、装订质量问题的图书由本公司负责调换)

前　言

交通运输发展伴随着人类文明进程，是现代经济社会赖以运行和发展的基础。近年来，伴随着我国经济的高质量发展和综合国力的不断提升，我国交通运输事业也正迈入一个新的历史转折。2019年9月，中共中央、国务院正式印发了《交通强国建设纲要》，明确从2021年到本世纪中叶，我国将分两个阶段推进交通强国建设。从交通大国迈向交通强国，蓝图已经绘就，号角已经吹响。华东交通大学作为一所定位于"交通特色"的高校，必须行动起来，以教材为阵地，以课堂为舞台，围绕交通强国目标，着力培养学生树立交通意识与道德、了解交通科技与文化、浸润交通精神与情怀。

早在2015年，为彰显华东交通大学"交通为特色，轨道为核心"的办学特色，给学生打下"交通"烙印，在万明教授的倡导下，学校面向全校所有专业开设"交通运输概论"通识课程，并组织力量编写了《交通运输概论》教材。五年来，极大地培育了全校学生主动了解交通、参与交通、研究交通的良好氛围。然而，在"交通运输概论"课程的教学过程中，我们也深深感到，从通识角度来看，我们编写的教材仍然存在诸多不尽人意之处，这不仅仅表现在文字语言不够通俗与精练，更表现在内容取材不够合理，尤其是缺乏交通法规、道德、安全及人文精神等与我们生活息息相关的内容。

本次重新编写《交通运输概论》（第2版）教材，为进一步体现教材鲜明特色，与前次版本相比，我们提出了四点新的考虑。一是考虑到人民群众在日常生活中与不同交通运输方式的关联度，五种交通运输方式的内容编排与布局方面，更为侧重铁路运输、道路运输。二是考虑到充分发挥信息平台作用，以融媒体形式打造立体化教材。注重将纸质教材与本课程MOOC（Massive Open Online Courses，即大型开放式网络课程）网络平台相互融合，以此适时更新教材涉及交通运输信息等动态变化的内容，或者补充教材中阐述不够充分的相关内容，以满足不同人员学习需求。三是考虑到基于通识方向的教学定位。本书内容在保留一定科学性、专业性基础上，要求编写形式更趋于通俗化，内容选择更富有针对性与实用性。比如书中增加了大量案例。四是考虑到立德树人、文化自信等课程思政需要，适当充实一些我国交通运输发展过程中涌现的优秀案例和取得的辉煌成就，同时注重培养读者参与交通的良好法律、道德与安全意识。

尽管我们在第1版的基础上，针对教材的思想性、科学性与可读性作了一些新的尝试，但问题肯定仍有不少，希望读者在使用过程中继续多提宝贵意见，我们将虚心接受，不断改进。

本书由华东交通大学的万明、徐国权、徐玉萍、漆昕、赵怀瑞、熊坚、卢剑、张兵、王淑芳、薛运强、吴和英、严利鑫共同编写，万明教授担任主编。全书除绪论外共分六篇，其中，绪论由万明编写；第一篇（铁路篇）由万明、徐国权、徐玉萍、漆昕、赵怀瑞、熊坚、卢剑编写；第二篇（道路篇）由张兵、徐国权、王淑芳、薛运强编写；第三篇（水路篇）、第四篇（航空篇）、第五篇（管道篇）由吴和英、徐玉萍编写；第六篇（综合篇）由徐国权、漆昕、严利鑫编写。全书由万明负责制定编写体系框架，徐国权负责统稿。

最后，对于教材编写过程中提供过帮助的相关单位、个人以及教材各类引用文献涉及的相关作者，在此一并深表感谢。

编　者
2020 年 10 月于南昌

目 录

绪论 .... (1)

第一篇 铁路篇 .... (15)

第一章 铁路运输概述 .... (15)
第一节 铁路运输的概念与特点 .... (15)
第二节 铁路运输的管理体制与组织架构 .... (17)
第三节 铁路运输产业 .... (20)
第四节 我国铁路网 .... (25)

第二章 铁路运输设施与设备 .... (29)
第一节 铁路线路 .... (29)
第二节 铁路车站 .... (38)
第三节 铁路机车车辆 .... (45)
第四节 铁路信号与通信 .... (59)

第三章 铁路运输组织与安全 .... (78)
第一节 铁路旅客运输组织 .... (78)
第二节 铁路货物运输组织 .... (79)
第三节 铁路行车组织 .... (81)
第四节 铁路运输安全 .... (85)

第四章 高速铁路 .... (90)
第一节 高速铁路关键技术 .... (90)
第二节 高速铁路与区域经济 .... (95)

第五章 城市轨道交通 .... (100)
第一节 城市轨道交通概述 .... (100)
第二节 地铁 .... (104)

第六章 我国铁路运输文化与成就 .... (110)
第一节 我国铁路运输文化 .... (110)
第二节 我国铁路运输成就 .... (116)

第二篇 道路篇 .... (120)

第一章 初识道路运输 .... (120)
第一节 道路运输的概念与特点 .... (120)
第二节 道路运输的管理体制与组织架构 .... (122)
第三节 道路运输产业 .... (124)

I

第二章　道路运输设施与设备 …………………………………………………（134）
　　　　第一节　公路与城市道路 ……………………………………………………（134）
　　　　第二节　道路车辆 ……………………………………………………………（142）
　　　　第三节　道路运输场站 ………………………………………………………（150）
　　　　第四节　道路交通管控设施 …………………………………………………（159）
　　第三章　道路运输组织与管理 …………………………………………………（165）
　　　　第一节　道路规划建设与养护管理 …………………………………………（165）
　　　　第二节　公路运输组织及管理 ………………………………………………（171）
　　　　第三节　城市道路交通组织与管理 …………………………………………（182）
　　　　第四节　道路交通安全管理 …………………………………………………（191）
　　第四章　我国道路运输文化与成就 ……………………………………………（195）
　　　　第一节　我国道路运输文化 …………………………………………………（195）
　　　　第二节　我国道路运输成就 …………………………………………………（200）

第三篇　水路篇 ……………………………………………………………………（207）
　　第一章　初识水路运输 …………………………………………………………（207）
　　　　第一节　水路运输概念与特点 ………………………………………………（207）
　　　　第二节　水路运输管理体制 …………………………………………………（208）
　　　　第三节　我国水路运输网 ……………………………………………………（210）
　　第二章　水路运输设施、设备与运输组织 ……………………………………（215）
　　　　第一节　水路运输设施与设备 ………………………………………………（215）
　　　　第二节　水路运输组织 ………………………………………………………（225）

第四篇　航空篇 ……………………………………………………………………（229）
　　第一章　初识航空运输 …………………………………………………………（229）
　　　　第一节　航空运输概念与特点 ………………………………………………（229）
　　　　第二节　我国民航运输管理体制与组织架构 ………………………………（231）
　　　　第三节　航空运输旅客出行常识 ……………………………………………（235）
　　　　第四节　我国航空运输线网 …………………………………………………（249）
　　第二章　航空运输设施、设备与运输组织 ……………………………………（252）
　　　　第一节　航空运输设施与设备 ………………………………………………（252）
　　　　第二节　航空运输组织管理 …………………………………………………（259）

第五篇　管道篇 ……………………………………………………………………（264）
　　第一章　初识管道运输 …………………………………………………………（264）
　　　　第一节　管道运输概念与特点 ………………………………………………（264）
　　　　第二节　我国管道运输网 ……………………………………………………（265）
　　第二章　管道运输设施、设备与运输管理 ……………………………………（270）
　　　　第一节　管道运输设施与设备 ………………………………………………（270）

第二节　管道运输管理·····(274)
第六篇　综合篇·····(277)
　第一章　综合运输·····(277)
　　第一节　综合运输的概念、本质与特征·····(277)
　　第二节　我国现代综合运输体系构建·····(281)
　　第三节　综合运输与现代物流·····(282)
　第二章　综合交通枢纽·····(284)
　　第一节　交通枢纽概述·····(284)
　　第二节　城市综合交通枢纽·····(286)
　第三章　集装箱运输与多式联运·····(289)
　　第一节　集装箱运输与多式联运概述·····(289)
　　第二节　集装箱多式联运业务·····(295)
　第四章　邮政运输·····(298)
　　第一节　邮政运输概述·····(298)
　　第二节　我国邮政运输的发展现状·····(299)
　　第三节　快递业务·····(301)
　　第四节　电子商务与快递·····(307)
　第五章　智能运输系统·····(309)
　　第一节　智能运输系统概述·····(309)
　　第二节　智能运输系统现状与发展·····(314)
参考文献·····(319)
后记·····(321)

绪 论

交通运输是国民经济的重要组成部分,是联系工业和农业、城市和乡村、生产和消费的纽带,在国家的政治、经济、军事、文化建设中发挥着重要作用。中共中央、国务院印发的《交通强国建设纲要》中指出:建设交通强国是以习近平同志为核心的党中央立足国情、着眼全局、面向未来作出的重大战略决策,是建设现代化经济体系的先行领域,是全面建成社会主义现代化强国的重要支撑,是新时代做好交通工作的总抓手。

随着经济的发展和人类社会的进步,建立和完善综合运输体系,成为运输业发展的主流,我国逐渐形成了包括铁路、公路、水路、航空和管道5种运输方式的现代综合交通运输体系。

一、交通运输的内涵与作用

人们通常所说的"交通"和"运输",其词语释义在现有文献中并不统一。

(一)交通的内涵

"交通"一词的含义,在不同时期、不同领域下有所不同,其内涵随着社会的发展也在发生变化。概括来说,"交通"具有以下几重含义。

(1)最初含义。"交通"一词,最早记载于春秋时期管仲所撰的《管子·度地》:"山川涸落,天气下,地气上,万物交通"。在这里,"交通"是彼此相通的意思。这一本意到了汉代出现了引申含义——"交往、往还、结交、勾结"的意思。"交通"的本意及其引申义,构成了"交通"一词的最初含义。

(2)现代含义。《辞海》中对交通的释义为:"各种运输和邮电通信的总称。即人和物的转运和输送,语言、文字、符号、图像等的传递和播送"。由此可见,"交通"的传统含义包括运输和邮电两方面,它涵盖了所有人和物的转运输送,是广义的"交通"。但随着社会分工的日益细化,运输和邮电负责的专业领域发生了明显的变化,人们现在更多地使用"交通"的专业含义。

(3)专业含义。随着经济的发展、科技的进步,各种类别的交通工具兴起,人和物的流动越来越多地使用交通工具,"交通"一词逐渐专指通过一定的组织管理技术实现载运工具在相应公共设施网络上流动。根据运输网络的范围不同,交通可分为全国交通、区域交通和城市交通。这是"交通"目前最常用的含义。

纵观人类历史,可以认为,交通活动涉及的方面至少包括:

(1)人的各种出行活动,是人的基本生活需求之一;

(2)物资流通活动,是社会经济活动的重要组成部分;

(3)为实现"人员"和"物资"运动所必需的各种基础设施与辅助设施,如路网、站场和载运工具；

(4) 为保证"人员"和"物资"运动实现所实施的各种组织活动，如交通指挥和运输管理；

(5) 为调节"人员"和"物资"运动中的人际关系，规范"人员"和"物资"运动中的行为所需的各种法律规范、方针政策，以及相应的道德规范，如《中华人民共和国铁路法》。

由此可见，交通活动是社会生活基本内容的一部分，政治、经济、文化和军事等方面活动，都以交通活动为基础并通过交通组织得以实现。

(二) 运输的内涵

"运输"一词，在古代汉语中的含义与今日相差无几。《辞源》对"运输"简单解释为"转运输送"，《史记·司马相如传》中《谕巴蜀檄》中记载："郡又擅为转粟运输"，这里实际上是将"运"和"输"分别解释为"搬运""移动"和"输送"。在现代，"运输"多指人或物的空间位移，《牛津现代高级英汉双解词典》(第三版) 中译为"运输"的词汇是"transportation"，解释为"运送；运输"。

现在，"运输"的基本含义是指：在社会经济活动中，所发生的人和物的位移及其相应的规范活动。涉及的方面包括：

(1) 为满足"人的出行"需求而进行的经营活动；

(2) 为满足"物资流通"需求而进行的经营活动；

(3) 合理利用社会提供的基础设施、辅助设施和专门设施，合理使用载运工具；

(4) 为保证获得经济与社会利益所实施的各种组织活动，如企业管理和运输管理；

(5) 遵守国家制定的各种法律规范。

综合相关文献释义，按上述分析观点修正后，可以得到"交通"和"运输"比较严谨的定义：交通是通过一定的组织管理技术，实现载运工具在相应公共设施网络上流动的一种社会活动，是人类社会的基础活动之一。社会交通行为受有关法律与社会道德的调节、约束与规范。运输是使用一定公共设施、专门设施和相应的载运工具，通过一定的组织管理技术，实现人员与物资地理位置改变的一种经济活动，是社会经济活动的组成部分之一。

(三) 交通与运输的关系

交通与运输，反映的是同一事物、同一过程的两个方面。"同一过程"指的是载运工具在公共设施网络上的流动，"两个方面"指的是交通关注的是载运工具的流动情况，如流量的大小、拥挤的程度等；而运输关注的是流动中载运工具上的载运情况，如载人和载物的有无与多少、将其输送了多远的距离等。运输以交通为前提，没有交通就不存在运输，交通是手段，运输才是最终目的。

由于现代运输活动都是在特定的交通设施上进行的，为了避免歧义和理解困难，需要表达交通或运输的意思时，一般使用"交通运输"联合的表达方式。

(四) 交通运输的作用

交通运输业是国民经济结构中的先行和基础产业，其主要作用表现为：

(1) 促进经济发展。交通运输对经济的促进，首先体现在推动工业发展上。随着运输业的不断更新和进步，工业也在以前所未有的速度发展。交通运输业的巨大能源消耗，促进了煤炭和石油工业的快速发展。同时作为国民经济的基础性产业，交通运输业也是经济和社会其他事业发展的重要纽带和连接点,影响产业和经济的集聚,带动交通沿线经济带形成,刺激就业,拉动区域经济增长。各地政府和人民群众都认识到了交通运输的重要性,并产生了"要想富,先修路""要大富,修高速"的现代俗语。

（2）社会公益作用。现代化的交通运输业不分昼夜、季节、全天候地从事运输,它与国家政治、经济休戚相关。遇到非常时期,如发生地震、洪水、大火、海啸等灾难,发生战争,或国家财产受到威胁,交通工具会用来抢救遇险人员、恢复社会正常秩序,凸现其公益性质。

（3）宏观调控作用。当国民经济失调,急需调整或治理整顿时,交通运输作为国家宏观调控工具的作用会更加显著,如煤炭抢运、全国性粮食调运等。常见的5种主要运输方式中,铁路运输的宏观调控作用尤为突出。

（4）促进国家经济合理布局、协调发展。促进地区经济合理布局、协调发展,除了中心城市的作用外,要以综合交通枢纽为依托,充分发挥公路、水路、航空、管道等运输方式的优势。依靠若干条通过能力强的运输大通道,引导形成若干跨地区的经济区域和重点产业,优化生产力布局,优化资源配置,减少重复浪费,交通运输起到了重要的促进作用。

（5）国防意义。运输是国防的后备力量,战时又是必要的军事手段。中外战争实践表明,出色的交通保障,能够保证战争胜利;混乱和低效率的交通保障,只能导致战争的失败。因此,国防交通历来受到古今中外军事家的高度重视。毛泽东同志在革命战争年代就说过:"组织联络前方和后方的军事运输……是对于革命战争有决定意义的事业❶。"

二、交通运输的历史与现状

人类社会和生活的进步,总是伴随着交通运输的发展。因此,人类文明的发展史,其实也是交通运输的发展史。交通工具的变革,加快了社会生产力的发展,直接影响着世界格局。随着技术的不断进步,交通运输到底发生了怎样的变化?让我们一起梳理交通运输的发展历程。

（一）水路

人类发展水运的历史源远流长。从石器时代的独木舟到现代的运输船舶,大体经历了舟筏、帆船、蒸汽机船和柴油机船4个时代。

1956年,在我国浙江出土的古代木桨,被专家鉴定为四千年前新石器时代的遗物,由此可说明:舟筏的历史,最早可以追溯到石器时代。

从古埃及时代到19世纪初叶,木帆船一直是主要的水路运输工具。据记载,早在商代我国就已经出现了帆船运输。15世纪到19世纪中叶是帆船发展的鼎盛时期。15世纪初我国航海家郑和远航东非和15世纪末哥伦布发现新大陆的船队,都是由帆船组成的。

随着社会经济的发展,特别是蒸汽机的发明,推动了第一次工业革命。1807年美国人罗伯特·富尔顿在纽约第一次成功试航"克拉门特"号蒸汽机船,开启了以机械为动力的现代交通运输新纪元,为经济发展提供了一种运能大、成本低的现代运输方式。

---

❶ 毛泽东著,中国人民解放军军事科学院编,毛泽东军事文选(内部本)[M].北京:中国人民解放军战士出版社,1981:64.

到 1897 年，德国的狄塞尔发明了柴油机，船的燃料从煤变成了柴油。因其载重量大、成本低、投资省等优点，现代水路运输船舶大多采用了这一柴油机动力装置。

18 世纪后半叶工业革命爆发后，至 19 世纪中叶大规模修筑铁路前，大部分欧美国家都经历了一次水运大发展和运河大建设时期，各国都相继投入了大量的财力和物力建设高标准深水航道网，促进了这些国家的经济社会发展。

按航行区域划分，水运可以分为内河运输和海洋运输。其中，内河运输包括河流运输和人工运河运输；海洋运输包括沿海运输、近海运输和远洋运输。

1. 内河运输

(1) 河流运输，指的是利用现有的自然河流资源进行的运输，是一种既省力又经济的运输途径。我国河流众多，航运发达，全国内河航运以长江、珠江等水系为主，其中，长江的航运最发达、运输量也最大。黄河作为我国的第二大河流，因其河水湍急，大部分河段不通航，航运价值远不如长江、珠江等河流。

欧洲内陆水运闻名世界，其内河航道网主要由莱茵河、多瑙河以及连接河流之间的人工运河组成。美洲的内河运输以密西西比河水系和五大湖水系为主体，其中密西西比河水系的货运量最大。

(2) 人工运河运输，指的是利用人工开凿运河进行的运输。据记载，我国在春秋吴国阖闾九年(前 506 年)，开凿了世界上第一条运河——胥溪，全长约 100km。举世闻名的京杭大运河为世界上里程最长、工程最大的古代运河，至今仍是我国重要的内河航道之一。

欧洲的运河如基尔运河是世界闻名的第三大通航运河，是联系北海和波罗的海的捷径。另外，还有易北河和莱茵河之间的中部运河，莱茵河和多瑙河之间的莱茵—多瑙河运河，马恩河和莱茵河之间的马恩运河等，这些人工运河与自然河流形成了稠密发达的内河运输网。美洲的运河，如美国的伊利运河使五大湖的水运与纽约港连通，成为纽约州通航运河系统的主要水道。

2. 海洋运输

(1) 沿海运输，指的是国内的两个沿海港口之间的运输。中国沿海运输习惯上以温州为界，划分为北方沿海和南方沿海两个航区。北方沿海航区是指温州以北至丹东海域，以上海、大连为中心，包括上海—青岛—大连等 10 余条航线。南方沿海航区指温州至北部湾的海域，以广州为中心，包括广州—汕头、广州—北海、广州—海口等航线。

(2) 近海运输，指的是不同国家的两个港口之间的运输，如东南亚国家与中国港口之间的运输等都属于近海运输。随着世界航线的不断开拓，近海运输一般都和远洋运输相结合，成为远洋航线上的一部分。

(3) 远洋运输，指的是使用船舶跨越大洋的远距离运输。远洋运输主要有集装箱运输和散货运输。集装箱运输指的是将所有货物都装在集装箱里面，由统一的集装箱货运船进行运输，集装箱货运船通常比散货运输船大；而货量相对比较小的，达不到集装箱货量的货品运输，就是散货运输。

目前，我国已开辟 90 多条通往世界 150 多个国家和地区的 600 多个港口的远洋航线。这些航线大都以上海、大连、天津、秦皇岛、广州、湛江等港口为起点，包括东、西、南、北 4 条主要远洋航线。

(1)西行线:由中国沿海各大港经新加坡和马六甲海峡,西行印度洋入红海,出苏伊士运河,过地中海进入大西洋,沿途抵达欧、非各国港口。

(2)南行线:由中国沿海各大港南行,通往东南亚、大洋洲等地。

(3)东行线:从中国沿海各大港出发,东行抵达日本,横渡太平洋则抵美国、加拿大和南美各国。

(4)北行线:由中国沿海各港北行,可抵朝鲜和俄罗斯东部各个海港。

世界主要远洋海运航线分为太平洋航线(远东—北美西海岸航线、远东—东南亚航线等)、大西洋航线(西北欧—加勒比航线、西北欧—南美东海岸航线等)和印度洋航线(波斯湾—好望角—西欧、波斯湾—东南亚—日本航线等)。

世界海运集装箱航线,目前有远东—北美航线,北美—地中海航线,欧洲—远东航线等。

(二)公路

早在公元前2000年以前,我国就已出现可行驶牛车和马车的道路。据《古史考》记载:"黄帝作车,任重致远。其后少昊时略加牛,禹时奚仲驾马。"有了牛车和马车,证明当时应该有了可供出行的道路。

西周时,我国古代道路已经初具规模。秦国统一六国后,实行"车同轨","轨"指的就是道路。汉朝继承了秦朝的制度,道路建设继续发展。西汉时出现了沟通欧亚大陆的"陆上丝绸之路",它在经济、文化等方面,为我国与中东和欧洲各国的沟通交流作出了巨大贡献。

唐朝非常重视道路建设,初步形成了以城市为中心的四通八达的道路网。

元朝,从元大都(现北京)出发有7条通往全国各地的主干道,形成了一个宏大的道路网。到了清代,道路网系统分为三等,分别是由北京通往各省城的"官马大路",从省城通往地方重要城市的"大路",以及从大路或各地重要城市通往各市镇的支线"小路"。

一直到民国时期,我国才开始出现现代意义上的公路,汽车加入运输工具的行列。

汽车问世之前,以牛马车甚至人力车为主的陆上运输形式,已普遍存在。19世纪80年代,内燃机问世,并应用于工业和交通运输领域,促成了汽车的试制成功。1885年10月,德国人卡尔·本茨成功研制出了世界上第一辆三轮汽车。

随着高速公路基础设施的不断完善,公路运输的优势逐渐凸显。

1932年,希特勒为了战时需要,修建了世界上第一条高速公路:科隆—波恩公路。虽然高速公路在20世纪30年代就已经出现,但发达国家大规模修建高速公路,还是在20世纪50年代以后。随着第二次世界大战后经济的恢复和社会的发展,汽车拥有量及汽车运输量剧增。因此,世界各国纷纷掀起了大规模的公路基础设施建设浪潮,并经历了一个明显高速、持续发展的阶段。经过30多年的努力,各国普遍形成了四通八达的公路运输网络。由于基础设施的明显改善,公路运输服务的安全性、通畅性、便捷性和可靠性均有显著提高,公路运输的竞争力也明显增强,在综合运输中逐渐居主导地位。

20世纪80年代以来,以信息技术为代表的现代科学技术发展日新月异,与公路交通的结合日益密切。"零距离换乘""无缝衔接""以人为本""绿色交通"等新理念不断涌现,并在公路交通中得以体现。与此同时,公路交通的发展模式也发生了根本的转变,从粗放型转变为集重视资源节约、环境友好、追求社会效益最大化为一体的新模式。世界公路交通运输的路网结构趋向高级化,公路交通运输管理更为现代化,并向智能化方向发展。

我国近现代公路交通运输与工业发达国家相比发展较晚。中华人民共和国成立前夕,全国公路通车里程只有7500km。改革开放后,国民经济持续快速发展,公路运输需求强劲增长,公路建设得到各级政府的重视。我国的高速公路也快速发展起来。1990年,我国大陆第一条标准高速公路沈阳—大连高速公路全线建成通车,全长375km。

高速公路在我国出现后,我国公路等级体系中增加了高速公路等级。我国公路等级有不同的划分角度,包括功能型等级分类和行政等级分类。

1. 功能型等级

主要按交通量划分。根据公路的使用任务、功能和流量进行划分,中国大陆将公路划分为高速公路、一级公路、二级公路、三级公路、四级公路,共5个等级。其中,高速和一级为高等级公路,二级居中,三、四级为低等级公路。

2. 行政等级

按照行政等级,公路可分为国家公路、省公路、县公路和乡公路(分别简称为国道、省道、县道、乡道)四个等级。一般把国道和省道称为干线,县道和乡道称为支线。

根据交通运输部发布的《2019年公路水路交通运输行业发展统计公报》,截至2019年末,我国公路总里程501.25万km,公路密度52.21km/100km^2,其中高速公路总里程已达14.96万km,居世界第一。我国现有高速公路网由7条放射线、11条纵线、18条横线和6条地区环线组成。

我国交通扶贫取得了显著成效。截至2019年底,我国实现了具备条件的乡镇和建制村100%通硬化路,贫困地区具备条件的建制村通客车的通车率达到了99.1%,全国范围内建成了一个干支相连、四通八达的公路运输网。

(三)铁路

17世纪前后,英国采矿业开始使用木轨和有轮缘车轮的车辆运送煤矿和矿石。后因木轮易磨损而改用角铁形的板轨。1788年,威廉·杰索将车轮外缘改成了内缘。轮缘在内侧,铁轨本身就可以起到保持车轮位置的作用,不再需要紧固件拉紧。1789年,出现了立式轨,去掉了竖边,而在车轮的外侧加轮缘,同样可以防止脱轨,并且制造、铺设和清理较为方便。之后,立式轨又从腰鼓形逐渐演变为工字形,且基本定型。现在的钢轨,就是从这一铁质立式轨演变而来的。

19世纪初,蒸汽机车的出现使铁路运输得到了更为广泛的应用。1825年,英国修建了世界上第一条铁路:斯托克顿—达林顿铁路,揭开了铁路运输发展的新篇章。1835年,比利时第一条连接布鲁塞尔和梅赫伦的铁路投入运营,它是欧洲大陆的第一条铁路干线。1866年,德国工程师西门子与技师哈卢施卡发明强力发电机,制成了世界上第一台电力机车。随着技术的传播,英国、美国及西欧各国也相继进入了铁路建设的高潮期,横跨美国大陆的铁路就是在这一时期建成的。到了1876年,我国出现了第一条铁路——上海吴淞铁路。

19世纪中叶开始,铁路运输由于运输运能大、成本低、全天候等特点,弥补了水路运输速度慢、受地理和条件限制等不足,满足了工业生产对客货运输的更高要求,破除了工业布局对水路运输的过分依赖。

铁路运输一经问世,便对传统的水路运输形成了激烈的竞争,进而迅速动摇了水路运输的主导地位,取代水路运输而垄断客货运输长达一个世纪之久。20世纪50年代以后,由于汽车以及航空运输的兴起,在一定程度上冲击了铁路运输的主导地位。

重载铁路货物运输,是铁路领域的一个新探索。由于北美地区大陆型国家的能源分布和发展不均衡,面临煤炭、矿石等大宗货物的运输需求,重载铁路运输应运而生。重载铁路运输因其运能大、效率高、运输成本低而受到世界各国的广泛重视。

随着铁路货运技术的发展,对铁路重载运输的定义也发生了变化。2005年,国际重载运输协会规定重载铁路必须满足下列3个条件中的2条:经常、定期开行或计划开行总重至少为8000t的单元列车或组合列车;在长度至少为150km的线路区段上,年货运量超过4000万t;经常、定期开行或计划开行轴重27t及以上的列车。

目前,铁路重载运输的开行方式主要有单元式重载列车、组合式重载列车和整列式重载列车3种:①单元式重载列车;②组合式重载列车;③整列式重载列车。

我国铁路重载运输开始于20世纪80年代,先后在丰沙大铁路开行组合式重载列车,在大秦铁路开行单元式重载列车,在京广铁路及京沪铁路上开行整列式重载列车,载重量也由5000t增加到10000t以上。随着3万t重载列车在大秦铁路上运行试验获得成功,我国成为世界上少数几个掌握3万t铁路重载技术的国家之一。2019年10月16日,我国首列智能驾驶重载列车在神朔铁路开行,标志着我国重载铁路发展迈入了新的阶段。

1964年10月1日,世界上第一条高速铁路——日本东海道新干线正式投入运营,列车运行时速达到210km。从此,世界发达国家的高速铁路一直呈现出蓬勃发展的态势。到目前为止,开通高速铁路的国家有日本、法国、德国、西班牙、意大利、韩国、英国、土耳其、中国、俄罗斯等。

相比日本及欧美发达国家,我国高速铁路起步比较晚,通过引进消化吸收再创造,形成了完全自主知识产权的高铁。1994年我国完全依靠自主研发建成的广深准高速铁路开通,运行时速达160km。1997—2007年,我国铁路实施了全国大面积提速,旅客列车时速可达200~250km,达到国际上铁路在既有线路提速改造的最高水平,为发展高速铁路奠定了基础。

2008年8月1日,我国第一条具有自主知识产权、国际一流水平的高速城际铁路——京津城际铁路建成通车,最高运行时速达350km,我国铁路正式进入了高速时代。

2009年12月9日,国产"和谐号"CRH3型动车组在武广高速铁路运行试验中创出394.2km的时速,创造动车组"重联双弓"条件下的世界运营铁路最高速度。

2011年6月,世界上一次建成线路里程最长(1318km)、技术标准最高高速铁路——京沪高速铁路投入运营。

2017年9月21日,世界上高铁商业运营速度最快的高铁——京沪高铁"复兴号"实现350km/h的速度运营,标志着我国为世界高速铁路商业运营树立了新的标杆。

2019年12月30日,我国首条智能高铁——京张高铁开通运营,实现了智能建造、智能装备和智能运营,开启了世界智能铁路的先河。

交通运输部发布的《2019年交通运输行业发展统计报告》显示,2019年末我国铁路营业里程达13.9万km,其中高铁营业里程达到3.5万km,继续领跑世界。

随着"一带一路"国际合作不断发展,"高铁外交"成为我国外交新形态的一个重要概念。"中国高铁"已然成为塑造我国国际形象的新名片。以高铁建设为代表的高铁外交,已经成为我国释放对外经济辐射效应的重要手段。

随着当今我国城市面临的道路拥堵、流动性差、环境污染和安全等问题的日益凸显,城市轨道交通环保性及便捷性的认可度逐渐提高。所谓城市轨道交通,指的是城市中使用车辆在固定导轨上运行并主要用于城市客运的交通系统。在《城市公共交通分类标准》(CJJ/T 114—2007)中,城市轨道交通的定义为:采用轨道结构进行承重和导向的车辆运输系统,依据城市交通总体规划的要求,设置全封闭或部分封闭的专用轨道线路,以列车或单车形式,运送相当规模客流量的公共交通方式。同时,将城市轨道交通大致分为7大类:地铁系统、轻轨系统、单轨系统、有轨电车、磁浮系统、自动导向轨道系统和市域快速轨道系统。城市轨道交通系统因其运量大、污染小,被公认为解决大中城市交通问题最现代化、最有效的交通运输方式之一。

目前,中国城市轨道交通建设已进入黄金发展期。交通运输部公布的数据显示,截至2019年底,中国内地累计有40个城市开通城轨交通运营线路6730.27km。2019年全年轨道交通完成客运量238.78亿人,在开通城市数量、运营里程、客运量等方面,均位居世界第一。

(四)航空

航空运输始于1871年,当时普法战争中的法国人用气球把政府官员和物资、邮件等运出被普军围困的巴黎。1903年,美国莱特兄弟研制出可装在滑翔机上的轻型汽油发动机,第一次实现了用螺旋桨作动力的飞行,这就是飞机的雏形。1914年美国首次开辟了从坦帕到圣彼得斯堡的定期航班。1918年6月8日,伦敦与巴黎之间开始定期邮政航班飞行。1919年3月22日,法国的法尔芒航空公司开辟了从巴黎到布鲁塞尔之间的定期航班,这是世界上第一条国际民航客运航线。

第二次世界大战中,喷气技术开始在航空领域应用,远程轰炸机和军用运输机在战争中得到很大发展。第二次世界大战结束后,战争中发展起来的航空技术转入民用,民航机开始广泛采用航程大的四发动机飞机,在世界范围内逐渐建立了航线网。航空交通运输的速度优势,不仅使其在旅客运输方面,特别是长途旅客运输方面占有重要地位,也使其在货运方面得到发展。

1920年用"京汉"号飞机开通的北京—天津航线,是我国的第一条航线,中国民航由此拉开了序幕。我国的航空交通运输事业在中华人民共和国成立前30余年里发展缓慢,在1929—1949年的20年时间里,航空交通运输的总周转量只有2亿t·km。中华人民共和国成立后,特别是改革开放以来,航空交通运输事业得到较快的发展。到1997年,民航运输总周转量达到86亿t·km,在世界排名上升到第10位,成为世界上的航空大国。

根据我国民用航空局发布的《2019年民航行业发展统计公报》,2019年底,我国共有颁证运输机场238个,年旅客吞吐量超过1000万人的机场有39个,通用航空在册航空器总数达到2707架,共有定期航班航线5521条,其中国内航线4568条、国际航线953条。民航行业2019年全年完成运输总周转量1293.25亿t·km,旅客周转量11705.30亿人·km,旅客运输量65993.42万人,货邮周转量263.20亿t·km,货邮运输量753.14万t。

(五)管道

管道运输是用管道作为运输工具的、长距离输送液体和气体物资的运输方式,是综合运输网中干线运输的特殊组成部分。全球的管道运输承担着很大比例的能源物资运输,包括原油、成品油、天然气、油田伴生气、煤浆等。

管道运输是国际货物运输方式之一,是随着石油生产的发展而产生的一种特殊运输方式,具有运量大、不受气候和地面其他因素限制、可连续作业以及成本低等优点。现代管道运输始于19世纪中叶,1865年美国宾夕法尼亚州建成第一条原油输送管道。到20世纪50年代,由于石油开发的发展,各产油国开始大量兴建输油管道和输气管道。世界上第一条实用运输管道是美国于1957年在西弗吉尼亚州建成的水力输煤管道,全长110km,管道直径为254mm,每年运输100万t煤。

20世纪60年代开始,输油管道的发展趋于采用大管径、长距离,并逐渐建成成品油输送的管网系统。同时,开始了用管道输送煤浆的尝试。管道运输也被进一步研究用于解决散状物料、成件货物、集装物料的运输,以及发展容器式管道输送系统。

我国自1956年建成新疆克拉玛依—独山子输送管道以来,油气管道建设已经经历了60多年的发展历程,大致可以分为以下4个阶段:初始发展阶段(1956—1969年)、快速发展阶段(1970—1987年)、稳步发展阶段(1988—1995年)和加快发展阶段(1996年至今)。

西气东输工程是党中央、国务院实施西部大开发战略的标志性工程。2000年2月,国务院决定正式启动西气东输工程。2004年12月30日,西气东输全线商业运营。新世纪新时代,在国家"一带一路"倡议下,我国建成投产多项国家互联互通重点工程,构筑了"西气东送、北气南下、海气登陆、南气北上"4大天然气战略通道,铸就了一条气贯神州的能源大动脉。

我国是石油消费大国,2019年,石油对外依赖度高达72%。中东和非洲地区是我国石油进口的重要资源地,但这些地区的石油运输大多依赖水路。在这种情况下,实现原油进口的多渠道和运输方式多元化就显得尤为重要。中俄原油管道工程和中缅原油管道工程应运而生。

2011年1月1日,中俄原油管道正式投运。中俄原油管道起自俄罗斯远东管道斯科沃罗季诺分输站,止于我国大庆末站。作为我国重要的能源战略通道,这条管线的建设打开了能源的北方通道,对保证国家能源安全具有重要作用。

2017年4月10日,中缅原油管道正式投运。中缅原油管道工程,从云南瑞丽进入中国,经昆明输油至重庆,为我国开辟了新的油品进口通道。这条线路不仅可促进西南地区基础设施的建设,有利于西部大开发总体战略的实施,而且将进一步巩固和提升我国在南亚地区的影响力。

2017年,国家发展和改革委员会、国家能源局发布了《中长期油气管网规划》。该规划中指出,我国运营的油气管道里程到2025年将达到24万km,形成主干互联、区域成网的全国网络。至2019年底,我国油气长输管道总里程达到13.9万km,其中天然气管道约8.1万km,原油管道约2.9万km,成品油管道约2.9万km。

(六)综合交通运输

第二次世界大战以后,由于美国、日本、欧盟等世界上主要的发达国家和组织纷纷采用了有利于经济发展的经济政策,分别建立起相当完整、强大的运输系统,为运输业赢得了宽松的发展环境。特别是应用高新技术,不断实现创新,运输生产力得到全面提升,传统运输业正在迅速转变成为以高新技术为主流的现代运输业。

中华人民共和国成立以来，我国交通运输业为了适应国民经济恢复、发展的需要，开始了较大规模的铁路、公路、水路建设，航空和管道运输在中华人民共和国成立20年内由于国民经济基础薄弱，发展相对缓慢。从20世纪60年代起，我国综合运输体系建设开始，是世界上最早提出建设现代综合运输体系的少数几个国家之一。但是"综合运输体系"概念并没有成为我国交通运输发展的指导方针，甚至还不被人们所了解。

改革开放初期，专家通过广泛调查研究、深思熟虑后提出：我国交通运输业必须建立完善的铁路、公路、水运、航空、管道5种运输方式协调发展、优势互补的综合运输体系，以满足社会发展和改革开放对交通运输的需要。经过认识—实践—再认识—再实践的过程，"综合运输体系"的理论和方法逐渐被人们理解、认识，并开始运用到交通运输建设发展的实践中去。

进入21世纪，建立和发展国家综合运输体系成为全球运输业发展的主流。与传统运输体系相比，综合运输体系具有更高的经济效益和社会效益，更加适应当代经济多样化、国际化、信息化、网络化和持续稳定发展的要求。

当前，国家在交通运输建设行业的投入保持了高速增长。全国范围内的交通运输网络初步形成，铁路、公路、机场、港口等交通运输枢纽覆盖我国的大中城市，我国现代综合交通运输体系建设逐渐成形。

自20世纪90年代以来，许多国家将电子信息技术引入交通运输系统，开发智能交通系统。此外，以信息技术为代表的现代科学技术发展日新月异。在信息化社会中如何利用科技创新增加运输能力、提高服务质量和运行效率，已经成为交通运输发展研究的重要方向。

智能交通系统是人们将先进的信息技术、数据通信传输技术、电子控制技术及计算机处理技术等有效地综合运用于整个运输管理体系，从而建立起的一种在大范围内、全方位发挥作用的实时、准确、高效的运输综合管理系统。智能型综合运输体系，就是在"智能交通"的基本原理和思路的指导下，以整个国家的综合运输体系为对象，以各种先进技术为基础，实现各种运输方式发展规划的现代化、决策的科学化和管理的智能化，实现整个综合运输体系系统的高效率。

近年来，我国智能型综合运输体系不断完善，交通领域智能化技术不断提升。其中，水路交通智能化技术包括极地航海保障技术、内河航道智能化建设技术等；公路交通智能化技术包括智能汽车技术、全自动电子收费系统（简称ETC）技术等；铁路交通智能化技术包括电子购票、刷脸进站、智能高铁技术等；航空交通智能化技术包括航空物流智能化管理、智能辅助决策等；管道交通智能化技术包括智能感知技术、智能预判技术、智能管控技术等。2019年9月，中共中央、国务院发布的《交通强国建设纲要》中明确指出，要大力发展智慧交通，推动大数据、互联网、人工智能、区块链、超级计算等新技术与交通行业深度融合。到2019年，我国智能交通行业市场规模约为1559.2亿元。

国家综合智能交通运输系统的不断完善，带动了各行各业的快速发展，其中快递业发展尤为显著。快递业是邮政业的重要组成部分，是融合信息交流、物品递送、资金流通等多种功能于一体的复合型新兴服务业。近年来，智能仓建设加速、无人车不断测试升级、北斗导航迅速普及等为快递业发展奠定了坚实基础。快递行业迎来了发展新纪元。

三、交通运输的法律法规与行业规范

交通运输法律法规和行业规范,是交通运输业有序运行的基本保障。由交通运输相关的法律、行政法规、行政规章等构成的交通运输治理体系,对于保障交通运输安全和经营秩序、维护交通运输法律关系主体合法权益、加强交通运输建设和管理、助推交通强国建设和发展,有着重要的作用和意义。

(一)交通运输行业法律法规

1.世界主要国家交通法规

现代交通法律法规是随着交通运输工具的发明和使用而产生的。在道路交通领域,据学者研究考证,世界上第一部公路交通法规《驾车规则》诞生于1903年的美国,是由美国交通学专家威廉·菲尔普斯·伊诺撰写,针对1899年美国纽约发生的"汽车压死人"的安全事故。在此之后,随着火车、轮船、飞机等交通运输工具的发明和普遍性使用,与之相关的铁路法规、航运法规、航空法规也相继产生。

在全球范围内,无论是以成文法为主的大陆法系国家,还是以判例法为主的英美法系国家,均期望将交通运输纳入法制轨道进行科学管理,因此都高度重视交通运输方面的立法工作。譬如,日本为了保证机动车交通安全,专门制定了《道路车辆法》《机动车型式制定规则》等。在铁路运输方面,日本最早的铁路立法是1892年的《铁路敷设法》,在航空领域,则制定实施了《航空法》《航空器抵押法》《机场建设法》《航空器乘务员培训机构规则》等交通法律法规。

在以判例法为主的英美法系国家,也高度重视交通运输的立法,通过制定专门的交通法律法规,来规范交通运输行业的发展。譬如,美国道路交通安全法规就包括了《道路交通法》《交通警察服务守则》等;其铁路领域的法规,在联邦法中分为"运输部行政法规"和"与运输有关的其他法规"两个部分,涵盖了轨道铺设、旅客服务、货车安全等方面的具体规定;其在航空运输领域,从1916年颁布《航运法》至今,已发展形成一套较完整、较成功的特色航运政策、管理制度以及法律体系。此外,英国在道路交通领域的立法也相当完备,包括了《道路交通法》《道路交通车辆检测法》《道路交通违法管控法》等一系列法律法规,涉及道路安全通则、车辆和设备的结构和使用、机动车驾驶员执照等各个方面的规制。

2.我国交通运输法律法规体系

随着我国交通运输事业的发展,我国先后制定了大量管理交通运输的法律规范,交通运输管理逐步走向法治化、规范化。这些法律、行政法规和行政规章的颁布实施,对强化运输生产管理、维护运输生产秩序、保障交通运输安全起到了积极作用。

我国现行交通运输法律法规体系的基本框架:以《中华人民共和国宪法》为基础,以交通运输法律为龙头,以交通运输行政法规为骨干,以交通运输行政规章为补充的纵横相结合的系统。根据我国现行的立法权限、效力层次,可以将交通运输法律法规分为交通运输法律、交通运输行政法规、交通运输行政规章3个层次。

第一个层次,交通运输法律层面,是由全国人大及其常委会制定的,管理交通运输的基本法律以及与之相关的其他法律。例如,《中华人民共和国铁路法》《中华人民共和国海商

法》《中华人民共和国民用航空法》《中华人民共和国公路法》《中华人民共和国港口法》《中华人民共和国航道法》《中华人民共和国海上交通安全法》《中华人民共和国邮政法》等都是管理交通运输的基本法律,也是交通运输法规体系的基本法律。交通运输行业的一切法规、规章都应当以此为基础,其内容不得与之相违背。

第二个层次,交通运输行政法规层面,是由国务院制定或经国务院批准由交通行政主管部门发布实施的行政法规。按照《中华人民共和国宪法》的规定,国务院有权根据有关交通运输法律和行政管理的需要,制定一些交通运输方面的行政法规,以保证交通运输行政管理活动能够顺利进行。

第三个层次,交通运输行政规章层面,是由国务院交通运输各主管部门制定的部门规章,包括各种实施细则、规程、规则、办法和规定等。根据《中华人民共和国宪法》的规定,国务院各部委有权根据法律和行政法规制定在本部门适用的行政规章。在这个层次中,还包括一些交通行政主管部门与其他部委办联合发布的一些交通运输管理方面的规章制度。

(二)交通运输行业规范

行业规范是指对没有国家标准而又需要在全国某个行业范围内统一的技术要求所制定的标准。行业规范作为法律法规的补充,一般包括行规行约、行业标准、协会章程等种类,对于规范某个行业的健康发展具有重要作用。在我国交通运输行业,不同领域的行业规范较为丰富,为我国交通运输业的可持续、高质量发展提供了坚实的保障。

铁路运输行业规范,包括对旅客运输服务质量规范、货物运输管理规范、客货运站设计规范等。例如,旅客运输服务质量规范中对动车组列车、空调车以及非空调车都制定了相应规范,包括安全秩序、设备设施、整备、文明服务、应急处理、人员素质等方面内容。货物运输管理规范则对受理和承运、货物交接和检查等方面制定相应规范。

道路运输行业规范,包括道路的规划、道路几何设计、道路各部分构造物的结构设计、道路工程的施工及质量验收、道路的管理、安全及道路交通运营等规范;由于我国公路和城市道路隶属于不同的职能部门,其各自的规范又自成体系。例如公路设计的规范有《公路工程技术标准》《公路路线设计规范》等;同样的城市道路设计规范也有《城市道路工程设计规范》《城市道路路线设计规范》等系列规范。

此外,除了交通运输本身的技术、管理、运营等规范外,涉及交通运输服务人员的职业道德规范也是交通运输行业规范的重要组成部分。交通运输业道德是社会主义职业道德之一,是社会主义道德、共产主义道德在交通运输系统的具体表现。在道德层面上,在各级交通行政机关从事行政许可、确认、处罚等工作的国家公务员,在交通运输部和各级交通主管部门所属的公路路政管理、道路运输管理、铁路客货运管理、民航地面服务管理、水路运输管理、航道管理和通信管理等执法机构的所有交通行政执法人员,应遵守《交通行政执法职业道德基本规范》。对于各交通运输方式的驾驶人员和各交通运输领域的从业人员,则要求有道德意识、服务意识、安全意识、守法意识,弘扬敬业精神。

四、我国的交通强国战略

建设交通强国是以习近平同志为核心的党中央立足国情、着眼全局、面向未来作出的重大战略决策,是建设现代化经济体系的先行领域,是全面建成社会主义现代化强国的重要支撑,是新时代做好交通工作的总抓手。为统筹推进交通强国建设,2019年9月,中共中央、国务院发布了《交通强国建设纲要》,描绘了新时代交通运输事业发展的宏伟蓝图,指明了新时期交通运输发展的努力方向,形成了新形势下交通运输发展的行动纲领。

(一)指导思想

以习近平新时代中国特色社会主义思想为指导,深入贯彻党的十九大精神,紧紧围绕统筹推进"五位一体"总体布局和协调推进"四个全面"战略布局,坚持稳中求进工作总基调,坚持新发展理念,坚持推动高质量发展,坚持以供给侧结构性改革为主线,坚持以人民为中心的发展思想,牢牢把握交通"先行官"定位,适度超前,进一步解放思想、开拓进取,推动交通发展由追求速度规模向更加注重质量效益转变,由各种交通方式相对独立发展向更加注重一体化融合发展转变,由依靠传统要素驱动向更加注重创新驱动转变,构建安全、便捷、高效、绿色、经济的现代化综合交通体系,打造一流设施、一流技术、一流管理、一流服务,建成人民满意、保障有力、世界前列的交通强国,为全面建成社会主义现代化强国、实现中华民族伟大复兴中国梦提供坚强支撑。

(二)发展目标

《交通强国建设纲要》明确,交通强国建设的总目标分为两个阶段:

(1)到2020年,完成决胜全面建成小康社会交通建设任务和"十三五"现代综合交通运输体系发展规划各项任务,为交通强国建设奠定坚实基础。

(2)从2021年到本世纪中叶,分两个阶段推进交通强国建设。到2035年,基本建成交通强国,基本形成现代化综合交通体系,交通科技创新体系基本建成,城市交通拥堵基本缓解,基本实现交通治理体系和治理能力现代化。到本世纪中叶,全面建成人民满意、保障有力、世界前列的交通强国。

(三)九大重点任务

完成交通强国建设总目标,需要先完成以下九大重点任务。

(1)基础设施布局完善、立体互联。提出建设现代化高质量综合立体交通网络,构建便捷顺畅的城市(群)交通网,形成广覆盖的农村交通基础设施网,构筑多层级、一体化的综合交通枢纽体系。

(2)交通装备先进适用、完备可控。提出加强新型载运工具研发和特种装备研发,推进装备技术升级。

(3)运输服务便捷舒适、经济高效。提出推进出行服务快速化、便捷化,打造绿色高效的现代物流系统,加速新业态、新模式发展。

(4)科技创新富有活力、智慧引领。提出强化前沿关键科技研发,大力发展智慧交通,推动新技术与交通行业深度融合,完善科技创新机制。

(5)安全保障完善可靠、反应快速。强调提升本质安全水平,推进精品建造和精细管理,完善交通安全生产体系,强化交通应急救援能力。

(6)绿色发展节约集约、低碳环保。强调促进资源节约集约利用,强化节能减排和污染防治,强化交通生态环境保护修复。

（7）开放合作面向全球、互利共赢。提出构建互联互通、面向全球的交通网络，加大对外开放力度，深化交通国际合作，积极推动全球交通治理体系建设与变革。

（8）人才队伍精良专业、创新奉献。提出培育高水平交通科技人才，打造素质优良的交通劳动者大军，建设高素质专业化交通干部队伍。

（9）完善治理体系，提升治理能力。强调深化行业改革，优化营商环境，健全市场治理规则，健全公共决策机制。

（四）保障措施

贯彻落实《交通强国建设纲要》，加快建设交通强国，是新时代交通运输系统的"历史使命"，需要社会各界的鼎力支持、合力推进。在这一过程中，需要以下三方面的保障措施。

（1）加强党的领导。充分发挥党总揽全局、协调各方的作用，建立统筹协调的交通强国建设实施工作机制。

（2）加强资金保障。深化交通投融资改革，完善政府主导、分级负责、多元筹资、风险可控的资金保障和运行管理体制。

（3）加强实施管理。科学制定配套政策和配置公共资源，加强交通强国建设与自然资源、环保、财税、金融、投资、产业、贸易等政策协同。

第一篇　铁　路　篇

第一章　铁路运输概述

第一节　铁路运输的概念与特点

铁路运输是现代运输的重要方式,在交通运输业中起着骨干作用。在各种运输方式中,铁路运输担负着长途运输的重任。它与水路、公路干线运输和短途运输相衔接,把全国各个地区联结成一个整体,加强了地区、城乡之间的联系,促进了经济文化发展。

一、铁路运输的概念

铁路运输是以两条平行的铁轨引导火车运行的一种陆上运输方式,包括铁路旅客运输与铁路货物运输两方面。铁路旅客运输是指利用旅客列车把旅客及携带的行李、包裹从其出发站安全、舒适地运送至到达站的全过程的业务和服务工作。铁路货物运输,是指货物经由铁路实现有目的变更或位移其空间或场所的运输,即铁路运营者作为承运人接受托运人委托,将货物从始发地通过铁路运至目的地交付给收货人。

我国现有铁路运输网络已经相当完善,截至 2019 年年底,全国铁路营业里程达到 13.9 万 km,其中,电气化里程 10.0 万 km,电化率 71.9%,运营里程居世界第一;高速铁路营业里程达到 3.5 万 km,运营里程居世界第一。

二、铁路运输的特点

铁路运输是利用铁路线路、运输设备进行运输生产的活动,可使旅客、货物发生空间位移。铁路运输具有以下特点:

(1)运量大。铁路每一列旅客列车可载运旅客 1500~2000 人;目前我国铁路的一列货物列车一般能运送 3000~4000t 货物;重载单元列车可运送 5000t 以上的货物;煤运专线可开行 1 万 t 的重载列车。

（2）速度快。我国铁路于 1997—2007 年间进行了共 6 次大提速,中国铁路基础设施、高铁核心技术逐渐成熟,基本上覆盖了全国主要地区。京沪高铁全程 1318km,从北京南站至上海虹桥站最短时间为 4 小时 18 分钟。

（3）货运成本低。虽然铁路货运成本高于水运和管道运输,但比公路运输和航空运输成本低得多。一般铁路货运的成本比公路货运的成本低几倍到十几倍。

（4）准时、安全可靠。铁路运输受气候条件的影响小,可一年四季不分昼夜地进行,具有高度导向性。在各种现代运输方式中,铁路完成运输的准点率和事故率是最低的。

（5）环境污染小。相比之下,铁路运输对环境和生态平衡的影响程度小,特别是电气化铁路。

（6）建设周期长,初期投资大。修建铁路时,需要开凿隧道、修建桥梁和开挖大量的土石方工程,需要大量的钢材、水泥、木材等材料及设备。

（7）节省土地资源。铁路运输因为是以客、货车组成的列车为基本运输单元,故可以在有限的土地上做大量的运输。与公路运输相比,可以节省大量的土地。

（8）设备庞大,不易维修。铁路运输设备十分庞大,机车、车辆、线路、站场、信号、信息、供电等设备结构复杂,类型繁多,标准不同,不易维修。

（9）营运缺乏弹性。公路运输一般可以随货源所在地变更营运路线,而铁路则不行,这就导致货物运输过程较为复杂。另外,铁路由于列车行驶时的振动与货物装卸不当,容易造成所承载货物的损坏,同时铁路容易产生空车回送,增加营运成本。

（10）不能实施点对点、门对门运输,需要靠公路运输转运。

三、铁路运输技术类型

目前,在铁路技术发展水平较高的国家,大致形成了客运型、货运型和客货混合型 3 种运输类型。

（1）客运型

客运型,特点是主要承担客运任务,货运任务较少。该类型以日本为代表,其特点是国土面积小,铁路货运成本高,人口密度大,依托铁路开展旅客运输优势明显。从 1964 年日本建成第一条高速铁路以后,经过几十年建设,目前已形成了贯穿日本列岛,总长 2000 多 km 的高速铁路主干线,并在此基础上形成了完整的高速铁路技术体系,根据中国铁道科学研究院公布数据显示,日本 2017 年度铁路客运量达到 197.254 亿人。以客运为主要发展方向的日本铁路,在国家经济发展中发挥了重要作用。

（2）货运型

货运型,特点是主要承担货运任务,客运任务较少。该类型以美国、加拿大等国为代表。以美国为例,美国本土面积比我国略小,其公路和航空运输业十分发达,对于铁路运输来说,其承担客运任务较少,主要是货物运输,其中大宗货运占较大比例。为了满足大宗货物长距离运输需求,美国铁路大量开行重载货物列车,逐步形成了以重载运输技术为主的货运重载技术体系。如伯灵顿北方圣菲公司每年仅从怀俄明州和内华达州的保德里弗盆地运出的煤炭总量就达2.24亿~2.54亿t。

(3) 客货混运型

客货混运型,其特点是铁路既承担客运任务,也承担货运任务。该类型以西欧各国为代表。如德国高速客运专线有1700km,货运专线有5600km,而客货混运线路达到31000km,法国拥有1300km高速客运专线,其他32000km线路均为客货混运线路。目前西欧诸国,除了少量客、货运专线外,普遍是客货混运线路。为了适应竞争的需要,这些国家铁路非常重视客货运输质量的提高,在客运方面,法国有高速铁路TGV,德国有城际特快列车ICE,西班牙有高速铁路AVE,并有TALGO摆式列车。这些高速列车不仅在高速线上运行,而且在一般线路上也能以160km/h准高速运行。在货运方面,德国为特定货主提供时间精确的运输产品,组成"货流列车",最高运行速度达到120km/h;法国在巴黎—波尔多等线路上开行了最高速度140km/h的快捷货运列车。虽然西欧各国铁路为客货混运型,但由于这些国家各种交通工具都很发达,小汽车普及率很高,因此铁路承担的客货运输任务不重,这些国家的铁路逐渐形成了客运快速、货运快捷、客货混运的技术体系。

中华人民共和国成立以来,在相当长一段时期内,铁路客货运输任务十分繁重,主要铁路繁忙干线中绝大部分线路不仅都是客货混运,而且平均运输密度居世界之首,远高于世界各国。进入21世纪,在6次铁路大提速的基础上,我国开始大规模修建高速铁路,2016年7月发布的《中长期铁路网规划》勾画了新时期"八纵八横"高速铁路网的宏大蓝图,主要有两种类型,一种设计最高速度为350km/h,采用无砟轨道,又称为客运专线;另一种设计最高速度为200~250km/h,采用有砟轨道,可以兼顾普通车辆和动车组的开行,并可适当开行货运列车。随着大量客运专线的开行,不仅既有线货运运能得到充分释放,甚至部分200~250km/h高铁也兼顾开行集装箱专列、高铁快递,高铁货运有望成为铁路今后发力的一个重要业务。由此,我国铁路将逐步呈现客运型、客货混运型等多种运输类型并存的局面。

未来,随着我国大宗货物运输"公转铁、公转水"政策的推进,铁路货运量将逐步回升,为此,我国正加快铁路专用线建设,大型工矿企业、港口及新建物流园区将接入铁路,由此也促进了货运型铁路的发展。

第二节 铁路运输的管理体制与组织架构

铁路运输的特点决定了铁路运输必须实行严格的管理,必须有完善的管理体制和严密的组织架构。世界各国实行的都是企业是铁路运输的经营主体,政府部门实行监督。本节以我国为例,阐述我国铁路运输的管理主体和组织架构。

一、中华人民共和国国家铁路局

中华人民共和国成立以来,我国铁路运输行业一直实行的是政企合一的管理体制,在国务院设铁道部,下辖各铁路局。

2013年3月10日,据第十二届全国人民代表大会第一次会议审议通过的《国务院关于提请审议国务院机构改革和职能转变方案》规定,铁路运输实行政企分开,组建国家铁路局,2014年1月6日,国家铁路局揭牌成立。由交通运输部管理。铁道部被撤销,职能一分为三:一是企业职能剥离出来,成立铁路总公司,现为国铁集团;二是综合性管理职能和综合交通运输体系有关的部分职能,比如规划、政策、法规等的制定,划给交通运输部;三是安全生产监管职能,专门成立副部级的国家铁路局,由交通运输部管理。

国家铁路局具体组织构架如图1-1-1所示。

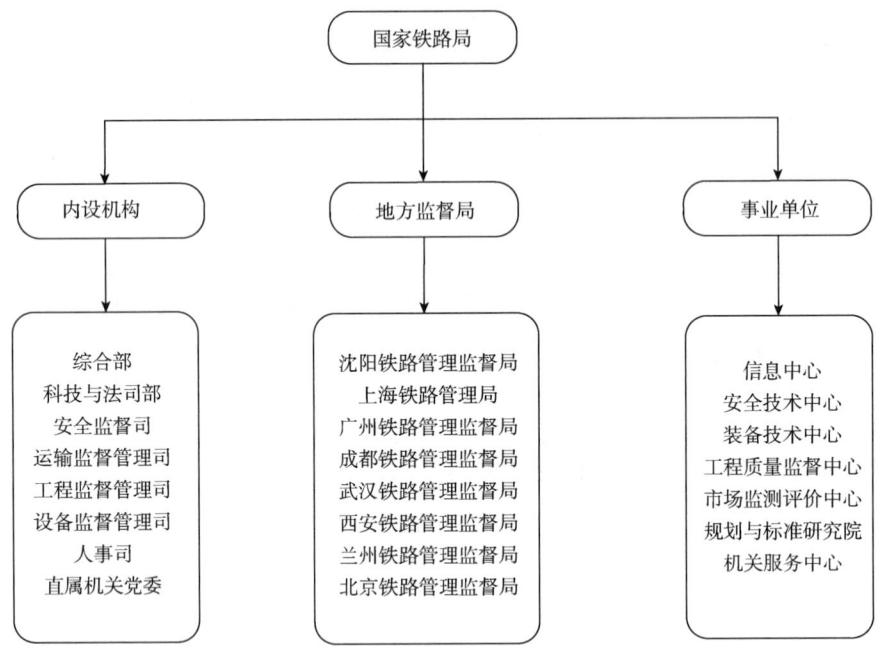

图1-1-1 国家铁路局组织构架

二、中国国家铁路集团有限公司

2013年3月17日,中国铁路总公司挂牌成立。2019年6月18日,中国铁路总公司改制成立中国国家铁路集团有限公司(简称"中国铁路")。中国铁路是经国务院批准、依据《中华人民共和国公司法》设立、由中央管理的国有独资公司。

中国铁路具体组织构架如图1-1-2所示。

中国铁路以铁路客货运输为主业,实行多元化经营,负责铁路运输集中统一调度指挥,统筹安排路网性运力资源配置,承担国家规定的公益性运输任务,负责铁路行业运输收入清算和收入进款管理;负责国家铁路新线投产运营的安全评估,承担铁路运输安全的主体责任,不断提升服务质量,提高经济效益,增强市场竞争能力。

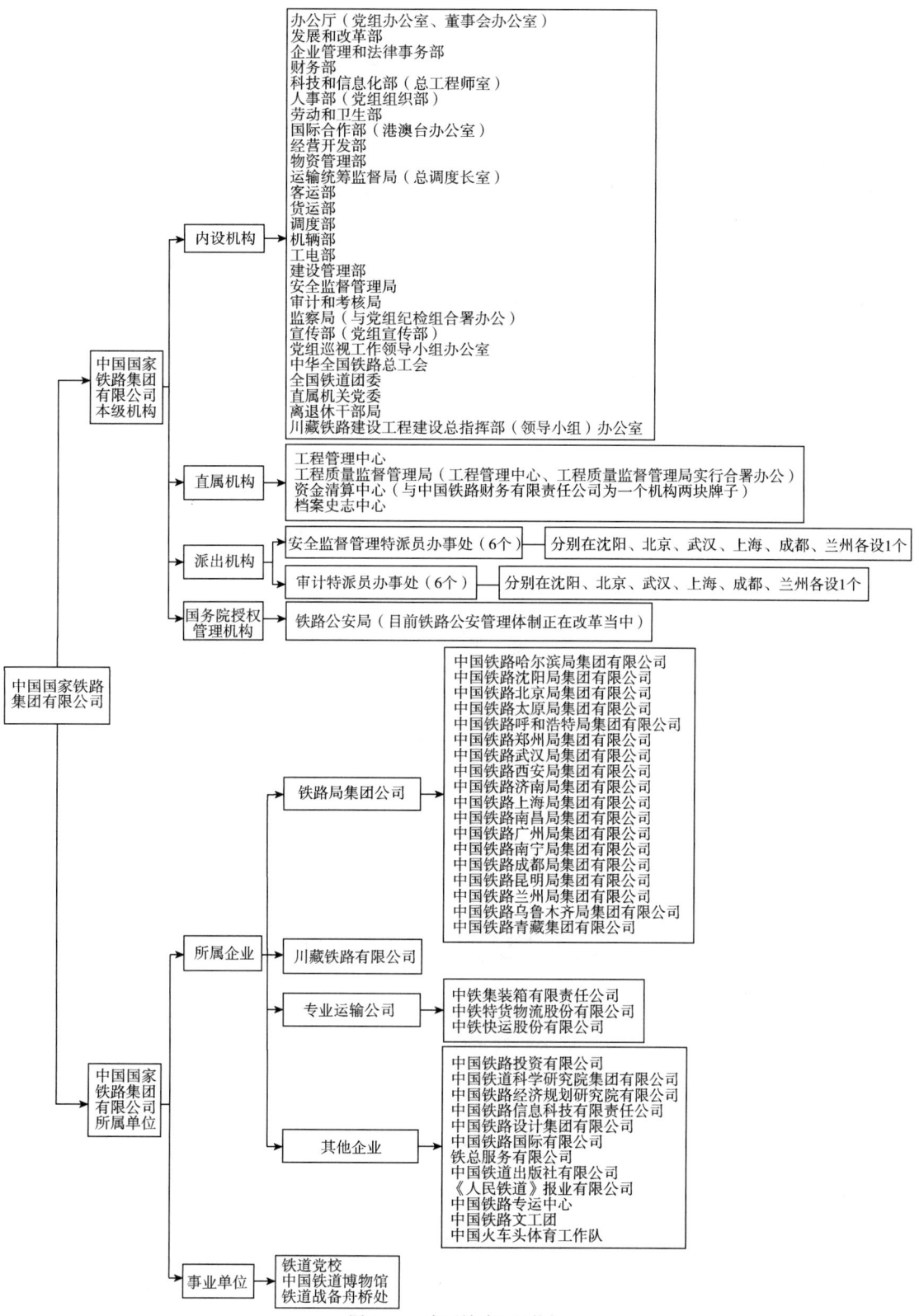

图 1-1-2　中国铁路组织构架

第三节 铁路运输产业

我国幅员辽阔、内陆深广、人口众多、资源分布不均衡,而铁路具有运能大运输成本低、绿色环保、占地少等特点,因此,在我国推进铁路产业、发展铁路运输非常适宜。我国铁路事业发展迅速,目前已形成一条从规划研究勘察设计、工程建设、装备制造、运营管理、维修养护直至人才培养等完整配套、技术先进的产业链,掌握了高速铁路、重载运输、既有线提速等成套技术,搭建了世界最先进的高速铁路动车组和大功率机车技术平台,为我国铁路打造产业品牌、参与国际合作交流和竞争提供了坚强后盾。

一、中国铁路工程建筑行业

(一)历史沿革

1881年中国自办的第一条铁路唐胥铁路的建成,标志着中国铁路建筑业的正式开始。中华人民共和国成立后,按照管理体制变迁,铁路建筑业的发展基本可以分成3个阶段,具体历史演变如图1-1-3所示。

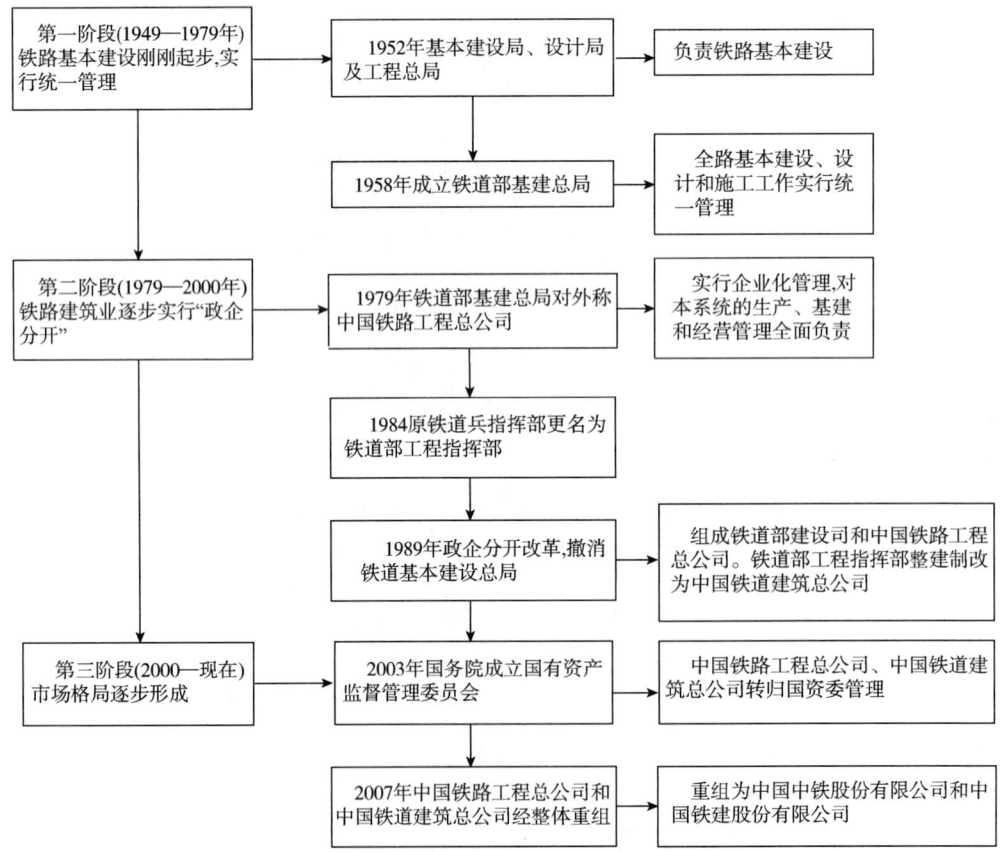

图1-1-3 中国铁路工程建筑业管理体制变迁

(二)中国铁路工程建筑业龙头企业简介

1.中国中铁股份有限公司

中国中铁股份有限公司(中文简称中国中铁,英文简称 CREC)是由中国铁路工程总公司以整体重组、独家发起方式设立的,一家集基建建设、勘察设计与咨询服务、工程设备和零部件制造、房地产开发、铁路和公路投资及运营、矿产资源开发、物资贸易等业务于一体的多功能、特大型企业集团,也是中国和亚洲最大的多功能综合型建设集团。作为全球最大建筑工程承包商之一,中国中铁参与了中华人民共和国成立后所有主要铁路的建设,占全国铁路总里程的 66.7%以上。

中国中铁科研创新能力强,是科技部、国务院国资委和中华全国总工会授予的全国首批"创新型企业"。拥有"高速铁路建造技术国家工程试验室"和"盾构及掘进技术国家重点实验室",并在高原铁路、高速铁路、电气化铁路、城市轨道交通、大型桥梁及隧道高速铁路道岔等多个领域拥有核心技术,达到了世界先进、国内领先水平。2006—2019 年,连续 14 年进入世界 500 强,2019 年列 55 位。

2.中国铁建股份有限公司

前身是铁道兵的中国铁建股份有限公司(中文简称中国铁建,英文简称 CRCC),由中国铁道建筑总公司独家发起设立的特大型建筑企业,是中国乃至全球最具实力、最具规模的特大型综合建设集团之一。其业务涵盖工程承包、勘察设计咨询、工业制造、房地产开发、物流与物资贸易及资本运营,已经从以施工承包为主发展成为具有科研、规划、勘察、设计、施工、监理、维护、运营和投融资的完善的行业产业链,具备了为业主提供一站式综合服务的能力。

中国铁建在关键技术领域领先行业,部分行业尖端技术居世界领先地位。中国铁建的技术优势主要体现在:铁路、高速公路、桥梁、隧道与地下工程的设计、施工;大型养路机械设备的研发、设计、制造能力;铁路客运专线、城市轨道交通的设计、施工装备及施工工艺,多种型号的造桥(架桥)机的设计、制造技术。2006—2019 年,连续 14 年进入世界 500 强,2019 年列第 59 位。

二、铁路装备制造行业

1.历史沿革

从 1880 年组建开平矿务局胥各庄机修厂(唐山机车车辆工厂前身)至今,中国铁路装备制造业已有 140 年历史。中华人民共和国成立后,按照管理体制变迁,可以将铁路装备制造业的发展演变总结为图 1-1-4 所示。

2.铁路装备制造龙头企业简介

中国中车股份有限公司(中文简称中国中车,英文简称 CRRC)是经国务院同意,国务院国资委批准,由中国北车股份有限公司、中国南车股份有限公司按照对等原则合并组建的A+H股上市公司。现有 46 家全资及控股子公司,员工 17 万余人,总部设在北京。

中国中车承继了中国北车股份有限公司、中国南车股份有限公司的全部业务和资产,是全球规模领先、品种齐全、技术一流的轨道交通装备供应商。主要经营:铁路机车车辆、动车组、城市轨道交通车辆、工程机械、各类机电设备、电子设备及零部件、电子电器及环保设备产品的研发、设计、制造、修理、销售、租赁与技术服务;信息咨询;实业投资与管理;资产管理;进出口业务。

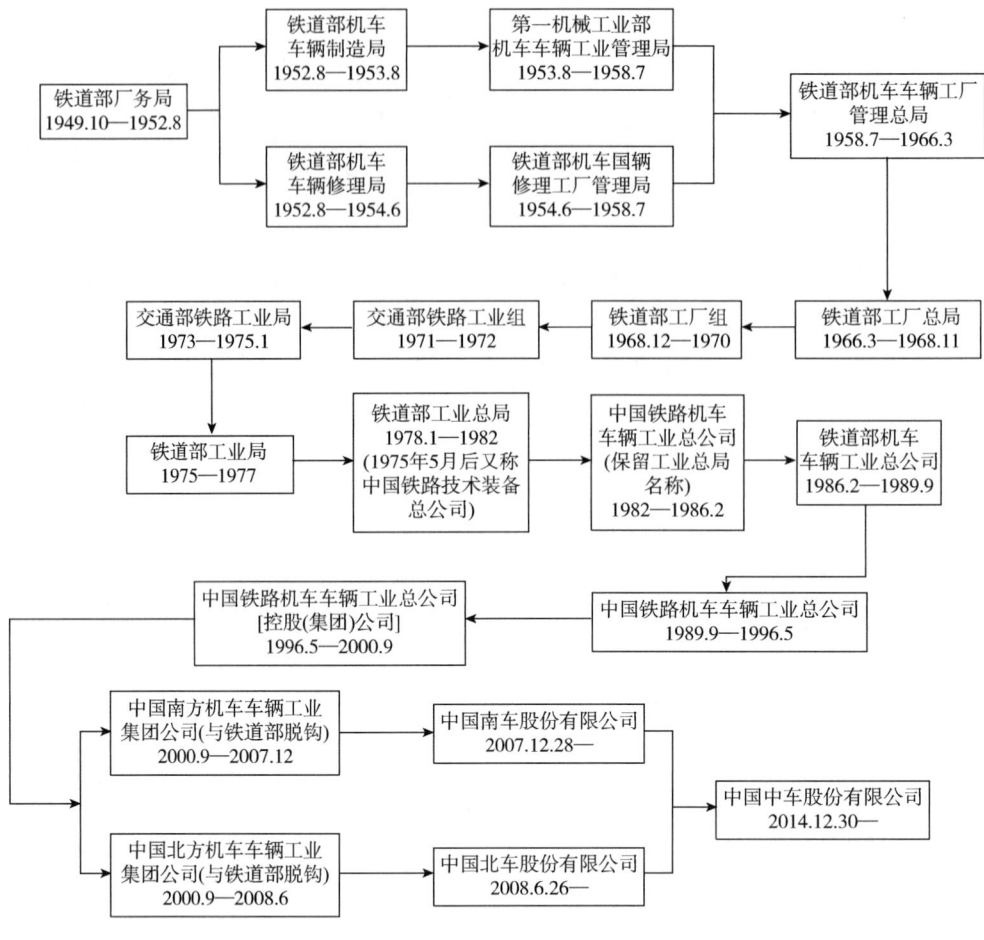

图 1-1-4 中国铁路装备制造业管理体制变迁

中国中车坚持自主创新、开放创新和协同创新,持续完善技术创新体系,不断提升技术创新能力,建设了世界领先的轨道交通装备产品技术平台和制造基地,以高速动车组、大功率机车、铁路货车、城市轨道车辆为代表的系列产品,已经全面达到世界先进水平,能够适应各种复杂的地理环境,满足多样化的市场需求。中国中车制造的高速动车组系列产品,已经成为中国向世界展示发展成就的重要名片。产品现已出口全球六大洲近百个国家和地区,并逐步从产品出口向技术输出、资本输出和全球化经营转变。

2019 年,在世界 500 强企业排行榜上排名第 359 位。

三、铁路运输行业

2016 年国家铁路局发布的《中长期铁路网规划(2016—2025 年)》显示,预计到 2025 年进一步扩大铁路网络覆盖,铁路网规模达到 17.5 万 km,其中高速铁路 3.8 万 km,从而铁路运营行业更好发挥对经济社会发展的保障作用。

1.运营里程稳步提升

2014 年以来,我国铁路运营里程稳步提升,具体如图 1-1-5 所示,2016—2018 年增长缓慢,增速下降。2018—2019 年大幅增长,同比增长到 6.1%。截至 2019 年底,我国铁路运营总里程已达到 13.9 万 km。

铁路运营总里程稳步提升的同时,我国铁路网络信息化、电气化的发展进程也在同步推进,2014—2019 年,我国营运铁路复线里程和电气化里程均实现稳定增长,具体如图 1-1-6 所示。截至 2019 年底,我国营运铁路复线里程 8.3 万 km,复线率 59.0%;电气化里程 10 万 km,电气化率 71.9%。

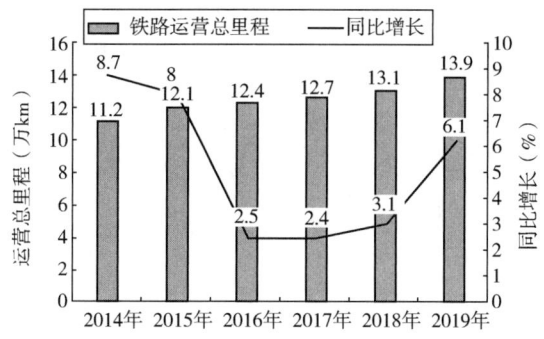

图 1-1-5 2014—2019 年全国铁路运营总里程及同比增长

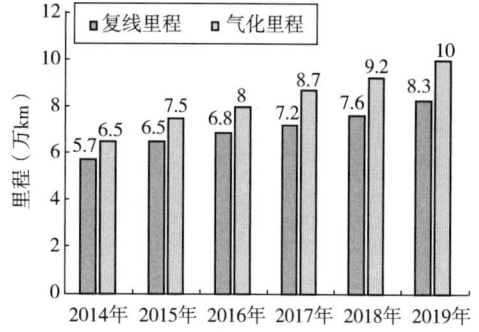

图 1-1-6 2014—2019 年全国铁路复线里程及电气化里程

作为中国对外的一张名片,近 10 年来,中国高铁在路网建设、科技创新、产业化能力等方面取得了巨大的成就,高速铁路运营里程已经翻番,具体如图 1-1-7 所示。截至 2019 年底,中国现已开通运营高速铁路 3.5 万 km,居全球第一。

2.旅客、货物运输量均有提升

随着我国铁路网络覆盖面的不断提升以及高铁给人们生活带来的便捷,越来越多的人选择铁路出行。2014 年以来,我国铁路旅客发送量持续提升,具体如图 1-1-8 所示。截至 2019 年底,全国铁路旅客运输量达到 36.6 亿人,同比增长 8.4%。但由于近几年来国家加大对基础设施的投入,公路、民航等运输方式不断发展壮大,瓜分了相当一部分的铁路客运市场,2016—2019 年增速有所下滑。

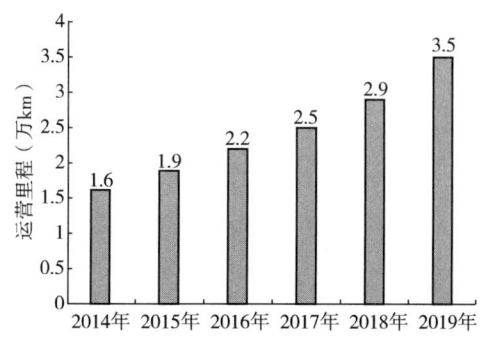

图 1-1-7 2014—2019 年全国高速铁路运营里程

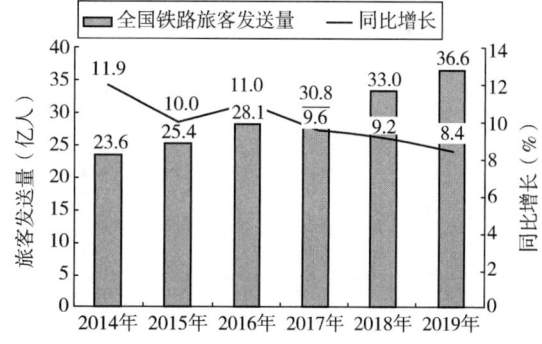

图 1-1-8 2014—2019 年全国铁路旅客发送量及同比增长

2014 年以来,全国铁路旅客周转量增长速度虽略低于旅客发送量,但也保持着稳定增长的趋势,具体如图 1-1-9 所示。2014—2016 年铁路旅客周转量的增速有所下降,2016—2017 年增速达到 7.0%,2017—2019 年增速有所下降,截至 2019 年全国铁路旅客周转量为

14706.6亿人·km,同比增长4.0%。

货运方面,2014—2016年,我国铁路货物总发送量呈现下降趋势,具体如图1-1-10所示。2016年,全年铁路货物发送量从2014年的38.1亿t下降至33.3亿t。2017—2019年铁路货物发送量呈现波动趋势,增速逐年下降,2019年全国铁路货物总发送量完成43.9亿t,比上年增加12亿t。

图1-1-9　2014—2019年全国铁路旅客周转量及同比增长　　图1-1-10　2014—2019年全国铁路货物发送量及同比增长

2014—2019年,全国铁路货物周转量与货物发送量呈现相同走势,具体如图1-1-11所示。2015年全国货物总周转量为23754.31亿t·km,创近年新低。2016—2019年,我国货物旅客周转量平稳提升,2015—2017年货物周转量增速不断提升,到2017年增速达到13.3%,2017—2019年货物周转量增速平稳下降,2019年全国货物旅客周转量为30181.95亿t·km,同比增长4.7%。

3.铁路在综合运输体系中的占比

2014—2019年,全国铁路旅客运输量在综合交通运输体系占比逐年上升,增速逐年增大。具体如图1-1-12所示。2014年全国铁路旅客运输量在综合交通运输体系占比为11.60%,到2019年,全国铁路旅客运输量在综合交通运输体系占比为20.56%,占比已经接近翻番,铁路在综合运输体系中扮演越来越重要的角色。

图1-1-11　2014—2019年全国铁路货物周转量及同比增长　　图1-1-12　2014—2019年全国铁路旅客运输量在综合交通运输体系占比

2014—2019年,全国铁路货物运输量在综合交通运输体系占比先下降后上升,具体如图1-1-13所示。2014—2016年,全国铁路货物运输量在综合交通运输体系占比逐年下降,2017—2019年,全国铁路货物运输量在综合交通运输体系占比缓慢增加。

4.固定资产投资总体表现平稳

2014—2019 年,我国铁路固定资产投资额基本维持在 8000 亿元左右,具体如图 1-1-14 所示。2015 年铁路固定资产投资额为 8238 亿元,达到最高峰,2016-2019 年铁路固定资产投资额基本持平,2019 年,全国铁路固定资产投资完成 8029 亿元,较上年同期基本持平,投产新线 8489km,其中高速铁路 5474km。

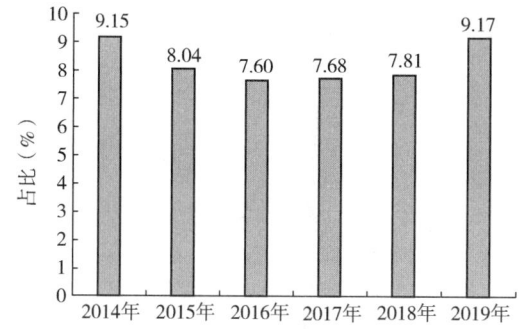

图 1-1-13 2014—2019 年全国铁路货物运输量在综合交通运输体系占比

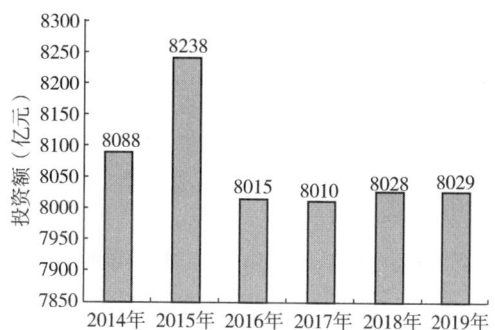

图 1-1-14 2014—2019 年全国铁路固定资产投资额

在铁路建设中,全国铁路建设投资结构大部分要归属高铁建设。而在高速铁路总造价结构中,最大的部分是铁路基础建设投资,约占 60%,信息化、电气化投资等约占 25%,机车车辆购置约占 15%,具体如图 1-1-15 所示。

在铁路能源消耗方面,顺应节能减排大趋势,我国铁路能源消耗控制较为稳定,具体如图 1-1-16 所示。2015—2019 年全国铁路能源消耗量平缓增长,2019 年,国家铁路能源消耗折算标准煤 1634.77 万 t。2015—2017 年,全国铁路能源消耗增速不断增加,2018—2019 年铁路能源消耗增速减缓,2019 年同比增长 0.7%。

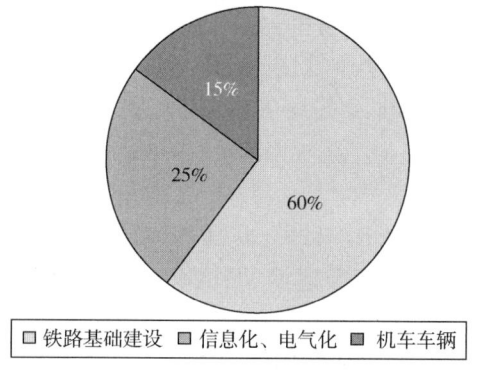

图 1-1-15 全国高速铁路建设投资结构

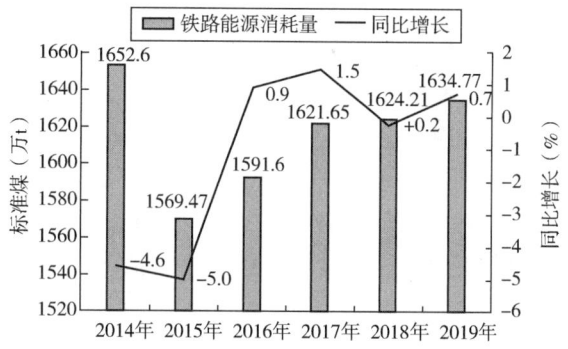

图 1-1-16 2014—2019 年全国铁路能源消耗量及同比增长

第四节 我国铁路网

铁路网(Railway Network)是在一定空间范围内(全国、地区或国家间),为满足一定历史条件下客货运输需求而建设的相互联结的铁路干线、支线、联络线以及车站和枢纽所构成的网状结构的铁路系统。铁路网是铁路进行运输生产的主要物质基础,它是随着国民经济发展、生产力布局、产业结构以及交通运输网的合理分工而逐渐发展起来的。本节主要介绍我国的重载铁路和"八纵八横"高速铁路通道。

一、重载铁路

重载铁路是货运专线铁路的特殊类型或顶级种类,专门运输大型货物,对列车的载重运量要求很大,大多采用单元、组合等列车编组形式。它具有轴重大、牵引质量大、运量大的特点。我国现有的4大重载铁路有大秦铁路、神黄铁路、浩吉铁路和瓦日铁路。

1. 大秦铁路

大秦铁路又称为大秦线,是我国首条重载铁路兼煤运通道干线铁路,也是中国华北地区一条连接山西省大同市与河北省秦皇岛市的国铁Ⅰ级货运专线铁路。

大秦铁路西起大同、东至秦皇岛,途经山西、河北、北京和天津四省市,穿越雁北高原、桑干河谷,紧依燕山山脉南麓呈东西走向。大秦铁路全长653km,货运站点37个,最大牵引质量2万t,设计年输送能力2亿t/a。

2. 神黄铁路

神黄铁路这一工程的主要作用是解决陕西、山西两省的煤炭外运问题。神黄铁路是中国"西煤东运"的第二大通道,是国铁Ⅰ级电气化铁路。其穿过的主要障碍有黄河、太行山、黄土高原、大运河。神黄铁路全长864km,货运站点54个,设计年输送能力为近期3.5亿t/a,远期可达4.5亿t/a。

3. 浩吉铁路

浩吉铁路原建设工程名为"蒙西至华中地区铁路",简称"蒙华铁路",是中国"北煤南运"战略运输通道,也是中国境内一条连接内蒙古浩勒报吉与江西吉安的国铁Ⅰ级电气化铁路。截至2019年9月,浩吉铁路是世界上一次性建成并开通运营里程最长的重载铁路。

浩吉铁路连接蒙陕甘宁能源"金三角"地区与鄂湘赣等华中地区,纵贯内蒙古、陕西、山西、河南、湖北、湖南、江西等7省(区)。正线全长1813.544km,共设77个车站,设计年输送能力为2亿t/a。

4. 瓦日铁路

瓦日铁路又称为山西中南部铁路通道、晋豫鲁铁路或晋中南铁路,是我国连接东西部的重要煤炭资源运输通道,是世界上第一条按30t重载铁路标准建设的铁路。瓦日铁路于2014年12月30日正式建成通车。

瓦日铁路西起山西省兴县瓦塘镇,从河南省台前县跨越黄河,进入山东省梁山县,横穿山东省中西部,东至山东省日照港,横贯晋豫鲁3省。全长1260km,其中山西省579km、河南省255km、山东省426km。全线正线设计新建车站46个,设计年输送能力为2亿t/a。

二、"八纵八横"高速铁路通道

2016年国家铁路局发布的《中长期铁路网规划(2016—2025年)》,规划了由8条纵干线和8条横干线组成的高速铁路网,简称"八纵八横"铁路网。

为满足快速增长的客运需求,优化拓展区域发展空间,我国规划在"四纵四横"高速铁路的基础上,增加客流支撑、标准适宜、发展需要的高速铁路,形成以"八纵八横"主通道为骨架、区域连接线衔接、城际铁路补充的高速铁路网,实现省会城市高速铁路通达、区际之间高效便捷相连。

1. "八纵"通道

沿海通道。大连(丹东)—秦皇岛—天津—东营—潍坊—青岛(烟台)—连云港—盐城—南通—上海—宁波—福州—厦门—深圳—湛江—北海(防城港)高速铁路(其中青岛至盐城段利用青连、连盐铁路,南通至上海段利用沪通铁路),连接东部沿海地区,贯通京津冀、辽中南、山东半岛、东陇海、长三角、海峡西岸、珠三角、北部湾等城市群。

京沪通道。北京—天津—济南—南京—上海(杭州)高速铁路,包括南京—杭州—蚌埠—合肥—杭州高速铁路,同时通过北京—天津—东营—潍坊—临沂—淮安—扬州—南通—上海高速铁路,连接华北、华东地区,贯通京津冀、长三角等城市群。

京港(台)通道。北京—衡水—菏泽—商丘—阜阳—合肥(黄冈)—九江—南昌—赣州—深圳—香港(九龙)高速铁路,另一支线为合肥—福州—台北高速铁路,包括南昌—福州(莆田)铁路,连接华北、华中、华东、华南地区,贯通京津冀、长江中游、海峡西岸、珠三角等城市群。

京哈—京港澳通道。哈尔滨—长春—沈阳—北京—石家庄—郑州—武汉—长沙—广州—深圳—香港高速铁路,包括广州—珠海—澳门高速铁路,连接东北、华北、华中、华南、港澳地区,贯通哈长、辽中南、京津冀、中原、长江中游、珠三角等城市群。

呼南通道。呼和浩特—大同—太原—郑州—襄阳—常德—益阳—邵阳—永州—桂林—南宁高速铁路,连接华北、中原、华中、华南地区,贯通呼包鄂榆、山西中部、中原、长江中游、北部湾等城市群。

京昆通道。北京—石家庄—太原—西安—成都(重庆)—昆明高速铁路,包括北京—张家口—大同—太原高速铁路,连接华北、西北、西南地区,贯通京津冀、太原、关中平原、成渝、滇中等城市群。

包(银)海通道。包头—延安—西安—重庆—贵阳—南宁—湛江—海口(三亚)高速铁路,包括银川—西安以及海南环岛高速铁路,连接西北、西南、华南地区,贯通呼包鄂、宁夏沿黄、关中平原、成渝、黔中、北部湾等城市群。

兰(西)广通道。兰州(西宁)中成都(重庆)—贵阳—广州高速铁路,连接西北、西南、华南地区,贯通兰西、成渝、黔中、珠三角等城市群。

2. "八横"通道

绥满通道。绥芬河—牡丹江—哈尔滨—齐齐哈尔—海拉尔—满洲里高速铁路,连接黑龙江及蒙东地区。

京兰通道。北京—呼和浩特—银川—兰州高速铁路,连接华北、西北地区,贯通京津冀、呼包鄂、宁夏沿黄、兰西等城市群。

青银通道。青岛—济南—石家庄—太原—银川高速铁路(其中绥德至银川段利用太中银铁路),连接华东、华北、西北地区,贯通山东半岛、京津冀、太原、宁夏沿黄等城市群。

陆桥通道。连云港—徐州—郑州—西安—兰州—西宁—乌鲁木齐高速铁路,连接华东、华中、西北地区,贯通东陇海、中原、关中平原、兰西、天山北坡等城市群。

沿江通道。上海—南京—合肥—武汉—重庆—成都高速铁路,包括南京—安庆—九江—武汉—宜昌—重庆、万州—达州—遂宁—成都高速铁路(其中成都至遂宁段利用达成铁路),连接华东、华中、西南地区,贯通长三角、长江中游、成渝等城市群。

沪昆通道。上海—杭州—南昌—长沙—贵阳—昆明高速铁路,连接华东、华中、西南地区,贯通长三角、长江中游、黔中、滇中等城市群。

厦渝通道。厦门—龙岩—赣州—长沙—常德—张家界—黔江—重庆高速铁路(其中厦门至赣州段利用龙厦铁路、赣龙铁路,常德至黔江段利用黔张常铁路),连接海峡西岸、中南、西南地区,贯通海峡西岸、长江中游、成渝等城市群。

广昆通道。广州—南宁—昆明高速铁路,连接华南、西南地区,贯通珠三角、北部湾、滇中等城市群。

第二章 铁路运输设施与设备

第一节 铁路线路

一、铁路线路概述

生活中,我们经常看到,火车总是沿着两条平行的轨道行驶。火车车轮内侧有一圈比车轮踏面更大的圆盘,叫作"轮缘",使得车轮紧紧卡在两条平行的钢轨中间,正常情况下,始终保持在轨道上运行不会脱轨,如图1-2-1所示。现实中的火车正是借助其车轮的"轮缘"在钢轨的引导下,按照既定的路线与方向运行,铁路轨道直接承受火车运行时产生的压力、冲击与摩擦。正因为如此,像火车这样的载运工具在轨道上运行而形成的交通系统,我们通常称之为轨道交通,类似的还有地铁、轻轨和有轨电车等。

图1-2-1 火车沿轨道行驶

(一)铁路线路介绍

轨道交通建设持续100多年了。修路者的任务实际上就是对大地进行修理,把大地修理出一条能够满足人们行车要求的路。所以我们对大地的四个操作就是挖、填、跨、钻。高的地方挖掉、低的地方填起来、不允许挖的地方跨过去、挖不了的地方钻过去。挖和填形成的工程叫作路基;不允许挖的地方我们就跨过去,这个工程就叫作桥梁;挖不了的部分或者挖起来工程太大,需要很长时间,就打个洞钻过去,这部分就叫作隧道。

而如今的轨道交通建设就新在我们的技术变化了、手段变化了,不过仍然是这4个操作,只是曾经的手挖肩抬已经变成了现在的大型机械化。

综上所述,铁路线路不仅包括轨道(含道岔),还需要构建一整套可靠的配套设施,具体包括轨道(含道岔)、路基、桥梁、隧道、涵洞等。

1.铁路轨道

铁路轨道是指铺设在道床上的、为火车车轮安全运行提供支撑与导向,并将所承受压力传递、扩散到路基或桥隧建筑物上的整体工程结构。包括钢轨、轨枕、联结扣件、道床、防爬设备、道岔等。如图1-2-2所示,钢轨通过联结扣件,铺设在轨枕上面,而轨枕则埋设在道床中。其中,道床包括碎石道床与整体道床。

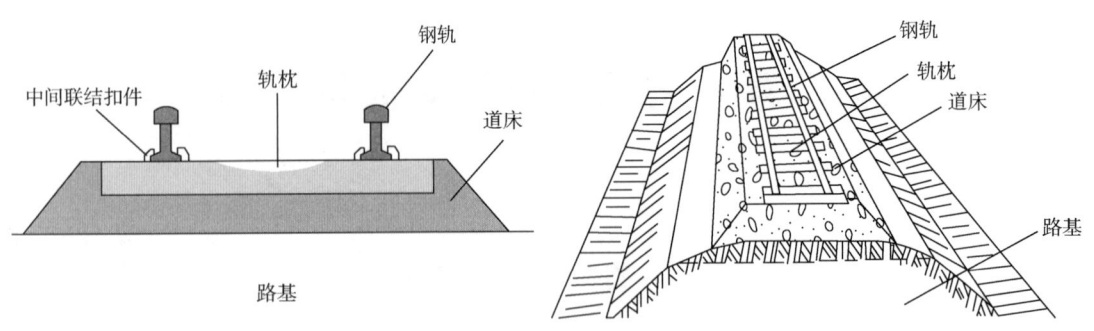

图 1-2-2 铁路轨道的组成

为适应火车运行需要,合理利用钢材,铁路钢轨的截面通常设计为上窄下宽的"工"字形,如图 1-2-3 所示。钢轨类型通常以 kg/m 表示,每米钢轨质量越大,所承受的荷载也越大。我国现行的钢轨标准有 50kg/m、60kg/m、75 kg/m 三种。两条平行钢轨之间的距离称为轨距,轨距越宽,则建设成本越高,且占用更多的土地,但舒适度会更好;同理,轨距越窄,成本就越低,但运输能力也随之降低,舒适度变差。当前,不同国家采用的轨距多种多样,国际铁路协会在 1937 年正式确定 1435mm 为标准轨距或国际轨距,我国铁路当前主要采用标准轨距,只有台湾地区采用 1067mm,昆明至河口采用 1000mm 窄轨。比标准轨宽

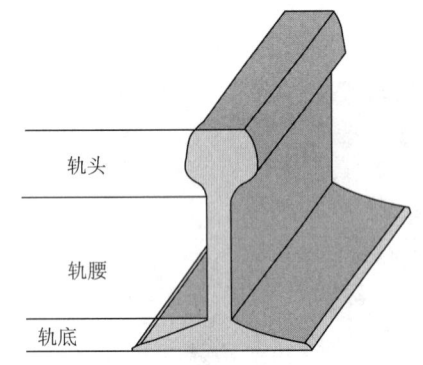

图 1-2-3 铁路钢轨截面

的称为宽轨,如 1676mm、1524mm、1520mm 等。与中国国境相接的蒙古国和俄罗斯铁路就是 1520mm 宽轨;比标准轨窄的称为窄轨,如 1067mm、1000mm、762mm、600mm 等。日本普通铁路采用的就是 1067mm 窄轨,但其新干线采用的是标准轨。

双轨距铁路或多轨距铁路铺有 3 或 4 条钢轨,让使用不同轨距的列车都可行驶。相同轨距可以有不同车身宽度和高度,例如,中国标准轨道上的中国标准动车组比传统列车宽一些、高一些、舒服一些。

我国钢轨的标准长度有 12.5m 和 25m 两种。在普通有缝线路中,每隔一个标准 25m 长度的钢轨,就会留下接头和缝隙,以满足钢轨热胀冷缩的要求。但这样也会导致火车运行时车轮撞击钢轨接头缝隙产生有节奏的咔嗒声。这些声音不但给旅客带来不适,更会对钢轨造成巨大破坏。那么,消除这些轮轨撞击的声音的办法就是将普通的有缝线路改造成无缝线路,即将标准长度的钢轨焊接为长达几公里的长轨条线路,但这就需要解决钢轨因热胀冷缩带来的内部应力释放这一技术难题。

铁路轨道的布局往往错综复杂,如图 1-2-4 所示。在错综复杂的轨道体系中,火车是如何从一条轨道驶入另一条轨道呢?这就需要提到将一条铁路轨道分支为两条或两条以上轨道的线路连接设备——道岔,如图 1-2-5 所示。根据运行需要,道岔通常在铁路车站,特别是编组站大量铺设,火车在道岔处的运行方向,并不是由司机控制,而是靠地面控制道岔的开向来控制,理论上,只要通过合理操作,在地面上将道岔的位置扳对了,火车进入正确的股道或

者通过车站是没有问题的,但是,由于传统的人工操作根本没有办法保证每次都扳对,即便是采用机械的方法,也不能保证其不出故障。道岔一旦没有扳到位,那么火车经过道岔的时候,很容易发生脱轨事故。而道岔扳错方向了,就意味着火车可能进入到错误的股道里面,而错入的那条股道上,有可能有别的列车停放,也有可能同时正在接迎面开来的火车,甚至可能有正在施工的工人等。因此,必须千方百计地保证火车不能入错股道。

图 1-2-4　错综复杂的铁路轨道

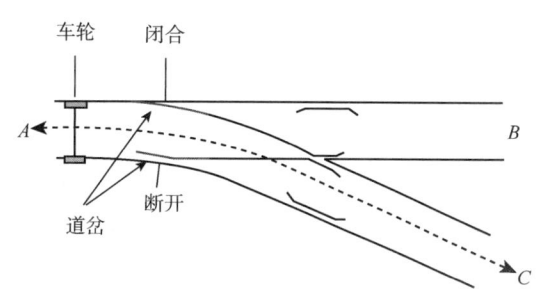

图 1-2-5　火车经道岔转向(从线路 AB 驶入线路 AC)

为什么建铁路要先铺设碎石?其实铁路两旁的碎石并不是普通的石头,而是花岗岩石头,是经过了人工处理之后形成的小碎石。因为花岗岩本身的硬度比较大,可以承受较大强度的机械的碾压,而且碎石在铁路中还有专有名词,叫作砟。这些碎石会在火车经过的时候,辅助上面的枕木一起承受住它的重量。长时间暴露在外的铁轨同样会遭到自然灾害的侵蚀,遇到雨雪天气,这些碎石也会起到重要的作用。碎石可以帮助轨道排水,不会让雨水过多沉积,雨水通过碎石时,会在缝隙中顺着往下走排入地下。

2.铁路路基

火车在钢轨上运行,正如汽车在公路上行驶,公路需要修建路基,上面铺设沥青或混凝土,同样,铁路的钢轨也必须铺设在路基上才能保证发挥其功能。根据地质条件和填筑成分的不同,路基可分为两类:土质路基和石质路基。路基是铁路轨道的基础,直接承受轨道的重量,同时承载运行其上的火车传递下来的动荷载。因此,必须保证路基工程的强度、耐久性与稳定性。路基的稳定性主要受水流、风沙、严寒、高温、雨雪、地震等自然因素以及各种不良地质条件和人为因素的影响。如图 1-2-6 所示为洪水冲垮路基的铁路线路。

图 1-2-6　洪水冲垮路基的铁路线路

1)铁路路基排水

路基排水是影响铁路路基安全和稳定的重要因素,是为防止和控制路基受水侵害而设置的拦截引排地表水(降水及雨雪形成的地面径流)及地下水(上层滞水、潜水及层间水等)的系统。铁路路基工程的地基、基床和边坡等由岩土所组成的部位极易受水的软化、冲蚀。如果路基排水措施不得当,导致水对路基长期浸泡、冲刷,致使路基本体强度降低,承载能力下降,进而诱发各种路基病害问题,如路基基床变形失稳、局部坍塌等,会严重威胁铁路的安全运营。因此,加强铁路路基排水的设计和施工工作,具有重要的意义。

铁路路基排水的主要目的是将路基工作区内的地表水及地下水及时疏导排出,使得路基本体及基底土基含水率降到工程容许范围内,从而确保路基的强度和稳定不受影响。主要包括排除地表水的路基地面排水工程和隔断疏通地下水的路基地下排水工程两个方面。

路基地面排水设施,如排水沟、侧沟、天沟等,要与周围天然沟渠和相邻的桥涵、隧道、车站等排水设施衔接配合,组成完整的排水系统。如图1-2-7所示为铁路路基排水。

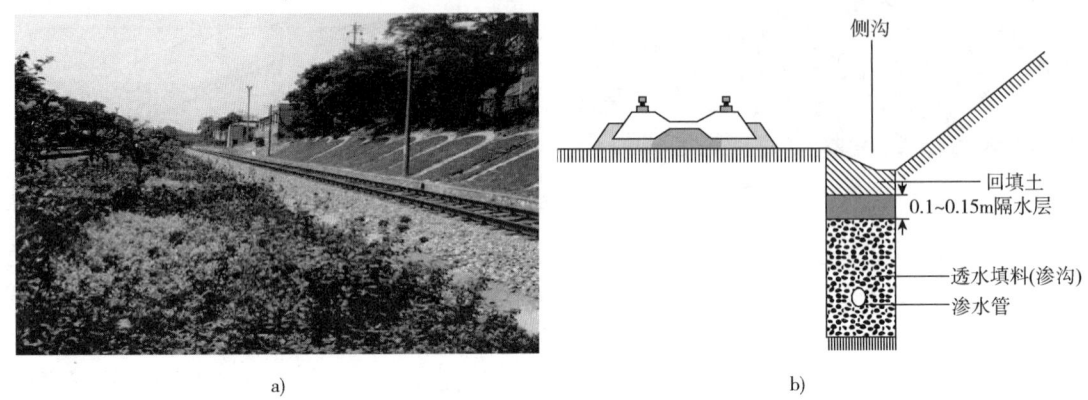

图 1-2-7 铁路路基排水

2) 铁路路基防护与加固

铁路路基是承受列车与列车轨道道床荷载的建筑结构。路基的质量是否坚固和稳定是列车运行安全的一个重要的关键依托。然而,由于地质因素、自然因素、列车荷载的影响,铁路路基会出现下沉、老化等病害现象,不仅影响铁路行车的安全,还会严重干扰正常的运输。路基坡面的地表水流的破坏作用表现为对坡面的冲蚀破坏,进而破坏路基边坡的稳定性。要保证铁路路基的安全与稳定,就必须密切关注路基可能出现的不良状况,因此对铁路路基的加固具有非常重要的实用意义与探讨价值。

路基防护与加固设施:①坡面防护。保护路基边坡表面免受雨水冲刷,减缓温差及湿差变化影响,防止和延缓软弱岩土表面的风化、碎裂、剥蚀演变,从而保护边坡整体稳定性。常用坡面防护措施有种草、铺草皮、植树、抹面、灌浆、砌石护坡以及设置挡土墙等。②堤岸防护与加固。主要在沿河滨海路堤、河滩路堤及水泽区路堤,针对水流的破坏工作而设,起防水治害和加固堤岸双重功效。堤岸防护与加固设施有直接和间接两类。③支挡建筑。加固工程通过修建加固结构物或其他措施,使路基获得稳定。路基加固设备主要有挡土墙、副堤、扶壁等。④湿软地基加固。提高湿软地基承载力,以防止路基沉陷、滑移或其他病害。

3. 铁路桥梁

当铁路线路需要跨越河流、湖泊、海峡、山谷或其他障碍物,以及为实现铁路线路与铁路线路或道路的立体交叉时,就必须修建铁路桥梁。如图1-2-8所示。铁路桥梁荷载大,冲击力大,行车密度大,要求能抵抗自然灾害的标准高。

抗日战争期间,铁路桥梁专家茅以升先生建造的钱塘江特大桥是我国第一座自己建造的现代化大桥;中华人民共和国成立后,1957年在长江上修建了第一座公铁两用桥,被称为"万里长江第一桥"的武汉长江大桥,是中华人民共和国建桥史上的第一个里程碑;1968年建成了公铁两用的南京长江大桥,开创了中国"自力更生"建设大型桥梁的新纪元,被称为"争气桥",技术和规模达到了当时的世界先进水平,是中华人民共和国建桥史上的第二个里程碑;1993年建成的京九铁路九江长江大桥在钢桥技术水平上达到了新的高度,是中华人民共和国铁路建桥史上的第三个里程碑;进入21世纪,中国铁路桥梁的结构形式、结构跨度、设计理论、施工工艺和装备水平都得到了长足发展,大跨度桥梁实现了千米级跨越,桥梁建设水平进入世界先进行列,相继建成了青藏铁路拉萨河大桥、南京大胜关长江大桥(图1-2-9)、武汉天兴洲长江大桥、沪通长江大桥、平潭海峡公铁两用大桥等一批标志性桥梁。特别需要指出的是,2018年我国建成了东接香港,西接珠海、澳门,全程55km的港珠澳大桥,是世界上最长的跨海大桥。作为中国从桥梁大国走向桥梁强国的里程碑之作,该桥被业界誉为桥梁界的"珠穆朗玛峰",被英国《卫报》称为"新世界七大奇迹"之一。

图1-2-8 铁路桥梁

4.铁路隧道

铁路隧道是铁路线路用来克服山岭高程障碍或遇江河、海峡不适宜修建桥梁时,在山岭、河底、海底修建的人工建筑物。根据其所在位置可分为三大类:为缩短距离和避免大坡道而从山岭或丘陵下穿越的称为山岭隧道;为穿越河流或海峡而从河下或海底通过的称为水下隧道;为适应铁路通过大城市的需要而在城市地下穿越的称为城市隧道。如图1-2-10所示为秦岭特长铁路隧道,全长18.46km、最大埋深1600m,是我国隧道建造技术进入世界先进水平的标志性工程。

图1-2-9 南京大胜关长江大桥

图1-2-10 秦岭特长铁路隧道

2018年4月21日,征战中国第一铁路长隧——大瑞铁路高黎贡山隧道"彩云号"TBM(隧道掘进机)成功穿越第1个地层交接涌水带,掘进里程突破500m,日掘进最高达到32.14m,标志着我国自主研制的最大直径TBM在铁路隧道施工中首次应用成功。

5.铁路涵洞

铁路涵洞是指铁路与沟渠相交的地方使水从路下流过的通道,可迅速排除铁路沿线的地表水,保证路基安全。习惯上把埋在路堤下部的用于通过水流或可通过人与车的建筑物都称为涵洞,前者称为过水涵,后者称为交通涵或通道涵。

如图1-2-11所示为青藏铁路的涵洞。

(二)铁路线路养护与维修

铁路线路是列车运行的基础,在长期的运输负荷及自然环境影响下,线路的技术状态也在不断地发生变化,路基、轨道几何尺寸经常发生着各种变化,这种变化发展到一定程度即成为病害。为保证运输畅通与安全,必须设法保持线路设备状态良好,因而需要通过养护和维修来消除病害。如图1-2-12所示为铁路线路大型养路机械捣固车,用于提升道砟的密度,加强路基的承重能力。

图1-2-11　青藏铁路涵洞　　　　　图1-2-12　铁路线路大型养护机械捣固车

实际运输生产中,铁路部门往往会在列车运行图中专门预留设备维修作业时间,称之为开设"天窗"。比如,高速铁路运行图一般在夜间设置5~6h的综合维修天窗,以便对线路、通信信号和供电设备进行综合维修,这也是高铁为何深夜不开行的原因之一。然而,开设天窗实施养护维修必然会占用大量时空资源,导致列车运行数量减少,从而影响运输能力,但压缩维修作业时间又会导致线路设备维修不足而影响运输质量。

(三)铁路线路运输性质

根据运输性质的不同,将我国铁路分为客运专线铁路、客货共线铁路和重载铁路三类。

1.客运专线铁路

根据在铁路网中的作用和性质以及旅客列车实际行车速度,可以将客运专线分为高速铁路和城际铁路。

至2019年底,中国高速铁路营业总里程达到3.5万km,居世界第一。CRH是"中国铁路高速"英文(China Railway High-speed)的缩写。"CR"是"中国国家铁路集团有限公司"的英文缩写,涂装于中国自主研制的中国标准动车组车身外部。CRH系列动车组取名"和谐号",寓意"建设和谐铁路、打造和谐之旅、构建社会主义和谐社会"。CR系列动车组取名"复兴号",寓意"承载着中华民族伟大复兴中国梦";CR400列车外观造型有"红神龙""金凤凰"。

城际铁路是相邻城市之间专门开行城际列车、运输城际旅客的铁路。城际铁路一般中间可以有很多个小站,旅客上车下车像坐地铁一样方便,必要时,城际铁路可以连接地铁。

2.客货共线铁路

客货共线铁路、简称客货铁路或客货共线,是指既开行旅客列车又运行载货列车以及其他技术作业车辆的铁路系统。

客货共线铁路能同时完成某地区与外界在旅客和物品方面的输送,促使客流和物流加速。在运输要求不高的路段,客货共线铁路综合效益性价比高,适合经济欠发达、人口流动有限的地区建设。然而,客车往往要快跑、货车常常要慢行,前者注重速度、后者侧重运量。客货列车混行加大调度难度、不能实现客运或货运需求特别大的铁路的有序高效运输。另外,由于客货列车存在设备和性能的差异,同线混跑增大安全隐患。

3.重载铁路

重载铁路是指行驶列车总重大、行驶大轴重货车或行车密度和运量特大的铁路,主要用于输送大型原材料货物。重载铁路是货运专线铁路的特殊类型或顶级种类,专门运输大型货物,对列车的载重运量要求很大。

中国的大秦铁路是国内第一条开行重载单元列车的双线电气化铁路,全线长653km,西起大同,东至秦皇岛,年运量开始为5500万t,远期可达1亿t,于1992年12月21日正式开通。

2014年4月2日,由中国铁路总公司在大秦铁路组织实施的牵引质量3万t重载列车运行试验取得了圆满成功。这是我国铁路重载运输发展新的里程碑,中国也成为世界上仅有的几个掌握3万t铁路重载技术的国家之一。如图1-2-13所示为大秦线重载铁路。

图1-2-13 大秦线重载铁路

二、制约铁路提速的线路因素

火车自诞生之始,就一直在设法提升运行速度,为此,人们自然会想到,火车要想跑得更快,就必须提升动力。但事实上,无论火车动力多大,如果没有与之匹配的线路,铁路提速根本不可能实现,这就好比一辆性能优良的汽车,如果道路条件太差,汽车不可能真正快起来。因此,修建铁路时,必须首先解决好火车运行需要的线路参数与质量问题。那么,铁路线路有哪些要素会制约铁路提速呢?以下做简要介绍。

(一)线路曲线

【案例】2008年4月28日4:41,北京开往青岛的T195次旅客列车运行至山东境内胶济铁路周村至王村间,在本应限速80km/h的曲线路段,实际时速居然达到了131km,最终造成脱线事故,导致72人死亡,416人受伤。

铁路线路曲线半径不仅影响行车安全、旅客舒适等行车质量指标,而且影响行车速度、运行时间等技术指标以及工程费、运营费等经济指标。显然,铁路线路如果能全部建成直线,将有利于火车运行。但实践中,为适应困难地形,往往需要将铁路线路修建为曲线,当火车运行至铁路线路曲线部分时,必将受到曲线阻力作用,比如离心力。通常曲线阻力与曲线半径成反比,即曲线半径越小,则曲线阻力越大,运营条件越差。因此,铁路线路曲线半径越小,列车运行通过时运行速度需要越小,甚至轨距也需要加宽或将外侧轨道抬高。如表1-2-1所示为铁路最小曲线半径对照表(部分)。

铁路最小曲线半径对照表(部分)　　　　表1-2-1

铁路线级别	速度等级(km/h)	(最小)曲线半径(m)	备注
普速铁路	120	800	困难
	160	2000	
高速铁路	250(客运专线)	3200	无砟
	250(客运专线)	4000	有砟
	300(客运专线)	5500	
	350(客运专线)	7000	

高速铁路和平原地区干线铁路一般比较平直,用较大的曲线半径;山区铁路、工厂支线、车辆段道岔的咽喉区、编组站、城市地铁等受地形的制约较大的地段,只能使用较小的曲线半径,列车必须限速通过。

(二)线路坡度

铁路经常需要通过地形起伏不平的地区,为减少工程量,往往不以大量填挖方来取平,而是顺着地势修成较为平顺的斜坡,称为线路坡道。在某一牵引区段,当牵引机车确定后,显然,铁路线路的坡度越大,列车的牵引质量就越轻。为了保证一定质量的列车可以通过所牵引区段内的全部上坡路段,需要确定区段内铁路线的限制坡度,也就是限制列车质量的坡度。

我国地域广阔,各地区差异较大,铁路在华北、华东、中南大部分地区和东北部分地区由于处于平原和丘陵地区的比例较高,故限制坡度偏低。而西南、西北和东北的大部分地区地形比较高,故限制坡度较高。限制坡度的大小,对线路的运营和工程影响较大,以运营为例,限制坡度增大,坡道阻力增加,牵引速度降低,牵引质量减少,铁路运输能力降低,在完成同一运输任务的前提下,必须开行更多的列车对数,导致运营费用增加,运输成本提高。

提速线路关于线路坡度技术指标的选择。

(1)限制坡度。限制坡度是影响铁路全局的主要技术指标,取决于铁路等级、牵引种类、机车类别、地形类别、运输需要以及相邻线的牵引定数。我国主型客机单机牵引750t(13~15辆)旅客列车在不同坡道上的均衡速度,如表1-2-2所示。

旅客列车在不同坡道上的均衡速度　　　　　　　表 1-2-2

坡度(‰)	0	4	6	9	12
DF_4	119	89	77	63	52
DF_{4C}	120	103	88	71	59
DF_{4D}	130	112	98	80	66
DF_{11}	161	128	113	94	79
SS_3	100	81	75	68	63
SS_7	100	100	99	98	96
SS_8	170	143	129	109	—

（2）坡段长度。坡段长度主要取决于列车纵向力的大小及分布情况，列车纵向力与列车质量（长度）密切相关。计算时，最小坡段长度应保证竖曲线不重叠，一般宜设计为较长的坡段，提速到 160km/h 时不宜小于 400m，特殊情况可缩短至 200m。

（3）竖曲线。列车通过变坡点要求不脱轨、不断钩且行车平稳（附加加速度低于允许值）。为了缓和变坡点坡度的急剧变化，当坡度差大于一定限度时，应设置竖曲线。当 $v \leqslant$ 140km/h 时，按现行《铁路线路设计规范》（GB 50090）取值；$v \geqslant$ 160km/h 时，相邻坡度代数差不小于 1‰ 时，竖曲线半径取 15000m。

（三）线间距

【案例】2016 年 7 月 15 日 11:20，两列自主研制的中国标准动车组"金凤凰"和"海豚蓝"在郑(州)徐(州)线上，分别以 420km 的速度交会而行。创造了高铁列车交会速度的世界纪录，如图 1-2-14 所示。

铁路线间距是指相邻两条线路中心线之间的距离，如图 1-2-15 所示。当两辆列车高速交会时，会产生空气压力波，行驶速度越高，产生的空气压力波也越大。压力波会给交会车辆的侧窗造成很大的冲击，有可能出现破窗事故，同时，列车交会产生的气压差会使列车相互被吸引，影响舒适性，超过一定限度还会危及行车安全。因此，列车交会速度越高，需要的线间距也就越大，比如，按照现阶段我国的相关标准，速度 250km/h 对应的线间距为 4.6m，速度 350km/h 对应的线间距为 5m。

图 1-2-14　两列中国标准动车组以 420km/h 的速度交会而行

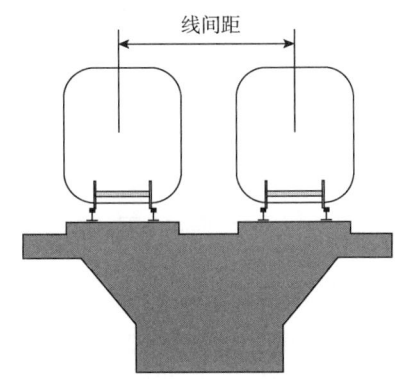

图 1-2-15　铁路线间距

高速列车通过车站时,如果人距离高速列车比较近,则人和高速列车之间的空气流动速度很大,因而越靠近列车,压强越小,显然,人受到外侧压强大于人内侧受到的压强,人在较大的压强差作用下很容易被压向列车,发生交通事故。因此,高铁站台需要加宽并设置白色安全线,以保证旅客和铁路工作人员安全。

(四)隧道净空面积(截面面积)

列车进入隧道,会产生活塞效应,不仅会产生巨大的噪声,增加列车运行阻力,还可能会破坏隧道及列车的结构,影响安全,压力差也会导致乘客出现耳鸣等不适感,因此隧道净空面积(截面面积)和列车通过隧道的最大安全速度存在直接关系。相关标准中,速度350km/h对应的隧道截面面积为100m^2,速度250km/h对应的隧道截面面积为88m^2。

此外,影响铁路提速的其他线路因素有轨道结构、桥梁质量、道岔类型及线路养护设备等。

第二节　铁 路 车 站

一、概述

铁路车站(简称车站),俗称火车站,是铁路对外营业的场所和调节行车的据点,直接服务于人们的交通出行等社会经济活动。

1.车站概念

在长长的铁路线上,通常每隔一定距离需要设置一个车站,将一条铁路线划分成若干长短不一的区间。为避免列车相撞或追尾,规定每一区间同一时间内只允许一列列车运行,即前一列车正占用的区间,后一列车不得进入。

车站是将铁路线路划分为若干区间的分界点。设有必要的配线及客货运输设施,办理与列车运行相关工作并面向社会提供客货运输服务。

分界点不同,区间类型也不同,我们把车站与车站之间的区间叫作站间区间,把自动闭塞区段上通过色灯信号机之间的线段叫作闭塞分区。如图1-2-16所示为区间类型示意图。

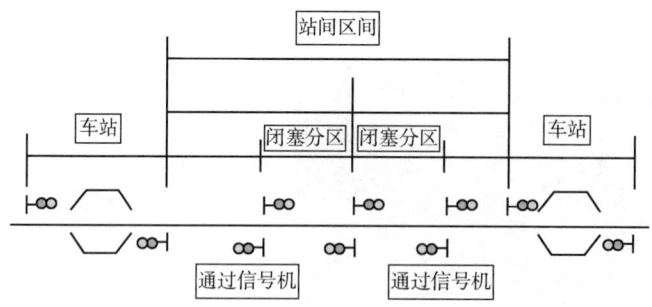

图1-2-16　区间

两相邻技术站(包括区段站和编组站)间的铁路区间通常称为区间,如图 1-2-17 所示,区间往往包含了若干个区间和分界点。

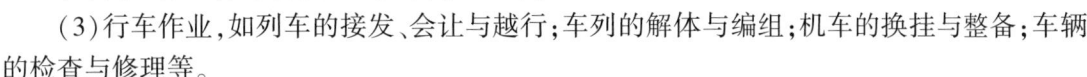

图 1-2-17 区段

2.车站作业

作为铁路运输生产基地与基层生产单位,车站的作业主要包括:

(1)客运作业,如售票、行李包裹运送、旅客上下车等。

(2)货运作业,如货物承运、交付、装卸等。

(3)行车作业,如列车的接发、会让与越行;车列的解体与编组;机车的换挂与整备;车辆的检查与修理等。

3.车站分类

根据不同角度,车站可有以下几种分类:

(1)根据车站客货运量和技术作业量大小以及在政治、经济及铁路网上的地位,车站分为六个等级,即特等站,一、二、三、四、五等站。例如,北京站、上海站、郑州站是特等站。

(2)按业务性质不同,车站可以分为客运站、货运站和客货运站。

(3)按技术作业和设备不同,车站可以分为中间站、区段站和编组站。

(4)按布置图类型的不同,车站可分为通过式、尽头式和混合式。

4.车站线路

铁路线路分为正线、站线、段管线、岔线及特别用途线。其中,正线、站线、特别用途线是属于车站管辖的线路,段管线及岔线是不属于车站管辖而与车站连接的线路。车站线路如图 1-2-18 所示。

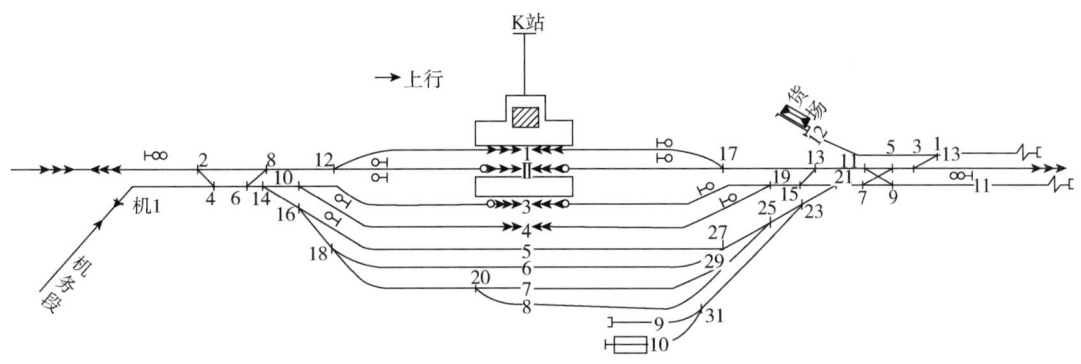

图 1-2-18 车站线路

1,2,3-到发线;5,6,7,8-调车线;9,10-站修线;11,13-牵出线;12-货物线;Ⅱ-正线;机1-机车走行线;其余数字为道岔编号

5.车站标记

1)站界

为保证行车安全和分清工作责任,车站和它两端所衔接的区间应有明确界限。在单线铁路上,车站界限(即站界)以两端进站信号机柱中心线为界,外方是区间,内方则属于车站。

在复线铁路上,站界按上下行正线分别确定,即进站一端以进站信号机柱中心线为界,出站一端以站界标中心线为界。站界如图1-2-19所示。

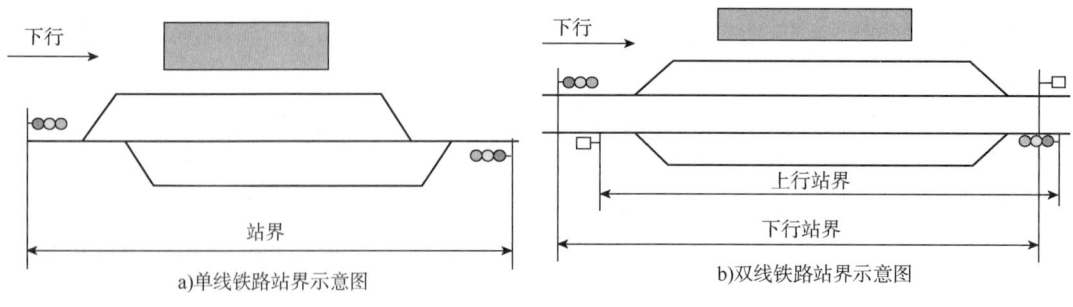

图 1-2-19 站界

2) 警冲标

警冲标是信号标志的一种,设在两会合线路线间距离为4m的中间,用来指示机车车辆的停留位置,防止机车车辆的侧面冲撞,如图1-2-20所示。

3) 股道和道岔编号

(1) 股道编号方法

站内正线用罗马数字编号(Ⅰ、Ⅱ……),站线用阿拉伯数字编号(1、2、3……),具体如图1-2-21所示。

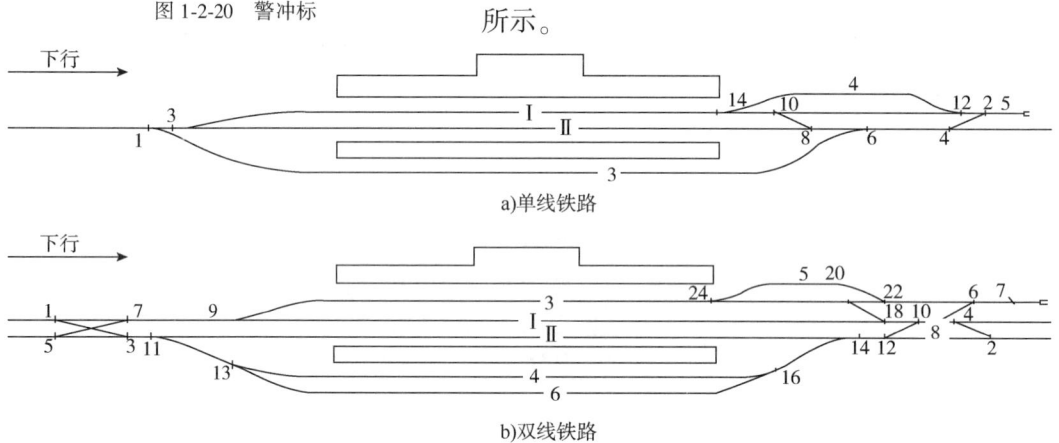

图 1-2-21 车站内线路、道岔编号

单线铁路:从站舍一侧开始向外顺序编号。位于站舍左、右或后方的线路,在站舍前的线路编完后,再由正线方向起,向远离正线顺序编号(先主后次)。

双线铁路:下行正线一侧用单数,上行正线一侧用双数,从正线向外顺序编号。

(2) 道岔编号方法

道岔编号方法用阿拉伯数字从车站两端由外向里依次编号,上行列车到达一端用双数,下行列车到达一端用单数。

站内道岔通常以车站站台中心线作为划分单数号与双数号的分界线。

每一道岔均应编为单独的号码。渡线、交分道岔等处的联动道岔,应编为连续的单数或双数。

当车站有几个车场时,每一车场的道岔必须单独编号,此时道岔号码应使用三位数字,百位数字表示车场号码,个位和十位数字表示道岔号码。应当避免在同一车站内有相同的道岔号码。

6.车站机构

铁路车站实行站长负责制,具体组织机构和定员依车站等级和工作量确定。

车站日常运输生产实行单一指挥制。值班站长是车站一个班工作的组织者和领导者,负责组织全班职工完成规定生产任务。车站调度员是车站调车工作领导人,负责组织和指挥车站调车活动,以实现班计划。车站接发列车工作,由车站值班员统一指挥。车站货运工作由车站货运值班员指挥,客运工作由客运值班员指挥。

二、中间站

中间站是为沿线城乡居民及社会经济生产活动服务,提高铁路区段通过能力,保证行车安全而设的车站。它主要办理列车的到发、会让和越行,以及客货运输业务。

三、区段站

1.区段站的主要任务

区段站多设在铁路网上机车牵引区段(机车交路)的起点或终点,是铁路路网上划分牵引区段的地点。与中间站相比,区段站办理的作业无论从数量上还是种类上都更为繁多,因而其设备规模通常比中间站多而全。区段站的主要任务是为邻接的铁路区段供应及整备机车,或更换机车乘务组,并为无改编中转货物列车办理规定的技术作业,办理一定数量的列车解编作业和客货运输业务。因此,在区段站上应设机务段(基本段或折返段),这也是区别区段站和中间站的明显标志。

2.区段站的布置

区段站常见的布置有横列式、纵列式及客货纵列式3类。

(1)横列式区段站布置

当上、下行到发线(场)平行布置在正线一侧,调车场在到发场的一侧时,称为横列式区段站布置,如图1-2-22所示。

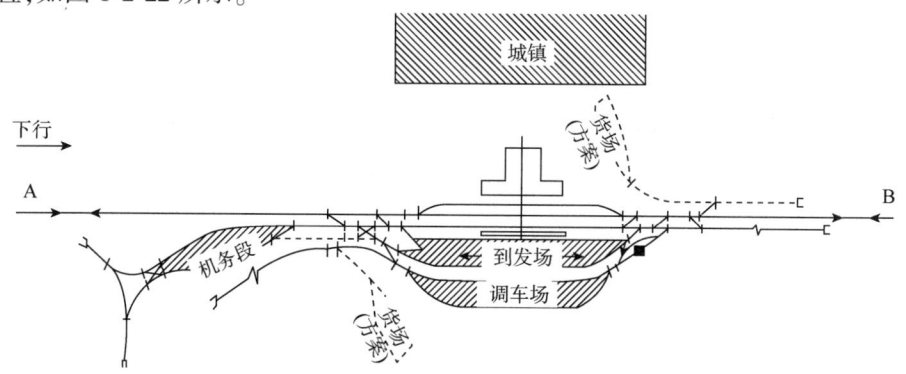

图1-2-22 单线铁路横列式区段站布置图

横列式区段站布置图的主要优点是：布置紧凑、站坪长度短、占地少、设备集中、管理方便、作业灵活性大、对各种不同地形适应性强。它的缺点是：一个方向的列车机车出入段走行距离长，对站房同侧货物取送车和正线有交叉干扰。

（2）纵列式区段站布置

当上、下行到发场分设正线两侧，并逆运行方向全部错移，在其中一个到发场一侧，设一个双方向共用调车场时，称为纵列式区段站布置，如图 1-2-23 所示。

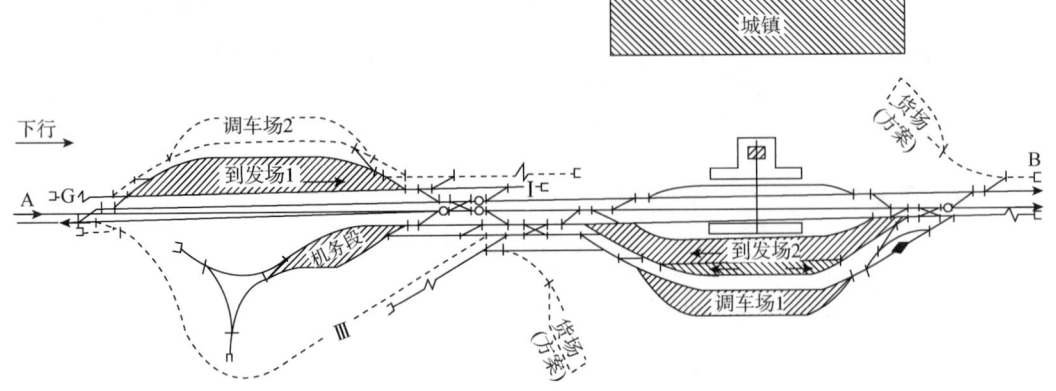

图 1-2-23　双线纵列式区段站布置图

纵列式区段站的优点：作业上的交叉干扰比横列式少；机车出入段走行距离短；当机车采用循环运转制时，到发线上的整备设备比较集中；对站舍同侧的支线或工业企业线的接轨也比较方便。它的缺点是：站坪长度长、占地多、设备分散、投资大、定员较多、管理不便、一个方向货物列车的机车出入段要横切正线。因此，一般只有在采用循环交路或机车无需进段整备时，才能充分发挥纵列式区段站的优越性。

（3）客货纵列式区段站布置

这种区段站是客运运转设备（主要是指旅客列车到发场）与货运运转设备（主要是指货物列车到发场）纵向配列，如图 1-2-24 所示。这种布置形式往往是改建时逐步形成的，故客货运运转设备和机务设备相互位置的配置形式众多。其优缺点与纵列式区段站大致相同。

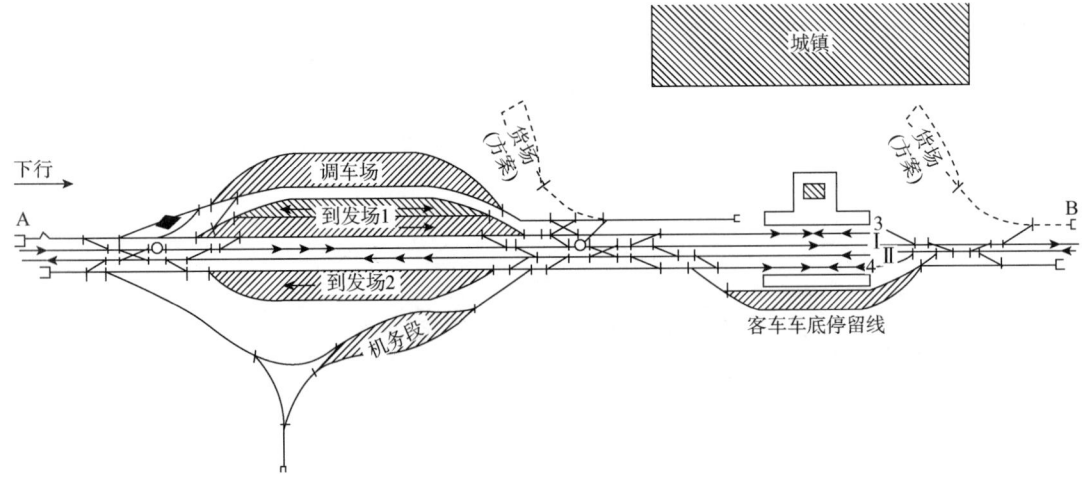

图 1-2-24　客货纵列式区段站布置图

四、编组站

1. 编组站的作用及任务

编组站是铁路网上办理大量货物列车解体和编组作业,并设有比较完善调车设备的车站。编组站是按照列车编组计划要求,编解直达和直通等各类型列车,而且多数是直达列车和直通列车。从这个意义上讲,编组站实际上就是一个货物列车制造工厂。

归纳起来,编组站在路网上和枢纽中的主要任务和作用如下:

(1)解编各种类型的货物列车;

(2)组织和取送本地区进行装卸作业的车流;

(3)设在编组站的机务段,供应列车动力,以及整备、检修机车;

(4)设在编组站的车辆段及其下属单位(站修所、列检所),对车辆进行日常维修和定期检修等。

2. 编组站的调车工作分类

调车工作按使用设备分为牵出线调车和驼峰调车两种。

(1)牵出线调车

牵出线调车是一种平面调车的作业方式,牵出线调车是主要依靠调车机车的动力来解体车列的一种调车设备。在驼峰编组站上有许多调车项目,如车列的编组、转线和车辆的摘挂、取送等需使用牵出线进行调车。

(2)驼峰调车

驼峰是一种人工建造的小山峰,调车时,调车机车先将车列推上峰顶,摘开车钩后利用车辆自身的重力车辆让车辆自行溜放,进入驼峰下调车场。这是编组站解体车列的一种主要方法。

驼峰的范围是指峰前到达场(在不设峰前到达场时为牵出线)与调车场之间的一部分线段,如图 1-2-25 所示,包括推送部分、溜放部分和峰顶平台。

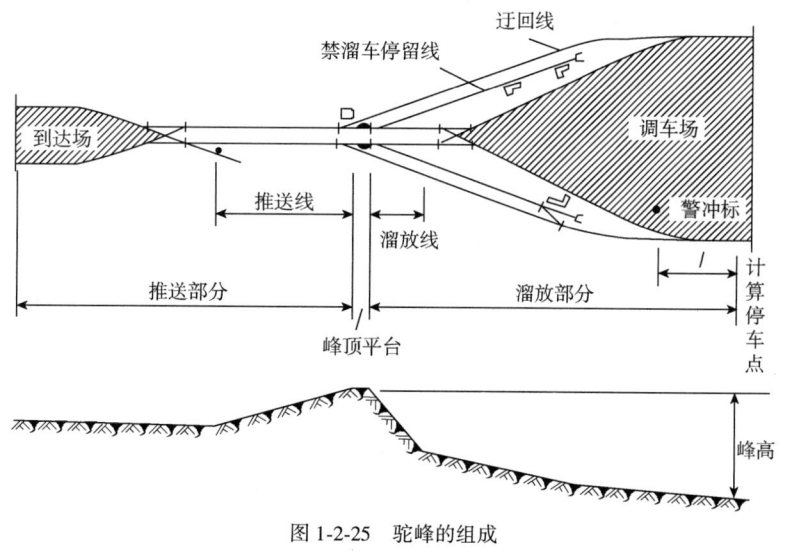

图 1-2-25 驼峰的组成

近年来,电子学、自动控制理论和计算机技术的飞跃发展,为实现车辆溜放速度的自动调节和自动控制创造了条件。

五、铁路枢纽

1.概念

在铁路干、支线的交叉点或衔接地点(3个及以上方向交叉衔接),由各种铁路线路、专业车站或客货车站以及其他运输服务相关设备组成的整体称为铁路枢纽,如图1-2-26所示。铁路枢纽主要从事列车的解体、编组、转线等业务。目前,我国铁路主要大、中型枢纽有北京、天津、上海、哈尔滨、郑州、武汉、沈阳、广州、兰州、重庆、成都等。

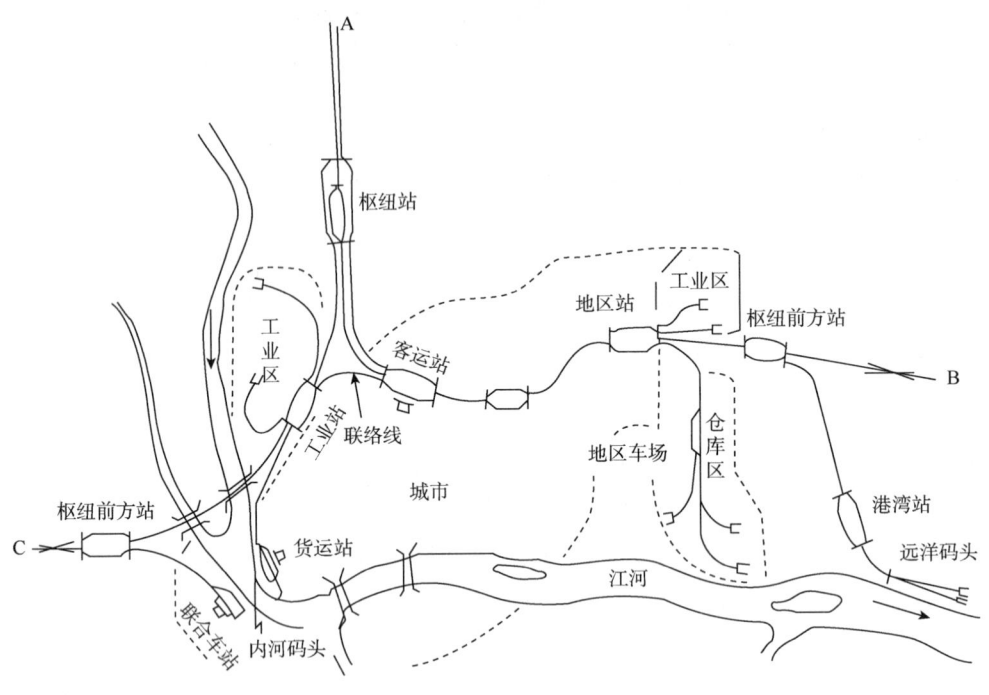

图1-2-26 铁路枢纽布置图

2.类型

铁路枢纽按其在铁路网上的地位与作用可分为以下几类:

1)路网性铁路枢纽

承担的客货运量和车流组织任务涉及整个铁路网,一般位于几条铁路干线交叉或衔接的具有重要政治和经济地位的大、中工业城市,办理大量的跨局通过车流和地方车流,设有较多的专业车站,其设备和规模能力都很大,如北京、郑州、上海、广州、武汉等。

2)区域性铁路枢纽

承担的客货运量和车流组织主要为一定的区域范围服务,一般位于干线和支线交叉或衔接的中、小工业城市,办理管内的通过车流和地方车流,设备规划不大,如太原、长春、柳州等。

3)地方性铁路枢纽

承担的运量和车流组织主要为某一工业区或港湾等地方作业服务,一般位于大工业企业和水陆联运地区,办理大量的货物装卸和小运转作业,如大连、秦皇岛、大同等。

第三节　铁路机车车辆

铁路机车车辆(以下简称机车车辆),俗称火车,是用于牵引或装载运输对象,并使它们发生沿既定轨道位移的运输设备。机车车辆是铁路运输的主体,完成铁路运输任务要求有足够数量、品种齐全以及性能优良的机车车辆。

一、铁路机车车辆基本特点

与其他运输车辆相比,机车车辆最显著的不同在于其必须沿专门铺设的钢轨上运行。车轮与钢轨之间的特殊关系成了铁路机车车辆的最根本特征,并派生出一些其他特点。

1.自行导向

火车没有类似汽车转向盘的转向操纵机构,通过其特殊的轮轨关系(图1-2-27)实现过曲线,即能沿轨道运行而无需专人掌握运行的方向。

思考与讨论:

分析机车车辆的轮轨关系,思考火车过曲线时是如何自行导向的?

2.低运行阻力

机车车辆车轮与钢轨之间为滚动摩擦,车轮与钢轨均为含碳量偏高的材料,轮轨接触面积小,故铁道机车车辆运行中轮轨间具有较低的运行阻力。

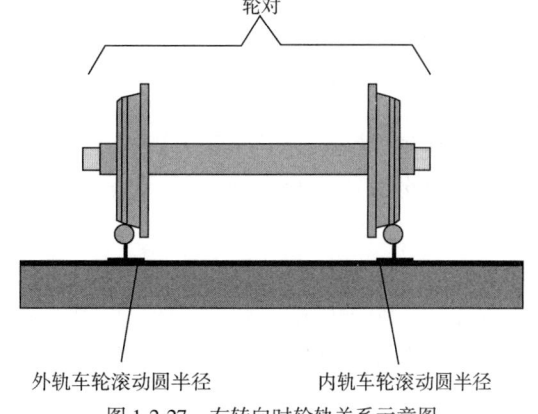

图1-2-27　右转向时轮轨关系示意图

3.成列运行

运行阻力低意味着在相同牵引力的情况下,机车可以牵引更多的车辆,即它可以编组、连挂后成列运行。为了适应成列运行的特点,车与车之间需设连接、缓冲装置,以传递或缓冲列车在运行中或在调车时所产生的纵向力和冲击力。

4.严格的外形尺寸限制

机车车辆在规定的线路上行驶,无法主动避让靠近它的物体,为此需严格限制车辆的外形尺寸,即对车辆进行限界,以确保运行安全。

机车车辆限界是一个和线路中心线垂直的极限横断面轮廓,机车车辆停放在水平直线上且无侧向倾斜及偏移时,除电力机车升起的受电弓外,其他任何部分均应容纳在限界轮廓之内,不得超越。

国际铁路联盟(International Union of Railways，UIC)在标准 UIC 505-1 给出的限界参照轮廓如图 1-2-28 所示。

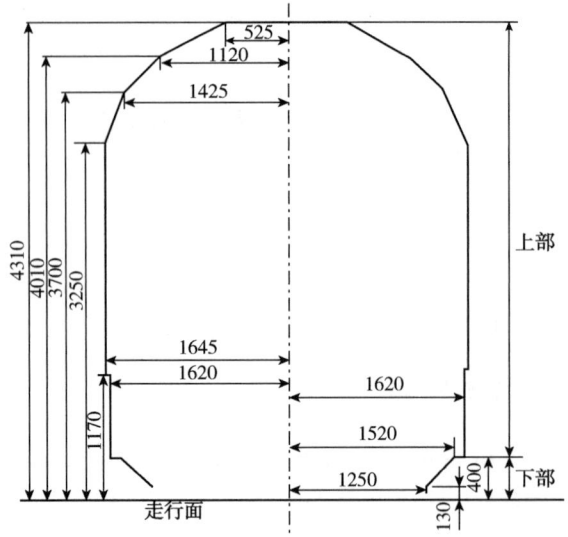

图 1-2-28　UIC505-1 限界轮廓(尺寸单位:mm)

二、机车车辆分类

机车车辆,俗称火车,一般有两种形式:传统的列车和动车组。根据是否带有动力,传统的列车可以分为机车与车辆;对于动车组,可以分为动车与拖车。

1.机车

由于铁路车辆大都不具备动力装置,需要把客车或货车连挂成车列,由机车牵引运行。在车站上,车辆的转线以及货场取送车辆等各项调车作业,也都要由机车完成。

铁路机车的分类大致以运用和牵引动力来划分。

从运用上分类,有客运机车、货运机车和调车机车。客运机车是牵引客车的机车,相对货运机车来说,客运机车的牵引力要小一些,速度要快些。这是因为客车的编组较少,一般为 20 多节,载重量也比货车小得多,没有必要"大马拉小车"造成浪费。

货运机车当然是用来牵引货车的。我国除了重载列车外,一般的货运列车载重量约为 5000t。显然,货运机车的牵引力要比客运机车大得多,但速度没有客运机车那么快。

调车机车(图 1-2-29)主要在车站完成车辆转线以及货场取送车辆等各项调车作业,它的特点是机动灵活,能通过较小的曲线半径,因此车身较短,速度相对要求也不高。

按牵引动力,传统机车可分为蒸汽机车、内燃机车、电力机车。蒸汽机车(图 1-2-30)是利用蒸汽机,把燃料(一般用煤)的化学能变成热能,再变成机械能,而使机车运行的一种火车机车。内燃机车以内燃机产生动力,并通过传动装置驱动车轮前进,是一种自带能源的机车。电力机车是指从外界(接触网或第三轨)获取电力,并通过牵引电机驱动的铁路机车。由于效率低、环境污染大等缺点,蒸汽机车已经退出了历史的舞台,目前我国铁路运输的牵引主要由内燃机车(图 1-2-31)和电力机车(图 1-2-32)完成。

图 1-2-29　调车机车

图 1-2-30　蒸汽机车

图 1-2-31　内燃机车

图 1-2-32　电力机车

截至 2020 年底，我国非电气化铁路 3.98 万公里，占铁路运营里程的 27.2%，动车仍然来自以柴油为主的内燃机车。为了在非电气化铁路上进一步推广节能减排技术，多年来我国也一直积极研发新能源机车。2021 年 1 月 27 日，中国自主研发的首台氢燃料电池混合动力机车（图 1-2-33），在中车大同电力机车有限公司成功下线，标志着我国氢能利用技术取得关键突破，中国铁路机车装备驶入全球氢能技术高地。

图 1-2-33　氢燃料电池混合动力机车

2. 动车组

传统的列车由有机车和车辆组成，在运行时要反复进行列车和机车的编挂。把动力装置分散安装在多节车厢上，使其既具有牵引力，又可以载客，这样的列车称为动车组。

动车组的牵引动力形式可分为动力分散式和动力集中式两大类，按转向架的形式又可以分为独立式和铰接式两种，如图 1-2-34 所示。

动力集中式就是将列车的动力集中在列车两端，动车之间为数量不等的拖车，形成推挽式牵引。动力集中式的典型代表有德国的城际特快列车（Inter City Express，ICE）ICE1 和 ICE2、法国的高速铁路系统（Train à Grande Vitesse，TGV）TGV-PSE 和 TGV-A 等。

动力分散式是将列车的动力分散布置于各节或大部分车辆上，由若干动车和拖车组成一个单元，再由若干单元组成列车。动力分散的典型代表有日本的新干线动车组、德国的 ICE3、法国的 AGV 以及中国高速铁路 CRH 系列动车组等。

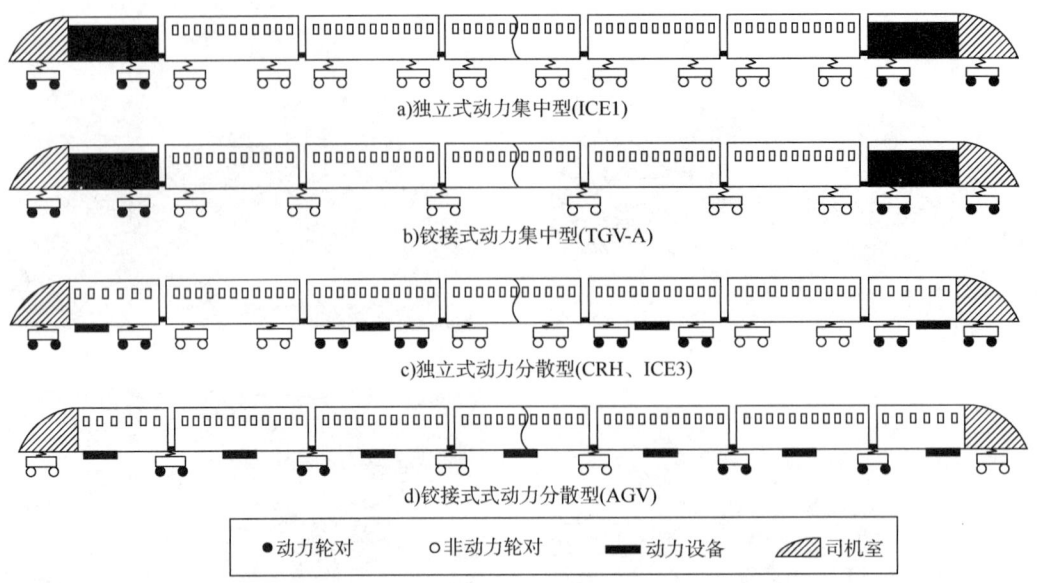

图 1-2-34 动车组分类示意图

思考与讨论：
对于动车组，动力集中式与动力分散式的优缺点有哪些？

3.车辆

根据运输对象的不同，传统列车的车辆又可分为客车与货车两大类，且每一大类中又可以细分。

1）客车

铁路客车包括载运旅客、为旅客提供服务的车辆，以及挂运在旅客列车中的其他用途的车辆。目前，我国铁路客车根据用途的不同主要有硬座车、软座车、硬卧车、软卧车、行李车、餐车、邮政车、试验车。此外，还有公务车、卫生车、医务车、维修车、文教车、特种车等。

按运营的性质或范围分类如下。

(1) 城市地铁及轻轨车辆：这是一种城市交通系统中所用的短途车辆，本身均设有驱动装置，如图 1-2-35、图 1-2-36 所示。

图 1-2-35 北京地铁 2 号线

图 1-2-36 大连轻轨

(2)市郊客车:比上一类车运行距离稍远,在大城市与其周边的中、小城镇或卫星城市之间运行。图1-2-37为北京至八达岭的和谐号内燃动车组。

(3)普通客车:运行技术速度小于200km/h的旅客列车。

(4)高速客车:运行速度大于或等于200km/h的旅客列车,在我国为CRH和"复兴号"系列动车组。

轻轨车、地铁车、市郊车由于运行距离短,往往只有一种车种,而高速客车和普通客车又可按第一种分类法包含多个车种。

2)货车

图1-2-37　北京至八达岭市郊客车

为了运送各种不同的货物,货车可分为通用货车、专用货车、特种货车等不同的类型。

(1)通用货车

通用货车包括平车、敞车、棚车、冷藏车和罐车等。

(2)专用货车

专用货车是指一般只运送一种或很少几种货物的车辆,包括家畜车、水泥车、漏斗车、自翻车和集装箱专用平车等,如图1-2-38所示。

a)$KM_{70}(KM_{70H})$型石碴漏斗车

b)L_{18}型粮食漏斗车

c)W_6型毒品车

d)X系列的集装箱专用平车

图1-2-38　常见专用货车

图1-2-39 D$_{38}$型钳夹式长大货车

(3) 特种货车

特种货车有长大货车、落下孔车、凹型车、钳夹车等。长大货车是铁路运输中使用的一种特种车辆,专为装运各种长大重型货物,如大型机床、发电机、化工合成塔等。由于这些车的载重量及自重较大,为适应线路允许的轴重要求,因此,特种货车的轴数较多。图1-2-39为D$_{38}$型钳夹式长大货车。

思考与讨论:

客车与货车,甚至是不同类型的货车之间结构都不一样,为什么?

三、机车车辆基本组成

1. 机车车辆基本结构

铁道车辆类型繁杂,结构也不尽相同,但从结构组成来看,一般均由走行装置、制动装置、车钩缓冲装置、车体、车辆内部设备5大部分组成,如图1-2-40所示。

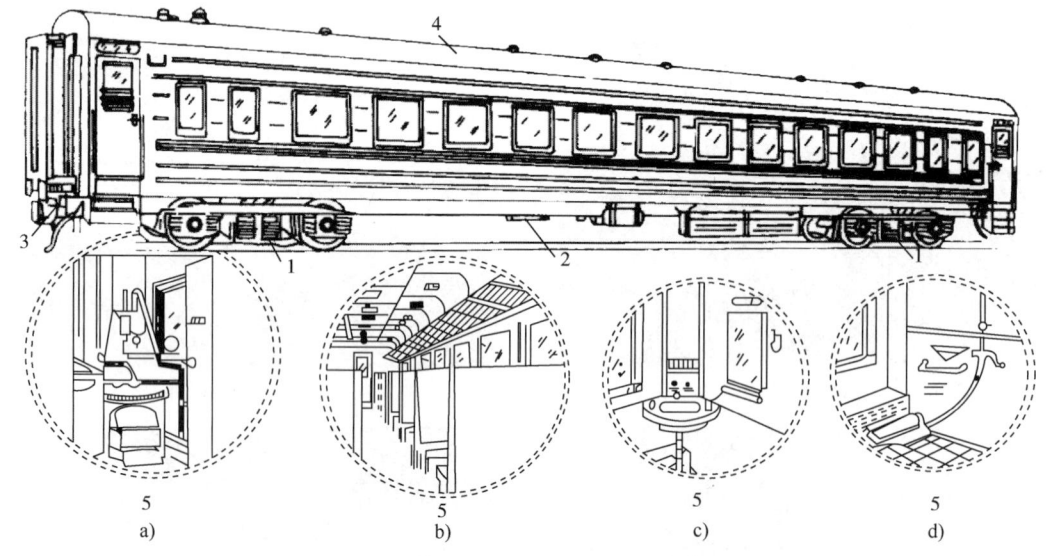

图1-2-40 车辆基本组成

1-走行装置;2-制动装置;3-车钩缓冲装置;4-车体;5-车辆内部设备

1) 车体

车体由走行装置支承,容纳运输对象和整备品,也是安装和连接其他组成部分的基础。一般车体由底架、侧墙(包括门窗)、端墙、车顶组成。

2) 走行装置

走行装置,又称为转向架,位于车体与轨道之间,引导车辆沿轨道运行,承受与缓和来自车体及线路的各种载荷,是轨道车辆的重要组成部件之一。图1-2-41为"复兴号"标准动车组转向架。

3）制动装置

为施行制动和缓解而安装在列车上的一整套设备,称为列车"制动装置",是保证列车准确停车及安全运行所必不可少的装置。图1-2-42为CRH_2动车组的转向架基础制动装置。

思考与讨论：

从结构与原理方面,思考机车车辆制动与自行车制动的异同。

图1-2-41 "复兴号"标准动车组转向架

图1-2-42 CRH_2动车组的转向架基础制动装置

4）车辆内部设备

车辆内部设备是一些能良好地为运输对象服务而设于车体内的固定附属装置。例如,客车上的电气、给水、取暖、通风、空调、座席、卧铺、行李架等装置均是为旅客提供直接或间接服务的；货车由于类型不同,内部设备也因此千差万别,如棚车中的拴马环、床托等分别为运送大牲畜及工作人员所设。

5）车端连接装置

车端连接装置是指处于车辆端部、使车辆连接成列的设备,其作用是连接机车车辆、减缓列车的纵向冲击力、传递列车电力、通信控制信号和连接列车风管。车端连接装置主要包括车钩、缓冲器、风挡、电气连接装置等。图1-2-43为CRH_3动车组的密接式车钩缓冲装置。

图1-2-43 CRH_3动车组密接式车钩缓冲装置

2.内燃机车基本结构

内燃机车是以内燃机为动力,通过传动装置驱动车轮的机车。内燃机车一般由柴油机、传动装置、走行部、车体车架、车钩缓冲装置、制动系统和辅助装置组成。电传动内燃机车结构如图 1-2-44 所示。

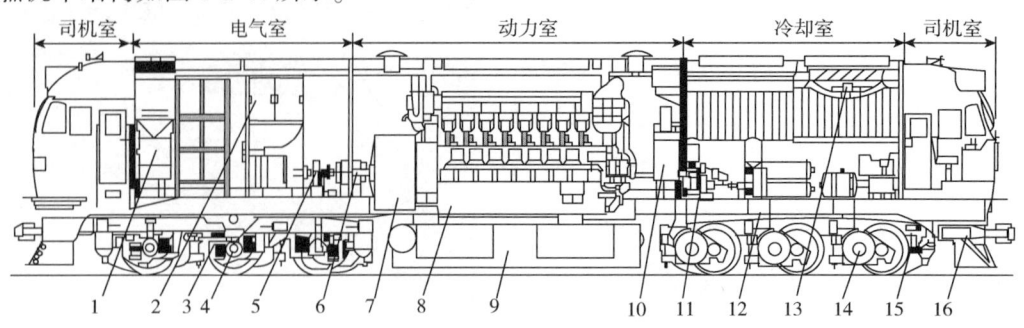

图 1-2-44　电传动内燃机车结构示意图

1-电阻制动装置；2-硅整流柜；3-牵引装置；4-走行部；5-气动变速器；6-励磁机；7-主发电机；8-柴油机；9-燃油箱；10-预热锅炉；11-静液压变速器；12-电机悬挂系统；13-冷却风扇；14-牵引电机；15-基础制动装置；16-车钩缓冲装置

1）柴油机

柴油机是利用柴油燃烧后所产生的热能作动力的一种机械，多为四冲程、多缸、废气涡轮增压柴油机。如 DF11 内燃机车上采用的 16V280ZJA 型柴油机，如图 1-2-45 所示。

2）内燃机车传动装置

内燃机车与其他机车最大的不同在于，作为动力源的柴油机与动轮之间具有特殊的动力传动装置，柴油机的功率是通过传动装置传递到动轮上去，而不是由柴油机直接驱动动轮的。

思考与讨论：

为什么内燃机车通过传动装置驱动车轴，而不是柴油机直接驱动？

3）机车走行部

机车走行部，即转向架，是机车在轨道上运行的装置。内燃机车的走行部一般为三轴转向架，极少数机车用四轴转向架。机车转向架由构架、轮对、轴箱、一系弹簧悬挂装置、二系弹簧悬挂装置、牵引装置、牵引电动机、齿轮传动装置、基础制动装置等部分组成。轴箱与转向架构架之间在垂向用一系弹簧悬挂装置相连，转向架构架与车体之间在垂向用二系弹簧悬挂装置相连。内燃机车转向架如图 1-2-46 所示。

图 1-2-45　DF11 内燃机车用柴油机

图 1-2-46　内燃机车转向架

内燃机车的整备时间短，持续工作时间长，适用于长交路；用水量少，适用于缺水地区；初期投资比电力机车少，而且机车乘务员劳动条件好，便于多机牵引。内燃机车最大的缺点是对大气和环境有污染。

3.电力机车基本结构

电力机车,通过受电弓或第三轨将接触网供给的单相工频交流电引入机车内部,经变流变压设备,带动牵引电机,通过传动装置驱动车轮,牵引列车运行,如图 1-2-47 所示。

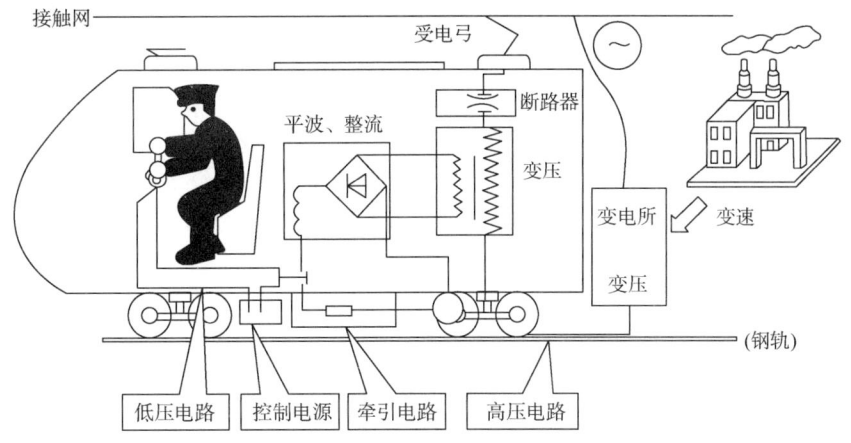

图 1-2-47　电力机车工作原理

从外部看,电力机车由上部的车体和下部的走行部组成。电力机车的大部分机械、电机设备、电器和电力电子装置都是安装在车体内的。走行部位于车体之下,主要是引导机车沿轨道运行,并把车体和载荷的重量传给钢轨。图 1-2-48 为和谐号电力机车结构及其关键技术。

电力机车上设有各种复杂的电气设备,而所有电气设备分别装设在主电路、辅助电路和控制电路这三大电路中。

图 1-2-48　和谐号电力机车结构及其关键技术

1)主电路

主电路是将牵引电动机及其相关的各种电气设备联结而成的一个系统,具有电压高、电流大的特点。主电路中包括的电气设备主要有受电弓、主断路器、主变压器(即牵引变压器)、整流调压装置、电抗器、牵引电动机和制动电阻等。

2)辅助电路

辅助电路是将辅助电机(如劈相机、压缩机电机、通风机、油泵等)、辅助设备(如取暖设备、电热玻璃等)及其相关的电气设备联结而成的一个系统。它的电源来自主变压器的辅助绕组，通过劈相机将单相交流电转变成三相交流电后，供给牵引通风机、油泵机组和空气压缩机等辅助电机使用。其工作电压一般为交流380V、220V或直流几百伏。

3）控制电路

控制电路将主电路和辅助电路中各电气设备的控制电器（包括各种控制开关、接触器、电空阀等）同电源、照明、信号等的控制装置连成一个电路系统。一般采用低压直流电源，电压值为50~110V，所以又叫作低压线路。

以上3个电路系统在电气方面一般是相互隔离的，但三者通过电磁、电空或机械传动等方式相互联系与配合。

四、机车车辆标记

机车车辆标记是涂刷或粘贴在铁路机车和车辆的一定位置上，用以表示产权、型别、车号、基本性能、配属及使用中的注意事项等的标识与符号。

1.产权标记

产权标记有路徽和配属标记两种。

路徽：铁路企业的标志，涂画在机车车辆上时表示其产权所属。各国铁路不论其为国有企业还是私营企业，都有自己的路徽。拥有机车车辆的非铁路企业也各有自己的标识。我国铁路路徽如图1-2-49a)所示。另外，我国还规定用于国际联运的客车在车体两侧中部须挂国徽。

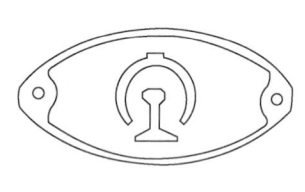

a)铁路路徽　　　　　b)铁路产权牌　　　　c)北京—莫斯科国际列车

d)配属标记

图1-2-49　产权与配属标记

配属标记:表示机车车辆配属关系的标记。我国铁路规定所有机车、客车和部分货车分别配属给各铁路局集团公司及其所属机务段或车辆段负责管理、使用和维修,并在车上涂刷所配属的铁路局段的简称,如"上局徐段"表示上海铁路局集团公司徐州机务段(或徐州车辆段),如图1-2-49d)所示。

2. 制造标记

制造标记表示机车车辆的制造工厂名称和制造年份的标记,又称为工厂铭牌,一般安装在机车车辆指定位置上,如图1-2-50所示。

a)

b)

图1-2-50 制造标记

3. 运用标记

运用标记包含车种标记、车号、定位标记、检修标记、基本性能标记等。

1) 车种标记

车种标记表明客车、特种用途车车辆种类的标记,以汉字方式表示,标在车体两侧板端部。机车和货车上没有单独的车种类表代号,只有车号。车辆种类代号如表1-2-3所示。

车辆种类代号表　　　　　　　　　　　表1-2-3

顺 号	车 种	代 号	顺 号	车 种	代 号
1	软座车	RZ	1	敞车	C
2	硬座车	YZ	2	棚车	P
3	软卧车	RW	3	平车	N
4	硬卧车	YW	4	罐车	G
5	行李车	XL	5	保温车	B
6	邮政车	UZ	6	集装箱车	X
7	餐车	CA	7	矿石车	K
8	公务车	GW	8	长大货物车	D
9	卫生车	WS	9	毒品车	W
10	空调发电车	KD	10	家畜车	J
11	医疗车	YI	11	水泥车	U
12	试验车	SY	12	粮食车	L
13	简易座车	DP	13	特种车	T
14	维修车	EX	14	自翻车	KF
15	文教车	WJ	15	活鱼车	H
16	特种车	TZ	16	通风车	F
17	代用座车	ZP	17	守车	S

2) 车号

车号由机车车辆型号及其出厂号码组成,通常标在机车车辆两侧明显处。型号由基本型号和辅助型号组成。我国铁路国产机车的基本型号用汉字拼音的首字符表示,如"DF""SS"等;进口机车和客货车辆的基本型号用汉语拼音方式表示,如 ND 表示电力传动柴油机车。部分客货车辆的基本代号见表 1-2-3。辅助型号表示机车车辆的不同结构系列,用阿拉伯数字表示,附于基本型号右下角,如图 1-2-51 所示。序号按车种和标记载重编号,由主管部门指定范围,制造工厂按出厂顺序编列。

图 1-2-51　车种车号

3) 定位标记

表示机车车辆前后端位置并用以命名同名零部件的标记。我国铁路规定,在客、货车辆上以装有手制动装置的一端或以制动缸活塞杆伸出方向的一端为 1 位端,其他端为 2 位端,用阿拉伯数字"1""2"分别表示并涂刷在车体两侧端部。对于前后并置的同名零部件按其位置由 1 位端至 2 位端顺序命名,如 1 位转向架、2 位横梁、3 位车轴等。对于左右并置的同名零部件,以观察者在 1 位端面向车辆时左手侧为单数,右手侧为复数并结合前后位置命名,如 1 位车轮、6 位轴箱等,如图 1-2-52a) 所示。

机车前后位依其动力装置的排列方式确定,并以罗马字Ⅰ、Ⅱ分别表示。图 1-2-52b) 中,车号"HX$_D$3D8002Ⅱ","Ⅱ"意义与车辆定位标记中"2 位"端相同。

4) 检修标记

检修标记表示车辆进行定期检修的单位和年月,以及下次检修年月的标记。我国铁路货车的检修标记如图 1-2-53 所示。在图 1-2-53b) 中,线下为厂修标记,线上为段修标记,左侧为下次厂、段修年月,右侧为本次厂、段修年月。右侧"齐厂"为厂修企业"齐齐哈尔轨道交通装备有限责任公司"的简称。

5) 基本性能标记

基本数据标记表示客、货车基本性能的标记。通常货车标在车体两侧,客车则标在车体两端,如图 1-2-54 所示。

6) 其他标记

机车车辆除了上述标记外,还有机车车辆设备、用途和结构特点的各种标记,在此不再赘述。

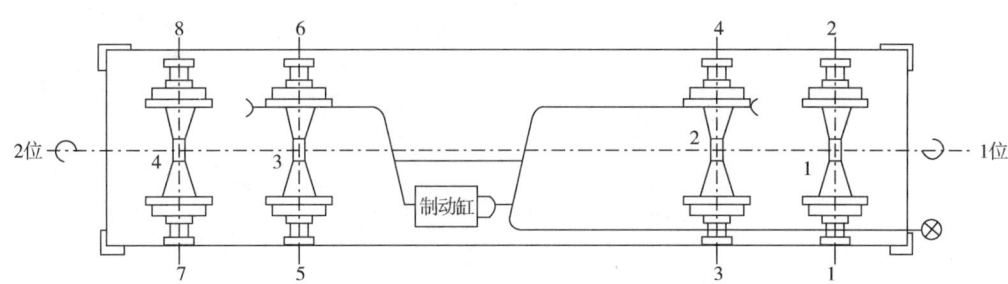

a) 车辆方位示意图

b) 机车方位

图 1-2-52　机车车辆方位

a) 车辆检修标记

13.5	11.5	齐厂
19.5	11.5	齐厂

b) 车辆检修标记

图 1-2-53　车辆检修标记

思考与讨论：
机车车辆为什么设有上述系列标记？

五、机车车辆主要技术参数

机车车辆技术参数是指机车车辆技术规格的某些指标，是从总体上表征机车车辆性能及结构的一些数字，一般包括性能参数和主要尺寸两大类。

a)客车基本性能标记　　　　　　　　　　b)货车基本性能标记

图 1-2-54　车辆基本性能标记

1.车辆主要技术参数

载重:车辆标记中所注明的货物或旅客和行李包裹的质量(包括整备品质量和乘务人员的质量)称为车辆的载重。以 t 为计量单位,客车保留一位小数。

自重:空车时车辆本身具备的质量。检修改造后,发生 100kg 质量差异时,经检衡后,须修改自重标记。

自重系数:车辆自重与设计载重的比值。在保证强度、刚度和使用寿命的条件下,自重系数超越小就越经济,它是衡量车辆设计合理性的一个重要指标。客车用每个定员所占车辆自重来表示此参数。

轴重:车辆总重(自重+载重)与车辆轴数之比称为轴重。

构造速度:设计时,根据各种条件所规定的允许速度。它主要取决于车辆的结构强度、制动装置的能力等。

车辆长度:是在无纵向外力作用的情况下,车辆两端车钩在闭锁位置时测量的两钩舌连接线间的水平距离,以 m 为单位。

换长:车辆长度与标准长度的比值,为车辆长度的换算标记。标准长度规定为 11m,当初是以 30t 棚车的平均长度为计算标准而规定的。

2.机车主要技术参数

除了车辆的一些技术参数外,机车还拥有一些特殊的性能参数。

标称功率:电力传动内燃机车和电力机车标称功率是指该机车各牵引电动机输出轴处可获得的最大输出功率之和。

持续速度:机车在全功率工况下,其冷却装置的能力所能容许的持续运行的最低速度。

持续牵引力:机车在全功率工况下运行时,对应持续速度的牵引力称为持续牵引力。

最大运用速度:机车运营过程中所允许的最大牵引速度 $v_{\max}$。设计机车时的最高设计速度应达到 $1.1v_{\max}$,亦称机车构造速度,根据此速度计算运动部件的强度、机车运行的稳定性及曲线通过的安全性,确保机车平稳安全运行。

最小通过曲线半径:配用某种形式转向架的机车在站场或厂、段内调车时所能安全通过的最小曲线半径。当机车车辆在此曲线区段上行驶时不得出现脱轨、倾覆等危及行车安全的事故,也不允许转向架与车体底架或与车下其他悬挂物相碰。

第四节 铁路信号与通信

在铁路运输的实践中,即使铁路线路、桥梁、机车和车辆等设备条件良好的情况下,也会发生列车冲突和颠覆等重大事故。发生列车冲突的原因可能是两列或多列列车同时占用一个空间造成的;也可能是由于道岔位置不正确而导致列车驶入错误线而造成冲撞;另外,列车速度超过了线路限制速度也会引起颠覆事故。为保证安全,铁路部门通常在划定的空间入口处设置信号机,以指挥列车确定其能否驶入该空间。信号机的开放,必须检查线路的空闲、道岔位置的正确和敌对信号的关闭,以此防止列车冲突和颠覆等重大事故的发生。

同时,在铁路运输过程中,司机必须严格按运行图和调度员的指挥命令行车,铁路部门经常需要对运行中的旅客列车或货物列车下达调度指挥命令。因此,调度指挥命令信息的传输就显得十分重要。

综上所述,在现代铁路运输系统中,除了铁路固定设备(线路、桥梁、隧道)和移动设备(机车、车辆),还需要铁路信号与通信系统,简称铁路信号与通信,它们构成了铁路运输系统三个不可分割的技术基础。

一、铁路信号与通信概述

铁路信号技术已经历了一百多年的发展,形成了今天的现代铁路信号系统,铁路信号技术在进入信息时代的今天,已逐步与通信走向一体化。铁路通信信号是各种现代信息技术在铁路运输工程中的具体应用,是信息学科与铁路运输学科的交叉学科。当前,铁路信号和通信已由过去的铁路运输的"眼睛"和"耳朵"变成了铁路的"中枢神经",发挥着越来越重要的作用。

(一)铁路信号

最早的铁路是没有信号的。因为当时的列车重量不大、速度不高,所以停车所需的距离(称为制动距离)不长,在司机的视力范围内。司机可以凭自己的瞭望来判断前方线路的条件,进而决定是否需要减速。随着列车变得更重、速度变得更高,制动所需距离也变得更长,司机的视力就变得不够用了,就需要他人(人工信号)或他物(自动信号)来提供关于线路条件的"预警信息",以便司机在看到前方的列车或危险(如断轨)之前,先看到信号。铁路信号系统的发展可分成两个阶段:人工信号阶段、自动信号阶段。而自动信号本身又可分为轨旁自动信号阶段和车载自动信号阶段。

1.人工信号

最早的信号只有前进、停车两种。列车运行时,一位铁路员工骑马在前,为了醒目,他们戴着礼帽,身穿黑大衣和白色裤子,一边跑一边指挥列车的司机。后来,逐步发展出一系列人工信号,包括手灯、手旗、明火、声笛等多种形式,属于"移动"信号,因为信号员的位置是变化的。

除上述"移动"信号,还有固定信号,即信号员在沿线的固定位置向司机显示有关的信号。此时,人工信号的具体体现除了手信号外,还可以是固定于轨旁,由信号员手动操控的臂板信号机或色灯信号机。经试验发现，在面积相等的情况下，圆形、方形和长方形相比，以长方形看得最远。因此，用一块长方形的板模拟人的手臂，以板的不同位置模拟人的不同手势，传递不同的信息，就形成了臂板信号机（目前已淘汰），在结构上分为单臂式、双臂式和三臂式三种，如图 1-2-55 所示。臂板信号的局限之一是在夜间不易观察。如果用不同颜色的灯光来传递不同的信息（即色灯信号机），就能克服这一局限。

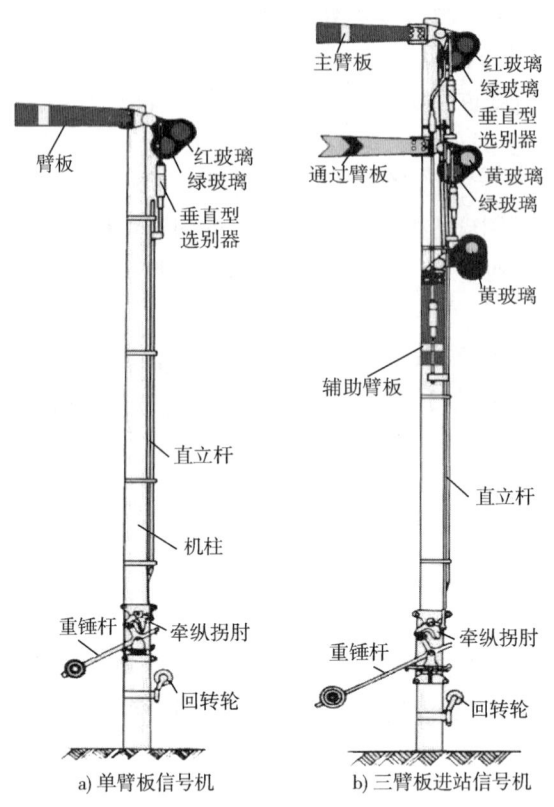

图 1-2-55　臂板信号机

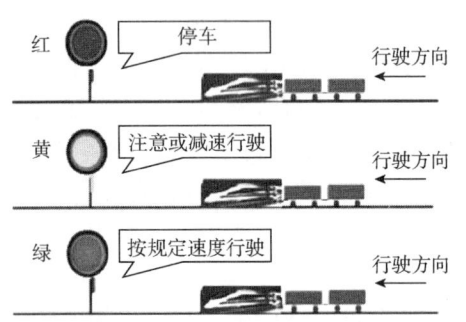

图 1-2-56　铁路视觉信号的 3 种基本颜色

我国规定视觉信号的 3 种基本颜色为红色、黄色、绿色，如图 1-2-56 所示。

2.自动信号

人工信号存在诸多安全隐患，后来，人们发明了轨道电路。该电路的组成部分之一是走行轨本身，所以其被称为轨道电路。如图 1-2-57 所示为轨道电路的基本构成，当轨道电路空闲时，电流从轨道电源正极经过钢轨进入轨道继电器，再经另一股钢轨回到电源负极，这时因轨道继电器衔铁吸起，接通绿灯回路，信号机显示绿灯，此状态表示前方线路空闲，允许机车车辆占用；当轨道电路区段有车占用时，由于机车车辆轮对的电阻很低，轮对和车轴造成轨道电路短路，继电器吸力减弱，轨道继电器衔铁落下，接通红灯回路，信号机显示红灯。轨道电路的这一工作性能,能够防止列车发生追尾和冲突事故,确保行车安全,需要指出的是,当轨道电路发生断轨、断线时,同样会使轨道继电器衔铁落下。

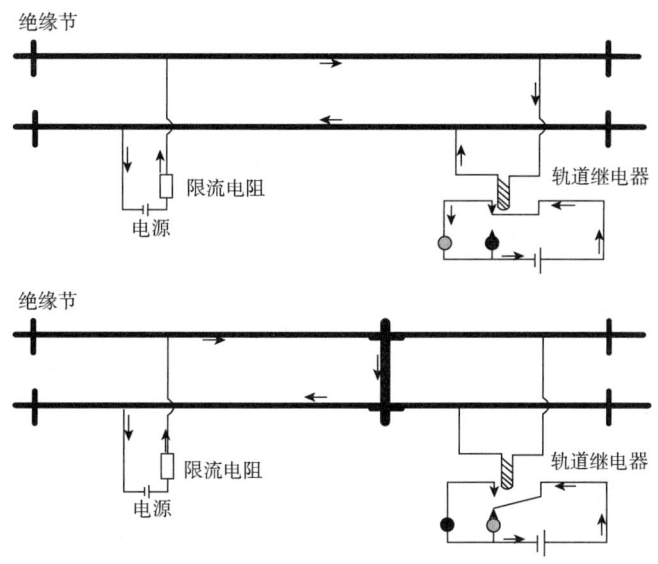

图 1-2-57　轨道电路的基本构成

由上述原理可知,轨道电路对信号灯的控制过程不需要人工介入,所以属于自动信号。和人工信号相比,轨旁自动信号节省了人工工作量,减少了由人为失误造成的事故。由于这时的信号灯是固定在铁路沿线的,所以也属于固定信号。

虽然上述轨旁自动信号有诸多优点,但是也同样存在安全问题,信号机由于装在地面上,受曲线、隧道等地形限制,给司机瞭望带来一定的困难。特别是在雨雪、风沙、大雾迷茫等恶劣气候条件下,地面信号更是看不清楚。另外,随着列车速度的不断提高,显示距离约 1km 的信号机已很难使司机从容采取措施。比如司机发现红色停车信号时以 200km/h 的速度行驶,即使立即使用紧急制动,列车在巨大惯性的推动下,也要越过信号机 1km。因此,当列车行驶速度达到一定程度时,单纯依赖地面信号机显然是极其危险的。为了解决这个问题,人们研制出了机车信号机,即把轨旁信号的状态通过电磁感应传到车上,显示在司机驾驶台上,能显示和地面信号机同样的信号,保证了行车安全,提高了运行效率,也改善了司机的工作条件。从此,铁路信号从轨旁发展到了车内(车载信号)。

随着铁路运输的任务越来越重,列车运行速度越来越高,特别是高速铁路、客运专线的发展,保证运输安全的问题也越来越突出。完全靠人工瞭望、人工驾驶列车已经不能保证行车安全了,即使装备了机车信号和自动停车装置,也只能在列车一般速度运行条件下保证安全,无法实现高速列车的安全保证。因此,需要研究列车运行控制系统,实现对列车间隔和速度的自动控制,提高运输效率,保证行车安全。要实现上述目标,不是简单地改进设备可以完成,需要解决许多关键技术问题,例如:车—地之间大容量、实时、可靠信息传输,列车定位,列车精确、安全控制等。需要车载设备、轨旁设备、车站控制、调度指挥、通信传输等系统良好的配合才能实现,以现代列车运行控制技术为核心的信号系统可以称为现代铁路信号系统。

为了适应我国高速铁路、客运专线的迅速发展和保证铁路运输安全的需要,铁路部门研制成功了"CTCS 系统"（即：铁路列车控制系统,是 Chinese Train Control System 的缩写"CTCS"）,根据功能要求与设备配置分为 CTCS-0、CTCS-1、CTCS-2、CTCS-3、CTCS-4 共五级。

(二)铁路通信

铁路起步阶段,以蒸汽机车为动力,火车运行速度慢,模拟通信技术得到广泛运用,提供以语音为基础的行车闭塞电报电话业务和行车指挥联络服务,传输媒体以架空明线线路为主。1903 年开始,在铁路上装设磁石式人工电话交换机。1958 年后,国产各种容量的步进制自动电话交换机开始大批量生产。1960 年初期,铁路用纵横制、小交换机逐渐普及。

1960 年以后,随着机车运力需要的增加,内燃机车被广泛运用。随着列车速度提升,对通信效率的需求进一步提升,因此,铁路通信网迅速形成,提供语音和低速数据业务,铁路通信业务成为铁路各部门各领域的必需品,成为运输生产指挥、事故救援、客货用户服务的重要手段。为确保通信线路稳定可靠,主要通信干线上的架空明线逐渐被直埋电缆取代,如图 1-2-58 所示。通信传输设备也相应变化,1959—1985 年,使用较广泛的是 3 路和 12 路明线载波电话机。对称电缆载波设备主要是 ZDL12 型电缆载波通信系统。

图 1-2-58　铁路通信电缆

1980 年以来,电力机车被广泛使用,随着速度的加快,对于通信的要求变得更高。铁路通信开始大范围采用光通信技术、数字无线通信技术、程控交换技术以及多媒体信息技术等组成的现代通信技术,完成了迭代升级。铁路通信传输、交换、数据通信、专用通信、会议电视、电报通信均实现从模拟向数字化的过渡。

2008 年,京津城际铁路开通运营,标志着我国进入高铁时代。高铁时代的铁路通信为运输生产提供语音、高清视频、高速铁路无线通信系统(GSM-R)和高速数据业务。通信传输网、数据网、同步网、管理网等技术手段为高铁运输提供了稳定可靠的技术保障。GSM-R 系统功能强大,能够提供安全防护、进路预告传递、调度命令传递、站车信息交互等业务,基于 GSM-R 系统的 CTCS-3 列控系统极大提高了铁路运输效率和安全性。

2017 年 6 月 25 日,中国标准动车组被正式命名为"复兴号",于 26 日在京沪高铁正式双向首发。2018 年 6 月至 9 月,自动驾驶设备顺利通过所有风险测试,可确保行驶安全,京张高铁将可以实现有人值守的无人驾驶。高铁智能化的背后,铁路通信技术的发展起到了支撑作用。

随着铁路交通的大发展,铁路通信技术突飞猛进,对铁路指挥调度系统提出了更高的要求,未来需要由 GSM-R 过渡到 LTE-R。LTE-R 可完全继承 GSM-R 全部业务,并可为用户提供多媒体集群调度、可视电话、实时视频监控、客运综合信息发布等功能,更大带宽提供了更多可能,为铁路运营提供更安全、更易运营维护、更高速的通信网络。

二、铁路信号与通信基础设备

(一)铁路信号设备及故障

铁路信号设备是铁路信号、联锁设备、闭塞设备的总称。它的主要作用是保证行车与调车安全和提高铁路的通过能力。包括信号装置、信号继电器、轨道电路、转辙机等。以下简要介绍信号装置。

信号装置一般分为信号机和信号表示器。

1.信号机

信号机的类型有色灯信号机、臂板信号机、机车信号机。其中,根据安装方式的不同可以分为高柱信号机、矮柱信号机、信号托架和信号桥。

色灯信号机用灯光的颜色、数目及亮灯状态表示信号含义,分透镜式、LED式等。图1-2-59为几种常见的色灯信号机。

 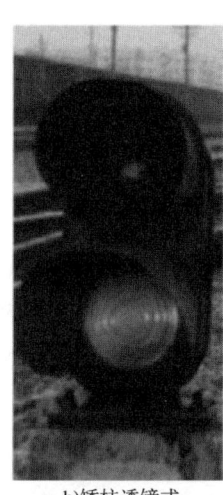 

a)高柱透镜式　　　　b)矮柱透镜式　　　　c)LED式

图1-2-59　色灯信号机

我国铁路采用左侧行车制,机车司机在驾驶室内的位置统一设在左侧。为便于司机瞭望信号,按规定所有色灯信号机均设在线路的列车运行方向左侧。特殊情况,如线路左侧没有装设信号机的条件,或因曲线、隧道、桥梁等影响,不适宜设置信号桥或信号托架,而将信号机设置在右侧,比设置在左侧的显示状况好,对行车更为有利时,经中国国家铁路集团有限公司批准,信号机也可设置在右侧。

(1)进站信号机

凡车站的列车入口处都必须装设进站信号机,指示列车能否由区间进入车站,保证接车进路的正确和安全可靠。

(2)出站信号机

车站发车线端部都必须装设出站信号机,用以防护区间;作为列车占用区间的凭证,指示列车能否进入区间;与发车进路及敌对进路相联锁,信号开放后保证发车进路安全。

(3)预告信号机

该信号机将进站信号机等主体信号机的显示状态提前通知机车司机。

如图1-2-60所示为进站、出站、预告信号机设置位置。

(4)进路信号机

一个车站有几个车场时,需要设置进路信号机,以防护列车从一个车场转线到另一个车场时转场进站用。如图1-2-61所示，XLⅠ、XLⅢ、SLⅡ、SLⅣ为进路信号机。

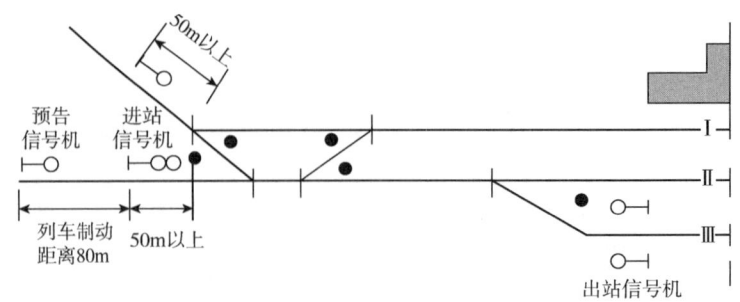

图1-2-60　进站、出站、预告信号机设置位置示意图

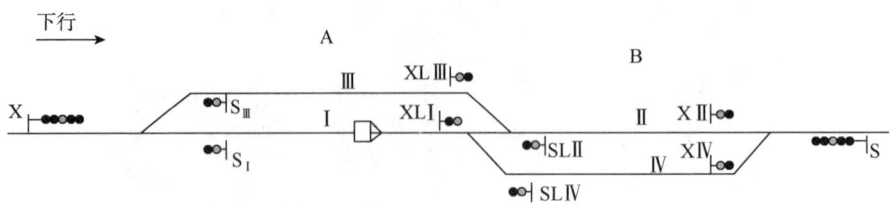

图1-2-61　进路信号机

（5）通过信号机

通过信号机是设在自动闭塞区段的闭塞分区分界处或非自动闭塞区段的所间区间分界处的信号机，用以指示列车能否进入它所防护的闭塞分区或所间区间，如图1-2-62所示。

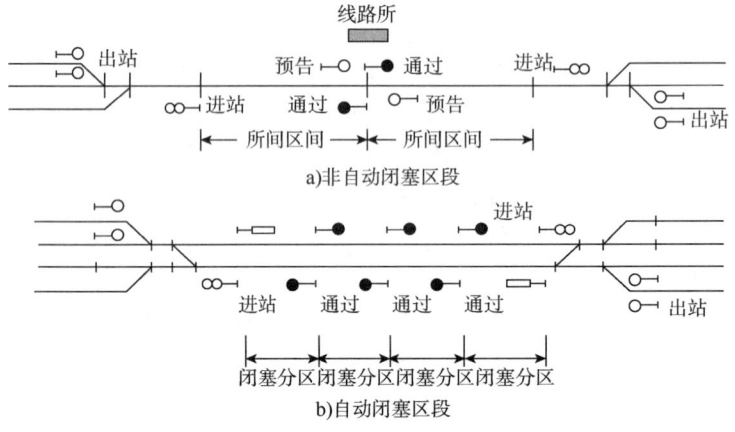

图1-2-62　通过信号机

（6）驼峰信号机

驼峰信号机是用以指示调车车列能否溜放以及下峰的信号机，设于峰顶平台与加速坡连接处的峰顶线路最高处。每条推送线分别设一架驼峰信号机，如图1-2-63所示。

（7）机车信号

机车信号是指在司机室内指示列车前方运行条件的信号，如图1-2-64所示。在地面信号机为主体信号的前提下,机车信号为辅助信号,它能自动反映列车运行前方地面信号机的显示状态和运行条件,指示列车运行,并与列车自动停车装置结合,确保列车的安全运行。

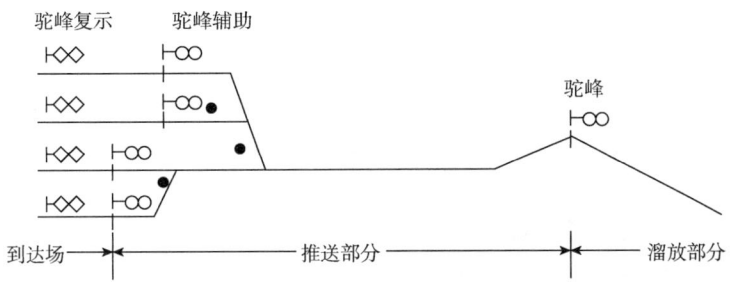

图 1-2-63　驼峰信号机

中国铁路采用的机车信号分为接近连续式、连续式和点式 3 种。

①接近连续式信号多用于非自动闭塞区段。在进站信号机外方制动距离附近的固定地点设置发送设备,并从固定地点到进站信号机之间加装一段轨道电路。从列车最前面的车轮轧在轨道电路上时起,发送装置就连续不断地向机车上传送地面信号的信息,使机车信号机连续复示进站信号机的显示。

②连续式机车信号用于自动闭塞区段,没有距离限制,只要列车在轨道上行驶,被机车第一轮对短路的轨道信号电流就会在钢轨周围产生磁场,装在机车上的感应器接收到信号,经过解码使机车信号机不断地显示与前方地面信号机相同的信号,连续不断地反映线路状态和运行条件。连续式机车信号大大降低司机的劳动强度,保证了行车安全。

图 1-2-64　机车信号

③点式信号是在线路上某些固定地点,如进站信号机外方 1200m 和 400m 处设置地面设备向机车传递信息的,主要用于缺少可靠交流电源的非自动闭塞区段,在车站进站信号机接近区段铁路线路的固定地点安装地面设备,使机车信号机能复示进站信号机的显示状态。

2.信号表示器

信号表示器和信号机不同,它没有防护的意义,而是用来表示与行车有关设备的位置和状态,或表示信号显示的某种附加含义。

例如:出站信号机给绿色灯光,而前方可以有 3 个发车方向,这是需要附加说明是向哪个方向发车的,该任务就依靠信号表示器来完成。

我国铁路上采用的信号表示器有进路表示器、发车表示器、发车线路表示器、道岔表示器、调车表示器等。

(1)进路表示器

进路表示器设在出站信号机和发车进路兼出站信号机上,用以指示发车进路开通方向。当出站信号机和发车进路兼出站信号机有两个及两个以上发车方向,而信号显示本身不能分别表示进路方向时,应在信号机上装进路表示器。

（2）发车表示器

发车表示器用来反映列车出发时车站值班员是否向运转车长或司机发出了发车信号。

（3）发车线路表示器

发车线路表示器设在调车场的编发线上，在线群出站信号机开放和进路开通正确的情况下，才能点亮月白灯，补充说明允许某条线路发车，如图1-2-65所示。

（4）道岔表示器

道岔表示器（图1-2-66）表示道岔开通位置的表示器。在非集中联锁的车站，为便于行车人员确认道岔开通的方向，必须设置道岔表示器。

图1-2-65 发车线路表示器

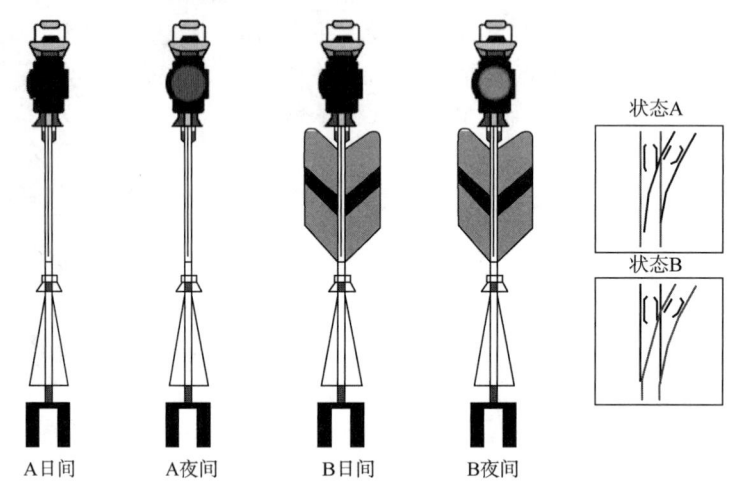

图1-2-66 道岔表示器

道岔表示器通常设在接发车进路上的手动道岔处，以及由非联锁区向联锁区的过渡区域入口处的电动道岔处。联锁区的电动道岔，采用了调车信号，所以不设置道岔表示器。由扳道人员提起手柄在转动标志的同时由其连接杆连动道岔一起改变方向；无柄道岔表示器，在扳道人员扳动道岔握柄时由其转换设备改变道岔方向的同时，连接在道岔尖轨上的连接杆带动道岔标志相应地改变方向。

道岔处于定位（道岔正向开放）：表示器的鱼尾板顺着铁路方向，白天沿铁路线方向看不到该标板，夜间显示一个紫色灯光。其他国家也有显示一个蓝色鱼尾板表示道岔正向开放。夜间显示一个紫色灯光；道岔处于反位（道岔侧向开放），表示器的鱼尾板横着铁路方向，白天沿铁路线方向可看到该标板，夜间显示一个黄色灯光。

在调车区为集中联锁时，进行连续溜放作业的分歧道岔应有道岔表示器，平时无显示，当进行溜放作业时，其显示方式如下：

①紫色灯光，表示道岔开通直向；

②黄色灯光，表示道岔开通侧向。

3.信号标志

信号标志器分为警冲标、司机鸣笛标、站界标、桥梁减速信号牌、接触网终点标、作业标、预告标、引导员接车地点标等。

(1)警冲标

在车列停留线路的轨道间、接近道岔处常常设有一个红白相间的小圆柱——警冲标(图1-2-67a),其材质不等,有木质、铁质、水泥等。警冲标是用来指示机车车辆停车时,不准向道岔方向或线路交叉点方向越过,以防止停留在该线上的机车车辆与邻线上的机车车辆发生侧面冲突的标志。另外,在出站道岔上警冲标用来确定站界标位置。

两交会线路的交会口都有警冲标,在线路上的机车车辆停放位置是不能超过两警冲标之间的线路位置的,只有这样当另一辆机车车辆驶入时,两辆车刚好不能相碰,既不会碰到头,也不会碰到尾,这样机车车辆的停放才是安全的。

警冲标设在两会合线路间距离为4m的中间。线间距离不足4m时,设在两线路中心线最大间距的起点处。警冲标用来指示机车车辆的停留位置,防止机车车辆侧面冲突。

(2)司机鸣笛标

司机鸣笛标(图1-2-67b)设在道口、大桥、隧道或视线不良的前方500~1000m处。司机看到该标志时,应鸣笛示警。

(3)站界标

站界标(图1-2-67c)设在双线区间列车运行方向左侧最外方顺向道岔(对向出站道岔的警冲标)外不少于50m处或邻线进站信号机相对处。

(4)桥梁减速信号牌

桥梁减速信号牌(图1-2-67d)设在需要限速通过的桥梁两端,上部表示客车限制速度,下部表示货车限制速度。这么多的标志,铁路有关人员都要牢记,否则就会造成事故。所以标志的设计既要说明问题,也要一目了然,便于记忆。通常都采用白底,少数为黄底、蓝底,加黑字或黑色图案。

(5)接触网终点标

接触网终点标(图1-2-67e)设在站内接触网边界。电力机车通过接触网获得电动力,一旦脱离接触网将寸步难行。接触网终点标提醒电力机车司机不要超越接触网有效区间。

(6)作业标

在营运线路进行施工维护时,为保障维护人员安全和行车安全,需要设置作业标(图1-2-67f)。作业标设在施工线路及其邻线距施工地点两端500~1000m处,司机见到此标记时须提高警惕并长声鸣笛。

(7)预告标

预告标(图1-2-67g)设在进站信号机外方900m、1000m及1100m处,但在设有预告信号机及自动闭塞的区段,均不设预告标。

(8)引导员接车地点标

列车在距站界200m以外,不能看见引导人员在进站信号机或站界标处显示的手信号时,须在列车距站界200m外,能清晰看见引导人员手信号的地点,设置引导员接车地点标(图1-2-67h)。

a) 警冲标

b) 司机鸣笛标

c) 站界标

d) 桥梁减速信号牌

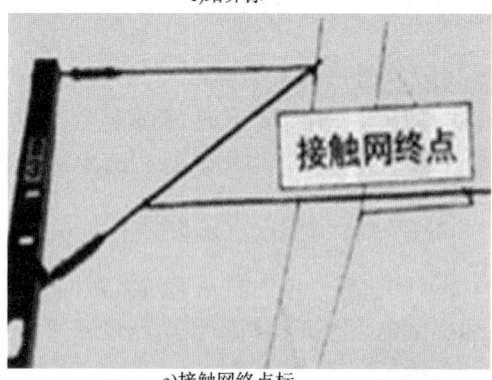
e) 接触网终点标

f) 作业标

g) 预告标

h) 引导员接车地点标

图 1-2-67　各种信号标志

4.铁路信号设备故障

由于司机对铁路信号显示的信任和服从,一旦列车停止运行信号故障,出现错误显示,将会造成人员伤亡和财产的巨大损失。铁路信号设备故障主要有硬件故障、软件故障和内部数据故障三种。

(1)硬件故障。铁路信号设备绝大多数是电子设备,内部电子电路中包括各种电阻、电容、电感以及三极管、二极管、放大器等元器件,数字电路还包括各种逻辑元器件。这些元器件长期在严酷环境下工作,由于灰尘、老化等各种因素的影响,难免会发生故障。

(2)软件故障。铁路信号设备是由硬件和软件组成的系统。元器件问题引发的故障通常属于硬件故障,此外,软件故障也是十分常见的故障类型。铁路信号的发出、接收以及响应,由信号系统的软件自动设置完成,如果软件存在逻辑关系错误,或者由于工作人员的疏忽使软件进行逻辑运算时存在故障,错误的逻辑关系会造成信号机所发出信号的混乱,无法顺利或者正确地发出信号,或者无法对接收信号进行响应。

(3)内部数据故障。内部数据指的是铁路信号设备内部的数据,包括信号机、转辙机、轨道电路设备采集的数据或者是内部的某些参数或者是信息数据出现错误,数据处理过程中就会产生连锁反应,逻辑运算结果将无法预知,发出的信号可能无法预知,最后可能会产生无法预计的后果。此外,通常可以根据故障发现的难易程度,将故障类型分为隐性的和显性的。其中显性故障发生后易于发现,发现后也便于及时排除。但隐性故障却不易发现,平时也能正常发出及接收部分信号,一旦发生故障就会给系统造成严重的紊乱,使信号设备发出不准确的信号甚至发生故障。

(二)铁路通信设备

铁路通信按照通信的业务性质可分为铁路公用通信和铁路专用通信。铁路专用通信是专用于列车运行、到达、编组业务工作的通信,包括铁路区段专用通信和铁路站场专用通信等。

1.铁路区段专用通信

铁路区段专用通信是为铁路沿线各基层部门进行指挥、调度、办理行车、维护、管理以及一般公务联系而设置的专用通信系统,主要包括调度电话、站间行车电话、各种业务专用电话、区间电话、列车预报确报电报。

2.铁路站场专用通信

铁路站场专用通信设备主要用于站场工作人员相互联系通信,包括站场电话系统、站场扩音对讲系统、站场无线电话系统和客运广播系统。

3.高速铁路无线通信系统(GSM-R)

GSM-R(GSM for Railways)系统是专门为铁路通信设计的综合专用数字移动通信系统,它在 GSM Phase2+的规范协议的高级语音呼叫功能(如组呼、广播呼叫、多优先级抢占和强拆业务)的基础上,加入了基于位置寻址和功能寻址等功能,适用于铁路通信特别是铁路专用调度通信的需要。GSM-R 能满足列车运行速度为 0~500km/h 的无线通信要求,安全性好。

GSM-R 有利于铁路通信技术一体化的进程,成为铁路发展的主流技术是必然的。GSM-R 的研发主要作用在于实现铁路的快速发展,加快铁路上一体化建设的进程,更有利于经济高速发展目标的实现,在未来的竞争中具有更大优势。在使用的过程中,它附加了原来不存在的功能,比如:应急区域广播、语音组呼、功能寻址以及列车辅助通信等功能,它的存在使得通信代价变得更小、速度更快,而且在一定程度上更加的便捷。

GSM-R 首批试点线路为青藏线、大秦线和胶济线。目前,铁路部门已经在京沪高铁、京九铁路、胶济铁路、广深港客运专线、京津城际铁路、武广高铁等多条铁路干线和新建城际客运专线上推广使用 GSM-R。

(1)GSM-R 在青藏铁路中的应用

青藏铁路连接青海西宁市至西藏拉萨市,在建设过程中面临着多方面的世界性难题,恶劣的自然环境使青藏铁路通信信号受到严重的影响。技术人员通过实践摸索,在该铁路运输线中应用了 GSM-R 技术,用来实现列车运行控制系统。青藏铁路是我国第一条基于无线通信实现列车运行控制系统的铁路。有效克服了存在的通信信号的问题,增加了传输信号的有效性,降低了通信系统的维修量。同时在建设过程当中首次采用了双交换机、同站址双基站的无线覆盖方式,提升了 GSM-R 技术的有效性和安全性。

(2)GSM-R 在胶济线中的应用

胶济线横跨于整个山东省内,客运繁忙,通信设施的电磁场环境较为复杂,原有的通信系统无法满足需求。基于 GSM-R 应用的创新,通过和不同的运营商的协调和沟通,对 GSM 的电磁环境进行了有效整理,开始了 GSM-R 技术的建设。胶济线 GSM-R 采用边建设、边测试、边优化、边试验的建设方式,通过优化设计方案,完善应用功能,满足调度指挥、公务通信以及调度集中系统(CTC)车—地之间信息传输的需要;胶济线首次将 GSM-R 用于繁忙干线的调度指挥,进一步验证中国铁路制定的 GSM-R 技术规范,为既有线提速、开行速度 200km/h 列车,以及高密度、大运量、客货列车混合运行线路的通信系统运用积累了经验。

三、保证行车安全的区间闭塞

世界铁路自从开始运营,就伴随控制前后运行的列车间隔以保证行车安全的课题,控制列车间隔以保证行车安全的技术就是区间闭塞技术。为了控制列车行车间隔,历史上采用过两种方法,一种是时间间隔法,也是最早采用的方法,即列车按事先规定好的时间发车,使前行列车和追踪列车保持一定时间间隔;另一种是空间间隔法,即让前行列车和追踪列车在各自不同的区间或闭塞分区运行,空间间隔法是我国目前采用的闭塞方法。如图 1-2-68 所示。

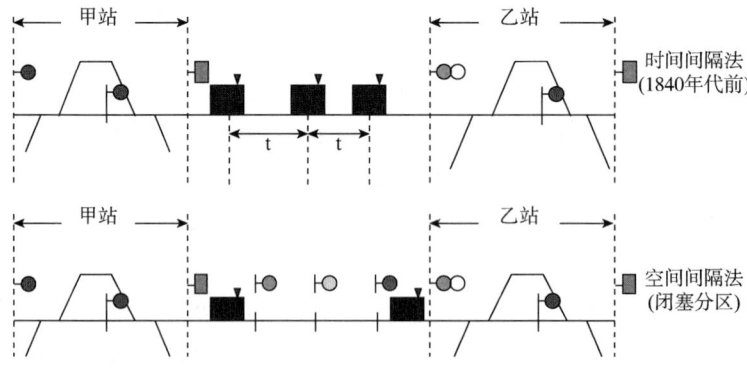

图 1-2-68 控制列车行车间隔的方法

因此，通常所说的"闭塞"一词，一般是指与外界隔绝，区间闭塞则是把区间列车运行的线路区段封闭起来，不准许其他列车驶入，防止列车相撞。早期的闭塞主要围绕车站与车站之间（简称区间）封闭，即一个区间只能运行一列列车，也称为站间闭塞，是最原始的闭塞方式，其运输效率与车站间的距离有直接关系。站间闭塞严重制约着铁路线路运输能力的提升，随着技术的发展，人们考虑在区间之间设置分界点（如信号机），从而将区间划分为若干个闭塞分区，每个闭塞分区同时只能有一列列车运行，这样在一个区间就可以有多列列车同时运行，于是就出现了自动闭塞。在自动闭塞区段，列车按照固定划分的闭塞分区进行追踪运行，与站间闭塞相比，极大地提高了线路的运输能力。列车有了准确的位置报告后，列车在区间可以移动追踪运行，前后列车时刻保持安全距离，于是移动闭塞技术就出现了。最早使用移动闭塞的是地铁基于通信的列控系统（CBTC），目的在于缩短行车间隔。我国国有铁路正在研究和开发具有移动闭塞功能的新型列控系统，届时将首先在环境恶劣、无人值守的偏远地区铁路使用，以提高偏远地区铁路的运输效率和安全保障能力。

我国已启动了大容量车—地无线通信技术的研究工作，随着车—车及车—地—车大容量通信技术的成熟，列车在区间近距离移动追踪运行也将成为可能，即后车移动授权计算依据不仅是前车的位置，还有前车的速度和制动性能，近距离追踪的列车间保持同步操控，在确保行车安全的前提下，进一步缩短列车间隔。

（一）人工闭塞

19世纪，随着电报及电话的发明，电报与电话闭塞方式开始在铁路行车中普及。以电话闭塞为例，发车之前，需要车站工作人员先行电话沟通，确认区间空闲，如图1-2-69所示。单一的电报闭塞和电话闭塞都是靠人工保障行车安全的，两站间没有任何联锁关系。1889年英国人韦布和汤姆森发明了电气路签机，于是出现了电气路签闭塞方式。采用电气路签闭塞方式的区间，区间两端车站要各设一台路签机组成一组，中间以电线连接起来，通过电气和机械联锁关系，保证一次从一方路签机中只能取出一根路签。在这根路签还未放入同组路签机任何一方之前，不能再取出第二根路签，以保证两站间只能有一列列车在运行。在电气路签闭塞前出现过机械式单路签闭塞、电气路牌闭塞等方式，这些闭塞方式被称为人工闭塞。之所以被称为人工闭塞是指列车出发是以路签或路牌作为发车凭证，车站值班员与司机之间需要接送路签或路牌。

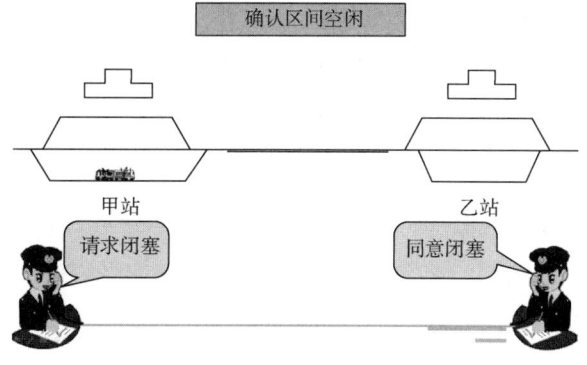

图1-2-69　人工电话闭塞

由此可见,早期的人工闭塞设备依靠人来检查区间状态和交接行车凭证,效率低下,目前除电话闭塞被保留代用,其余被逐渐淘汰。

(二) 半自动闭塞

半自动闭塞时,列车凭出站信号机的进行信号作为发车凭证。出站信号机与闭塞设备间有联锁关系,且只有两站办好闭塞手续,才能开放出站信号机。列车出发后,由轨道电路判断车辆进入区间后自动把区间设置为占用状态,区间闭塞;列车到达接车站后,由接车站值班员确认列车完整到达,以专用按钮发出到达信号,使区间闭塞恢复到定位状态。因为由区间开通转为区间闭塞,是在轨道电路的配合下由列车自动动作的,而区间空闲的确认和由区间闭塞转为定位状态都是依靠人工操作的,所以称之为半自动闭塞方式。机械方式是以闭塞机的锁闭杆锁住信号机的握柄,只有办好闭塞后,锁闭杆解锁,才能扳动信号握柄,开放出站信号机(臂板信号机),故也称为联锁闭塞。目前,我国铁路推广使用的半自动闭塞是64型继电半自动闭塞。单线继电半自动闭塞如图1-2-70所示。

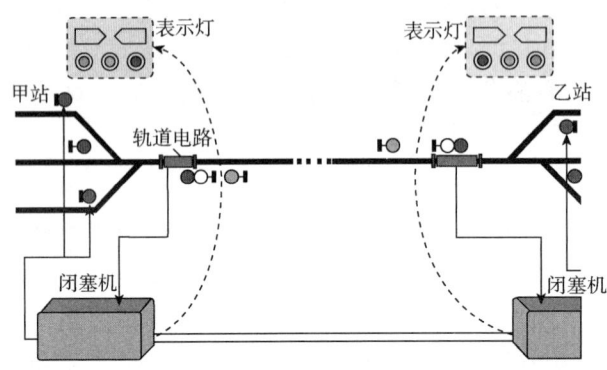

图1-2-70 单线继电半自动闭塞

以图1-2-70为例,来说明半自动闭塞的基本工作原理。现甲、乙站间区间空闲,由甲站向乙站发车。甲站值班员用接在通信线路中的专用电话向乙站联系请求发车,乙站值班员接受请求后,甲站值班员可按下闭塞按钮,此时甲站发车表示灯亮黄灯,乙站的接车表示灯也亮黄灯,乙站值班员按压闭塞按钮,此时乙站接车表示灯由黄灯变为绿灯,甲站发车表示灯也由黄灯变为绿灯,甲站即可办理发车进路,开放出站信号机,列车从甲站出发。当列车驶入轨道电路区段后,甲站发车表示灯由绿灯为红灯,出站信号机自动关闭,乙站接车表示灯也由绿灯变为红灯。此时甲站出站信号机不能再次开放,当然甲站就不能向乙站发车了,由于区间处于闭塞,乙站也不能向甲站发车,这也就保证了该区间只准许有一列列车运行。

乙站为接车站,接到甲站已发车电话后,可将接车进路办妥并开放进站信号机。当列车接近乙站驶入轨道电路区段时,乙站发车表示灯与接车表示灯均亮红灯,表示列车到达。乙站值班员确认列车完整到达停妥后,将接车手柄恢复定位(进站信号机恢复定位),拔出闭塞按钮,表示灯即熄灭,乙站闭塞设备复原。甲站铃响,闭塞设备复原,就可以重新再办理发车。(注:闭塞机类型不同,办理方法略有差异。)

(三) 自动闭塞

自动闭塞是由运行中的列车自动完成闭塞任务的一种设备。分为固定自动闭塞和移动自动闭塞。

1. 固定自动闭塞

当列车以普速运行时,通常采用以地面信号为主的固定自动闭塞系统。将站间铁路划分为若干个闭塞分区,在每个分区的入口处设有通过信号机(包括在站内设置的进、出站信号机)。列车进入闭塞分区时,使分区自动转为闭塞状态;而当列车出清闭塞分区时,不需要办理闭塞手续就能使分区自动转为开通状态。自动闭塞时,列车可在区间按照固定设置的闭塞分区追踪运行,主要用于双线区段。对于单线区段,随着卫星定位、移动通信等技术的发展,基于虚拟闭塞的新型列控系统被使用后,就可实现单线区段列车追踪运行。

如图 1-2-71 所示为列车最高运行速度为 120km/h 时,甲、乙站间列车 B 追踪列车 A 运行,区间三显示自动闭塞信号示意。其特征为:通过信号机有绿灯、黄灯、红灯三种显示,能预告列车前方 2 个闭塞分区状态。其中,绿灯表示运行前方至少有两个闭塞分区空闲,可以正常速度通过;黄灯是注意信号,表示运行前方只有一个闭塞分区空闲,而一个闭塞分区的长度能满足从规定速度到零的制动距离,可以越过黄灯后再开始制动;红灯则不准许列车越过该信号机。

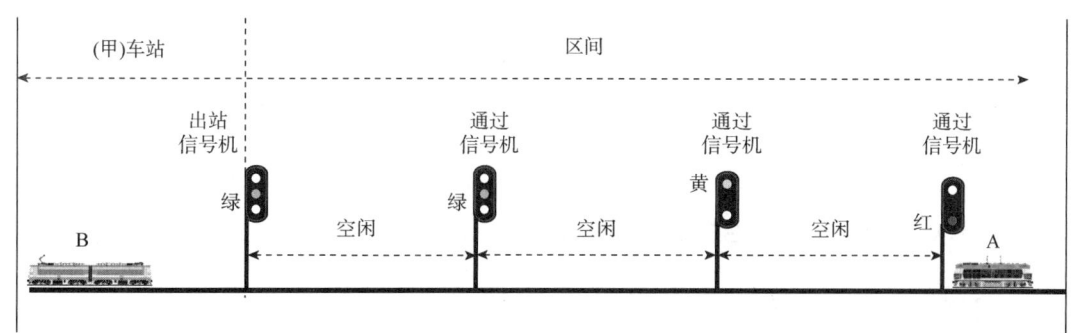

图 1-2-71 三显示自动闭塞信号示意图

随着列车重量、速度和密度的不断增加,三显示自动闭塞也已不能适应需要,在我国运输繁忙的铁路线上,当列车最高运行速度为 160km/h 时,一般采用四显示自动闭塞。四显示自动闭塞在三显示自动闭塞的基础上增加了一种绿黄显示。其特征为:通过信号机有绿、绿黄、黄、红四种显示,能预告列车前方 3 个闭塞分区状态。其中,绿黄灯是警惕信号,表示运行前方有 2 个闭塞分区空闲,而 2 个闭塞分区的长度能满足从规定速度到零的制动距离,可越过绿黄灯后再开始减速,黄灯是限速信号,列车越过黄灯时须减速至规定的限速值,不然难以保证在红灯前可靠停车。

2. 移动自动闭塞

随着高速铁路的发展,列车运行速度越来越高,完全靠人工瞭望、人工驾驶列车已经不能保证行车安全。为此,人们开始进一步应用计算机控制、列车主动定位和车—地信息传输等先进技术装备列车运行控制系统,依靠这些技术实现列车和地面控制中心、列车和列车之间的信息传输,这样就不需要将区间划分为固定的若干分区来调整列车间的追踪间隔,列车占用检查也不再依靠轨旁设备,而是两列车通过数据传输,自动计算出实时的列车追踪的安全间隔,后车的移动授权终点随着前车的移动而时时更新,追踪列车可以根据当前列车的运行速度,安全接近前行列车尾部最后一次被证实的位置,并保持最小间隔,从而大大提高行车密度和区间通过能力,这就是移动自动闭塞。如图 1-2-72 所示为基于移动闭塞技术,列车 B 追踪列车 A 的速度动态变化图。

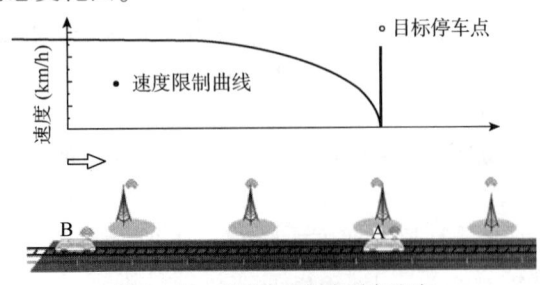

图 1-2-72　移动自动闭塞列车追踪

注：目标停车点是指被追踪的 A 列车所处的位置,此处,B 列车的速度为 0km/h

移动自动闭塞最开始在地铁使用,是基于通信的列控系统（CBTC）的一种重要特征,主要有以下 2 种方式。

（1）"静态"追踪移动闭塞：后车的移动授权计算只使用了前车位置条件,移动授权终点是前车后端,也称为"撞硬墙"移动闭塞；

（2）"动态"追踪移动闭塞：后车的移动授权计算不仅使用前车位置,还使用前车的速度和制动距离,移动授权终点可在前车后端的基础上向前延伸一个前车紧急制动距离,也称为"撞软墙"。

四、保证车站作业安全的信号联锁

（一）联锁

车站内,我们通常将列车的运行经路或调车作业所走的经路称为进路。因此,进路可以分为列车进路和调车进路。其中,列车进路又可分为接车进路和发车进路,每个车站都有若干条进路,且进路有一定的运行方向和一定的范围,即要有一个确定的始端、一个确定的终端和一条确定的路径,如图 1-2-73 所示。如果同时开放 2 条进路会造成机车车辆相撞,这两条矛盾的进路就称为敌对进路。

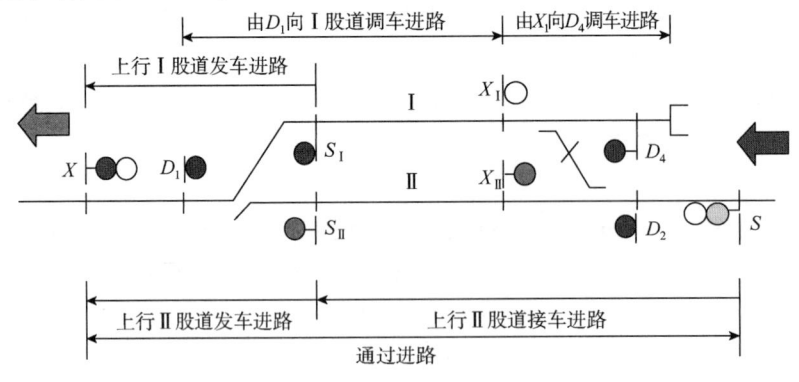

图 1-2-73　列车进路的划分

车站是列车交会和避让的场所,在车站内有许多线路,这些线路的两端,都以道岔连接着。实际作业中,道岔位置不同,列车的进路也自然不同,每条进路只允许一列列车使用。列车或车列是否能进入某进路,是用信号机来指挥的。通常建立进路,就是把进路上的道岔扳到进路所要求的位置上,然后再将该进路的防护信号机开放。如果信号机显示的信号与道岔的开通位置不一致,就有可能发生行车事故。

为了保证安全,就必须在信号机、进路和道岔三者之间建立一定相互制约关系,比如,一旦信号机开放后就不准许进路上的道岔再变换位置,直至信号机关闭,列车或机车车辆越过道岔为止,这种相互制约关系就是联锁。而联锁设备(联锁机构)就是确保车站内列车和调车作业安全、提高车站通过能力的一种信号设备。

依据所采用技术的不同,车站信号联锁系统先后经历了人工联锁、机械联锁、机电联锁、电气集中联锁和计算机联锁等几个发展阶段。用电气器件集中控制和监督全站的道岔、进路和信号机,并实现它们之间联锁的设备称为集中联锁设备。电气集中联锁包括继电集中联锁和计算机联锁。

(二)继电集中联锁

继电集中联锁运用继电器组成的电路完成联锁与控制功能。我国广泛应用的是6502型继电集中联锁,它主要由室外色灯信号机、动力转辙机、轨道电路和室内的控制台、继电器组合及组合架、分线盘和电源屏等设备组成,如图1-2-74所示。

(三)计算机联锁

计算机联锁是以计算机技术为核心,综合采用通信、控制、容错、故障—安全等技术对车站值班员的操作命令及现场表示信息进行逻辑运算,从而实现对信号机及道岔等进行集中控制的车站联锁设备。与继电集

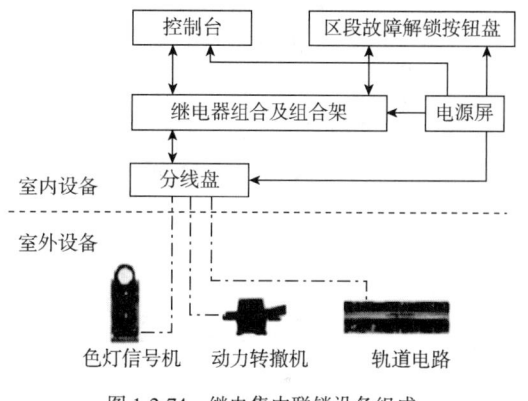

图1-2-74 继电集中联锁设备组成

中联锁相比,计算机联锁具有十分明显的技术经济优势。目前,大多数车站都采用计算机联锁。计算机联锁系统的硬件结构如图1-2-75所示。

在铁路运输自动化当中应用铁路信号计算机联锁系统的主要作用包含了调度监督、防溜预警、扩展性优势及方便改造等。

五、铁路运输调度指挥自动控制系统

铁路运输调度指挥自动控制系统是指为满足铁路运输调度指挥要求,利用自动控制技术、远程控制技术和信息技术等,通过对铁路车站信号设备、区间信号设备等进行远程控制和监测,从而对一定地域范围内运行的全部列车进行集中监视、实时控制和管理的设备。目前的铁路运输调度指挥自动控制系统从功能上分为铁路运输调度指挥系统(TDCS)和分散自律调度集中系统(CTC)两类。

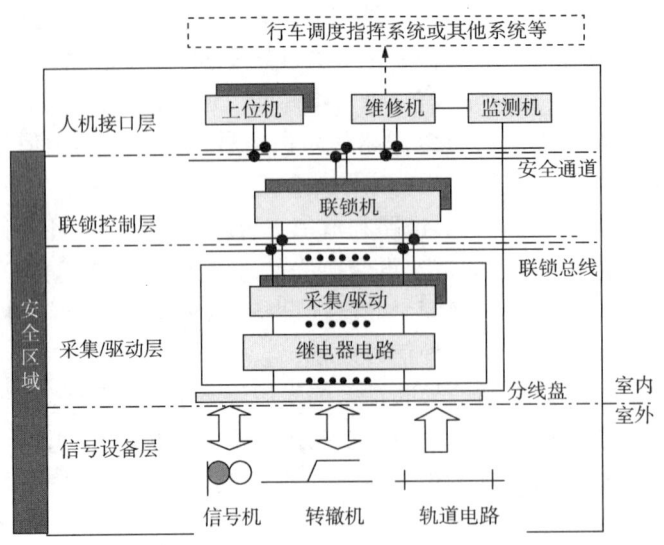

图 1-2-75 计算机联锁系统的硬件结构

(一)铁路运输调度指挥系统(TDCS)

TDCS 用网络的观点对现有铁路信号专业技术门类进行改造,把传统的区间、车站、编组站三段式信号组织方式改造为中国铁路、铁路局集团公司两级调度指挥中心的控制结构,由中国铁路调度指挥中心局域网和铁路局集团公司调度指挥中心局域网、基层网三层网络结构实现。TDCS 结构如图 1-2-76 所示。

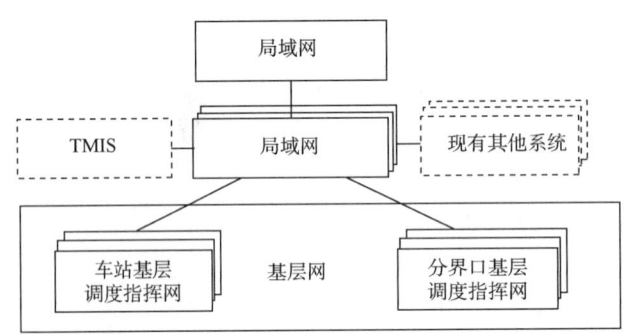

图 1-2-76 TDCS 结构示意图

TDCS-k 3.0 型列车调度指挥系统(以下简称 TDCS 3.0)为安全、高效的新一代调度指挥系统。TDCS 3.0 充分继承原 TDCS 系统功能,吸纳高速铁路 CTC 的相关经验,结合当今前沿信息技术,对原 TDCS 系统硬件平台、软件功能进行了全面提升,增强了系统结构的冗余度和可靠性,并增加了查询、仿真测试、维护支持和应急保障系统,完善了信息安全机制。

此外,在既有 TDCS 的功能基础上,TDCS 3.0 增加了运行图操作卡控、调度命令格式化输入、进路错办报警、行车作业流程监督、非正常行车作业辅助、车站行车信息综合查询、施工"登销记"管理等功能,完善了行车数据维护和设备维护功能,从而更好保障行车作业安全。

(二)分散自律调度集中系统(CTC)

CTC(Centralized Traffic Control)也称为列车集中控制,是综合了通信、信号、运输组织、现代控制、计算机、网络等多种技术,实现调度中心(调度员)对某一调度区段内的信号设备的集中控制,对列车运行的直接指挥和管理的技术装备。其直接效果就是行车管理的自动化和遥控化。

分散是相对于调度中心集中控制而言的,CTC系统将过去由调度中心集中控制所有车站的列车作业的方式改变为由各个车站独立控制各自的列车和调车作业;自律则是指依据各站的特点,系统按照"技规""行规""调规"和"站细"等规则自动协调列车作业和调车作业的矛盾,控制列车进路和调车进路。

调度集中区段对信号设备的控制模式有分散自律控制模式和非常站控模式两种。分散自律模式可进一步分为中心控制、车站调车操作和车站操作三种方式。分散自律模式下,只有控制指令不同来源,没有中心与车站控制权的转换。非常站控模式时,当前调度集中设备故障、发生危及行车安全的情况,或设备需开天窗维修、施工需要时,脱离CTC系统控制转为传统的车站控制台人工控制模式。

1.分散自律模式

由CTC中心以技术手段将列车运行调整计划下达给所辖各站的自律机。自律机根据车站的具体情况,自主地将列车计划和调车作业信息变换成列车进路指令和调车指令,并协调、实时传送到联锁系统予以执行。

分散自律模式下的中心操作方式。中心操作方式适用于较小的中间站或者无人站。此方式下信号设备控制权限划分为:中心具有信号设备的全部控制权,包括列车进路序列、列车进路按钮、调车进路序列、调车进路按钮以及其他功能性控制操作;车站无直接控制权限。

分散自律模式下的车站调车操作方式。信号设备控制权限划分为:列车进路序列、列车进路按钮由中心控制;调车进路序列、调度进路按钮由车站控制;道岔的单操、单锁、单解、单封,中心和车站均可操作;半自动闭塞按钮、坡道按钮、上电解锁按钮、允许按钮、总取消按钮,中心和车站均可操作。封锁操作遵循"谁封锁,谁解锁"的原则,即调度员封锁的设备,车站无法解锁;车站封锁的设备,调度员无法解锁。

分散自律模式下的车站操作方式。车站操作方式适用于较大型车站,信号设备控制权限划分如下:车站具有全部信号设备的控制权,包括列车进路序列、列车进路按钮、调车进路序列、调车进路按钮以及其他功能性控制操作;中心无直接控制权限。

用户可以在以上三种控制方式间转换,但必须符合相应的转换条件。

2.非常站控模式

在非正常情况发生时,将分散自律调度集中系统的控制模式转为在联锁操作台上通过操作按钮办理进路。自律机可以根据车站的具体情况来调整列车运行计划。

在常态下,车站联锁系统处于分散自律控制模式,在发生故障、出现危险情况时,利用设在联锁操作台上的"非常站控"按钮,可将CTC无条件地从分散自律模式转为非常站控模式。如图1-2-77所示。

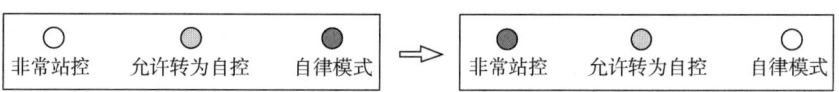

图1-2-77 非常站控模式转换

第三章　铁路运输组织与安全

第一节　铁路旅客运输组织

1. 铁路旅客运输的意义

客运工作的好坏,不仅体现铁路运输企业的运输服务水平和市场竞争能力,维系铁路运输企业的生存和发展,而且代表着国家对广大人民群众的关怀,体现经济的繁荣和发展、社会的文明和安定、人民群众的精神面貌,关系到国家的形象和声誉。因此,大力做好铁路旅客运输工作,不断提高客运管理工作水平,具有十分重要的意义。

2. 铁路旅客运输的特点

铁路旅客运输的直接服务对象是人,是具有不同旅行需求和不同支付能力的人群构成的旅客。因此,其工作性质和组织原则与货物运输有着较大的区别。

(1) 旅客运输的主要服务对象是广大旅客,其次是行李、包裹和邮件。

(2) 旅客运输需求的时空不均衡性。

(3) 旅客列车的编组一般是固定的,其始发站、终到站以及到、发和途中运行的时刻也是固定的。旅客列车时刻表的编制要适应客流变化、充分满足旅客旅行的需求。

(4) 旅客车辆(包括餐车、行李车)一般固定配属于铁路局集团公司的各客运车辆段。

(5) 旅客运输计划只有年度的客运量计划、客运机车和客车车底的运用计划。

(6) 客运站的位置要求紧靠城市,并且要与市内运输及其他各种交通工具密切配合。

(7) 选择旅客列车的重量标准、速度和密度时,要进行综合比较。

3. 铁路旅客运输的组织机构

为了加强对旅客运输工作的组织领导,应按照"统一领导,分级管理"的原则,建立相应的组织机构,充分发挥各级组织的作用。中国铁路客运系统目前采用的组织机构形式包括:中国国家铁路集团有限公司客运部、铁路局集团公司客运部、车站客运车间及客运段,如图1-3-1所示。

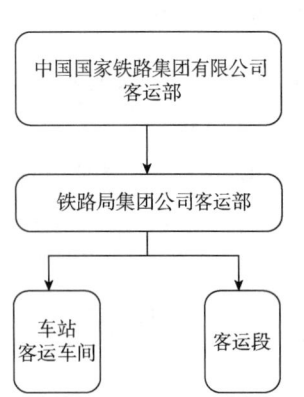

图1-3-1　铁路客运系统组织机构形式

4. 客流的概念及种类

(1) 客流的概念

旅客根据出行需要,按照自己的支付能力,选择一定的运输方式,在一定时间和空间范围内作有目的的移动,便形成所谓客流。客流是指在单位时间内,线路上乘客流动人数和流动方向的总和。客流由流量、流向、流距、流时四个要素组成。

(2)铁路客流的种类

旅客旅行极具个性化的需求。由于其旅行目的和乘车距离的不同,要求铁路提供的运输服务也有所不同,铁路应根据不同层次旅客的不同要求,合理组织旅客列车的运行并提供相应良好的服务。为此,根据铁路运输及其管理的特点,按出行范围一般将客流分为直通客流、管内客流、市郊客流三类。

5.旅客列车的种类

针对不同的旅行需求所产生的不同的客流以及不同的线路设备条件,铁路开行不同等级的旅客列车,以适应不同旅客的需要。

根据铁路列车运行图的规定,旅客列车主要分为高速铁路动车组(G字头)、城际动车组列车(C字头)、动车组列车(D字头)、直达特快旅客列车(Z字头)、特快旅客列车(T字头)、快速旅客列车(K字头)。

上述各种旅客列车按运行方向不同分为上行列车和下行列车。如以向首都北京方向行驶为上行,车次一般为双号,由首都北京向全国各方向行驶为下行,车次一般为单号。每一列车都按统一规定编定车次。在同一个铁路方向上,为了服务于不同的客流,往往同时开行几种不同的旅客列车。

第二节 铁路货物运输组织

1.铁路货物运输的基本任务

(1)满足市场经济发展对于国内商品流通和国际贸易运输不断增长的需求;

(2)为物流和商贸提供安全、迅速、准确、方便、经济的运输服务;

(3)保证厂矿企业实现生产过程的原材料、能源供应和产成品的运输,组织现代化的社会大生产;

(4)作为资源流通,尤其是区际资源流通的主要载体,是培育发展统一的大市场体系,优化社会资源配置的重要保证;

(5)作为国家的重要宏观调控工具,在平抑物价、繁荣经济、帮扶救灾、国防和军事物资运输中发挥重要作用。

2.铁路货物运输发展趋势

铁路货物运输普遍向集中化、重载化、集装运输、直达化和快速化方向发展。

(1)集中化

货运作业集中化是铁路实行集约经营。主要做法是重新调整路网布局,封闭运量不足、经营亏损的线路和车站,将货运作业集中到少量技术整备先进、货物装卸和运输能力大、劳动生产率高的大型货运站和技术站上进行,实现规模经营,以利于发展重载运输、集装化运输和直达运输,加速实现铁路货运现代化。

(2)重载化

重载运输是以开行超常规的长大列车为主要特征,以提高列车牵引重量为主要标志,充分发挥铁路集中、大宗、长距离、全天候的运输优势,大幅度增加运输能力,提高运输效率和降低运输成本。由于重载运输集中了铁路高科技成果,因此成为衡量一个国家铁路技术水平的重要标志。

(3)集装运输

集装运输包括集装箱运输和集装化运输。它是先进的散杂件货物运输方式。对适箱货物采用集装箱运输,对非适箱货物则采用集装化运输。集装箱运输已经成为各种运输方式之间乃至国际之间办理货物联运的主要运输工具,国际贸易中75%以上的货物已使用集装箱。

(4)直达化

直达运输以追求重车从发送地到目的地之间的运输全过程中,货车的装卸、调移、集结时间和途中中转停留时间以及相关作业的成本最小化为目标。据统计,法国整列直达列车的运量已占整个货运量的一半以上,美国大力开行单元列车,直达运输比重达60%,日本则通过发展基点站间直达列车运输体系,全部废除了铁路编组站。

(5)快速化

快速货物运输适合高附加值货物的运输,历来是运输市场竞争的焦点。国外货运快速化的主要标志是:开行速度100km/h以上满足不同需求的多样化的货物列车,如快速鲜活货物列车、快速集装箱列车、快速普通货物列车、快速行李包裹列车和高速邮政列车等。其中法国的邮政TGV,最高运行速度达到250km/h。

3.铁路运输货物分类

按货物的性质,可分为普通货物和特殊条件货物。普通货物是指在运输过程中,按一般运送条件办理的货物,如煤、矿石、粮谷、棉布等。由于货物本身的性质,在运输过程中需要采取特殊的运送措施才能保证货物完整和行车安全的,称为特殊条件货物。

4.铁路货物运输种类

根据所托运的每批货物数量和使用运输车辆方式的不同,铁路货物运输可以分为不同的运输种类。我国铁路货物运输分为整车、零担和集装箱3种运输种类。

一批货物的质量、体积或形状需要以一辆30t及其以上的货车装运的,应按整车运输办理。需要保温运输的货物,密封、不易计算件数的货物,规定限按整车办理的危险货物,易于污染其他货物的污秽品,未装容器的活动物,必须用罐车装运的液体货物,都必须按整车办理。

一批货物的质量、体积不够整车运输条件的,或不必限按整车办理的货物,可按零担运输办理。按零担运输办理的货物,一件体积最小不得小于$0.02m^3$,(一件质量在10kg以上者除外),且每批货物不得超过300件。一件货物质量超过2t,体积超过$3m^3$或长度超过9m的货物,经发站确认不影响中转站或到站装卸作业的,也可按零担办理。未装容器的活动物,在管内运输时,如能以零担车直接运到站,铁路局集团公司也可规定按零担办理。

符合集装箱运输条件的,可以按集装箱运输办理,使用铁路或自备集装箱装运。除危险货物,鲜活货物和会损坏、污染集装箱箱体的货物以外的货物,均可使用通用集装箱运输。

【阅读链接】中欧班列——新丝路上的"钢铁驼队"

中欧班列是指中国开往欧洲的快速货物班列,适合装运集装箱的货运编组列车。自"一带一路"倡议提出以来,国际社会给予了高度关注和积极响应。截至2020年11月,国家发改委发布资料显示,我国已经与138个国家、31个国际组织签署201份共建"一带一路"合作文件。古有"丝绸之路",今有"一带一路"。"一带一路"已逐步成为当今世界经济互通互融、共建共享的重要合作平台。2020年,中欧班列全年累计开行1.24万列,呈现"遍地开花"的局面。随着"一带一路"国际合作的逐步展开,联通国际共同繁荣发展之路的"钢铁驼队",正发挥着越来越显著的作用。

中欧班列成为国际物流和陆路运输骨干。亚欧之间的物流通道主要包括海运通道、空运通道和陆运通道,中欧班列以某运距短、速度快、安全性高的特征,以及安全快捷、绿色环保、受自然环境影响小的优势,已经成为国际物流中陆路运输的骨干方式。中欧班列物流组织日趋成熟,班列沿途国家经贸交往日趋活跃,国家间铁路、口岸、海关等部门的合作日趋密切,这些有利条件,为铁路进一步发挥国际物流骨干作用,在"一带一路"倡议中将丝绸之路从原先的"商贸路"变成产业和人口集聚的"经济带"起到重要作用。

中欧班列在特殊时期肩负着特殊使命。在全球疫情大流行的背景下,中欧班列为全球抗疫提振信心。随着我国疫情防控取得阶段性成效,国内疫情防控形势逐步稳定,铁路部门针对世界范围内防疫工作安排和防疫需求,充分发挥中欧班列效率高、载量大、通用性强的运输优势,向全球其他国家提供防疫物资、医疗设备等支持,为各国医疗救援打通"生命通道",筑起"钢铁生命线",为全球防疫注入强大力量。中欧班列作为构建人类命运共同体的重要纽带,用实力彰显我国的责任担当。

由于铁路联运受疫情影响相对较小,使得中欧班列逐步成为国际货物运输稳定可靠的渠道,其发展的逆势上扬也从侧面反映出中欧班列在国际运输、经济互通方面的积极作用,也让全球认识到经济一体化互通互融的重要意义。

中欧班列正逐步成为加快构建国际互利互惠新发展格局的重要力量。充分利用"一带一路"多边经济发展平台功能,我国与沿线各国的经贸合作将进一步加强,从而促进全球经济发展迈向新台阶。不难看出,中欧班列这位"一带一路"建设中诞生的"网红",未来将会在国际舞台上绽放更夺目的光彩。

第三节 铁路行车组织

铁路行车组织是铁路运输工作组织的重要组成部分,必须贯彻安全生产的方针,坚持高度集中、统一领导的原则,发扬协作精神,综合运用铁路各种技术设备,高质量、高效率地完成客货运输任务。其主要内容包括:车站行车工作组织,技术站的作业组织,车流组织、调度指挥及统计分析,列车运行图的编制等。

1.车站行车工作组织

1)调车工作

在铁路运输过程中,除列车运行外,为满足编组、解体列车或为摘挂、取送车辆等需要,机车车辆在线路上的调动,都属于调车工作。

调车工作占用大量人员和设备,消耗大量的能源,提高调车效率,可大大降低运输成本。由此可见,调车工作的质量,对保证运输安全、提高运输效率、增强运输能力、降低运输成本、质量良好地满足国家和人民对铁路运输的需要,起着十分重要的作用。

2)接发列车作业及中间站工作组织

(1)接发列车作业

在接发列车时需办理的作业有办理区间闭塞,准备接车或发车进路,开放和关闭进站信号或出站信号,接、交行车凭证(不使用自动闭塞和半自动闭塞时)迎送列车及指示发车。

双线自动闭塞接车、发车作业流程分别如图1-3-2、图1-3-3所示。

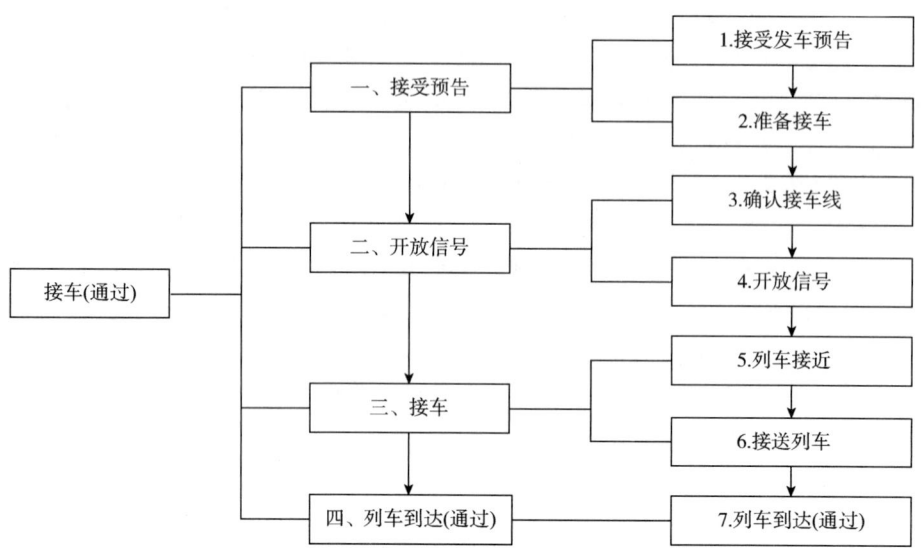

图1-3-2 双线自动闭塞接车(通过)作业流程图

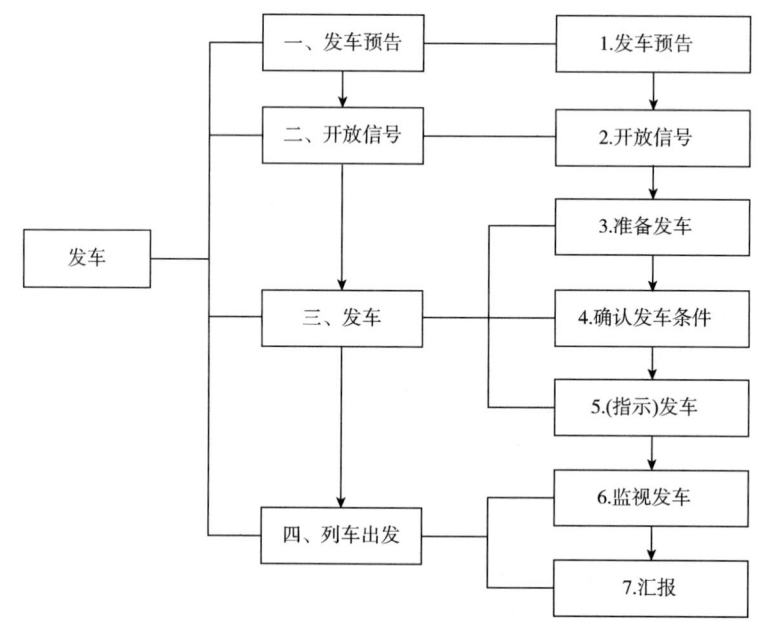

图1-3-3 双线自动闭塞发车作业流程图

(2)中间站工作组织

因此,中间站办理的作业主要是接发列车作业和摘挂列车进行车辆摘挂的技术作业,少数中间站也办理始发直达列车和终到列车的技术作业。

(3)技术站的工作组织

技术站是编组站和区段站的总称。在技术站办理的货物列车种类有无改编中转列车、部分改编中转列车、到达解体列车、自编始发列车。

在编组站将进行大量中转车流改编作业,编组技术直达、直通和其他列车。在编组站还进行更换货运机车和乘务人员,对货物列车中的车辆进行技术检修和货运检查整理工作。编组站一般设有专用的到达场、出发场和调车场,驼峰调车设备以及机车整备和车辆检修等设备。

区段站设于划分货物列车牵引区段的地点或区段车流集散地点,一般只改编区段到发的车流,解体与编组区段、摘挂列车的车站。区段站一般还进行更换货运机车或乘务员,对货物列车中的车辆进行技术检修和货运检查整理作业,设有接发列车、调车、机车整备和车辆检修等设备。

2.车站作业计划、调度指挥及统计分析

(1)车站作业计划

车站作业计划包括班计划、阶段计划和调车作业计划。

班计划是车站最基本的计划,它体现分局调度所对车站规定的任务和要求,由站长或主管运输的副站长按照分局调度所的要求编制。阶段计划是一个班各阶段工作的具体安排,是完成班计划的保证,由车站调度员根据该阶段工作开始前的具体情况编制。调车作业计划是列车解体、编组和车辆取送作业的具体行动计划,由调车区长编制。

(2)车站作业调度指挥

存在以下情况之一时,在调度计划编制及执行时,需采取相应的调度调整措施:①出发列车运行线临时运休造成车流积压;②车流不足影响列车正点满轴发出;③空车来源不足,影响排空和装车任务完成。

(3)车站工作统计

包括装卸车统计、现在车统计、货车停留时间统计及货物列车出发正点统计。

(4)车站工作分析

包括日常分析、定期分析、专题分析及车站到发车流及其特征分析。

3.列车运行图的编制

1)列车运行图的概念

列车运行图是用以表示列车在铁路区间运行及在车站到发或通过时刻的技术文件,它规定各次列车占用区间的程序,列车在每个车站的到达和出发(或通过)时刻,列车在区间的运行时间,列车在车站的停站时间以及机车交路、列车重量和长度等,是全路组织列车运行的基础。

2)列车运行图的图形表示方法

列车运行图是运用坐标原理对列车运行时间、空间关系的图解表示。在列车运行图上,对列车运行时空过程的图解可以有两种不同的形式。其一为以横坐标表示时间,纵坐标表示距离。这时,列车运行图上的水平线表示分界点的中心线,水平线间的间距表示分界点间的距离,垂直线表示时间。其二为以横坐标表示距离,纵坐标表示时间。这时,列车运行图上的水平线表示时间;垂直线表示分界点中心线,垂直线间的间距表示分界点间的距离。

运行图上的列车运行线(斜线)与车站中心线(横线)的交点,即为列车到、发或通过车站的时刻。在运行图上,铺画有许多不同种类列车的运行线。为了便于识别,对各种列车采用不同的表示方法,并对每一列车冠以规定的车次,标在区段的首末两端区间相应列车运行线的上方。上行列车的车次为双数,下行列车的车次为单数。

目前我国铁路列车运行图采用第一种图形表示形式。为了适应使用上的不同需要,列车运行图按时间划分方法的不同,可有如下3种格式:

(1)二分格运行图

二分格运行图的横轴以2min为单位用细竖线加以划分,10分钟格和小时格用较粗的竖线表示。二分格图主要在编制新运行图时使用,如图1-3-4所示。

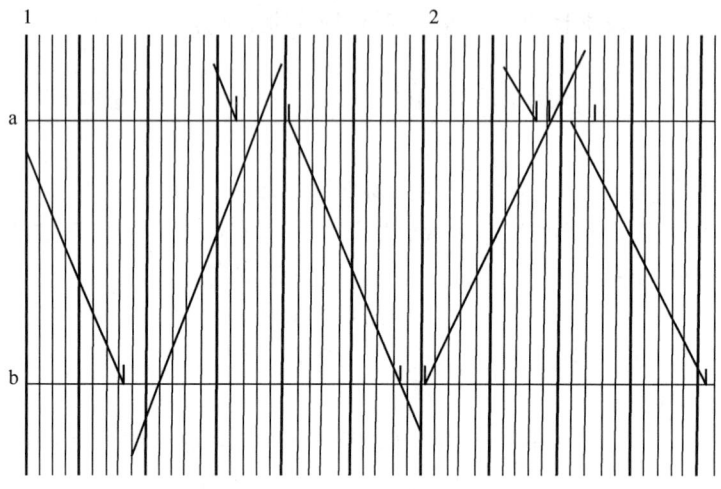

图1-3-4 二分格运行图

(2)十分格运行图

十分格运行图的横轴以10min为单位用细竖线加以划分,半小时格用虚线表示,小时格用较粗的竖线表示。十分格图主要供列车调度员在日常调度指挥工作中编制调度调整计划和绘制实际运行图时使用,如图1-3-5所示。

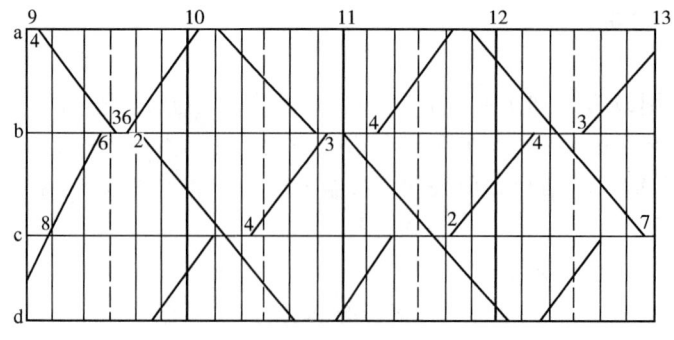

图1-3-5 十分格运行图示例

(3)小时格运行图

小时格运行图的横轴以 1h 为单位用细竖线加以划分。小时格运行图主要在编制旅客列车方案图和机车周转图时使用,如图 1-3-6 所示。

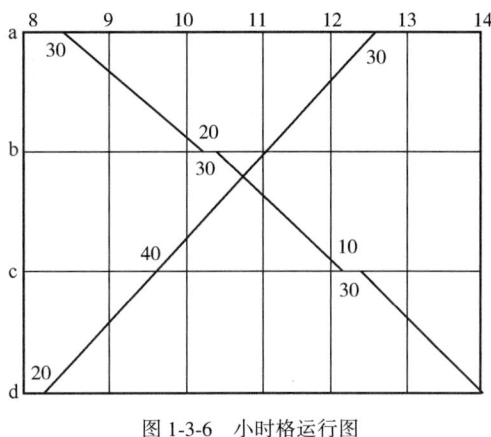

图 1-3-6 小时格运行图

第四节 铁路运输安全

铁路运输安全是指在铁路运输生产过程中,保证旅客的生命财产不受损伤,保持货物完整无缺的工作。铁路运输的安全状况反映了铁路的管理水平、设备质量、人员素质和社会秩序的状况,是铁路运输服务的一项重要质量指标。

一、铁路运输史上的典型安全事故

自 1825 年世界上第一条铁路——英国达林顿至斯托克顿铁路正式通车运营开始,铁路安全问题随着铁路运输发展而产生。铁路在给人类带来无限生机与活力的同时,铁路事故,尤其是重大事故也给人类带来了无尽的痛苦和忧伤。近两百年的铁路运输史上,由于设备原因、人员因素、自然灾害造成的列车脱轨、相撞、爆炸、火灾事故不计其数,很多重大事故触目惊心。

1.世界铁路史上第一起人员死亡事故

世界铁路史上第一起造成人员死亡的事故发生在 1828 年的 3 月 19 日,当时在英国达林顿至斯托克顿线上,一列火车的机车锅炉突然发生爆炸,司机约翰·吉雷斯皮当场死亡,他成为世界铁路史第一位事故殉难者。

2."3·2"意大利火车隧道窒息事故

1944 年 3 月 2 日,一列由蒸汽机车牵引的长达 49 节车厢的客货混载列车,途径意大利巴尔瓦诺山区的阿米隧道时,由于载重过大列车停止,又因为使用的是劣质煤,机车锅炉燃烧产生的大量烟雾导致列车上的 521 名乘客窒息死亡,这也是欧洲铁路史上最大的一次悲剧。

3."12·16"中国杨庄事故

1978 年 12 月 16 日凌晨,由西安开往徐州方向的 368 次列车向东一路急驶,按运行图规定,该趟火车在杨庄站要在侧线停车6min,等待其他列车通行后再开动。然而这次列车过杨庄站没在规定的侧线停下来,以每小时40km的速度向前冲去。两个司机睡着了,列车错过了制动时机。凌晨3时许,凄厉的汽笛声打破了夜空的宁静,从南京至西宁的87次列车呼啸而来。随着一声震天的巨响,368次列车机车拦腰撞上87次列车的第6节车厢。像被推倒的多米诺骨牌,87次列车的第7、8、9、10节车厢在十几秒钟之内相继与368次列车的机车相撞。巨大的冲击力使几节相撞的车厢与列车主体断开,滚落在轨道外面。被撞击的87次列车的许多乘客根本来不及反应就倒在了血泊中。伤亡325人,其中死亡106人,重伤47人,轻伤172人。这是当时中国铁路史上最大的一次恶性事故,伤亡数字震惊了党中央、国务院。

4."6·3"德国城际快车事故

德国的城际快车是欧洲最快的列车,一向以舒适、豪华、安全而闻名。1998年6月3日5:45,德国慕尼黑一辆搭载了400多名乘客的ICE884次城际快车开始了一天的行程。这列车共有12节豪华车厢,最高运行速度为250km/h,行程850km,中间停靠7个站,终点站是汉堡站。在汉诺威市的艾须德(Eschede)小镇以200km/h的速度行驶中发生重大脱轨事故,事故造成12节车厢全部脱轨并损毁,铁路线桥坍塌,101人死亡、88人重伤。这是世界高速铁路史上最严重的一次事故。

5."4·25"日本兵库县事故

2005年4月25日9:18,日本兵库县尼崎市,西日本铁道公司一辆高速行进的列车在行至一个半径300m的右拐弯区间时,因速度过快,直接冲出铁路,撞上了铁路旁的公寓。事故造成第一车厢与第二车厢全毁,106人死亡,562人受伤。这是日本近40年来最严重的一起事故,打破了日本高速列车零伤亡的神话。

6."7·23"甬温线特别重大铁路交通事故

2011年7月23日20:30,北京南站开往福州站的D301次动车组列车运行至甬温线永嘉站至温州南站间双屿路段,与前行的杭州站开往福州南站的D3115次动车组列车发生追尾事故,D3115次动车组列车四节车厢从高架桥上坠下。事故造成40人死亡、172人受伤,中断行车32h35min,直接经济损失19371.65万元,是迄今为止发生在我国最严重的一次高速铁路事故。D301次列车司机当场死亡,胸口被车闸刺穿,可以推断司机通过肉眼看到前面的列车时,采取过紧急制动措施,但是已经来不及了。这起惨痛事故教训让人们对高速铁路安全系数质疑的同时,也给高速铁路安全管理的关注提升到一个新的高度。

国务院随即成立了事故调查组。经调查认定,"7·23"甬温线特别重大铁路交通事故是一起因列控中心设备存在严重设计缺陷、上道使用审查把关不严、雷击导致设备故障后应急处置不力等因素造成的责任事故。事故发生的原因:中国铁路通信信号集团有限公司(简称通号集团)所属通信信号研究设计院在LKD2-T1型列控中心设备研发中管理混乱,通号集团作为甬温线通信信号集成总承包商履行职责不力,致使为甬温线温州南站提供的设备存在严重设计缺陷和重大安全隐患;中国铁路总公司在LKD2-T1型列控中心设备招投标、技术审查、上道使用等方面违规操作、把关不严,致使其上道使用;雷击导致列控中心设备和轨道电路发生故障,调度人员错误地控制信号显示,使行车处于不安全状态,现场相关作业人员安全意识不强,在设备故障发生后,未正确履行职责,故障处置工作不得力,未能起到可能避免事故发生或减轻事故损失的作用。

7."11·14"法国高速铁路联调联试事故

法国高速铁路一向以"安全第一"的理念闻名世界。法国列车动力学性能好,有利于安全运行,具有优良的整体性,对列车蛇行运动加强了约束。

2015年11月14日15:30,法国国家铁路公司(SNCF)检测列车在进行TGV东线二期开通前测试时脱轨,事故地点位于法国东部阿尔萨斯省斯特拉斯堡(德法边境城市)以北12km处的埃尔克威尔斯海姆镇(Erkwerseheim)附近的一座桥梁,事故发生后,部分车厢坠入桥下的运河中。事故造成11人死亡,37人受伤,其中12人重伤。

根据法国国家铁路公司(SNCF)安全审核委员会的调查,列车在脱轨那一刻的速度为243km/h,完全高于测试计划规定的速度(176km/h)。过快速度致使一系列本应该实施在上坡过程中的制动滞后,同时,由于离心力作用致使位于曲线内线(在运行方向的右侧)车轴暂停供电,导致这次脱轨。

二、铁路运输安全措施

中国国家铁路集团有限公司根据多年来科研、试验及运营维护经验,建立了贯穿铁路系统全生命周期的安全保障体系。

1.从源头质量上保障铁路安全

我国铁路在设计、建设阶段,就建立了包括技术标准、工程建设、设备质量、安全防护、联调联试、运行试验、安全评估等一系列的源头质量保障机制。

(1)技术标准保障。建立了涵盖普通列车、动车组、基础设施等各方面的铁路技术标准体系,注重采用和借鉴国内、国外先进标准,特别是等同采用了IEC/EN(International Electrotechnical Commission/European Norm,国际电工委员会/欧洲标准)的铁路安全标准,不仅从技术和安全层面严格保障了铁路建设、运营质量,还实现了中国与欧洲等国家的铁路技术兼容。

(2)工程建设和设备质量保障。通过严格制度标准、原材料、工艺工法、检测检验、验收开通等关键环节管控,加强工程建设质量问题的检查和整治,强化合同约束和行业监督管理,建立了铁路工程建设质量控制体系;通过强化铁路物资采购审核和产品质量检验检测,实施行政许可、产品认证、上道审查等准入制度,加强铁路列车及其重要配件的监造管理,强化铁路系统的物资供应商信用评价,建立了铁路设备质量源头控制体系。

(3)安全防护保障。我国铁路干线采用线路两侧设置防护栅栏封闭,桥涵设置限高防护架及合理的人行通道,公铁并行路段设置防护桩,上跨铁路桥设置防抛网。我国高速铁路在设计阶段即采用全封闭、全立交方案,各条高铁线路还安装有风速、雨量、雪深、地震等自然灾害及异物侵限监测系统,实现了高铁灾害安全防护。在此基础上,中国铁路正在持续推进铁路车站、列车视频监控建设,逐步实现铁路沿线重点部位监控全覆盖。

(4)联调联试及运行试验保障。对新建铁路项目实施系统性能测试及优化等联调联试工作,检验列车运行的安全性、平稳性和舒适性,检验线路基础设施的安全性、稳定性,评价设计参数、设备选型和系统接口的合理性,验证减振降噪措施的有效性。在接下来的运行试验工作中,检验铁路设备设施及行车组织方式能否满足运营要求,检验各种非正常行车能力,为优化设备配置、提高设备性能、制定运输组织和应急救援方案等提供技术依据。

(5)安全评估保障。在新建铁路开通运营前,中国铁路组织行业内的管理和技术专家,按照专业分为多个安全评估小组,针对运营维护单位在安全管理、规章制度、员工素质、设备管理等方面的开通运营准备情况实施安全评估。

总之,要把每一项工程都打造为精品工程、品牌工程。一是抓住工程设计、施工组织、工程验收等关键环节,全过程把好建设质量关。二是严把规划设计关,牢固树立建设为运输经营服务的理念,用系统性、长期性、战略性的眼光来谋划铁路建设。三是专业部门要发挥专业管理优势,选配业务过硬的专业人员,深度参与项目规划研究、勘察设计、方案审查等各项工作,及时反馈优化意见,从源头上提升建设项目的品质。四是严把施工过程关,坚持运营单位提前介入的成功经验,加强施工过程控制,严格工程质量标准,综合运用质量排查、对标检查等手段,及时发现和督促整改工程质量问题,坚决不给开通运营埋下隐患。五是严把工程验收关,把验收评估作为确保运营安全的最后一道关口,落实验收责任,严格验收标准,把强烈的问题导向贯穿于项目自验、静态验收、动态检测等工作的全过程。

2. 从运营管理上保障高速铁路安全

铁路线路投入运用后,为保障铁路运营安全,建立了包括规章制度、设备养护维修及状态监测、职工素质及安全文化、安全监督管理、应急处置及救援能力等"人防、物防、技防"三位一体的运营管理安全保障体系。

(1)规章制度保障。在完整建立《铁路技术管理规程》等铁路技术规章体系的基础上,以《安全生产法》《铁路法》《铁路安全管理条例》为依据、制定实施了《铁路交通事故应急救援规则》《高速铁路突发事件应急预案》等一系列的安全管理规章制度,建立健全了覆盖所有管理和作业岗位的安全生产责任制,以及履职检查、考核、责任追究等制度,特别是以超前防范为重点,完善了安全生产过程控制机制,形成了健全的铁路规章制度体系。

(2)设备养护维修及状态监测保障。我国铁路建立了主要行车设备电子档案,加强设备技术状态、养修履历过程管理,定期评估设备安全状态,科学制定设备维护周期、范围和维修技术条件,推进设备精准养护维修。通过推进建设铁路供电安全检测监测系统、机车车载安全防护系统、车辆运行安全监控系统、工务安全检测监测系统等,实现铁路行车设备的不间断检测监测,及时发现和消除安全隐患。

(3)职工素质及安全文化保障。我国铁路制定了完善的人才培养引进制度,吸收引进高学历、高技能、高素质人才。严格执行主要行车工种和关键专业技术岗位资格准入制度,按标准配齐配足调度员、列车司机、车辆乘务员、随车机械师等专业技术、管理人员,实现关键岗位的梯次配备和动态优化;同时建立了培训、考核、任用相统一的职工培训机制,持续优化人力资源配置,创新教育培训模式,深化安全文化建设,提升铁路职工素质,保持人才队伍质量。

(4)安全监督管理保障。具有完善的企业内部安全监督检查机制,定期开展安全管理评估和专业检查,有针对性地加强恶劣天气、防洪防汛、春运、暑运、节假日、黄金周等阶段性、季节性安全监督检查;开展铁路安全生产专项整治,严格安全准入标准,重点加强设备检修、应急处置、人身安全、消防安全等安全关键点的检查控制;严格铁路治安管理和外部环境隐患治理,坚持"铁路治安隐患零容忍",建立铁路治安常态巡查制度,对铁路线路实施路—地联勤联合巡防。

(5)应急处置及救援能力保障。建立了"中国铁路—铁路局集团公司—站段"三级应急救援网络,编制了完善的应急预案、应急处置流程和非正常情况应急处置办法,建立了专职和兼职应急救援队伍,定期组织应急演练,确保应急处置导向安全、有力有效。

上述不同阶段的技术和管理措施,既包括铁路职工素质及安全文化保障、安全监督管理保障和安全责任体系健全落实等人防措施,也包括工程建设和设备质量保障、安全防护保障等物防措施,还包括铁路技术标准和规章制度保障、设备养护维修及状态监测保障等技防措施,共同支撑了我国铁路全生命周期安全保障体系,贯穿了从项目启动、可行性研究、设计、设备制造、工程施工、静动态试验、联调联试、运行试验直至运营管理的各阶段。

三、铁路旅客出行安全

铁路旅客出行安全包括铁路运输旅客的人身安全和铁路运输行李、包裹的安全。

铁路运输旅客的人身安全,除旅客自身原因引发的不安全事件外,主要包括3个方面:一是车站旅客安全。从购得有效客票开始,到乘车站的候车室(厅)候车、检票进站乘车及到达终点站缴销车票出站止,在车站不发生旅客人身意外伤害事故。二是列车旅客安全。从旅客在乘车站乘车后,至到达站下车前的列车运行中,不发生旅客人身意外伤害事故。三是旅客餐饮安全。由车站、列车服务人员销售的餐饮食品必须符合《食品卫生法》等有关规定,不发生旅客食品中毒事故。

为保证铁路旅客出行安全,铁路部门制订了《铁路旅客运输规程》和《铁路旅客运输办理细则》,要求铁路职工和旅客务必遵守。对于出行旅客应特别注意以下几点:

(1)必须凭票坐车。火车票是旅客乘车的凭证,当乘客购买了火车票,就等于乘客和铁路运输企业签订了运输合同。从检票起,协议开始生效,当你按票面规定运输结束,到站下车出站时,为合同履行完毕。

(2)禁止携带或在托运的物品中夹带易燃、易爆、腐蚀、毒害、放射物等危险品和管制刀具。

(3)车站开车前停止检票,关注车站公告的停止检票时间并于此前登车或在安全线以内等候。

(4)上下车时排队先下后上,不要拥挤。禁止在列车底下钻爬或爬上车顶、跳下站台、进入铁道线路等,禁止随未停稳的列车行走、奔跑和抓上、抢下。

(5)乘车时,勿挤、靠车门,不随意扳动或按动列车上的紧急制动阀、手制动机、紧急停车按钮等安全设备。

(6)动车组列车禁止在列车各部位吸烟。

(7)发生危及列车、旅客安全的情况时,应听从列车工作人员指挥,保持良好的秩序,不要急于拿东西;要帮助老、幼、病、残、孕等需要帮助的人。遇有险情时,请及时通知列车工作人员。

(8)紧急情况必须紧急撤离车厢时,可拉下紧急制动阀,并可在列车停稳后使用破窗锤击打车厢逃生窗玻璃逃生。动车组列车可按下或拉下车厢两端门上方的紧急停车按钮或把手。

第四章 高速铁路

第一节 高速铁路关键技术

经过多年的科学研究和工程实践,我国构建了完备的高速铁路技术体系,覆盖线路设计、工程建造、高速列车、牵引供电、运营管理以及安全保障等各个方面,总体技术水平迈入世界先进行列,部分领域达到世界领先水平,"复兴号"标准动车组运营首发,如图 1-4-1 所示。2021 年 1 月 19 日,习近平总书记乘坐京张高铁赴张家口考察北京 2022 年冬奥会、冬残奥会筹办工作期间指出,我国自主创新成功的一个范例就是高铁,从无到有,从引进、消化、吸收再创新到自主创新,现在已经领跑世界。

图 1-4-1 "复兴号"标准动车组(达速 350km/h)运营首发

一、工程建造技术

我国地域广阔,修建高速铁路面临的地质及气候条件非常复杂,在世界上没有成熟经验可借鉴,完全依靠自主创新形成了独特的技术优势。近年来我国建设了一大批适应高寒、高温、干旱、风沙等特殊气候环境,以及软土、黄土、季节性冻土、岩溶等复杂地质条件的高速铁路(简称高铁),是世界上唯一能在各种气候环境和复杂地质条件下建设高铁的国家。如图 1-4-2 所示为郑西高铁。

我国拥有世界上最全面的桥梁设计建造技术、现代化的施工装备,修建了南京大胜关长江大桥、武汉天兴洲长江大桥等一批跨越大江大河的世界级大跨度高速铁路桥梁。其中,世界首座高速铁路悬索桥五峰山长江大桥(图 1-4-3)和首座跨度超千米的公铁两用斜拉桥沪苏通长江公铁大桥各自创造了 5 项世界之最。

高速铁路隧道施工对现代社会经济的发展具有较大的促进作用,能够给人们的出行带来极大的便利,作为支撑高速铁路基础设施的重点学科,隧道工程也随着高速铁路的修建得到了快速发展,同时为中国高速铁路的技术进步增添了动力。

a) b)

图1-4-2 世界上首条修建在大面积湿陷性黄土地区的高速铁路——郑西高铁

图1-4-3 五峰山长江大桥

世界最长的高原高速铁路隧道——兰新高铁大坂山隧道如图1-4-4所示。

我国掌握了铁路大型客站设计建造技术,突破了规划设计、空间结构、功能布局、流线组织等多个难题,实现了铁路与民航、地铁、市内道路的综合布局及各种交通运输方式之间的无缝换乘,实现了建筑风格与地域文化的有机融合,相继建成北京南站、武汉站、广州南站、上海虹桥站等一大批现代化综合客运枢纽,成为铁路形象的新窗口、城市发展的新门户。图1-4-5所示为京沪高速铁路上海虹桥站。

图1-4-4 世界最长的高原高速铁路隧道—— 图1-4-5 上海虹桥站
兰新高铁大坂山隧道

二、高速动车组技术

我国自2000年开始高速动车组研制开发,先后自主设计研制了先锋号、蓝箭及中华之星等动车组并上线进行了大量试验。2006年以来,通过"消化、吸收与再创新",我国具有自主知识产权的新一代高速列车相继下线:2010年4月、5月CRH380A、CRH380B分别在青岛四方股份公司和长客股份公司下线;2011年12月25日,中国更高速度试验列车在四方股份公司建成;2015年6月30日、7月5日我国标准动车组"金凤凰"和"蓝海豚"分别下线。其中值得一提的是,2010年12月3日,在京沪高铁枣庄至蚌埠试验段,CRH380AL新一代高速动车组创造了486.1km/h的世界铁路运营速度纪录;2016年7月16日,中国标准动车组"金凤凰"和"蓝海豚"在郑(州)徐(州)线上,分别以420km/h的速度交会而行,这是世界最高速的动车组交会试验;2017年6月27日,具有完全自主知识产权、达到世界先进水平的"复兴号"中国标准动车组在北京南站和上海虹桥站同时首发,如图1-4-6所示。

a)　　　　　　　　　　　　　　　　　b)

图1-4-6 "复兴号"标准动车组上线

"复兴号"动车组的安全性、经济性、舒适性、节能环保等性能大幅度提升,表现出世界一流的卓越品质。列车设计寿命提高到30年,能够适应我国地域广阔、环境复杂、长距离、高强度运行的需求;采用全新低阻力流线型头形和车体平顺化设计,列车阻力降低7.5%~12.3%,能耗下降;列车容量更大,旅客乘坐空间更加宽敞;列车设置智能化感知系统,建立强大的安全监测系统,全车部署2500余项监测点,能够全方位实时监测。

基于"复兴号"平台,中国铁路持续开展技术创新,根据市场需求研制不同速度等级、适应不同环境需求的系列化产品,不断完善"复兴号"动车组家族体系。17辆编组时速350km超长版"复兴号"动车组,于2019年1月5日在北京至上海高速铁路上线运营,进一步提升京沪高铁等繁忙干线的运输能力(图1-4-7a)。

a)　　　　　　　　　　　　　　　　　b)

图1-4-7 超长版"复兴号"与京张高铁智能动车组

该型动车组 2019 年 1 月上线以来,运营状态和性能表现良好,安全舒适性较好,被旅客亲切昵称"绿巨人"(图 1-4-8)。

三、列车控制技术

列车运行控制系统被称为高速铁路的"大脑和中枢神经",是保障行车安全和正点运行的关键系统,具有结构复杂、技术难度大的特点。

2004 年,我国构建了列车运行控制系统(CTCS)技术体系和总体框架,研发了应用于 200~250km/h 线路的 CTCS-2、应用于 300km/h 及以上线路的 CTCS-3 级列控系统,能够满足不同速度等级高速动车组列车共线跨线运行控制需要。如图 1-4-9 为 CTCS-3 列控系统结构框架。

图 1-4-8 "绿巨人"动力集中动车组

经过多年的研究和运用,我国已掌握高速铁路列车控制系统核心技术,开发了具有自主知识产权的列控系统全套装备,达到世界先进水平。

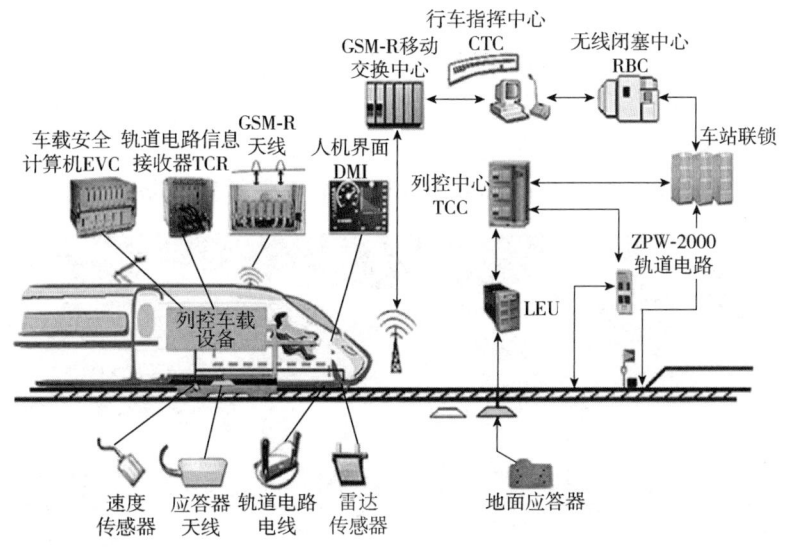

图 1-4-9 CTCS-3 列控系统结构框架

四、牵引供电技术

中国成功研制并应用大张力接触网、高强度接触导线和远程监控等成套装备,形成了能够满足动车组长大编组和重联运行、3min 追踪,持续时速 350km 双弓稳定受流和安全可靠运行的供电系统,建成了世界上规模最大的高速铁路牵引供电数据采集与监视控制系统(SCADA),牵引供电整体技术达到世界领先水平。如图 1-4-10 所示为高铁牵引供电系统架构。

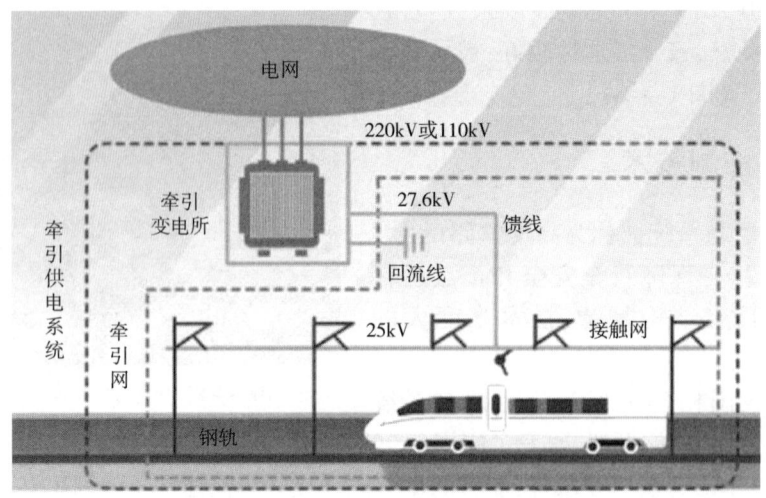

图 1-4-10　高铁牵引供电系统架构

五、运营管理技术

截至 2020 年底,我国高速铁路运营里程达 3.79 万 km,相当于在"十三五"期间翻了近一番,稳居世界第一。构建了中国国家铁路集团有限公司、各铁路局集团有限公司和车站的三级高速铁路调度指挥体系,掌握了复杂路网条件下高铁列车运行计划编制和动车组运用综合调度技术,解决了不同动车组编组、不同速度、不同距离、跨线运行等运输组织难题,实现了列车运行设计最小追踪间隔 3~5min。如图 1-4-11 所示为铁路调度指挥中心。

图 1-4-11　铁路调度指挥中心

六、风险防控技术

我国构建了闭环管理的高速铁路安全保障体系,通过固定设施及移动装备实时监测检测、防灾安全监控、机械化养护维修等措施,可对高铁运行进行全过程跟踪监测、全系统定期检测。如图 1-4-12 所示为高铁地震预警系统示意图。

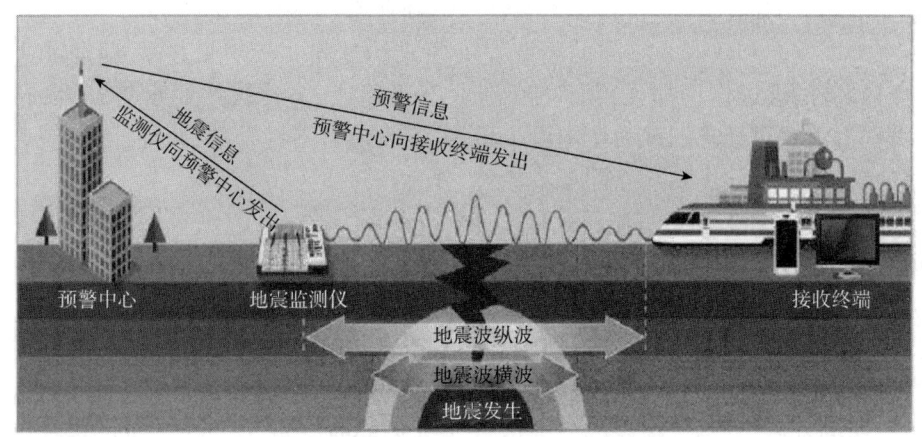

图 1-4-12　高铁地震预警系统示意图

中国铁路翻山越岭、跋山涉水的历史,是一部中国人民的奋斗史、精神史。就在百余年前,外国工程师放出狂言"中国能修京张铁路的工程师还没出生"。如今,京张高铁由我国自主设计建造,是世界上最先进的时速 350km 的智能高速铁路。这条智能高铁还首次采用北斗卫星导航系统,可实现车站自动发车、区间自动运行、车站精准自动对标停车、自动开门防护等。如果说京张铁路开创了中国近代铁路新的一页,那么京张高铁开启了中国智能铁路新时代。

第二节　高速铁路与区域经济

从宏观、中观、微观三个维度来看,高铁对区域经济的影响主要表现为:宏观上,高铁会对沿线地区的生产要素的流动配置进行优化引导,以致对地区经济总量带来趋势性影响;中观上,高铁在推动地区经济总量上升的同时也会带来地区产业结构的优化,从而进一步优化配置生产资源;微观上,高铁在带给沿线区域经济发展的同时,也使沿线地区间合作机会大大增加,形成高铁经济带,优化了地区土地使用模式和效率,促进了地区经济社会发展。

一、高铁与区域经济发展

我国经济经过多年快速发展,已由高速增长阶段转向高质量发展阶段。高质量发展是常态,也是经济发展规律的必然要求。交通运输对区域及城市资源的配置作用日益彰显,成为区域与城市经济社会发展的强力引擎。

1.经济发展新旧动能转换的内涵

目前,我国正在积极推动经济发展新旧动能转换,新动能是在需求侧以提升消费能力为核心,在供给侧以"新动力、新技术、新产业、新业态、新模式"为核心的经济增长方式,而旧动能则是高投入、高消耗、高污染、低产出、低质量、低效益的经济增长方式。旧动能通过产业结构调整、产业转型升级、产业承接等可转换为新动能。新旧动能转换是指通过新的科技革命和产业变革形成的以"新动力、新技术、新产业、新业态、新模式"为核心的经济发展新动能转换掉传统的以资源和政府为导向的经济发展模式的过程。在产业方面,新动能主要体现为服务业对经济的促进作用加强,新产业、新业态迅速成长,传统产业也将升级;在需求方面,主要表现为消费对经济的拉动作用逐步增强,实现消费结构升级;此外,还表现为新经济增长空间的扩大。

2.高铁对区域经济发展新动能的作用

根据经济发展新动能的含义,高铁对经济发展新动能的影响主要包括以下5个方面。

(1)助力区域提升消费能力

首先,高铁以客运为主,其运营促使消费者在高铁站周边聚集,从而带动消费增长。其次,高铁枢纽能够大幅提升旅客流动性,区域旅游以及走出去、请进来的消费者增多,促进住宿和餐饮行业的发展。最后,高铁的开通改变了人们的时空观念、生存空间和生活方式,不仅带来高速体验,而且随着高铁"同城效应"的逐渐显现,"双城生活""候鸟群体"逐渐兴起。

(2)助力区域发展"新技术"

高铁是促进知识和信息快速流动的重要空间载体,而知识和信息流动将促进区域技术进步。一方面,高铁通过增强交通可达性加速经济资源的开发利用,使生产要素在更大空间范围得到优化配置,使其发挥更大潜能;另一方面,促进人力资源频繁流动。

(3)助力区域发展"新产业"

高铁开通使得各区域之间知识和技术溢出更加明显,促进新技术研发创新,为新产业(尤其是高新技术产业)发展提供支持;高铁既带来生产要素空间优化重组,又为新产业的发展提供保障。高铁对高新技术产业的影响在大中城市尤其显著,如高铁拉近了长沙与珠三角地区的经济联系,完善了长沙的基础设施,为长沙高新技术产业营造了良好的投资环境和氛围。

(4)助力区域发展"新业态"

《中长期铁路网规划》(2016年)明确指出,要培育壮大高铁与经济深度融合发展的高铁经济新业态。这是中国首次提出"高铁经济新业态"概念。高铁开通大大压缩了时空距离,使沿线区域资源配置得以优化,为新业态发展提供良好基础。比如对于旅游业来说,随着高铁开通,自助游、深度游将逐渐替代传统跟团游,迫使传统的旅游经济向多元融合型旅游经济转变,同时也激发了许多新的旅游业态模式。

(5)助力区域发展"新模式"

高铁网络大幅度加速了人员跨区域流动与产业跨区域融合,从而带动发展模式升级。一方面,产业资本沿高铁向生存成本较低、生存环境较优的地区转移。另一方面,高铁使区域之间联系更加紧密,从而加快区域合作模式的升级。如上海及其周边的杭州、宁波、苏州、无锡、常州等城市正在形成以上海知识型服务业体系,杭州现代商务休闲与文化创意产业体系,宁波现代物流商贸和电子商务体系,以及苏州、无锡、常州等区域特色新型制造业体系为核心的区域协同发展新模式。

3.高铁对区域经济改造旧动能的作用

高铁促进了沿线地区行政区划界限的无形化,使不同地区可自由共享资源优势,推动区域产业结构调整与转型升级,并推动产业由发达地区向欠发达地区梯度转移,推动旧动能转变为新动能。

(1)助力区域产业结构调整

高铁促进沿线产业发展,改善沿线产业布局。由于高铁主要以客运为主,加上第二、第三产业的互动性和政府财政与政策的支持,以商贸、金融、房地产、零售、旅游、生产性服务业等为代表的第三产业的发展受高铁的影响远远大于第一产业和第二产业受到的影响,这有利于区域内各城市产业结构转型升级,也为区域发展提供了新动力。对于工业发达地区,如京沪高铁对沿线地区第三产业就业人数的影响最大,促进了沿线就业结构的升级。对于工业不发达地区,高铁的产业结构调整效应更加突出。高铁开通将大幅度改善不发达地区的投资环境和生产力布局,从而促进产业结构调整。

(2)助力区域产业转型升级

高铁开通能够迅速整合与优化配置资金、信息、技术、人力资源等生产要素,提高沿线地区产业自主创新和协同创新能力,促进区域产业从粗放型向集约型转变。首先,中国高铁装备制造业具有技术含量高、位于价值链高端、处于产业链核心部位等优势。高铁建设具有基础设施投资拉动效应,带动了整个铁路制造业的快速进步,推动其由低端向高端、由劳动密集型向技术密集型、由引进向输出转变。其次,高铁还通过促进区域产业间协同创新拉动传统产业转型升级,并推动与之相关的上下游产业技术链研发创新,成为装备制造业与基础建设行业等重要产业转型升级的动力源泉。最后,中心城市随着高铁网络的完善,区位优势进一步显现,旅游、会展、金融、房地产、商贸、物流、娱乐、教育等诸多行业有更多的发展机遇。

(3)助力区域承接产业转移

随着高铁网络的建成,区域分工协作变得更加紧密,不同产业的梯度转移得以实现,并促使欠发达地区承接发达地区产业,引进发达地区的先进技术和管理经验,实现区域产业从劳动密集型向技术密集型转变。如东南沿海高铁有利于沿海地区产业向江西省有效转移,促进沿线地区优势特色农业发展,改善绿色食品、新能源及航空等优势制造业生产力布局,并推动旅游、金融、物流等现代服务业集聚发展。安徽省在高铁开通后得以更好更快承接来自京津冀、长三角及珠三角等发达区域的产业转移,充分发挥要素成本、产业链及市场优势,进一步释放本地人口红利,实现产业调整与转型升级。

二、高铁对区域经济发展的影响机理

1.高铁对区域经济发展的积极作用

高铁对区域经济发展的积极作用主要体现在直接影响和间接影响。

1)直接影响

高铁对区域经济发展的直接促进作用是高铁经济投资价值的直接体现。

(1)带来直接经济效益

首先,拉动直接投资。京沪高铁带动了沿线基础设施建设规模和建设水平的提升。为了配合京沪高铁需要,对电力、车站等一系列基础设施进行了改造,为经济发展提供更好的支撑。其次,带动直接就业。一是高铁建设本身促进新增就业;二是高铁建设需要大量材料和机械设备等,刺激生产,从而带动就业;三是高铁运营与维护需要大量劳动力。最后,推动相关产业发展。与高铁建设维护相关产业都可以从中获益,如建材业、采掘业、机器零部件制造业等。

(2)降低空间交易成本

高铁压缩了两地间的时空距离,并使区域间的人流与物流得以高效流动,进而使不同地区客流通勤成本、物流运输成本等大幅度降低。一是高铁降低客流通勤成本。通勤成本主要包括交通工具的花费、旅行与候车时间花费的成本及在旅途中产生的效用成本(如旅途不适感、列车延迟造成的影响等)。二是高铁降低两地间运输成本。目前,高铁货运主要为快递业务。高铁不仅可以实现客货分线缓解货运压力,而且还将铁路与公路、水路、航空等多种交通方式相衔接,实现无缝对接,降低全社会物流成本。

(3)加快生产要素流动

一方面高铁开通加速了人力资本的流动。高铁网络凭借其高效、快速的特点成为区域内和区域间快速畅通的要素通道,其所覆盖区域人力资本的流动性、便捷性和可获得性得到大幅度提升。而人力资本的高速流动往往伴随着技术与资金等生产要素的快速流动和扩散,从而优化区域内生产要素配置与布局。另一方面高铁开通加速了信息流动。高铁开通大幅度缩短区域内与区域间的时空距离,使企业间得以频繁交流,在产品创新和技术革新方面共享信息,缩小差距。同时,高铁开通促进区域合作的层级延伸,为信息化标准体系筹协调、信息化基础设施建设奠定基础,建立区域信息化长效合作机制。

2)间接影响

除了上述直接影响,高铁网络也具有很多经济附加价值,这些经济附加值也间接推动了区域经济发展。

(1)促进区域间分工和专业化

高铁大幅度压缩了地区间时空距离,降低了协作成本,使其经济往来更加密切,由此促进地区间分工与协作。在时间快速、运量充足、运价低廉的发展环境中,不同等级城市的比较优势将会逐渐凸显,从而使得城市间分工在更大范围内展开,促使三、四线城市参与到一、二线城市在产业、产品层面展开的分工协作体系中,促进区域经济协调发展。高铁开通带来的专业化分工可以提高区域整体生产技能水平和生产效率,提升区域竞争力。

(2)促进区域间经济收敛

高铁在空间上将先发地区和后发地区、发达地区和欠发达地区连接起来,为"先发拉动后发、先进带动后进"奠定基础。且这种连接不仅是简单的行政连接,而是包括经济手段、市场手段、基础设施等较高层次的连接,这种区域之间的连接有利于欠发达地区的发展,有助于区域之间实现均衡发展。

(3)实现外部规模经济和范围经济

高铁开通使得中间和最终产品在区域间流通时遇到的阻力大幅度降低,拓宽了能够保障产业链各环节间紧密联系的空间界限,促进形成更大地理范围内的分工协调体系。由于产业发展所需要的原材料、生产要素、服务等资源流动及空间配置具有逐利性,良好区位条件会吸引这些资源在高铁沿线集聚。同时,各产业链中的企业及更多的经济活动也在高铁沿线集聚,从而实现外部规模经济和范围经济。而规模经济和范围经济的实现,又促使城市间经济联系更加紧密,推动城市群协同发展。

(4)提高区域对外开放水平

高铁的开通极大缩短了全国各大经济腹地间的时空距离,进一步加强各区域间的联系与合作,提高高铁所在区域的地位,在更大范围、更高层次参与区域分工,有利于其对外招商引资和对外开放。

2.高铁对区域经济的挑战

高铁开通除了对区域经济发展产生积极影响外,也会带来一些挑战。

一是虹吸效应。高铁使得沿线生产要素加速流动,但也会促使生产要素向投资环境、政策环境更好的地区聚集,而经济发展的边缘区会面临资金、人才、信息、技术等生产要素和企业流失的困境,这就是高铁的虹吸效应。

二是过道效应。高铁的快捷可能会导致生产要素仅在高铁沿线经过、但并未在沿线停留,对沿线地区经济发展的促进作用不大。

三是替代效应。在空间上,高铁与航空、高速公路等其他运输方式存在一定的替代性;在时间上,高铁形成的时空压缩效应会颠覆时空结构,大幅度降低各种资源在高铁站点和其他区域的停留时间。

四是错配效应。高铁是一种新型的交通基础设施,而原先城市总体布局、产业规划中均较少考虑高铁所带来的影响,这可能会导致不匹配现象的出现。

五是冲击效应。高铁与其他运输方式会形成竞争,在一定程度上对它们造成冲击,并对依赖这些传统交通方式的区域造成影响。

六是同质化效应。高铁开通会促进沿线区域间的资源共享,但也可能会使各地区难以保持原有独特的发展机遇和比较优势,削弱区位差异,且一时难以形成新发展合力,同时出现同质化竞争甚至恶意竞争。

高铁既会带动一些区域崛起,也会使某些区域衰退。如日本新干线开通后,东京的发展更加迅猛,名古屋等城市也加速兴起,而有些城市则快速没落,陷入边缘化的窘境,其人力、资本等要素更多地涌向了东京等中心城市。京沪高铁由于其扩大了北京、上海等中心城市高端服务业(如金融业)的辐射半径,虹吸效应引发济南、徐州、南京等区域中心城市的高端服务业向北京、上海等中心城市转移。高铁沿线的一些城市、区域之所以衰退,虽然高铁的虹吸效应、过道效应在其中起一定作用,但其自身也存在问题。主要表现为:第一,城市发展的战略定位不明确,没有充分体现自身的特色,导致在与中心城市、发达城市的竞争中,未能发挥当地的比较优势,产业的替代性强而互补性弱,使当地的人才、技术、资金等资源流向回报率更高的中心城市、发达地区;第二,改善发展环境的改革创新力度不够,没有打造出政策洼地、投资宝地、服务高地,不足以吸引外来资本前来投资;第三,当地产业未能避免与同类城市、区域间城市激烈竞争,最终两败俱伤。

第五章 城市轨道交通

第一节 城市轨道交通概述

目前城市交通拥堵问题正日益成为影响经济发展和改善民生的突出问题,尤以北京、上海等经济发达的一线城市最为严重。为了缓和与改善城市交通紧张的局面,现代城市亟须一个与其现代化生活相适应的现代化交通体系,形成一个与城市发展布局高度协调的综合交通格局。

一、定义与分类

1.定义

根据建设部于2007年发布的《城市公共交通分类标准》(CJJ/T 114—2007)中的定义,城市轨道交通为采用轨道结构进行承重和导向的车辆运输系统,依据城市交通总体规划的要求,设置全封闭或部分封闭的专用轨道线路,以列车或单车形式,运送相当规模客流量的公共交通方式。

2.分类

按线路架设方式,城市轨道交通可分为高架(图 1-5-1a)、地面和地下。

按导向方式,城市轨道交通可分为轮轨导向(图 1-5-2)和导向轨导向(图 1-5-1b)。

a)行驶在高架桥上　　　　　　　　　b)导向系统

图 1-5-1　重庆单轨铁路

按运营组织方式,城市轨道交通可分为传统城市轨道交通、区域快速轨道交通和市郊铁路。

按运能范围、车辆类型及主要技术特征,城市轨道交通可分为有轨电车、地下铁道、轻轨道交通、市郊铁路、单轨道交通、新交通系统、磁悬浮交通。

二、城市轨道交通特点

1. 较大的运输能力

具有高密度运转、列车行车时间间隔短、行车速度高、列车编组辆数多而具有较大的运输能力。高峰时每小时单向运输能力，市郊铁路可达到 6 万~8 万人次，地铁达到 3 万~7 万人次，轻轨达到 1 万~3 万人次，有轨电车能达到 1 万人次，远远超过公共汽车的运输能力。

2. 较高的准时性、快捷性

城市轨道车辆在专用行车道上运行，不受其他交通工具干扰，不产生线路堵塞现象并且不受气候影响，是全天候的交通工具，能按运行图运行，具有可信赖的准时性。同时，车辆有较高的运行速度，有较高的启动、制动加速度，而且换乘方便，可以使乘客较快地到达目的地，缩短了出行时间。

图 1-5-2 轮轨导向

3. 较高的安全性

城市轨道交通运行在专用轨道上，没有平交道口，不受其他交通工具干扰，并且有先进的通信信号设备，极少发生交通事故。

4. 空间利用率高

城市轨道交通充分利用了地下和地上空间的开发，不占用地面街道，能有效缓解由于汽车大量发展而造成的道路拥挤、堵塞，有利于城市空间合理利用。

5. 运营费用较低

城市轨道车辆主要采用电气牵引，轮轨摩擦阻力较小，与公共电车、公共汽车相比节省能源，运营费用较低。

6. 环境友好，污染低

城市轨道交通由于采用电气牵引，与公共汽车相比不产生废气污染。随着城市轨道交通的发展，公共汽车数量减少，进一步减少了汽车的废气污染。另外，由于在线路和车辆上采用了各种降噪措施（图 1-5-3），一般不会对城市环境产生严重的噪声污染。

a) 低噪声阻尼车轮

b) 声屏障

图 1-5-3 降噪措施

三、城市轨道交通发展历程

从 19 世纪早期出现的有轨马车至今，城市轨道交通的发展大致经历了 4 个时期，分别为初步发展阶段、停滞萎缩阶段、再发展阶段和高速发展阶段。

1. 初步发展阶段(1863—1924 年)

最早的城市轨道交通起源于 1832 年在美国纽约的第四大街上,把数量较多的马车车辆连接起来放在钢轨上,以马群作为牵引力,用于解决城市公共交通,即出现了有轨马车(图 1-5-4)。

图 1-5-4　纽约街头的有轨马车(1832—1917 年)

1863 年,在英国伦敦世界上第一条用蒸汽机车牵引的地下铁路建成通车(图 1-5-5),并逐渐形成大容量的城市客运系统。列车在地下运行,尽管隧道里烟雾熏人,但当时仍受到伦敦市民甚至王室显贵们的追捧,因为在拥挤不堪的伦敦地面街道上乘坐公共马车的条件和速度还不如地铁列车,这一年成为现代城市轨道交通起步之年。

a)　　　　　　　　　　　　　　　b)

图 1-5-5　伦敦地铁(1863 年)

英国伦敦地铁的成功运营,为人口密集的大城市缓解日益拥挤的公共交通问题提供了宝贵经验,尤其是 1879 年电力机车的诞生(图 1-5-6),使地铁的客运环境和服务条件得到了极大的提高,地铁建设显示出强大的生机。

自 1863 年至 1924 年,除了英国的伦敦和格拉斯哥、美国的纽约和波士顿、德国的柏林、奥地利的维也纳以及法国的巴黎等国家的 13 个城市的地铁相继投入运营,还有不少城市建设了有轨电车(图 1-5-7)。20 世纪 20 年代,美国、日本、印度和中国的有轨电车有了很大发展。这种旧式有轨电车行驶在城市道路中间,运行速度慢,正点率低,而且噪声大,加速性能差,乘坐舒适度差,但在当时仍然是公共交通的骨干。

图 1-5-6　柏林世博会西门子展示的电力机车(1879 年)

图 1-5-7　加拿大埃德蒙顿有轨电车(1913 年)

2.停滞萎缩阶段(1925—1949 年)

1925—1949 年,其间经历了第二次世界大战,战火燃及欧洲、亚洲、非洲和大洋洲,世界局势动荡不安,致使城市轨道交通发展停滞甚至萎缩。由于投资大、建设周期长等情况,这期间各国地铁建设处于低潮,仅有日本的东京、大阪和苏联的莫斯科等少数城市修建了地铁,而有轨电车发展停滞,个别线路甚至被拆除。

3.再发展阶段(1950—1974 年)

第二次世界大战以后,随着亚洲、拉丁美洲及东欧的城市化进程加快,上百万人口的城市数量不断增加,大城市汽车数量与道路有限的通行能力之间的矛盾日益突出,加之汽车污染、噪声以及耗费大量的石油等资源,各国重新意识到解决城市交通问题必须依赖轨道交通系统,城市轨道交通建设又迎来前所未有的生机。在此期间,加拿大的多伦多、蒙特利尔,意大利的罗马、米兰,美国的费城、旧金山,苏联的列宁格勒、基辅,日本的名古屋、横滨,韩国的汉城(现首尔)以及我国的北京等约 30 座城市相继建成了地铁。

4.高速发展阶段(1975 至今)

世界各国城市化的趋势,导致人口高度集中,要求轨道交通高速发展,以适应日益加重的交通压力,各种技术的发展也为轨道交通奠定了良好基础,近几年又有众多城市新建了地铁、轻轨或其他轨道交通,还有更多城市正处于规划和开工建设的准备阶段。

我国于 1965 年 7 月在北京开始修建第一条地铁线,第一期工程全长 23.6km,于 1971 年投入运营。此后,我国城市轨道交通进入了一个快速发展时期,北京、香港、天津、上海、广州、深圳、南京、重庆、武汉、大连、长春等城市的地铁先后开通,截至 2020 年 5 月 1 日,我国已开通城市轨道交通的城市共有 47 个,其中内地 41 个、港澳台地区 6 个。

第二节 地 铁

1. 地铁概述

地下铁道简称地铁(Metro、Underground Railway 或 Subway),是由电力牵引、轮轨导向、轴重相对较重、具有一定规模运量、按运行图行车、车辆编组运行在地下隧道内,或根据城市的具体条件,运行在地面或高架线路上的快速轨道交通系统。地铁的运能,单向在 3 万人次/h,最高可达 6 万~8 万人次/h。最高速度可达 120km/h,旅行速度可达 40km/h 以上,可 4~10 辆编组,车辆运行最小间隔可低于 1.5min。地铁造价昂贵,每公里投资在 3 亿~6 亿元。地铁有建设成本高,建设周期长的弊端,但同时又具有运量大、建设快、安全、准时、节省能源、不污染环境、节省城市用地的优点。地铁适用于出行距离较长、客运量需求大的城市中心区域。一般认为,人口超过百万的大城市就应该考虑修建地铁。地铁的主要技术参数如表 1-5-1 所示。

地铁的主要技术参数　　　　　表 1-5-1

顺序	项目	技术参数	顺序	项目	技术参数
1	高峰小时单向运送能力(人)	30000~70000	9	安全性和可靠性	较好
2	列车编组	4~8 节,最多 11 节	10	最小曲线半径(m)	300
3	列车容量(人)	3000	11	最小竖曲线半径(m)	3000
4	车辆构造速度(km/h)	80~100	12	舒适性	较好
5	平均运行速度(km/h)	30~40	13	城市景观	无大影响
6	车站平均间距(m)	600~2000	14	空气污染、噪声污染	小
7	最大通过能力(对/h)	30	15	站台高度	一般为高站台,乘降方便
8	与地面交通隔离率(%)	100			

地下铁道由于大部分线路在地下或高架通行,因此技术水平要求较高,可靠性和安全性要求也高。地铁系统与国家干线铁路一样,主要由线网、轨道、车站、车辆、通信信号等设备构成,要求各部门能够有机结合,协同动作,最大限度地完成输送任务。

2. 地铁设施

为了满足地铁的正常、安全运营,地铁系统一般由车辆系统(电客车、工程车)、车辆段系统、信号系统[列车自动防护子系统(ATP)、列车自动监控系统(ATS)、列车自动运行系统(ATO)]、通信系统、供电系统[高压供电、低压供电、接触网、数据采集和监控系统(SCADA)]、轨道系统(车辆段轨道系统、正线轨道系统)、自动售检票(AFC)系统、空调通风系统、给排水系统、电扶梯系统、环境监控(BAS)系统、火灾报警(FAS)系统、旅客导向系统、屏蔽门或安全门系统、采暖系统等设施组成。

(1) 车辆系统

电客车:地铁车辆采用的是电力牵引。地铁车辆分为 A、B、LB 型车,C、LC 型车一般用于轻轨。行车速度一般为 80~100km/h。主要功能用来运送乘客。如图 1-5-8 所示为广州地铁 1 号线电客车在站停车。

工程车:地铁工程车辆采用的是内燃机车牵引,主要功能是为地铁设备维护检修服务。一般有平板车、接触网检查车、接触网作业车、网轨检修车(或轨道检修车)、磨轨车、隧道冲洗车、内燃机车等组成。除内燃机车承担着调车作业、救援作业和工程车的牵引任务外,其余车辆都是维修作业的专用车辆。南京地铁 1 号线南延线开通前,工作人员利用地铁工程车(图 1-5-9)来回穿行,进行开通前的检测。

图 1-5-8　广州地铁 1 号线电客车在站停车

图 1-5-9　地铁工程车

(2) 车辆段系统

车辆段系统主要是为车辆检修维护的设施设备,一般配置列车清洗机,不落轮机床,静调电源设备,固定式架车机,移车台,可移式升降平台(托架),架台车,起重机,空压机,叉车,搬运车,充、放电机,高压清洗机,车辆复位救援设备等。图 1-5-10 所示为广佛地铁夏南车辆段。图 1-5-11 所示为北京地铁万柳车辆段联合检修库。

图 1-5-10　广佛地铁夏南车辆段

图 1-5-11　北京地铁万柳车辆段联合检修库

(3) 信号系统

地铁的信号系统是一个集行车指挥和列车运行控制为一体的非常重要的机电系统,一般标志着这条地铁线路的先进性。地铁信号系统的核心是列车自动控制系统,它由计算机联锁子系统、列车自动防护子系统、列车自动驾驶子系统、列车自动监控子系统构成。信号系统是地铁的主要行车设备,决定着行车的安全性、可靠性、舒适性等。

(4)通信系统

目前地铁专用通信系统主要包括以下几个子系统:传输系统、公务电话系统、专用电话系统、无线通信系统、广播系统、闭路电视监控系统、乘客信息系统、视频会议系统、时钟系统、集中网络管理系统、地铁信息管理系统、电源及接地系统、通信光缆/电缆等。通信首先是地铁运输的辅助系统,同时又为地铁其他各专业提供支持和服务。

(5)轨道系统

地铁正线大部分采用60kg钢轨,由于现在地铁全部采用电气绝缘,因此正线轨道为长钢轨,道岔采用的是60AT-9型,车辆段及停车场采用50kg钢轨,道岔采用的是50AT-7型。正线采用整体道床,车辆段及停车场采用碎石道床,正线排水沟有的设置在轨道中间,也有设置在轨道边,根据各设计院的风格及业主的要求进行设置。

(6)自动售检票(AFC)系统

自动售检票(AFC)系统向乘客提供可靠、安全、快捷、方便的付费服务,有效管理地铁的票务运作,及时提供系统状态信息,准确统计客流、收益等方面资料,满足优惠、积分等多种经营策划需求。图1-5-12所示为天津地铁3号线地铁自动售检票系统。

(7)空调通风系统

地下车站空调通风系统分为大系统和小系统。其中,车站公共区空调通风系统(兼排烟系统),简称大系统;设备管理用房空调通风系统(兼排烟系统),简称小系统。

图1-5-12 天津地铁3号线地铁自动售检票系统

(8)环境与设备监控系统

环境与设备监控系统(BAS),是为地铁全线各车站、场段、隧道区间相关机电设备监控而设的自动监控系统。被监控的设备主要包括隧道通风系统设备、车站/场段通风空调大系统、通风空调小系统、空调水系统设备、给排水设备、自动扶梯、电梯、卷帘门、照明系统(含智能照明系统)、应急照明电源、区间给排水等设备的运行状态和系统参数以及车站公共区和设备房环境温湿度的参数等。

(9)火灾报警(FAS)系统

火灾报警系统由中央控制室的全线FAS控制中心,设在各个车站的控制室、车辆段控制室的车站级FAS系统,各种车站现场设备以及网络通信设备组成。车站现场设备包括火灾探测器、监视模块、控制模块、手动报警按钮、感温电缆、红外对射、消防专用电话和插孔、警报器、复示盘等。全线FAS控制中心与车站级FAS系统通过光纤网络进行通信。车站级FAS系统通过总线或多线与现场设备连接。

3.供电方式

地铁的供电方式主要有如下两种:

(1)轨道供电

第三轨在原有两轨路线侧新增轨道带电,车辆则利用集电靴获得电力;电流经车轮和运行轨道回到发电厂。第四轨除了原有车轮支撑导引用轨道外,另外增设两条轨道各供应直流电正负两极,或者供应三相交流电,但不如第三轨式经济,故不常见。

(2)接触网

电力由架空电缆提供,车辆则利用集电弓获得电力,有时也会以车轮经过轨道将电流带回发电厂。使用架空电缆供电的地铁,电缆设置会非常低,几乎触及车顶,以减少隧道高度,从而减低建造成本。

4.安全性

虽然地铁对于雪灾、冰雹及强风的抵御能力较强。但是对地震、水灾、火灾和恐怖袭击事件等抵御能力很弱。为此自地铁出现以来,工程师们就不断持续研究如何提高地铁的安全性。

(1)地震

地震可以导致行进中的车辆出轨,因此地铁都设计有遇到地震立即停驶的功能。为防止地铁地道坍塌,处于地震地带的地铁结构必须特别坚固。

(2)水灾

由于地铁内的系统低于地平线,导致地上的雨水容易灌入地铁内的设施。因此地铁在设计时不得不规划充分的防排水设施,即使如此也可能发生地铁站淹水事件。为此在发生暴雨时,地铁车站入口的防潮板和线路上的防水闸门都要关闭。

世界地铁水灾知名事件有:2001年台北地铁在纳莉台风侵袭时发生的淹水事件;名古屋地铁在2000年9月11日东海暴雨时的淹水事件;纽约地铁在2012年飓风珊迪时的淹水事件;香港地铁2014年黑雨时黄大仙站发生淹水,如图1-5-13所示。

(3)火灾

以往人们不太重视地铁站内的防火设施,车站内一旦发生火灾,瞬间就会充满烟雾,而引发严重的灾祸。1987年11月18日,英国伦敦地铁国王十字圣潘克拉斯站发生火灾,导致31人死亡。产生火灾的原因之一是因为伦敦地铁内采用了大量木质建筑。2003年2月18日,韩国大邱市的地铁车站遭到纵火,如图1-5-14所示,12辆车厢被烧毁,198人死亡,148人受伤。这次火灾产生如此严重死伤的原因,除了车厢内部装潢采用可燃材料之外,车站区域内排烟设施不完善也是重要因素,加上车辆材质燃烧时产生了大量的一氧化碳等有害物质,而导致不少人中毒死亡。

图1-5-13 地铁淹水事件

图1-5-14 两名救援人员在一辆被烧毁的地铁列车中巡视

(4)恐怖袭击事件

在全球恐怖袭击迅速蔓延的今天,地铁系统作为重要的城市公共交通设施,被列为对于恐怖袭击具有很高风险的目标之一。因此,地铁的建设设计和日常管理必须充分考虑应对恐怖袭击。此外,地铁建设作为城市建设的一环,在规划设计时就应从选址、消防等环节考虑到安全预防,一旦灾难突然而至,要求能迅速启动预警机制和救灾设施,减少恐怖袭击带来的如火灾等二次伤害,将灾难控制在最小范围内。

世界地铁恐怖袭击的著名事件有:1995年3月20日,在日本东京地铁站奥姆真理教发动了沙林毒气袭击;2001年9月11日,在美国纽约的"9·11"恐怖袭击事件中,地铁车站因为纽约世贸大楼的倒塌而被破坏,站内部分乘客因此死亡;2005年7月7日,在英国伦敦地铁发生了爆炸事件;2010年3月29日,在俄罗斯莫斯科地铁发生炸弹袭击,导致40人死亡。

(5)地铁空气的压力

地铁因列车在隧道内高速移动,可能产生隧道及车厢内压力剧烈改变,而造成旅客不舒适感,或者影响设备使用寿命,其压力改变现象称为活塞效应。地铁因列车高速移动产生压力波若传至隧道出口,将产生隧道口微压波噪声,干扰附近居民。

5. 地铁运营

1)运营模式的分类

按资产属性及运营企业性质划分,即从经营权与所有权的角度,世界城市轨道交通的运营管理模式主要可分为以下7种:

(1)公办公营(有竞争),线路为政府所有,两家或两家以上的运营单位通过招标方式获得经营权。

(2)公办公营(无竞争),线路为政府所有,一家单位独家经营,或两家以上单位按行政区域划分经营范围。

(3)公办半民营,线路为政府所有,交由政府股份占主导地位的上市公司经营。

(4)公办民营,线路为政府所有,交由民间股份占主导地位的上市公司经营。

(5)公私合营,线路归政府和地方公共团体所共有,同样由政府和地方公共团体共同组织人员经营。

(6)私办私营,线路由私人集团投资兴建,并由私人集团经营。

(7)私办公营,线路由私人集团投资兴建,交由政府经营。

城市轨道交通企业在不同的发展阶段可能采用不同的运营管理模式,这些模式也会不断演变,运营管理模式的选择需要综合考虑政府和市场的因素,这是城市轨道交通系统发展的基础。

2)地铁运营模式的比较

西方国家城市的轨道交通线路几乎都归中央政府或市政府所有,由政府机构直接运营或是交给公有性质的企业运营,而东方国家城市的情况比较复杂。

各个国家和城市经济势力、技术水平及客流量都不尽相同,因此各国的城市轨道交通的建设与运营模式各不相同。下面从资金来源、运营管理部门以及优缺点对各种不同模式进行详细比较,具体内容见表1-5-2。

城市轨道交通运营模式的比较　　　　　　　　　　　　　表 1-5-2

模式	采用城市	资金来源	运营管理部门	优点	缺点
政府建设、政府垄断经营	伦敦、纽约、巴黎	中央和各级地方政府的拨款和政府补贴	当地政府下属的企业直接运营管理	主要体现了轨道交通的福利性，政府直接控制轨道交通票价	政府财政压力大，没有市场竞争，效率低下
政府建设、政府有竞争经营	首尔	各级政府的拨款，发行公司债券	有多家国有公司进行竞争性经营	体现轨道交通的福利性，同时竞争的存在有助于提高服务水平	政府干预，可能存在效率低下等问题，竞争又使得某些设施重复建设、资源浪费
政府投资、公私合营	新加坡	政府承担建设费用，其他费用上市筹集	商业化的上市公司运营，政府只是作为股东不参与运营管理	把市场机制引入轨道交通的运营管理，既有竞争又可以实现市场化的盈利，政府财政压力小	有时不能很好反映轨道交通的福利性
政府拥有、商业运营	香港	政府投资上市融资物业开发	由政府控股的上市公司运营	多元化开发、自主经营、自负盈亏，效率高，盈利能力强	政府财政压力中等，有时不能很好反映轨道交通的福利性
公私合作建设与运营	东京	政府拨款商业贷款民间投资交通债券	公私合作的公司进行运营管理，但政府干预占主导	体现福利性，吸引私人参与公共交通建设	产权难以分清，利益分配复杂，内部矛盾多
私人建设、私人经营	吉隆坡曼谷	完全私人投资	私人公司运营管理	政府完全没有风险和财政压力，可以充分激发私人投资者严格控制建设和运营成本	在票价和路线安排上会有较多的矛盾，政府难以保证轨道交通的公共福利事业的本质
私人建设、政府经营	菲律宾	政府担保，多种方式融资，吸纳私人投资	政府部门运营管理	缓解了政府前期的资金压力，运营时能很好体现政府的意志	政府对线路设计及建设的监管不够，难以确保线路的最大社会效益和经济效益

第六章　我国铁路运输文化与成就

第一节　我国铁路运输文化

一、我国铁路运输文化概述

文化是指人类在社会历史实践中所创造的物质财富和精神财富总和。狭义文化是指社会的意识形态以及与之相适应的制度和组织机构。文化的内涵如此庞大而抽象,其中,铁路文化是指由铁路运输生产实践衍生出的物质文化和精神文化总和。

长期以来,我国铁路锤炼出以"人民铁路为人民"为核心内容的铁路文化,以"安全优质、兴路强国"为高度概括的新时期铁路精神,以"报效祖国、忠于职守、艰苦奋斗、永当先锋"为内涵的"毛泽东号"精神,并在"强基达标、提质增效"工作主题下,逐步提炼出铁路安全文化、服务文化、经营文化、建设文化、春运文化及高铁文化等。

(一)铁路安全文化

铁路运输安全不仅影响企业本身的生产效率和经济效益,也对社会和经济造成重大影响。铁路安全文化是铁路企业文化的重要组成部分和显著特征,是在长期实践培育形成、具有鲜明铁路行业特色、为广大干部职工普遍认同和遵循、以安全价值观和行为准则为核心的安全意识、道德规范、管理理念等因素的总和。

铁路安全文化是由精神、制度、物质三部分安全文化有机构成。

1.精神安全文化

精神安全文化是指铁路作业人员共同追求的生产目标、安全理念、价值观念和道德标准。它的客观主体为铁路从业人员,具体表现为以下两个方面:

(1)安全目标。这是所有生产企业包括铁路行业的理想目标,只有切实保证了安全,才能更好地挖潜提效。基于安全目标,铁路作业人员在所有生产活动中确立安全基本原则和办法,并贯彻于整个安全工作,具体落实"安全重于泰山"等安全思想。

(2)安全道德。这是铁路作业人员进行安全生产活动的责任义务、行为准则规范。铁路职工具有崇高的荣誉感和高度的责任心,以集体利益为重,尽心尽责,能真正做到"在岗一分钟,尽心六十秒"。

2.制度安全文化

制度安全文化是指约束规范所有从业人员各种安全行为的规章制度总和以及落实这些制度的行为表现,是铁路安全文化中重要的管理实施环节。

(1)规章制度。铁路规章制度涉及范围甚广,包括铁路技术管理规程、铁路行车组织规则、车站技术管理细则、安全生产责任制、安全检查制度、质量管理制度、安全生产奖惩制度、安全教育培训制度、安全技术管理制度等。

(2)党、政、工、团的政治宣传文化。有别于外企和民营企业,铁路实行集"党、政、工、团"为一体的领导体制。通过多途径的政治宣传方式,教育和培训从业人员,培养其安全意识,增强其安全责任感。

3.物质安全文化

物质安全文化作为铁路安全文化的承担媒介,主要由以下两方面构成:一方面是作为保障安全的设备、设施、系统;另一方面是有效的安全管理方法和措施,包括查岗发牌措施、自控型班组建设、事故应急处理预案等。物质安全文化为安全文化提供了强有力的物质保证,并且伴随高新技术的升级普及和管理方法的日臻完善,表现方式将趋于多样化和高效化。

(二)铁路服务文化

铁路服务文化是铁路运输企业在长期的运输生产经营活动中所形成的服务理念、价值取向、行为规范的总和,体现的是一种融合了服务战略、服务理念、服务设计、服务行为、服务环境等多种要素的更高层次的服务管理。重视和加强服务文化建设,是当代服务营销实践的显著趋势,也是当前铁路运输企业迫切需要研究和解决的重要课题。

1.创新服务理念,实现以旅客货主为中心的服务价值观的转变

我国铁路奉行"以服务为宗旨,待旅客如亲人"的服务理念,"以服务为宗旨"就是要把铁路运输服务工作的目标定位于全心全意为旅客货主服务、努力满足客户需求、提供优质高效的服务;"待旅客如亲人"就是要以热情周到的服务为旅客货主创造宾至如归的旅行环境和货物受理条件。"以服务为宗旨,待旅客如亲人"体现了"人民铁路为人民"的宗旨,构成了铁路服务文化的新理念。塑造与创新铁路服务文化,就是要引导广大铁路干部职工把"以服务为宗旨、待旅客如亲人"这一理念内化于心,外化于行,不断提升铁路服务工作的亲和力、影响力,提高广大人民群众对铁路工作的满意度。

2.把握铁路运输服务的特点和要素,实现以旅客货主为中心的服务质量观的转变

铁路运输生产的直接结果是实现人或物的空间位移,其构成要素主要包括旅客货主、站车工作人员、服务传递系统、实体设施等。一个完整的服务系统不仅包括服务设备、服务设施、服务过程、服务方案和服务流程,还包括服务规章制度和文化环境。

因此,铁路部门不仅要建立完善的规章制度、激励机制及质量管理与评价体系,切实加强客货运输服务人员综合技能训练,更要培养主动、耐心、热情的服务态度,提供安全可靠的服务设施,设计完善周到的服务项目,制定科学合理的服务程序,追求客户满意的工作效率,全面提高服务质量。

3.完善服务设计,实现以旅客货主为中心的工作流程的转变

服务的设计与开发,指的是服务理念与服务传递系统的设计与研发。铁路运输的核心产品就是在预定的时间把旅客、货物运送到指定地点,因此设计与开发服务传递系统也要紧密围绕这个核心产品来进行。

首先要完善铁路运输服务研发体系,让所有相关部门都参与服务设计过程;其次是优化和调整运输组织结构,合理配置运力资源,给职工更多的自主权;最后是再造业务流程,打造货物承运、装卸作业、在途运输、货物交接、到达交付等环节在内的完整服务链,打通服务旅客货主

的"最后一公里",构建完整的铁路行包运输网络,实现运输各环节各节点的紧密衔接。

4. 推动技术创新和进步,实现以旅客货主为中心的服务思维的转变

随着铁路技术装备和服务设施的开发和投入,为铁路运输优质服务提供了最基本的硬件条件,比如高铁技术的迅猛发展给客运组织模式和服务方式带来了革命性变革;信息技术的不断进步,为铁路运输企业实现优质服务增加了更多的可能和更大的空间,特别是随着大数据、"云时代"的到来,服务战略、服务理念、服务模式等都面临着深刻的变革。这些新技术、新设施和新模式的广泛应用,可以高效整合资源,使各种相关联的结构性要素更加充分地发挥市场价值,拓展服务领域,增加服务品类,提高服务质量,提升产业品质。

5. 创新服务模式,实现以旅客货主为中心的营销策略的转变

近年来,铁路运输企业运用诸如市场细分、目标定位等策略争取了一些新的市场机会。但是如果我们以更具前瞻性的战略眼光考察市场就不难预见,当整个运输市场经过不断细分而演变成无数的小市场时,找到有利可图的细分市场将会变得越来越困难。因此铁路运输企业不仅要深度挖掘运输产品及市场潜力,还要进一步探索运输产品、运输市场及营销要素在广度上的组合创新,综合运用多种营销方式,产生强大的营销合力,最大限度地适应市场需要,最大程度地满足客户需求。

6. 打造服务品牌,实现以旅客、货主为中心的企业形象的转变

服务质量的最高目标和最高层次是服务品牌和品牌服务。品牌是企业核心竞争力的体现,是企业核心价值理念的凝聚。由于铁路长期以来在注重半军事化管理的同时,忽视了现代服务业要求根据市场需求灵活变化的特点,关注重心没有放在千方百计满足旅客货主需求上,一味要求旅客货主适应自己的工作习惯和工作模式,接受铁路的管理和约束,在社会上造成了"铁老大"的负面形象。服务品牌的打造有助于改变铁路企业原有形象,提高铁路企业的社会影响力和吸引力。

(三)铁路经营文化

从基本含义来看,铁路经营文化是铁路在长期生产经营过程中形成的,具有鲜明的铁路行业特色,为全体职工广泛认同和共同遵守的企业经营价值理念、道德规范、行为准则和制度体系等因素的总和。从本质上看,加强企业经营文化建设是铁路企业文化走入企业的生产经营全过程的直接体现,是企业文化概念与铁路企业具体的经营实践活动相结合的产物,是企业文化的具体化和物态化。

建设铁路经营文化的基本要求:要明确一个宗旨,即"以人为本,形成合力",经营文化建设的主旨目标;要树立"以市场为导向、以满足客户需要为根本"的经营价值理念。充分认识市场需求和客户需要是做好铁路企业生产经营工作的关键。依照企业文化建设的基本理论,经营文化研究可以分为四个层面。

一是经营观念文化,是指铁路企业开展生产经营活动的各种经营意识、经营态度和价值观念等,如近几年提出的"以经济效益为中心推进铁路企业市场化发展""适应新常态,创效作贡献"等。

二是经营行为文化,是指在经营观念文化的指导下,铁路企业及其职工在生产经营过程中的经营行为准则、思维方式、行为模式的表现。

三是经营制度文化,是指加强铁路经营管理、最大限度地增加企业经济效益的经营制

度、经营规范和经营准则等,重点包括以企业盈亏与工资总额挂钩机制为基础的企业营销机制、企业激励约束机制、企业成本控制机制等方面的制度建设。

四是经营环境文化,是指通过经营环境建设,让经营环境文化物态有形化,使精神形态的经营环境文化要素转换为物质的视听感受,营造铁路运输生产经营的良好内部环境和外部氛围。各种经营文化形态立体交叉,相互交融,相互促进。

二、中国高铁文化自信

高铁是中国在短时间内即实现复杂产品系统技术赶超的极少数产业之一,中国高铁同时在高速铁路、高原高寒铁路、重载铁路等领域实现创新突破,国内纵横交错的高铁网络运营里程占世界高铁总量的2/3。高铁的快速发展对国民经济社会发展形成了巨大的带动效应。

改革开放特别是近10年来,几代铁路人瞄准世界一流水平不懈奋斗,实现了高铁建设历史性进步。从时速200~250km动车组,到时速350km动车组,再到具有完全自主知识产权的"复兴号",中国高速列车技术不断发展,已成为彰显我国科技实力的名片。相对于科技创新带来的"硬技术",高铁文化和品牌建设的"软实力"——高铁文化自信,同样需要齐头并进。

高铁文化自信的底气有浓厚的基础,这个基础就是不同时期的铁路优秀传统文化。铁路作为国民经济大动脉、国家重要基础设施和大众化交通工具,与之相携而行的铁路文化更是中国特色社会主义文化的重要内容,具有浓郁时代特征和鲜明行业特色。而铁路精神正是引领铁路文化最重要的环节,在铁路事业发展的历史进程中,广大铁路职工创造了体现不同时期要求、富有深厚底蕴的铁路精神。"艰苦奋斗、志在四方"的铁道兵精神、"不折不挠、知难而上"的詹天佑精神等,这些都是不同时期铁路人精神风貌的展示。中国铁路在长期实践中形成了独特的思想理念,培育和形成了与中华传统文化相呼应的传统美德,积累的思想知识和道德规范以及独一无二的理念智慧和气度,奠定了新时代高铁文化自信的骨气和底气。

高铁文化自信的底气有坚强的基石,这个基石就是生机勃勃的高铁文化。经过几代高铁人孕育和拼搏,在传承和弘扬铁路传统文化的基础上,结合改革开放特定历史背景,融合新时代特色的"高铁文化"呼之欲出,有"勇攀科技高峰、争创世界一流"的拼搏精神,有"功成不必在我、不惧失败、永不言弃"的奋斗精神,更有"精益求精、严谨敬业"的工匠精神等。正是这一个加一个的高铁精神,赋予了高铁从"追赶"到"超越"的发展动力和精神依靠,引领着一代又一代铁路人为之努力和奋斗。

高铁文化自信的底气有实践的支撑,这个支撑就是四通八达的高速铁路网。代表中国先进生产力走向世界的中国高铁,"版图"越来越广袤。以沿海、京沪等"八纵"通道和陆桥、沿江等"八横"通道为主干,城际铁路为补充的"八纵八横"高速铁路网,可实现相邻大中城市间1~4h交通圈、城市群内0.5~2h交通圈,四通八达的高铁网,让老百姓真正实现了"天涯若比邻"。电子客票、刷脸进站、网络点餐及5G网络……,日新月异的科技进步和人性化服务,正在日益满足人民追求美好旅行的向往。

三、中国铁路服务"一带一路"

"一带一路"倡议提出至今,铁路对外开放和走出去已由总体布局转向精致细腻。回望过去,"一带一路"的朋友圈和合作伙伴不断扩大,中国高铁成为新的"外交名片"和"形象代表"。为了进一步扩大铁路对外开放和走出去,更好地服务"一带一路"建设,中国铁路任重道远。

(一)中国铁路服务"一带一路"建设现状及面临的国际环境

1. "一带一路"建设面临的历史机遇

当今世界正发生复杂深刻的变化,国际金融危机深层次影响持续显现,各国面临的发展问题依然严峻。在这样的时代背景下,习近平总书记2013年提出建设"一带一路"倡议。该倡议一方面顺应了世界多极化、经济全球化、文化多样化、社会信息化的潮流,有利于维护全球自由贸易体系和建构开放型世界经济;另一方面促进了经济要素有序流动、资源高效配置和市场深度融合,符合国际社会的根本利益。"一带一路"贯穿亚欧非大陆,一头是活跃的东亚经济圈,一头是发达的欧洲经济圈,中间广大腹地国家经济发展潜力巨大。六条经济走廊将中国的发展与沿线国家的发展紧密联系在一起,依托不同的地理区位、资源禀赋和发展特色,必将驱动"一带一路"沿线国家经济逐步释放活力,实现经济腾飞。

2. 铁路建设助推"一带一路"高质量发展

"一带一路"建设,交通运输是基础。基于共商共建共享理念的"一带一路"倡议与各国发展战略无缝对接,交通运输领域的对接与合作综合溢出效应正日益显现。目前,"一带一路"倡议已经实现与多个国家的发展规划对接,特别是各国在园区、铁路、港口、管线等领域的建设,均取得显著成绩。多年来,中国铁路充分发挥行业、专业优势和企业层面的牵头作用,有序推进境外铁路项目建设。例如,雅万高铁全面施工,中泰铁路一期工程、巴基斯坦拉合尔橙线轻轨工程进展顺利,莫喀高铁前期工作有序推进……以交通基础设施为突破,中国与邻国铁路项目的推进,进一步扩大了铁路对外开放和走出去。

3. 中欧班列加速"一带一路"全产业链布局

中欧班列作为新丝路上的"钢铁驼队",架起了中国与欧洲、世界联系的桥梁,加速了"一带一路"全产业链布局。2019年,中欧班列实现量的突破和质的飞跃,开行8225列、同比增长29%,发运72.5万标箱、同比增长34%,综合重箱率达到94%,如图1-6-1所示。

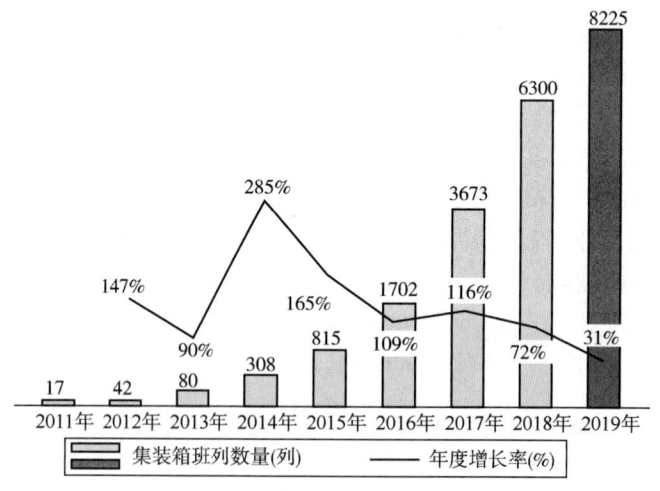

图1-6-1 中欧班列各年度整体数据

(二)中国铁路服务"一带一路"建设的可持续发展之路

1. 自我革新,释放更多合作发展潜力

为了更好服务"一带一路"建设,铁路就要打破固有思想观念的束缚,突破利益固化的藩篱,以更加积极主动的精神自我革新、全面深化改革,加速国际交流合作,为铁路发挥优势互补、拓展新的合作空间搭建平台。在铁路扩大对外开放和走出去的新征程中,为了统筹国际国内两个市场、两种资源,就要大力发展国际联运和口岸运输,全面提升"中国高铁""中欧班列"等在国际社会的影响力和知名度,以品牌示范作用更好地服务"一带一路"建设,这也是铁路实现创新发展的必由之路。

2. 共同筑梦,让各国人民共享铁路发展的"红利"

"让共建'一带一路'成果惠及更多国家和人民"❶,习近平总书记的话语掷地有声。自"一带一路"倡议提出以来,一大批铁路合作项目稳步推进。例如,被肯尼亚人誉为"世纪铁路"的蒙内铁路 2017 年 5 月 31 日正式通车,中国首次将国内的全套铁路标准出口到海外;印度尼西亚雅万高铁自 2016 年开工以来,已经完成 21% 的进度,建成后将使雅加达和万隆间的火车通勤时间由目前的 3 个多小时缩短至 40 分钟……一系列国外铁路建设项目,让中国铁路建设跻身世界领先行列。在世界铁路建设的大舞台上,中国铁路建设者通过辛勤耕耘,让各国人民共享铁路发展的"红利"。在经济全球化大趋势下,中国铁路对外开放和走出去的步履更为铿锵,这也是铁路勇挑重担的责任担当。

3. 互利共赢,为中欧命运共同体注入新动力

新时代,中国已同多个欧盟成员国签署了政府间"一带一路"合作文件,铁路交通建设对增进区域合作、构建中欧命运共同体具有深远意义。随着"一带一路"建设不断推进,我国与欧洲及沿线国家的经贸往来日益频繁,物流需求旺盛,贸易通道和贸易方式不断丰富和完善,中欧班列迎来了难得的发展机遇,为中欧命运共同体注入了新动力,"一带一路"也是铁路铺就的互利共赢之路。

(三)中国铁路服务"一带一路"建设的着力点

1. "深耕"顶层设计,推动交流合作

铁路作为"一带一路"互联互通的重要基础设施,就要在顶层设计上深耕细作,推动"一带一路"建设走深走实。一要强化铁路领域国际交流合作。统筹铁路设计、建设、装备制造等优势资源,密切与各国在铁路规划研究、技术咨询、工程设计等领域合作,扩大中国铁路话语权;主动筹备举办各类高级别铁路论坛,提升中国铁路新形象;积极参与国际铁路组织的重要活动,加大中国铁路在国际社会的影响力。二要积极推动通道建设。以全球战略眼光综合施策,不断优化完善"铁轨上的'一带一路'",超前铺排并预留未来通道能力,最终实现科学规划、全球获益。三要规划全球物流综合网。把各级物流的"点",连接到六大经济走廊成"线",再形成区域物流网络"面",最终形成全流程、立体化综合物流网。

2. 加大项目推进,实现互惠互利

在国外项目管理中,充分运用中国智慧,利用国际规则,打造具有国际影响力的铁路全

---

❶ 习近平.顺应时代潮流　实现共同发展——在金砖国家工商论坛上的讲话[N].人民日报,2018-07-25(02)。

流程境外建设技术规范,突出建设标准化、智能化、流程化运作模式。全面摸排中国企业国外参与铁路建设的情况,鼓励外资与中国中铁、中国铁建、中国中车、中国交建等特大企业探索成立国际铁路公司,对国外重点铁路建设项目集中运作。对已签约承(参)建的国外铁路项目,重点打造铁路工程项目建设的样板工程、示范工程、精品工程,结合不同国家和地区的政治、经济、文化、社会等情况,适时进行全媒体融合宣传。

3. 优化物流服务,打造国际品牌

系统全面地打造具有国际规范化运作水平的铁路物流服务技术标准,同时融合各国特色搭建服务体系,采取"国际标准+特色服务"的模式,让铁路物流服务更具国际竞争力。持续打造中欧班列国际物流品牌,发挥中欧班列运输联合工作组作用,推动协调完善国际合作议事规则,进一步健全中欧班列国际合作机制。采取货运"供应链"管理模式,持续拓展陆海新通道铁海联运班列,提升中欧班列国际物流品牌的辐射面和影响力。

4. 夯实文化底蕴,塑造良好形象

共建"一带一路"不仅要在基础设施,特别是铁路建设的"硬联通"上下功夫,也要在夯实"一带一路"文化的"软联通"上巧发力。中国铁路要厚植当代铁路文化自信,成体系、成规模地打造铁路优秀文化,可适时推出铁路系列丛书、铁路院线影视作品等,提升铁路文化"软实力"。中国铁路对外开放和走出去,就要培育有着共同愿景的"一带一路"文化,继而立足不同国家和地区的文化差异,植入共同愿景,并形成有着地域特色和浓郁本土气息的铁路文化。同时,要针对不同国家和地区开展深入的调查研究,实施一国一策的铁路文化传播方案,制订具有适用性的国际传播方案,注重国际传播的分众化和适用性,对外讲好中国铁路故事、传播好中国铁路声音,展现真实、立体、全面的中国铁路。

5. 搭建联合实验室,构筑综合平台

结合"一带一路"沿线国家重大科技发展需求、科研基础条件与合作意愿,中国铁路依托铁路行业优势,可探索搭建联合实验室。围绕"共建共享、需求导向、能力建设、示范引领"的宗旨,搭建铁路行业联合实验室,为推进"一带一路"创新之路构筑综合平台。一是发挥"中国铁路智慧"综合影响力。与各国共建铁路科技创新研发团队,在智慧"碰撞"中共同促进铁路创新发展;二是依托实验室等平台设立人才培养培训专项计划,与交通院校、与铁路现有创新工作室、与中国铁道科学研究院等专业单位共同研究铁路人才培养、人才交流的路径;三是设立"一带一路"国际铁路科技合作试验点,组建铁路创新团队、开放科研平台、实现信息共享,同时也要激励科研人员扩宽研究领域和研究视野,为"一带一路"建设贡献智慧与力量。

第二节　我国铁路运输成就

一、中华人民共和国成立至今,我国铁路的可喜变化

(一)从"路网稀疏"到"四通八达"

中华人民共和国成立70余年间,我国铁路以前所未有的路网建设"加速度"跑出了中华

人民共和国发展的新高度,也成为中国现代化建设的一个典型代表。回首中华人民共和国成立之初,全国铁路运营里程仅有 2.18 万 km。而 70 年后的今天,我国铁路营业里程超过 13 万 km,可以绕地球 3 圈,其中高铁里程超过 3 万 km,"八纵八横"高速铁路网的宏大蓝图已经绘就。1953 年 7 月建成通车的陇海铁路,连通了我国东部、中部、西部,构筑了新亚欧大陆桥。1956 年 7 月建成通车的宝成铁路,打通了西北和西南经济大动脉,从此蜀道不再难于上青天。1992 年 12 月开通运营的大秦铁路是中国第一条重载铁路,构建了我国西煤东运大通道。2006 年 7 月 1 日全线通车的青藏铁路,结束了西藏没有铁路的历史,拉近了西藏与内地的距离。2008 年 8 月 1 日建成通车的京津城际铁路,是我国第一条城际高速铁路,标志着我国铁路开始迈入高铁时代。2011 年 6 月 30 日开通的京沪高铁,连接了环渤海和长江三角洲两大经济区,从根本上解决了沿线地区运输紧张状况,加快了沿线城市现代化进程。70 余年来,我国铁路路网建设速度之快、质量之高、技术之强,令国人骄傲、让世界羡慕。

(二) 从"蒸汽时代"到"高铁时代"

从蒸汽机车到内燃机车,再到环保无污染的电力机车,从最初时速 50km 到如今的时速 350km,其变化的不仅仅是车型、速度,更是我国铁路的自主创新能力。1952 年 7 月,四方机车车辆厂制造出中华人民共和国第一台蒸汽机车,使我国摆脱了依靠进口外国机车的历史。1959 年,四方机车车辆厂试制成功了我国第一辆内燃机车,标志着我国铁路进入了内燃机车时代。20 世纪 70 年代,我国第一代电力机车开始批量生产,大大提高了铁路运输能力。2017 年 6 月 26 日,具有完全自主知识产权,更安全、经济、舒适、环保节能的时速 350km"复兴号"中国标准动车组在京沪高铁首发,标志着中国高铁进入"中国创造"时代。短短几十年间,我国铁路实现了从落后、追赶到昂首跨入世界先进行列的精彩蝶变。领先的技术、过硬的品质、优质的服务让中国高铁以铿锵的脚步迈向世界,让"中国制造"走向世界。现在,中国高铁是海外民众认知度最高的中国科技成就,被外国青年评为中国新四大发明之首。

(三) 从"走得了"到"走得好"反映出中国人民生活质量日益提升

2019 年春运,铁路发送旅客首次突破 4 亿人次,是 10 年前春运发送旅客的一倍多。以前春运期间,车站开设"大卖场"进行集中售票,为了一张火车票,有的旅客要排队几天几夜,有的旅客买不到座位票,只能一路站着回家,脏乱差的车厢环境总会让人觉得回家的旅途是那么艰辛。而现在,铁路实现了互联网订票、窗口移动支付购票、身份证验证直接进站、刷脸进站,加之铁路运营速度越来越快、站车环境越来越整洁,这都让旅客真真切切地感受到乘火车出行的方便、舒适和快捷。70 余年来,铁路货运也逐渐从"坐商"向"行商"转变,通过改革货运受理、运输组织方式、规范货运收费、减免运输杂费等措施,紧跟现代化物流的脚步努力为货主提供最直接、最方便、最快捷的服务。

二、我国铁路成就之源

1. 国家的强大统一是铁路改革发展的根本保证

100 多年前,由于当时中国政府的衰败无能,铁路进入中国艰难曲折,从一开始的不让修,到后来的强迫修,中国铁路的起步发展就像戴着枷锁成长的孩子一样举步维艰。在中华人民共和国成立前的 70 多年间,中国铁路在战争频发、社会动荡的晚清民国时期艰难起步、奋力前行,这与无数青年才俊怀揣铁路强国梦想、接续努力是分不开的。这其中有学成回国、顶着巨大压力修成中国首条完全自建铁路的詹天佑,有运作修建中国多条自建铁路的盛宣怀,还有奋战在铁路一线的基层铁路工人。中华人民共和国成立以来的70多年,中国铁路在恢复修建中浴火重生,在新线建设时一鸣惊人,在改革开放中重装上阵,在使命召唤下弯道超车。中国铁路实现了从一无所有、受制于人到成为世界铁路领跑者的华丽转身,也见证了中国由衰到强的嬗变。事实充分证明,没有一个统一的国家,没有一个强大的政府,就没有铁路的自强发展。国衰则铁路衰,国强则铁路强,铁路强则国更强。

2.党和政府的正确领导是铁路改革发展的基础和关键

中国铁路今天取得的发展成就离不开党和政府的正确领导和科学规划。在中华人民共和国成立初期,针对我国铁路网总体布局不均衡的现状,党和政府在西部打响了中华人民共和国铁路建设的第一枪,从1952年建成第一条干线铁路——成渝铁路算起,到1957年第一个五年计划完成为止,先后建成铁路干(支)线6100km,有效加强了西部、西南地区与全国的联系。在改革开放新时期,为打破铁路运输对国民经济发展的制约瓶颈,党和政府提出"铁路必须进行一系列的重点建设,加快发展速度,提高运力"的方针,根据这个精神,铁路进行了大规模的技术改造升级,完善各项运输设备的配套,以提高运输能力,解决运输薄弱环节。进入21世纪,随着中国经济社会的快速发展,人民对于方便快捷出行的要求愈加强烈,党和政府在对铁路既有线进行六次大提速的基础上,描绘了中国铁路发展新的宏伟蓝图。从2004年的《中长期铁路网规划》和2008年的《中长期铁路网规划(2008年调整)》到2016年对《中长期铁路网规划》的修编,从"四纵四横"到"八纵八横"的高铁网,从建设交通强国的战略部署到每年8000亿元的铁路投资规划,这些都体现了国家对于铁路发展的重视和期望,以及党和政府对铁路发展的科学规划和正确领导。

3.企业的奋斗精神是铁路改革发展的不竭动力

习近平总书记指出,党员干部要"为实现中华民族伟大复兴的中国梦不懈奋斗"。中国铁路发展取得今天的成绩来之不易,我们不能忘记一代代中国铁路人为此付出的辛勤劳动乃至流血牺牲。中华人民共和国成立前,虽然中国铁路发展境遇不佳、备受欺凌,但老一辈铁路人仍坚持不懈、奋发图强,为我们留下了可歌可泣的奋斗历史。中华人民共和国成立后,中国铁路建设百废待兴、艰难起步,新一代中国铁路人不畏艰险、顽强拼搏,为铁路注入了永不磨灭的红色基因。改革开放以来铁路人的继续不懈努力,特别是党的十九大以来中国铁路坚决贯彻实施党中央"建设交通强国"的决策部署,以巨大的政治勇气和鲜明的奋斗精神,提出了"交通强国、铁路先行"的目标任务,制定了"三步走"的战略部署,描绘了到2035年率先建成发达完善的现代化铁路网的美好蓝图。这意味着一百多年来,几代中国人的铁路强国梦要在我们这一代铁路人手中实现。

三、中国铁路人的未来之路

1.让坚定信仰照亮我们的前进方向

正所谓"人民有信仰,国家有力量,民族有希望"。坚定信仰,是我们在新时代朝着伟大复兴中国梦、强路梦奋进的不竭动力。一是坚定对共产主义的信仰。作为新时代的铁路人一定要做马克思主义理论的践行者,做共产主义信仰的捍卫者。要时常为思想拂拭灰尘,坚持用马克思主义"醒脑提神",用习近平新时代中国特色社会主义思想武装头脑,念好"真经",坚定"四个自信",从内心深处保持对共产主义信仰的坚守。二是坚定对中国特色社会主义的信念。要始终坚信中国特色社会主义是适应中国发展要求的科学社会主义,中国特色社会主义道路是中国社会进步的必然选择,也将会创造出更加辉煌的成就。在面对艰难险阻时能攻坚克难办实事,保持定力谋发展,始终践行人民对美好生活的向往这个共同的奋斗目标。三是坚定对企业发展良好态势的信心。当前铁路企业面临前所未有的良好机遇和发展态势,我们要坚定信心,从我做起、从小处着手,用心对待岗位,认真干好工作,充分激发干事创业的潜能,实现企业与个人发展的共赢。

2.让家国情怀撑起我们的发展初心

舍小家为大家是中国铁路人一脉相承的家国情怀,也印证了"人民铁路为人民"的初心和使命。首先,始终牢记为国分忧的企业初心。要继承和发扬老一辈铁路人吃苦耐劳、艰苦奋斗、无私奉献的宝贵精神,把企业发展与国家前途命运紧密联系起来,充分发挥国有企业在国民经济中的重要作用,并在关键时刻展示铁路企业的责任担当。其次,始终坚守为民解难的历史使命。对于默默奉献在春运一线的铁路职工来说,家国情怀是融入血脉的精神文化和心理密码。他们用奉献和担当把自己的人生同人民的幸福、祖国的前途、民族的命运紧密联系在一起,用奋斗践行着自己心中的家国情怀,点点滴滴汇聚起共筑中国梦的强劲动力。

3.让改革创新承载我们的时代使命

要想在民族复兴中不辱使命,要想在加快建设交通强国中展现作为,我们就一定要拿出"敢为天下先"的勇气,锐意改革、不断创新,积极探索适合自身发展的新道路、新模式,不断寻求新增长点和驱动力。一是深化体制机制改革,激发企业新活力。要以中央关于深化国有企业改革部署要求为遵循,以充分融入市场经济为目标,不断优化改革方案,进一步完善法人治理结构,建立现代企业制度,实现法治化市场化经营。同时,要理顺资源的统筹与调配,促进机构联动配合,增强专业管理,形成科学高效的组织体系,提升安全管理水平,强化安全监督力量,筑牢安全基础,确保高铁和旅客安全万无一失。二是坚持创新驱动,增强发展新动力。新常态下铁路发展条件发生了深刻变化,适应这些变化的根本途径在于推进铁路创新发展。要坚持问题导向和科学思维,抓住铁路改革发展的重点难点问题,在工作思路、制度建设、管理措施等方面加大创新力度,以"唯改革创新者胜"的坚定信念,解决好各领域的矛盾和问题,以创新引领和支撑铁路发展。在中华民族伟大复兴的征途中,在"交通强国、铁路先行"的使命召唤下,中国铁路应更加实干、更有担当,在新时代交出更为靓丽的时代答卷,为实现国家富强、民族振兴、人民幸福作出更大的贡献。

第二篇　道　路　篇

第一章　初识道路运输

第一节　道路运输的概念与特点

一、道路运输的基本概念

道路(公路和城市道路)是主要供道路交通工具行驶的工程结构物,由路线、构造物(路基路面、桥梁、涵洞和隧道)以及交通工程和沿线附属设施组成。

道路运输就是在道路上通过机动车、非机动车把旅客和货物从甲地运送到乙地的过程。它实现的是人和物的位移,通俗地讲就是接送旅客、运送货物,根据《中华人民共和国道路运输条例》的界定,道路运输是指在公共道路上使用汽车或其他运输车辆从事旅客或货物运输及其相关的业务活动的总称。

道路运输主要包括城市对外(城际)道路运输和城市内部道路运输。在本章中公路运输主要是指城市对外道路运输,城市道路运输主要指城市内部道路运输。

道路运输有广义和狭义两种含义。

从广义来说,道路运输是指货物和旅客借助一定的交通工具(图 2-1-1～图 2-1-3 所示的人力车、畜力车、小汽车等)沿着道路(一般土路、有路面铺装的道路、高速公路),朝着某个方向有目的移动的过程。

图 2-1-1　人力车

图 2-1-2　畜力车

图 2-1-3　小汽车

从狭义来说,道路运输是指汽车运输,目前世界大多数经济发达国家,在道路上已经由汽车取代了人力车、畜力车和拖拉机等慢速运输工具。因此,道路运输就是指汽车运输。

二、公路运输的特点

(一)公路运输的优点

与其他运输方式相比,公路运输具有以下优点:

1. 机动灵活,适应性强

由于我国公路网密度比水路网、铁路网大 10~20 倍,分布广,汽车可达性好。我国公路运输在时间上的机动性明显大于其他运输方式,车辆可随时调度、装卸、起运;公路运输对客、货运输特别是较小批量的人员和货物的紧急运输、救灾及军事运输具有很强的适应性。

2. 广泛适用性

汽车体积小、质量轻,既可沿着密度大、分布广的公路网运行,又可离开公路网进入工厂厂区、农村田间、城市街道、机关单位和居民住宅院内。

3. 速度及时性

公路运输可把旅客从居住地门口直接送到目的地门口,可把货物从发货人仓库门口直接送到收货人仓库门口,"门到门"的直达性是火车、轮船和飞机等其他运输工具难以实现的。

4. 公用开放性

道路运输是一种全民皆可利用的运输方式,凡拥有汽车的社会和个人均可使用道路这一基础设施。

5. 原始投资少,资金周转快

道路建设虽然投资大,但由于成本回收快,且兴办道路的地方收益大,故筹资渠道多,兴建较容易。公路运输设施建设费与轨道和航空运输设施(如铁路线路、信号设备及其铁路、航空场站)的建设费相比要低,且公路运输工具的购置费用相对较低,原始投资少、回收期短。

(二)公路运输的缺点

1. 运量较小,能耗较高

公路载运工具运量较小,行驶阻力比铁路大 9~14 倍,除了航空运输,公路运输的能耗最高。

2. 安全性较低,污染环境较大

自汽车诞生以来,汽车已经侵吞了 3000 多万人的生命,超过了艾滋病、战争和结核病人的死亡人数总和。此外,汽车所排出的尾气也严重威胁人类的健康,是大城市的主要污染源之一。

3. 运行持续性较差

据有关统计资料表明,在各种现代运输方式中,公路的平均运距最短,2013 年我国公路营运性客运平均运距 60.70km,相对于铁路客运平均 400km 左右的运距,公路运行的持续性较差。

可见,公路运输的主要缺点是消耗石油资源多,引发的交通事故多,污染环境等。但随着科技进步,这些缺陷正在不断得到改善。

三、城市道路运输的特点

1. 城市人口多、交通总量大,导致城市道路交通密度大

由于城镇化加快且城市处于几种交通方式及其线路的节点位置,城市聚集了大量人口,导致产生的交通总量远远大于农村,因此城市道路的交通密度大。

2. 城市交通流空间上复杂多变、时间上呈周期变化

由于在城市路网中,临近学校、医院、办公、商业等交通集散以及各类交通枢纽周边区域,能产生和吸引大量各种混合交通流,所以城市各类交通流在空间上表现为复杂多变、时间上呈现出高峰和平峰时段的周期变化。

3. 交通运输工具类型多,速度不同,各种交通流冲突矛盾突出

城市道路中经常行驶着中小型客车、公交车、大中型货车、摩托车、电动车、自行车等多种交通工具,速度快慢各不相同,人流和各类车流之间、车流和车流之间交叉冲突点多,相互干扰大,交通拥堵日趋严重,所以城市道路车速普遍比公路车速慢。

4. 城市交通与城市总体规划和用地布局有直接关系

由于城市中不同性质的用地,对交通的吸引和产生量不同,所以城市道路既要满足城市总体规划中对各功能用地的分界要求,又要与毗邻道路的用地性质相协调,做到布局合理。

第二节 道路运输的管理体制与组织架构

一、总体情况

我国公路现行的公路管理体制是"统一领导、分级管理",已经形成中央、省(区、市)、地、县四级较为健全的公路管理体系,基本模式是:

(1)交通运输部主管全国公路工作,主要从事法律法规、宏观政策、国道规划、技术标准制定,业务上指导各地的公路工作。

(2)省、自治区、直辖市人民政府设立交通运输厅(局、委),负责辖区内公路的建设、养护和管理,具体管理工作由交通运输厅(局、委)下设的公路局(处)、高速公路管理局等机构负责。

(3)各地市以下机构基本与省级机构对应设置,地市级、县级政府设交通运输局,在地市级交通运输局下设公路总段(局、分局、处)。

(4)县级设公路段(局、分局、站)。部分乡镇政府还设有交通运输管理站(所),业务上接受县交通运输局领导。

二、国道和省道干线公路的管理体制

国道和省道(不包括高速公路)的建设、养护和管理的事权均以地方为主,但是各省的管

理体制差别较大。按照省(区、市)、地市与县公路管理机构之间的关系,全国有 3 种管理模式:条条模式、块块模式、条块结合模式,各种模式如图 2-1-4~图 2-1-6 所示。

1)条条模式

是指省级公路管理机构直接负责国道、省道及部分重要县道的建设、养护和其他管理的模式。地市公路总段(局、分局、处)、县公路段(局、分局、站)的人、财、物由省公路局实行垂直管理。县乡道路以地(市)交通运输局为主实施规划、设计、建设和养护管理,省公路局给予技术指导和一定的资金补助。

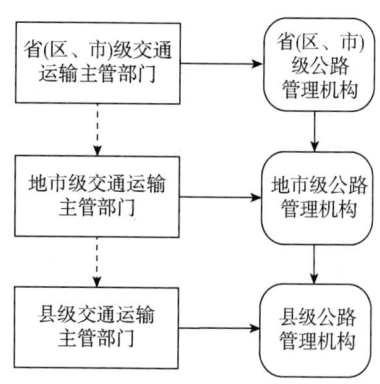

图 2-1-4　普通国省干线公路的条条管理模式
注:图中实线表示直属管理;虚线表示行业指导,无行政隶属关系

2)块块模式

是指省交通运输厅公路局只是在业务上对各地市公路管理机构实施归口管理和指导的模式。地市公路管理机构的人、财、物均受各地市交通运输局管理。地市以下的公路管理体制由各地市人民政府确定,一般来说包括垂直管理和条块结合管理两种。

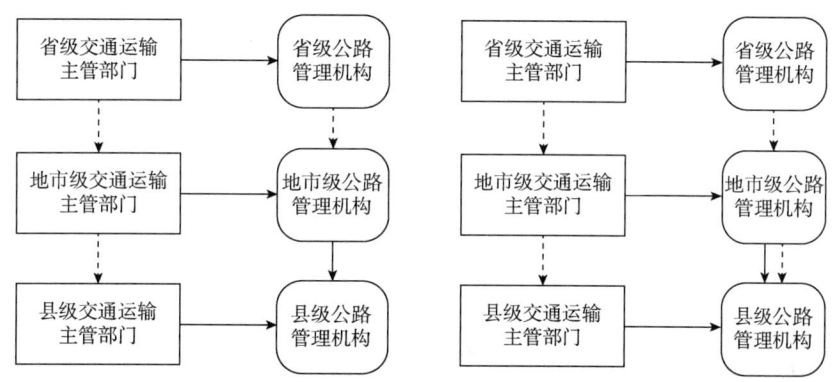

图 2-1-5　普通国省干线公路的块块管理模式
注:图中实线表示直属管理;虚线表示行业指导,无行政隶属关系

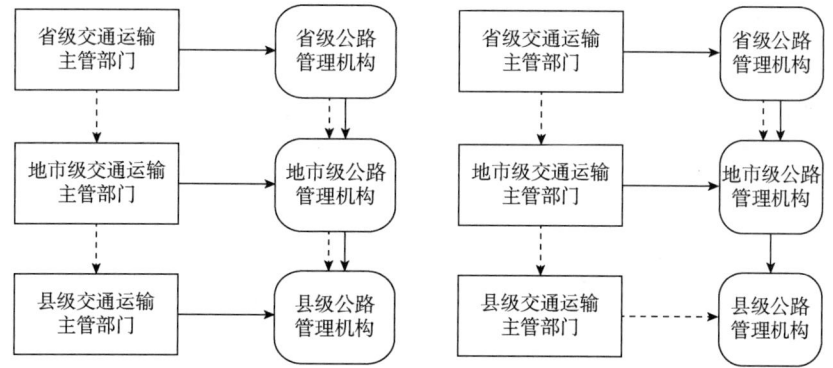

图 2-1-6　普通国省干线公路条块结合管理的两种模式
注:图中虚实线表示条块结合管理,实线表示直属管理,虚线表示行业指导

3）条块结合模式

是指省公路管理部门将国省干线公路的管理权下放到地市,但计划和财权仍在省公路管理机构的管理模式。地市公路管理部门的包括人事权在内的行政领导归属当地政府。县乡公路仍由地市、县交通运输主管部门负责。根据地市公路管理机构与县公路管理机构的关系,又可分为两种管理模式:一是地市公路管理机构对县公路管理机构实施计划、财权的管理,人事权则归属当地政府主管部门管理;二是地市公路管理机构对县公路管理机构的人、财、物实行垂直管理。

三、高速公路的管理体制

我国高速公路管理的模式呈现多样化,各省(区、市)采用的模式不完全相同,同一省份也存在多种形式。目前主要有以国有公路集团公司和高速公路管理局为主体,以非国有公司和上市公司为补充,多种模式并存的体制。

目前我国高速公路的管理体制如图 2-1-7 所示。

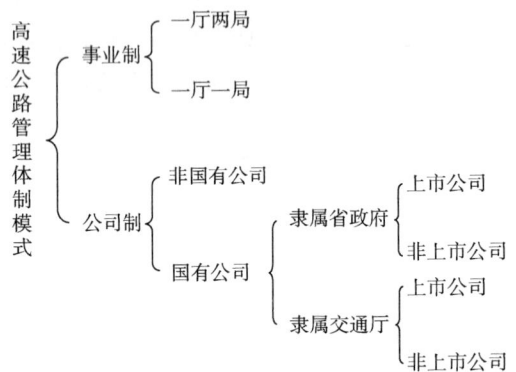

图 2-1-7 我国现行高速公路管理体制的组成结构

四、农村公路的管理体制(县道、乡道、村道的管理体制)

依据《中华人民共和国公路法》,公路依据行政等级划分包括国道、省道、县道和乡道。《中华人民共和国公路法》第八条规定,乡、民族乡、镇人民政府负责本行政区域内的乡道的建设和养护工作。

尽管我国村道总里程在公路网中占了很大比重,但是由于《中华人民共和国公路法》颁发时没有明确其身份,村道主要还是由村委会负责建设,养护工作局限于群众突击和季节性养护,路政管理也基本未开展。

第三节 道路运输产业

随着道路运输工具的发展、道路基础设施不断改善和运输需求结构的变化,道路运输已经成为综合运输体系中的主要运输方式之一,并在五种交通运输方式中占据着主要地位。

一、道路运输的地位

道路运输作为综合运输体系的基础,促进了不同运输方式在服务范围和领域上的分工协作,同时也是其他运输方式得以充分发挥优势的重要支撑条件。在经济分散化、产品多样化和商品交换规模空前扩大的形势下,铁路、水运等适宜大批量、长距离运输的方式日益依赖于公路集散运输的支持,航空运输则更需要以公路作为地面运输支持。因此,道路运输构成了整个综合运输体系的基础。

我国道路运输业自中华人民共和国成立以来,已迅速成长为对国民经济和社会发展具有重要基础性作用的运输方式。

二、道路运输产业市场

道路运输是一种在道路上进行的运输活动,是最接近"门到门"的陆上运输方式。其主要依托公路网络,通过客货运输车辆运送旅客或货物到达指定目的地。根据《国民经济行业分类》(GB/T 4754—2017),"G54 道路运输业"大类下具体包括城市公共交通运输、公路旅客运输、道路货物运输和道路运输辅助活动 4 个子类和 7 个行业细分类,如图 2-1-8 所示。其中,公路旅客运输和客运汽车站构成了公路客运业的基本业务主体。

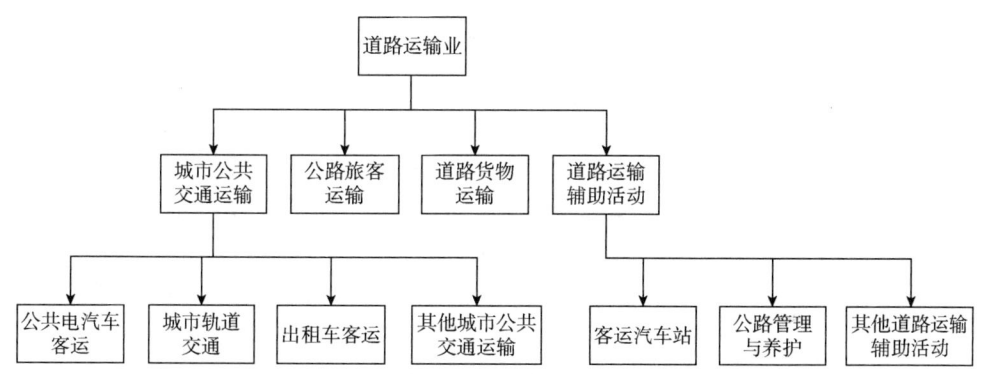

图 2-1-8 《国民经济行业分类》(GB/T 4754—2017)"G54 道路运输业"

(一)道路运输行业发展及投资

当前,交通运输处于基础设施发展、服务水平提高和转型发展的黄金时期。根据交通运输部最新数据显示,2019 年,交通固定资产投资预计完成 32164 亿元,按可比口径计算,同比增长 2.2%。公路建设投资完成 2.16 万亿元,比去年同期增长 1.3%。如图 2-1-9、图 2-1-10 所示。

(二)交通客运市场

《2020—2026 年中国公路运输行业市场现状调查及投资规模预测报告》显示,2019 年,预计完成营业性客运量 176.0 亿人,同比下降 1.9%。其中,公路完成营业性客运量 130.1 亿人,下降 4.8%。我国公路旅客周转量统计如图 2-1-11 所示。

图 2-1-9　我国交通运输投资完成额

图 2-1-10　我国公路投资完成额

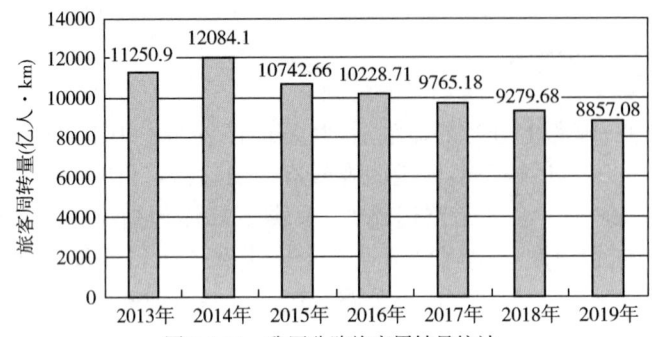
图 2-1-11　我国公路旅客周转量统计

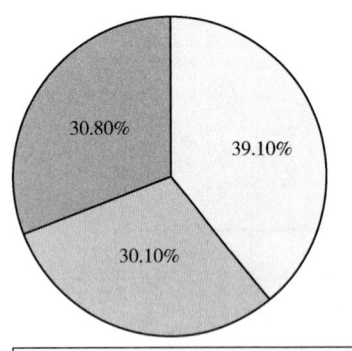
图 2-1-12　我国公路分地区客运量占比

2019年，我国东部地区公路完成客运量 50.83 亿人，完成旅客周转量 3721.52 亿人·km；我国中部地区公路完成客运量 39.17 亿人，完成旅客周转量 2555.69 亿人·km；我国西部地区公路完成客运量 40.12 亿人，完成旅客周转量 2579.87 亿人·km。我国公路分地区客运量占比如图 2-1-12 所示。

2015年，公路客运承载了全国 83.3% 的客运量，当年运送旅客 194.33 亿人次，旅客周转量 1.07 万亿人·km，占全国客运周转量 35.7%，如图 2-1-13、图 2-1-14 所示。道路客运已成为人们出行的最主要方式，在全国客运体系中占据着重要位置。

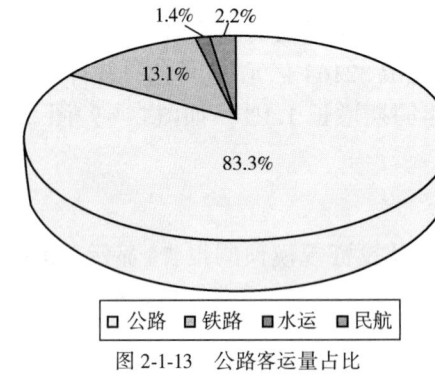
图 2-1-13　公路客运量占比

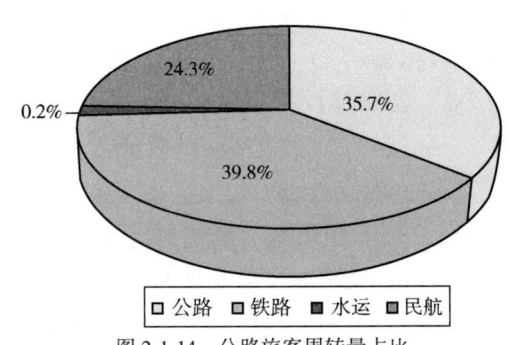
图 2-1-14　公路旅客周转量占比

按照《道路旅客运输及客运站管理规定》,道路旅客运输班线按区域和距离可分为四类线路,如表 2-1-1 所示。其中,公路客运目前主要覆盖二、三、四类线路,分别对应中途(500~800km)、中短途(200~500km)、短途(200km 以下)。

道路客运班线类别　　　　　　　　　　　　　　　表 2-1-1

班线类别	定义
一类客运班线	地区所在地与地区所在地之间的客运班线或者营运线路长度在 800km 以上的客运班线
二类客运班线	地区所在地与县之间的客运班线
三类客运班线	非毗邻县之间的客运班线
四类客运班线	毗邻县之间的客运班线或者县境内的客运班线

对比几种运输方式,公路运输在固定资产投入、机动性、地理限制等方面有很大竞争力,与铁路、水路和航空相比,其具有高度灵活、便捷的特点,在中短途和短途班线上有突出优势,如表 2-1-2 所示。

三种运输模式对比　　　　　　　　　　　　　　　表 2-1-2

项目	公路	铁路	航空
运输能力	适中	大	较小
运输成本	适中	低	高
固定资产投入	低	高	适中
单次客流	低	高	中
机动性	强	较差	较差
地理限制	较小	大	小
气候限制	中	小	大
适用类型	短、中途	中、长途	中、长途

在交通客运行业内,公路与铁路、民航、水路四种运输方式均有各自的细分市场,公路与铁路在 200~500km 中短途运输市场竞争激烈,铁路与民航在 800~1500km 中长途运输市场的竞争也在不断升级。随着高铁的快速发展,对公路客运行业形成了一定的挑战。表 2-1-3 为道路客运经营的三大模式。

道路客运经营的三大模式　　　　　　　　　　　　　表 2-1-3

道路客运经营模式	模式简介
公司化经营	公司化经营模式是指客运企业统一负责车辆的管理、调度以及司乘人员的招聘、培训、考核、监督、安全管理等工作,经营者按照许可的线路、班次、站点运营
承包经营	客运企业将具备线路经营权的车辆承包给外部经营者,客运企业与公司外部经营者签订相关《承包经营合同》,承包经营方可根据合同约定自行管理车辆或遵守客运企业管理并根据合同约定向客运企业缴纳承包费用
挂靠经营	挂靠车主出资购买车辆,以道路客运企业的资质和名义进行客运经营,并向道路客运企业支付相应的管理费或有偿服务费的经营方式,经营中的风险和安全责任全部由车主承担

从几家上市客运企业的经营数据来看,公路客运业务的每客每公里平均票价为0.2元左右,而公路客运业务的每客每公里平均成本为0.15元左右。每客每公里净收入在0.01~0.06元之间,如表2-1-4所示。在这种情况下,保证高客座率和客运里程是企业保证客运业务收入稳健的关键。

上市客运企业每客每公里收入与每客每公里成本 表2-1-4

经营数据	德新交运	宜昌交运	龙洲股份	海汽集团
每客每公里收入(元)	0.23	0.18	0.2	0.17
每客每公里成本(元)	0.17	0.14	0.14	0.16
每客每公里净收入(元)	0.06	0.04	0.06	0.01

公路客运业务的主要成本有员工薪酬、燃料、折旧、维修费用等。如图2-1-15所示。其中,燃料成本占了总成本的30%左右,是影响业务成本波动的主要因素,员工薪酬占到了10%~20%,折旧费用占到总成本的15%~20%,保修费用等其他成本费用相对稳定。

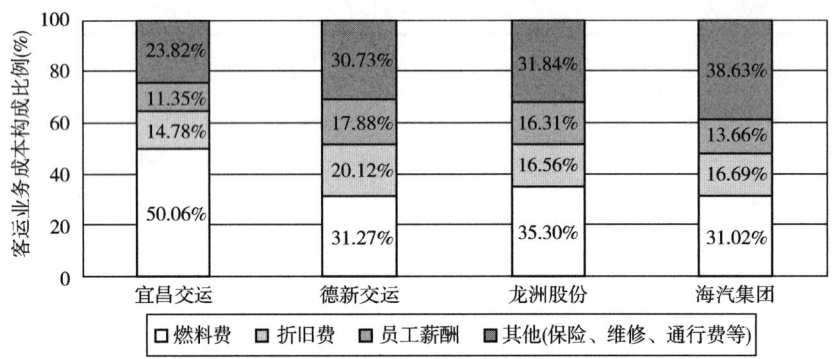

图2-1-15 上市公司公路客运业务成本构成比例

在定价空间有限,成本支出稳定一致的情况下,行业毛利率也相对地趋同。2015年客运上市企业的公路客运业务的毛利率水平在20%左右,差异非常小,如表2-1-5所示。

公路客运经营毛利率水平 表2-1-5

客运企业	2013年	2014年	2015年	2016年
富临运业	23.43%	24.37%	24.57%	23.40%
宜昌交运	20.60%	18.07%	19.30%	—
龙洲股份	20.51%	19.24%	20.94%	21.04%
德新交运	20.91%	24.00%	23.67%	27.13%
海汽集团	21.28%	18.40%	20.44%	—
江西长运	19.11%	13.47%	12.03%	10.73%

站运同营一方面能为客运企业带来更加稳定的现金流,另一方面能通过整合运输与车站业务,提高公路客运的整体服务质量。客运站由企业按照国家的规划投资建设,由政府和交通主管部门对企业和车站核定经营资质和车站等级。所有营运车辆必须进入各地经政府

规划、交通主管部门审核发放经营许可证的客运站从事客运运输,一般来说,经营客运班线越多的企业经营的客运站也越多,如表2-1-6所示。

上市客运企业的站运同营 表2-1-6

客运企业	客运班线	客运站总数	一级客运站	二级客运站	三级客运站
龙洲股份	904	36	5	14	18
德新交运	120	3	1	1	1
富临运业	978	37	12	8	10
宜昌交运	235	7	1	4	2
海汽集团	534	27	5	16	3
江西长运	2161	—	—	—	—

(三)交通货运市场

道路货物运输是指以载货汽车为主要运输工具,通过道路使货物产生空间位移的生产活动。其特点包括适应性强、机动灵活性、快速直达、方便性和经济性5个方面。

1.道路货物运输分类

道路货物运输由于其货物种类繁多,组织方法多样,要求措施各异,形成了多种多样的分类方法,如表2-1-7所示。

道路货物运输分类 表2-1-7

类 别	类 别 描 述
零担货物运输	托运人一次托运货物计费质量3t及以下
整批货物运输	托运人一次托运的货物在3t(含3t)以上,或虽不足3t,但其性质、体积、形状需要一辆3t及3t以上汽车运输的,均为整批货物运输或称整车货物运输
特型货物运输	因货物的体积、质量的要求,需要大型或专用汽车运输,为大型特型笨重物件运输
集装箱运输	采用集装箱为容器,使用汽车运输的,为集装箱汽车运输
快件货物运输	在规定的距离和时间内将货物运达目的地的,为快件货物运输;应托运人要求,采取即托即运的,为特快件货物运输
危险货物运输	承运《危险货物品名表》列名的易燃、易爆、有毒、有腐蚀性、有放射性等危险货物和虽未列入《危险货物品名表》但具有危险货物性质的新产品,为危险货物汽车运输
出租汽车运输	采用装有出租营业标志的小型货运汽车,供货主临时雇佣,并按时间、里程和规定费率收取运输费用的,为出租汽车货物运输
搬家货物运输	为个人或单位搬迁提供运输和搬运装卸服务,并按规定收取费用的,为搬家货物运输

2.全国道路货物运输量

《2020—2026年中国货物运输行业市场经营管理及竞争策略建议报告》数据显示:2019年,全国营业性货运车辆完成道路货物运输量343.55亿t,货物周转量59636.39亿t·km,平均运距为174km,如表2-1-8所示。

2019年全国道路货物运输量 表2-1-8

省(区、市)	货运量(亿t)	货物周转量(亿t·km)	省(区、市)	货运量(亿t)	货物周转量(亿t·km)
北京	2.23	275.68	湖北	14.35	2268.11
天津	3.13	599.36	湖南	16.51	1316.65
河北	21.15	8027.16	广东	23.97	2563.96
山西	10.08	2691.6	广西	14.28	1470.88
内蒙古	11.09	1954.51	海南	0.68	40.8
辽宁	14.46	2662.54	重庆	9	952.59
吉林	3.72	1262.77	四川	16.27	1527.55
黑龙江	3.76	795.15	贵州	7.62	548.48
上海	5.07	839.18	云南	11.71	1015.2
江苏	16.46	3234.82	西藏	0.4	114.47
浙江	17.77	2082.11	陕西	10.98	1731.42
安徽	23.53	3267.59	甘肃	5.82	979.56
福建	8.73	962.48	青海	1.17	126.33
江西	13.56	3040.32	宁夏	3.44	437.39
山东	26.61	6746.2	新疆	6.93	801.76
河南	19.09	5299.76			

注:全国的货运量为343.55亿t,货物周转量为59636.39亿t·km。

2019年山东货运量为26.61亿t,全国排名第一;广东货运量为23.97亿t,全国排名第二;安徽货运量为23.53亿t,全国排名第三。

2019年河北货物周转量为8027.16亿t·km,全国排名第一;山东货物周转量为6746.2亿t·km,全国排名第二;河南货物周转量为5299.76亿t·km,全国排名第三。如图2-1-16、图2-1-17所示。

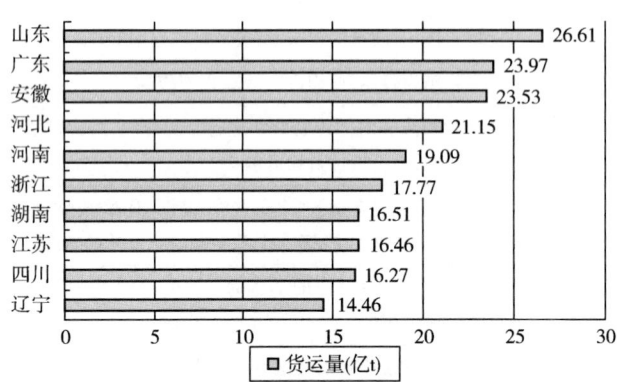

图2-1-16 2019年货运量前十省份

3.经营主体构成

2019年9月规模以上企业、规模以下企业、个体经营户分别完成货运量8.75亿t、11.44亿t、11.63亿t,占比为27.5%、36.0%、36.6%(图2-1-18);货物周转量2125.26亿t·km、1637.20亿t·km、1865.62亿t·km,占比为37.8%、29.1%、33.1%(图2-1-19);平均运距分别

为243km、143km、160km。

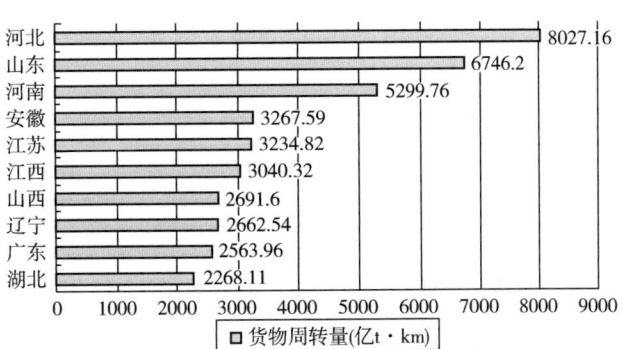

图2-1-17 2019年货物周转量前十省份

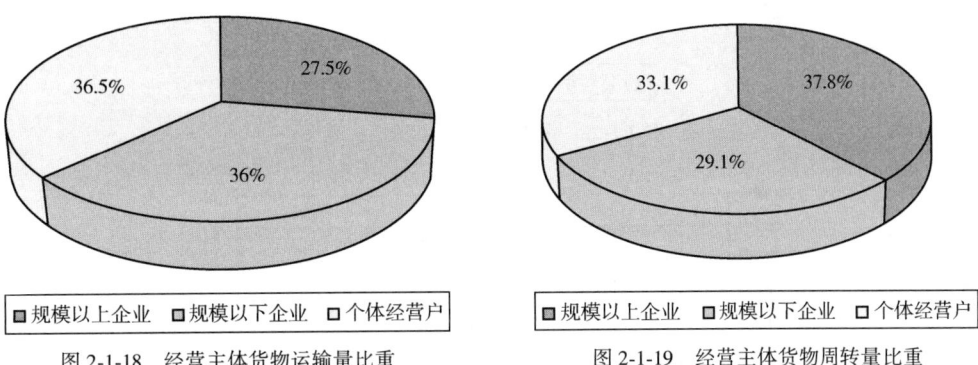

图2-1-18 经营主体货物运输量比重　　图2-1-19 经营主体货物周转量比重

4. 运输效率

2019年9月每辆货车每日平均行驶190km、运输货物12.0t(图2-1-20、图2-1-21)。每吨货物运输距离平均为177km。

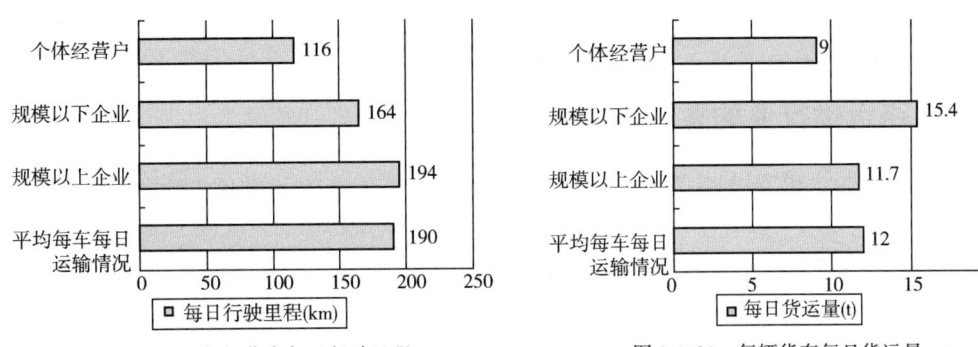

图2-1-20 每辆货车每日行驶里程　　图2-1-21 每辆货车每日货运量

5. 货类构成

货运量的主要货物类构成中,矿建材料及水泥占比最高,为38.7%;其次是煤炭及制品,占比12.6%;轻工医药产品、金属矿石、机械设备电器、鲜活农产品等货类次之,占比分别为7.9%、7.1%、6.7%和5.9%(图2-1-22)。

6. 经营情况

2019年9月主营道路货物运输业务的企业平均资产负债率为76.9%,营业利润率为

5.0%。个体经营户平均营业收入为 2.44 万元,燃油费、通行费、保险费、维修费等支出为 1.55 万元。此外,还需承担车辆折旧费用、人工成本等。主营道路货物运输企业经营情况如图 2-1-23 所示。

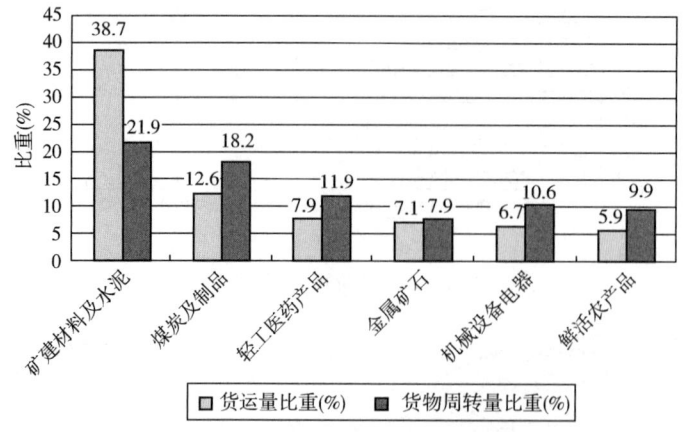

图 2-1-22　主要货类货物运输量比重

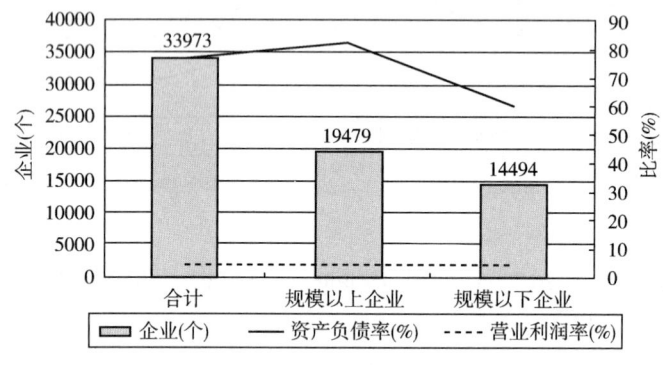

图 2-1-23　主营道路货物运输企业经营情况

三、道路运输行业的重要作业

我国道路运输主要是公路运输在国民经济中具有十分重要的作用,主要表现在以下几个方面:

(1)对社会经济发展起着基础保证作用。公路运输既是保证社会生产、经济生活及其他各领域正常化的基本前提条件,又是促进社会经济及其他各方面发展的先决条件,对社会经济的发展起基础保障作用。

(2)对国民经济发展起着重要桥梁作用。从宏观经济领域来看,在生产、分配、交通、消费 4 个环节中,运输是它们得以连续运转的桥梁。从微观经济领域来看,在生产、分配、交通、消费 4 个环节中,运输不仅仅是其中重要的环节之一,还是 4 个环节得以联系和相互为整体的条件。在产、供、运、销 4 个环节内部,都离不开运输活动为之提供的服务。

(3)对人民生活水平的提高起着重要推动作用。在人们的日常生活中,运输不仅是生活的基本要求,而且是提高"衣、食、住"等要素水平的条件。

（4）对提高人们生活和生产效率起着重要促进作用。现代公路运输。能产生良好的时空效应；能大大缩短时间和空间的"距离"，改变人们的时空观念；能大量节省时间和缩小空间，提高人们生活和生产效率。

（5）在综合运输体系中起着重要纽带作用。在综合运输体系中，只有公路运输可以实现门到门的运输。公路运输承担着对其他各种运输方式集运、疏运、衔接等任务，使其他各种运输方式的运输得以联系贯通。

（6）对国防建设发挥着重大作用。国防建设离不开现代交通运输系统，而现代公路运输也是形成快速可靠的军事后勤保障体系的一种主要运输方式，会极大提高军队快速反应和军需供给能力，有力保障国家安全、保证战争的胜利和边防的巩固。

第二章　道路运输设施与设备

第一节　公路与城市道路

公路是指连接城市、农村,主要供汽车行驶的具备一定技术条件和设施的道路。城市道路是指城市中由专业部门建设和管理、在城市中组织生产、安排生活所必需的车辆、人行往来的各类各级道路的统称,是连接城市各功能区域和活动场所,并与郊区公路、铁路场站、港口码头、航空机场相贯通的交通纽带,也是布置城市公共管线、街道绿化、划分街区的基础,是组织城市交通运输的重要基础设施和组成部分。

一、公路线路及其分类

(一)我国公路的行政分级

根据《中华人民共和国公路法》(2017年修订),按照公路的作用和使用性质,我国公路可分为以下5个行政级别:

(1)国道——国家干线公路,具有全国性政治、经济意义的主要干线公路,包括重要的国际公路、国防公路、连接首都与各省省会、自治区首府和直辖市的公路,连接各大经济中心、港站枢纽、商品生产基地和战略要地的公路;国道包括国家高速公路和普通国道。

普通公路国道的标志为红底白字,如图2-2-1a)所示,高速公路国道的标志为绿底白字,如图2-2-1b)所示。

(2)省道——省、自治区、直辖市干线公路,具有全省(自治区、直辖市)政治、经济意义,连接省内中心城市和主要经济区的公路,以及不属于国道的省际的重要公路;省道包括省级高速公路和普通省道。

(3)县道——县级干线公路,是指具有全县(旗、县级市)政治、经济意义,连接县城和县内主要乡(镇)、主要商品和集散地,以及不属于国道、省道的县际间的公路。

县道标志白底黑字,如图2-2-3所示。

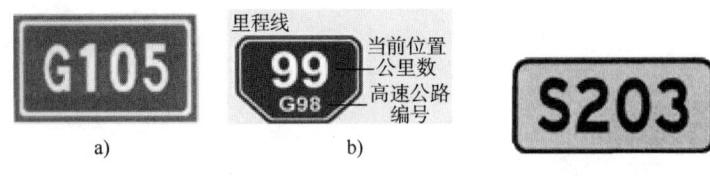

图2-2-1　国道标志　　　图2-2-2　省道标志　　图2-2-3　县道标志

(4)乡道——乡级公路,是指主要为乡(镇)内部经济、文化、行政服务,以及不属于县道的乡与乡之间与外部联络的公路。

(5)专用公路——是指专供或主要供厂矿、林区、油田、农场、旅游区、军事要地等内部使用或与外部联络的公路。

(二)我国的公路命名及编号

在我国公路体系中,国道的命名和编号由国家交通主管部门确定;省道、县道、乡道的命名和编号,由省(自治区、直辖市)人民政府交通主管部门确定。公路路线命名编号和编码规则依据《公路路线标识规则和国道编号》(GB/T 917—2017)确定。

1.普通公路路线命名规则

普通公路路线的名称由路线的起讫点地名中间加连接符"—"组成。路线命名的简称采用起讫点地名的首位汉字或简称,如北京塘沽公路,简称"京—塘线"。

干线公路名称及简称不可重复,个别出现重复时,采用其他能表示路线起讫点地名特征的简称加以区别。路线起讫点若是两条公路的连接点或某居民区,应采用该点所在地名。

公路路线编号设定了编号区间。国道为G101~G199、G201~G299、G301~G399;省道为S101~S199、S201~S299、S301~S399;县道、乡道、村道、专用公路为X/Y/C/Z/001~X/Y/C/Z/999。

2.普通公路路线编号

公路路线代码中,国道路线代码即为国道路线编号,代码结构为G×××;省道及省道以下公路路线代码结构如图2-2-1所示,代码结构中,S、X、Y、C、Z分别表示省道、县道、乡道、村道和专用公路。

普通公路路线编号结构　　　　表2-2-1

普通公路类型	路线编号结构
普通国道	G×××
普通省道	S×××
县道	X×××
乡道	Y×××
村道	C×××
专用公路	Z×××

3.高速公路命名规则

高速公路路线的命名,应按首都或省会(自治区首府)放射线、北南纵线和东西横线的起讫点方向顺序排名,采用起讫点所在的主要行政区域名称:放射线以首都或省会(自治区首府)城市为起点,放射线止点为终点;北南纵线以路线北端为起点,西端为终点;东西横线以路线的东端为起点,西端为终点。

高速公路的路线全称,由路线起讫点的地名中间加连接符"—"组成,称为×××—×××高速公路。起讫点地名宜采用县级及以上的地名。

高速公路的路线的简称,用起讫点地名的首位汉字组成表示,或采用起讫点城市所在省、自治区、直辖市的法定地名简称表示,称为"××高速"。例如:"沈阳—海口高速公路"简称"沈海高速"。

高速公路为地区环线时,以路线所在的地区名称命名,全称为"××地区环线高速公路",简称为"××环线高速"。例如:"杭州湾地区环线高速公路"简称"杭州湾环线高速"。

高速公路为城市绕城环线时,以路线所在的城市名称命名,全称为"××市绕城高速公路",简称为"××绕城高速"。例如:"南昌市绕城高速公路"简称"南昌绕城高速"。

4.高速公路路线编号

国家高速公路的首都放射线、北南纵线、东西横线和地区环线等主线编号,应由一位国道字母标识符"G"和不超过两位的数字编号"×"或"××"组配表示;国家高速公路的城市绕城环线、联络线和并行线编号,应由一位国道字母标识符"G"和两位主线编号"××"、一位路线类型识别号"＊"和一位顺序号"#"组成的四位数字编号表示。如表2-2-2所示。

国家高速公路路线编号结构 表2-2-2

国家高速公路类型		路线编号结构
主线	首都放射线	G×
	北南纵线	G××
	东西横线	G××
	地区环线	G××
城市绕城环线		G××＊#
联络线		G××＊#
并行线		G××＊#

二、我国公路的技术等级

为了满足我国经济发展、规划交通量、路网建设和功能等要求,公路必须分等级建设。

1.公路设计的依据

根据交通行业标准《公路工程技术标准》(JTG B01—2014),我国公路技术等级按其功能和适应的交通量划分,交通量是指将公路上行驶的各种车辆折合成小客车的数量。

2.公路的技术等级

公路根据功能和适应的交通量分为以下5个等级：

高速公路:专供汽车分向分车道行驶并应全部控制出入的多车道公路。高速公路的年平均日交通量宜在15000辆小客车以上。高速公路如图2-2-4所示。

一级公路:供汽车分向分车道行驶并可根据需要控制出入的多车道公路。高速公路的年平均日交通量宜在15000辆小客车以上。一级公路如图2-2-5所示。

二级公路:供汽车行驶的双车道公路。二级公路的年平均日交通量宜在5000~15000辆小客车。二级公路如图2-2-6所示。

三级公路:主要供汽车、非汽车交通混合行驶的双车道公路。三级公路年平均日交通量宜在2000~6000辆小客车。三级公路如图2-2-7所示。

四级公路:供汽车、非汽车交通混合行驶的双车道或单车道公路。双车道四级公路年平均日交通量宜在2000辆小客车以下,单车道四级公路年平均日交通量宜在400辆以下,四级公路如图 2-2-8 所示。

图 2-2-4 高速公路

图 2-2-5 一级公路

a)

b)

图 2-2-6 二级公路

图 2-2-7 三级公路

图 2-2-8 四级公路

各级公路主要技术指标必须满足表 2-2-3 所列要求。

各级公路主要技术指标 表 2-2-3

公路等级	高速公路			一级公路			二级公路		三级公路		四级公路
设计速度(km/h)	120	100	80	100	80	60	80	60	40	30	20
车道数	≥4			≥4			2		2		2(1)
车道宽度(m)	3.75			3.75		3.5	3.75	3.50	3.50	3.25	3.00
最大纵坡(%)	3	4	5	4	5	6	5	6	7	8	9
停车视距(m)	210	160	110	160	110	75	110	75	40	30	20

三、城市道路线路及其分级

根据《城市道路工程设计规范》(CJJ 37—2012),城市道路应按道路在道路网中的地位、交通功能以及对沿线的服务功能等,分为快速路、主干路、次干路和支路四个等级。

(1)快速路:采用中央分隔、全部控制出入、控制出入口间距及形式,单向设置不应少于两条车道,并设有配套的交通安全与管理设施的道路,如图 2-2-9 所示。快速路两侧不应设置吸引大量车流、人流的公共建筑物的出入口。

a)平地式

b)高架式

图 2-2-9 城市快速路

图 2-2-10 城市主干路

(2)主干路:连接城市各主要分区,机动车和非机动车分道行驶的以交通功能为主的道路,如图 2-2-10 所示。

(3)次干路:与主干路结合组成干路网,应以集散交通的功能为主,兼有服务功能的道路,如图 2-2-11 所示。

(4)支路:联系各居住区、工业区,直接与两侧建筑出入口相接,解决局部地区交通,以服务功能为主的道路,如图 2-2-12 所示。

城市各级道路的设计速度应符合表 2-2-4 的规定。

图 2-2-11 城市次干路

图 2-2-12 城市支路

城市各级道路的设计速度　　　　　表 2-2-4

道路等级	快速路			主干路			次干路			支路		
设计速度(km/h)	100	80	60	60	50	40	50	40	30	40	30	20

四、公路的主要结构物

公路的主要结构物是指路基、路面、桥涵、隧道等,其最主要是路基和路面,应根据道路功能、等级和交通量,结合沿线地形、地质及路用材料等自然条件进行设计。

1.路基

路基指路面下的土基,承受由路面传下来的荷载,必须有足够的强度、稳定性和耐久性,由土质和石质材料组成,其典型断面形式主要有路堤、路堑和半填半挖式路基三种类型。

(1)路堤:又称为填方路基,是指路线高于天然地面时填筑成的路基,如图 2-2-13a)所示,其断面主要由路基顶宽、边坡坡度、护坡道、取土坑或边沟,以及支挡等结构构成。

(2)路堑:又称为挖方路基,是指路线低于天然地面时开挖成的路基,如图 2-2-13b)所示,其断面主要由路基顶宽、边沟、排水沟、截水沟、弃土堆、边坡坡度、坡面防护等组成。

(3)半填半挖式路基:是指横断面上部分为挖方、下部分为填方的路基,如图 2-2-13c)所示。通常出现在地面横坡较陡处,兼有路堤和路堑的结构特点。

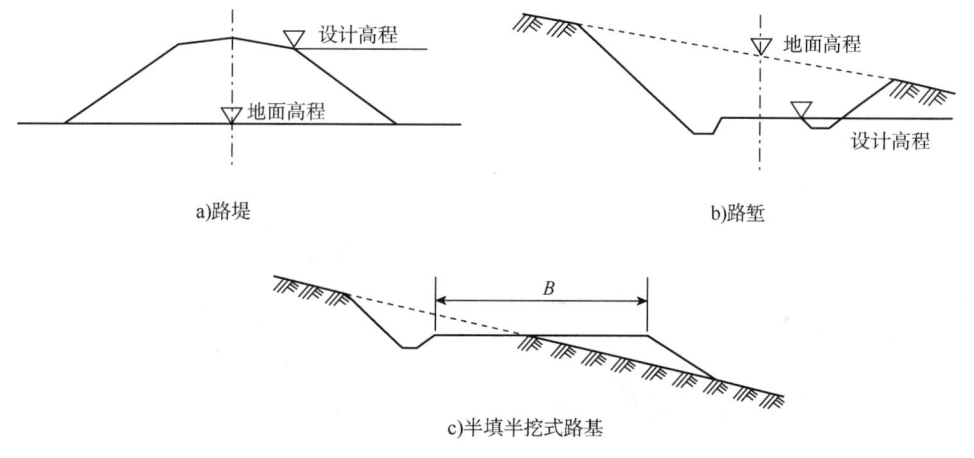

图 2-2-13　路基典型断面形式

2.路面

路面是路基顶面用各种材料分层铺筑而成的结构层,供车辆在其上安全舒适行驶。良好的路面必须具备:①足够的强度:以支撑行车载荷。②较高的稳定性:使路面在使用期内不致因水文、温度等自然因素的影响而产生幅度过大的变化。③一定的平整度:以保证车辆安全舒适的行驶。④适当的抗滑能力:避免车辆行驶和制动时出现滑移危险。

(1)路面按材料分类:沥青混凝土路面、水泥混凝土路面、沥青贯入路面、沥青碎石路面、沥青表面处治路面、砂石路面等多种类型。

(2)路面按力学分类:在路面结构设计时,主要依据路面结构在行车荷载作用下的力学特征,将路面分为 3 类,即柔性路面、刚性路面、半刚性路面。

(3)路面的结构:路面有单层式路面和多层式路面,目前等级道路一般采用多层式路面。多层式路面由面层、基层和垫层3部分组成,如图2-2-14所示。

a)单层式路面

b)多层式路面

图2-2-14　路面结构示意图

3.桥涵

公路跨越江、河、铁路、沟谷和其他障碍物时所使用的结构物统称桥涵。其中,当结构物为单孔时,其跨径$L_0>5m$的,或结构物为多孔时,其跨径$L_0>8m$的称为桥梁,如图2-2-15a)所示;如果跨径小于以上条件时,则结构物称为涵洞,如2-2-15b)所示。

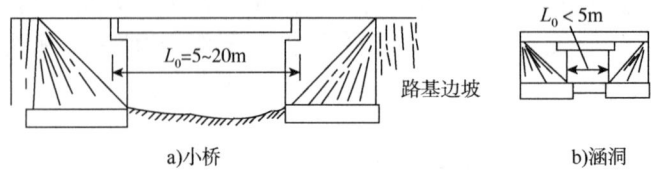

a)小桥　　　　　　　　　　　　　　b)涵洞

图2-2-15　桥梁和涵洞

桥梁的设置,尤其是特大、大桥的设置应根据公路的功能和等级,结合地形、河流水文、河床地质、通航要求等综合考虑,如图2-2-16和图2-2-17所示。

图2-2-16　苏通长江公路大桥

图2-2-17　上承式拱桥支井河大桥

公路桥涵的分类依据有两个指标:单孔跨径L_0、多孔跨径总长L,公路桥涵的分类标准见表2-2-5。

公路桥涵分类　　　　　　　　　　表2-2-5

桥涵分类	多孔跨径总长L(m)	单孔跨径L_0(m)
特大桥	$L>1000$	$L_0<150$
大桥	$100 \leq L \leq 1000$	$40 \leq L_0 <150$
中桥	$30<L<100$	$20 \leq L_0 <40$
小桥	$8 \leq L \leq 30$	$5 \leq L_0 <20$
涵洞	—	$L_0<5$

4.隧道

公路穿过山岭、置于地层内或地面下的结构物叫作隧道。尤其在山区，隧道所占比例很大。在高速公路中的隧道，为避免双向行车设在一个隧道内断面过大，不利于安全，必须设计成上下行分开成两条隧道的形式，如图2-2-18所示。

a)高速公路隧道　　　　　　　　　b)设计独特的终南山隧道

图 2-2-18　隧道

（1）公路隧道的分类：公路隧道按长度（L）分为四类，当 $L>3000m$ 时为特长隧道；当 $3000m \geqslant L>1000m$ 时为长隧道；当 $1000m \geqslant L>500m$ 时为中隧道；当 $L \leqslant 500m$ 为短隧道。

（2）公路隧道的设计：隧道的设计应根据公路功能和发展的需要并遵循安全、经济、利于保护生态环境的原则，结合地形、地质、施工、运营管理等条件进行综合考虑。隧道的位置必须选在地质稳定的地带，无法避免破碎带时，应尽可能垂直通过。隧道的坡度应根据施工时渗水、坑口排水及通风排气等因素设计。

五、城市道路的结构物

与公路类似，城市道路的主要结构物有路基、路面、桥涵、隧道等。由于交通组成复杂，在具体结构物分类上有着自己的特点，例如：路面有机动车道路面、非机动车道路面、人行道面；桥梁有常规的跨河桥、跨线立交，还有行人过街所需的天桥、地下通道等，如图2-2-19所示。

a) 机动车道路面　　　　b) 非机动车道路面　　　　c) 人行道面

d) 城市立交　　　　e) 过街天桥　　　　f) 地下通道

图 2-2-19　城市道路主要结构物示例

城市道路除了道路主体外，还需要有许多与之配套的公用设施，如公交站台、停车场、交通广场、照明、绿化、道路排水系统等（图 2-2-20），才能充分发挥其交通、公用空间、防灾救灾、城市结构等主要功能。

a) 公交站台

b) 停车场

c) 交通广场

图 2-2-20　城市道路其他配套结构物示例

第二节　道路车辆

目前道路车辆主要指的是各类汽车，在三级公路、四级公路，尤其是在乡村道路上还包括拖拉机、农用车、畜力车、人力车等。

一、汽车起源

以下通过 4 个故事来阐述汽车的起源。

【故事一】滚动的轮子

远古时代，人类的祖先随着狩猎的范围越来越大，武器和生产工具也得到改进，收获的东西逐渐多了，而怎样把猎物搬回洞穴中却成了大难题。

自然现象给人们很大启示，人们将要运送的重物放在木排上，下面垫上可以滚动的圆木，然后就可以拉动木排慢慢前进。这样一种滚子橇被制造成功了，古人开始借助滚子橇搬运重物，如印第安人在滚木上拖船，古埃及人用这种方法把巨大的石料堆成金字塔。

公元前 3500 年左右，人们用石斧将木头或石头加工成合适的轮子，做出了陶轮和纺轮等工具。300 年后，用轮行车这个想法终于被美索不达米亚人实现了。考古人员在乌尔国王巴尔基的坟墓中发现绘有苏美尔战车的镶嵌画，如图 2-2-21 所示。画上出现了装有圆形车轮的马车。美索不达米亚人给车子装上轮子，从此轮子交通时代开始了。

图 2-2-21　乌尔国王巴尔基的坟墓中的苏美尔战车镶嵌画

在不断尝试之后,车轮被逐步改为了中间较薄,外沿较厚的造型,同时链接杆也采用了更加接近车轴的样式,让车轮更加稳定耐用。车轮的演变如图 2-2-22 所示。

图 2-2-22　车轮的演变

【故事二】马车的黄金时代

夏禹时代,从车前方伸出一根辕木,将两匹马分别套在辕木的两侧。这样,当马匹向前方或者斜前方奔跑时,就带动车辆前行。由于是两匹马,受力比较均衡,也便于控制。

随着诸侯战争的加剧,马拉战车也应运而生,车辆由单纯统帅显摆权威的仪仗,变成了战场上主宰胜败的利器,也成了衡量一个国家实力的标准。到春秋时期,出现了"千乘之国""万乘之国"。秦始皇使用的战车如图 2-2-23 所示。

马车的发明,不但解决了交通问题,而且还促进了道路设施的发展,有利于各地区之间的联系和信息的传递,扩大了商贸运输活动和文化的交流。

图 2-2-23　秦始皇使用的战车(立车)

公元前 1 世纪,罗马制车匠将四轮马车的前轴改造为可旋转式以方便车子转动方向,用整片的轮辋与轮箍以增加车轮强度,同时用镶有金属边的轮毂以减少行车摩擦。经过这样改造使马车的性能大为提高。当然,这些马车不仅拉货运物,同时也用作载人远行。

【故事三】车辆"心"路历程

1776 年,瓦特改良的蒸汽机制造成功,这种新蒸汽机的热效率是纽科门蒸汽机的 3 倍。随着瓦特蒸汽机的改良成功,18 世纪末在欧美各国,出现了一个研究和制造蒸汽车的热潮,各种用途的蒸汽汽车相继问世。

1801 年,理查德·特雷威蒂克制造了英国最早的蒸汽车。1808 年,英国人理查德·特拉唯西克发明了铁路蒸汽机车。1825 年,英国人哥尔斯瓦底·嘉内制造了一辆蒸汽公共汽车,如图 2-2-24 所示。车上 18 个座位,车速为 19km/h,开始了世界上最早的公共汽车运营。

1831 年,美国的史沃奇·古勒将一台蒸汽汽车投入运输。1834 年,世界上最早的公共汽车运输公司——苏格兰蒸汽汽车运输公司成立。19 世纪中期,欧洲的马路、街道上穿梭的蒸汽汽车,成为当时工业文明的象征。在 19 世纪中叶以后,蒸汽车事业日渐衰落。

1864 年,德国工程师尼古拉斯·奥托找到了合作伙伴尤金·兰根,在德国的科隆建造了世界第一内燃机工厂。1876年奥托终于制作出了由进气、压缩、膨胀、排气四个过程组成的四冲程煤气发动机,如图2-2-25所示。几年间,数万台的内燃机制造还供不应求,"奥托内燃机"和"奥托循环"在全世界传播开来,为19世纪的汽车、飞机时代铺平了道路。

图2-2-24 哥尔斯瓦底·嘉内研制的蒸汽公共汽车　　图2-2-25 四冲程"奥托内燃机"

【故事四】站在巨人肩上的飞跃

1869年11月28日,哥特利布·戴姆勒和工程师威廉·迈巴赫成立了他们自己的发动机公司——戴姆勒发动机研究院。他们将奥托四冲程发动机改进后,于1883年推出他们首部戴姆勒卧式发动机,1884年又推出了性能更好的立式发动机,并于1885年4月3日获得德国专利——骑式双轮车,这是世界上第一辆摩托车,如图2-2-26所示。1886年,戴姆勒把汽油发动机安装在一辆四轮马车上,以18km的时速,从斯图加特驶向康斯塔特。这辆四轮车是人类历史上出现的第一辆四轮汽车,如图2-2-27所示。

图2-2-26 世界上第一辆摩托车　　图2-2-27 戴姆勒发明的四轮汽车

1885年10月,他研制成功了单缸汽油发动机,并将其安装在自己设计的三轮车架上,如图2-2-28所示,人类历史上第一辆真正的汽车"奔驰1号"正式诞生。"奔驰1号"已具备了现代汽车的一些基本特点,如电点火、水冷循环、钢管车架、钢板弹簧悬挂、后轮驱动、前轮转向和制动手把等。

图 2-2-28　世界上第一辆三轮汽车"奔驰 1 号"

二、汽车的基本概念与构造

(一)汽车的基本概念

1.汽车定义

汽车是一种以汽油、柴油、天然气等为燃料或者以电池、太阳能等为新型能源,且由发动机提供动力的运输工具。

按照我国《机动车运行安全技术条件》(GB 7258—2017),汽车是指由动力驱动、具有 4 个或 4 个以上车轮的非轨道承载的车辆,包括与电力线相连的车辆(如无轨电车);主要用于载运人员和/或货物(物品)、牵引载运货物(物品)车辆或特殊用途车辆、专项作业。

本术语还包括以下由动力驱动、非轨道承载的三轮车辆:

①整车整备质量超过 400kg、不带驾驶室、用于载运货物的三轮车辆;

②整车整备质量超过 600kg、不带驾驶室、不具有载运货物结构或功能且设计和制造上最多乘坐 2 人(包括驾驶人)的三轮车辆;

③整车整备质量超过 600kg 的带驾驶室的三轮车辆。

2.汽车分类

汽车分类的方式多种多样,按道路行驶条件分为公路用汽车和非公路用汽车;按所用动力装置分为汽油机汽车、柴油机汽车、电动汽车、太阳能汽车等;按用途一般分为轿车、客车、载货汽车、牵引车、专用运输车和特种车等。

随着汽车工业的发展,为了与国际通行标准衔接,我国重新制定了有关汽车分类的标准《汽车和挂车类型的术语和定义》(GB/T 3730.1—2001)。该标准分别定义了汽车、挂车和汽车列车 3 个术语,并将汽车分为乘用车和商用车两大类。

(1)乘用车。乘用车是指用于载运乘客及其随身行李和/或临时物品的汽车,包括驾驶人座位在内最多不超过 9 个座位。按照车身、车顶、座位、车门、车窗结构或数量的不同,乘用车可分为普通乘用车、活顶乘用车、高级乘用车、小型乘用车、敞篷车、仓背乘用车、旅行车、多用途乘用车、短头乘用车、越野乘用车和专用乘用车(如旅居车、防弹车、救护车等)11 类,其中前 6 类即为俗称的轿车。

(2)商用车。商用车包括客车、货车和半挂牵引车 3 类。客车可分为小型客车、城市客车、长途客车、旅游客车、铰接客车、无轨客车、越野客车和专用客车。货车分为普通货车、多用途货车、全挂牵引车、越野货车、专用作业车和专用货车。半挂牵引车则是指装备有特殊装置用于牵引半挂车的商用车。

各种类型的汽车如图 2-2-29 所示。

a)奥迪A7乘用车(轿车)

b)宇通ZK6119H客车

c)解放J6货车

d)东风加油专用汽车

e)半挂牵引车

f)中国重汽自卸汽车

g)梁山亚隆挂车

h)沃尔沃FH16汽车列车

图 2-2-29 各种类型的汽车

3.汽车参数

(1)整车整备质量。俗称自重,是指汽车在加满燃料、润滑油、冷却液及其他工作液,带齐随车工具、备胎等,不载人、不装货时的质量。

(2)载质量(或载客量)。是指汽车额定的装货质量或额定的载人数量。

(3)汽车总质量。是指汽车在满载情况下的最大总质量,即整备质量加上最大装载质量。

(4)轴荷。又称为轴重,是指汽车静止时前、后轴所承受的载荷,分为前轴荷和后轴荷。

汽车主要尺寸参数包括总长(A)、总宽(B)、总高(C)、轴距(D)、轮距(E)、前悬长(F)、后悬长(L)、接近角(α)、离去角(β)等,如图 2-2-30 所示。

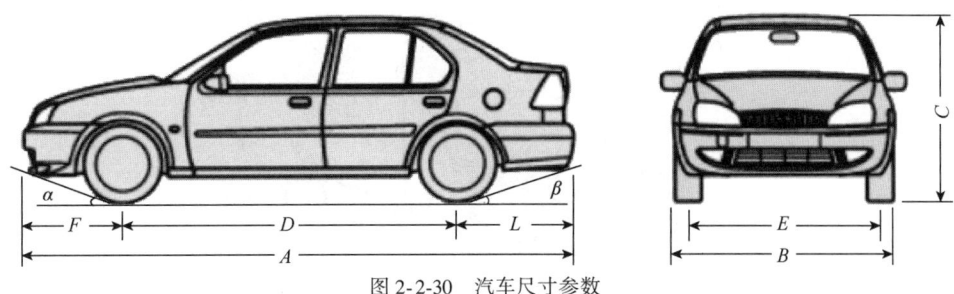

图 2-2-30　汽车尺寸参数

(二)汽车构造

汽车是由上万个零件组成的机动交通工具,基本结构主要由发动机、底盘、车身和电气与电子设备 4 大部分组成,如图 2-2-31 所示。

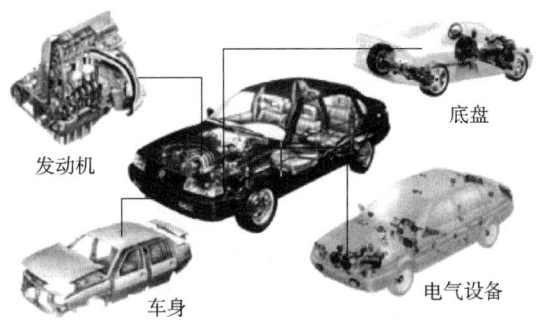

图 2-2-31　汽车基本组成示意图

1.发动机

发动机是一种能够把其他形式的能转换为机械能的机器,主要包括内燃机和外燃机。汽车发动机通常采用内燃机(图 2-2-32),是汽车行驶的动力源。内燃机按使用燃料的不同主要分为汽油机、柴油机和其他燃料的内燃机。

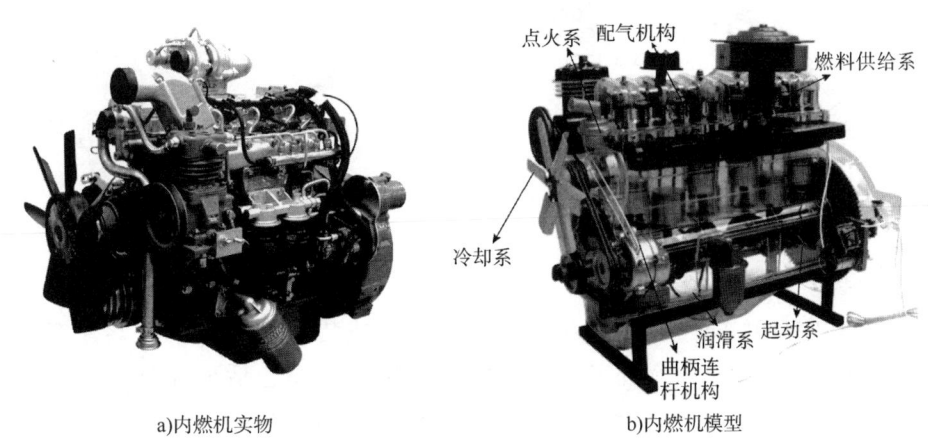

a)内燃机实物　　　　b)内燃机模型

图 2-2-32　车用内燃机

内燃机的基本构造包括:机体及曲柄连杆机构、配气机构、燃油供给系统、点火系统(柴油机通常没有此系统)、冷却系统、润滑系统、起动系统。如图 2-2-33 为汽油机的基本构造。

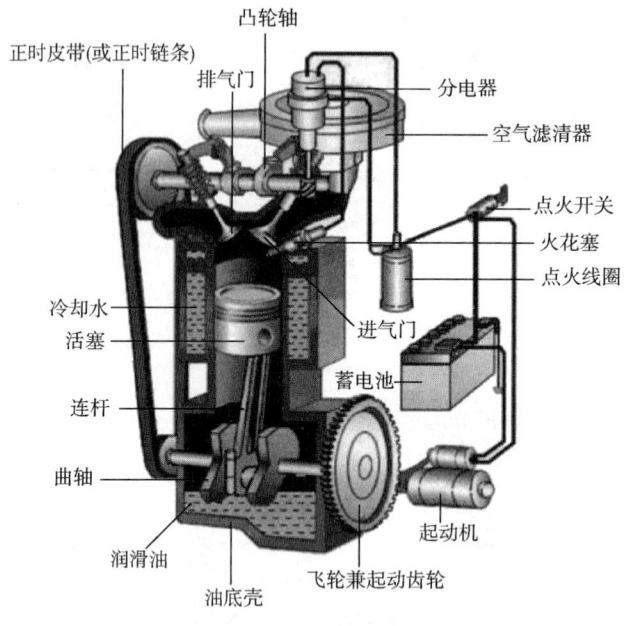

图 2-2-33 汽油机的基本构造

2.底盘

底盘是整个汽车的基础,支撑着发动机、车身等各种零部件,同时将发动机的动力进行传递和分配,使汽车产生运动,保证汽车正常行驶。底盘包括传动系、行驶系、转向系和制动系四大系统,如图 2-2-34 所示。从发动机经底盘传递动力(图 2-2-35)的流程为:发动机→离合器→变速器→传动轴→差速器→半轴→驱动轮。

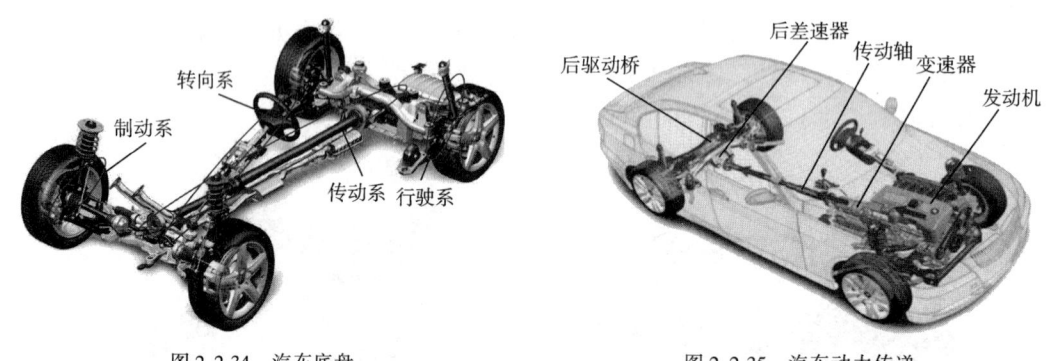

图 2-2-34 汽车底盘　　　　　　图 2-2-35 汽车动力传递

3.车身

车身安装在底盘的车架上,以供驾驶员、旅客乘坐或装载货物。轿车、客车车身一般是整体结构,货车车身一般是由驾驶室和货箱两部分组成。车身包括车身壳体、车窗、车门、驾驶舱、乘客舱、发动机舱、行李舱、车身内外部饰件和车身附件等。车身按承载形式可分承载式、非承载式和半承载式车身,图 2-2-36 为承载式轿车车身示意图。车身造型经不断演变和发展,有厢型、鱼型、船型、流线型及楔型等,车身结构形式可分单厢、两厢和三厢等形式。

4.电气与电子设备

电气设备包括电源组(蓄电池、发电机)、发动机(汽油机)点火设备、发动机起动设备、照明和信号装置、仪表、空调、刮水器、音像设备、电喇叭、电动车窗、电动门锁、电动后视镜、电动座椅等。电子设备包括发动机电控燃油喷射及电控点火设备、电控自动变速设备、电子防抱死系统、电子驱动防滑系统、导航系统等各种智能控制系统。图 2-2-37 所示为发动机(汽油机)点火系统。

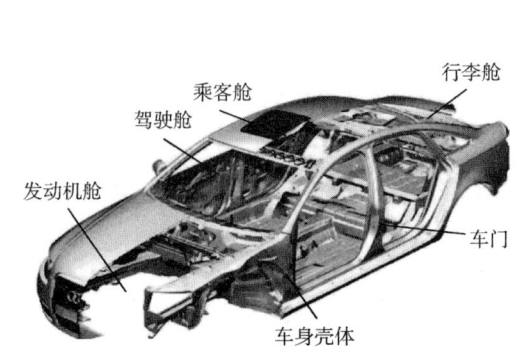

图 2-2-36　承载式轿车车身示意图

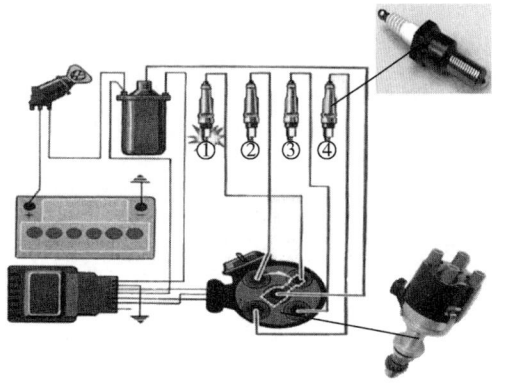

图 2-2-37　发动机(汽油机)点火系统

三、汽车性能

在一定使用条件下,汽车以最高效率工作的能力,称为汽车使用性能,它是决定汽车利用效率和方便性的结构特性表征。通常评定汽车的性能主要有以下几个方面。

1.动力性

动力性是汽车各种性能当中最基本、最重要的性能之一,它能克服在行驶过程中的各种阻力,驱动汽车前进。汽车的动力性直接影响汽车的平均速度,因而对其运输效率有决定性的影响。汽车动力性主要用 3 个指标进行评价:最高车速、加速时间和最大爬坡度。

2.燃油经济性

汽车在一定的使用条件下,以最小的燃料消耗量完成运输工作的能力称为汽车的燃料(油)经济性。汽车的燃料经济性常用一定工况下汽车行驶百公里的燃料消耗量或一定燃料能够使汽车行驶的里程作为评价指标。我国燃油经济性的评价指标为汽车行驶 100km 的燃料消耗量,单位为 L/100km,称为百公里耗油量。

3.制动性

汽车的制动性是指汽车在行驶过程中,按需要强制减速直至停车,或在下长坡时维持一定行驶速度的能力。汽车具有良好的制动性,是保证汽车行驶安全的需要,也是汽车动力性得以很好发挥的前提。汽车制动性主要包括 3 方面的评价:制动效能(用制动减速度和制动距离来评价)、制动效能的恒定性和制动时方向的稳定性。

4.操纵稳定性

汽车的操纵稳定性是指在驾驶者不感到过分紧张、疲劳的条件下,汽车能遵循驾驶者的操作按给定的方向行驶,且当遭遇外界干扰时,汽车能抵抗干扰而保持稳定行驶的能力。汽车操纵稳定性涉及的问题较为广泛,可以采用主观评价和客观评价的方法。

5.平顺性

汽车的行驶平顺性也称为乘坐舒适性,是指汽车在行驶过程中保持乘员所处的振动环境具有一定舒适度的能力。对于货车而言,还应包括保持货物完好的能力。平顺性主要讨论的是乘员处在振动环境中的反应,同样可以有主观评价和客观评价的方法。

6.通过性

汽车的通过性也称越野性,是指汽车能以足够高的平均车速通过各种坏路和无路地带(如松软地面、凸凹不平地面等)以及各种障碍(如陡坡、侧坡、壕沟、台阶等)的能力,可以分为支承通过性和几何通过性。汽车的通过性主要取决于地面的物理性质及汽车的结构参数和几何参数(如最小离地间隙、接近角、离去角、转弯半径、横向和纵向通过半径等)。

7.其他性能

以上6个方面的性能是基于汽车专业角度,而日常生活中还会经常涉及汽车的安全性、机动性、装卸方便性、环保性能、可靠性和耐久性等。

第三节 道路运输场站

一、公路与城市道路场站概述

(一)公路站场

公路站场是公路运输办理客、货运输业务及保管、保修车辆的场所。它既是汽车运输企业的技术基地,又是基层生产单位,同时也是公路运输网点的重要组成部分。按其使用性质的不同可分为客运站、货运站、技术站和停车场(库)。

1.客运站

汽车客运站按其位置的不同,可分为起点站、终点站和中间站。中间站办理旅客上下和行李箱包的托运和交付作业,一般不办理有关车辆作业,因而设备比较简单,规模也较小。起(终)点站除办理与乘客有关的业务外,一般还设有保养场,办理车辆的保养和小修作业。

2.货运站

汽车货运站一般规模都比较小,以适应汽车运输的灵活性。货运站多设于仓库、工业区或铁路货运站及货运码头附近。货运站分为两类,一类是运输整车货物的运输公司的基地,它由办公用房和停车场组成,车辆较多时还设有保养场甚至保修厂。另一类是以零担货物运输为主要作业的车站,它站内设有仓库和货物存放场地。

3.技术站

技术站的主要任务是对汽车进行保养和维修。按作业性质不同,技术站分为保养场和修理厂,或二者合而为一。

4.停车场(库)

停车场(库)用来保管停放车辆。停车场(库)从建筑形式上可分为暖式车库、一般车库、车棚和露天停车场四种形式。

(二)城市道路场站

城市道路场站主要有城市范围内的长途客运站、货运站、城市公共交通站场、枢纽和场站以及公共停车场等,如图 2-2-38、图 2-2-39 所示。

图 2-2-38　城市长途客运站　　　　　　　图 2-2-39　城市公共交通站场

二、汽车客运站

汽车客运站是指专门办理客运业务的车站。一般设在政治、经济、文化中心等有大量旅客到发的城市,并要求铁路和市内公共交通有良好的联系。客运站主要由站房,站前广场和站场三部分组成。

(一)汽车客运站的主要任务

汽车客运站的主要任务是安全、迅速、有秩序地组织旅客乘车、下车,便利旅客办理旅行手续,为旅客提供舒适的候车条件,如图 2-2-40 所示。

a)　　　　　　　　　　　　　　　　　b)

图 2-2-40　汽车客运站

(二)汽车客运站的分级

我国公路按照站务工作量(主要是指日发送旅客量)结合所在地政治、经济、文化等因素,将客运站分为四级。例如,仅从旅客日发送量考虑,则分别按 7000 人次及其以上、3000 人次及其以上、500 人次及其以上、500 人次以下,分别列为一级站、二级站、三级站、四级站。

(三)汽车客运站的布局

客运站的布局应有利于旅客和车辆的流线。旅客一般都是经过广场、售票厅、托运厅、候车厅、检票口、站台等,这条流线应力求短捷,避免各区旅客相互干扰。客车的流线则是进站、下客、清洗、加油、停放、调车、上车、出站,要求车辆进出口大门分设,减少干扰,洗车台、加油站应顺序布置。

客运站主体建筑平面主要由候车厅、售票厅两大部分构成。按两者的相互位置关系的不同,客运站主体建筑平面常见的形式有以下几种:①候车厅、售票厅沿道路一侧一字形布局。该形式立面宏伟,但占用街道过长,立面处理费用较高。②候车厅、售票厅相互垂直布置,呈"T"形。该形式的客运站可突出临街部分(临街部分可采用高层),满足城市建设的要求,根据旅客流线,这部分应为售票及综合服务之用,而候车厅则可用单层伸入内院。③在交叉路口设客运站时,候车厅、售票厅可构成"L"形。

三、货运站

(一)货运站概述

货运站(图 2-2-41)是专门办现货运业务,或以办现货运业务为主的车站。快路运输货物必须由货运站办理一定的货运作业。因此,货运站是快路运输不可缺少的生产单位。

图 2-2-41 货运站

按照运输方式,货运站场可分为公路货运站、铁路货运站、空运货运站,现在随着多式联运和集装箱运输的兴起,按货运站的功能划分更为合理,如:集装箱货运站(Container Freight Station,简称 CFS),是拼箱货物拆箱、装箱、办理交接的场所;配载中心,是为空车和轻载车辆寻找合适货物的场所;零担货运站,是经营零担货物运输的服务单位和零担货物的集散场所。这些货运站场虽然形式规模上差别很大,但其核心业务都是运输组织。

随着近年物流概念的兴起和政府、企业对物流的重视,很多货运站场改称物流中心,引起了一些概念混淆。物流中心是指以大、中城市为依托,有一定规模的,经营商品储存、运输、包装、加工、装卸、搬运的场所。一般配有先进的物流管理信息系统,其主要功能:促使商品更快、更经济的流动;集中储存,提高物流调节水平;有机衔接,加快物流速度,缩短流通时间,降低流通费用;根据需要适当加工、合理利用货源、提高经济效益。物流中心按其作用可分为集货中心、分货中心、发运中心、配送中心、储备中心和加工中心。

货运站的功能主要有运输组织、中转换装、装卸储存、代理简介、通信信息、综合服务。

(二)汽车货运站及其选址

汽车货运站有时也称为汽车站或汽车场,其主要任务是安全、方便、及时地完成公路货物运输生产任务。汽车货运站站址应符合公路主枢纽总体布局规划和所在地区货运站(场)发展规划。

1.选址原则

(1)符合城镇总体布局规划。
(2)与综合运输网保持合理衔接,便于组织多式联运。
(3)靠近较大货源点,并适应服务区域内的货运需求。
(4)尽量利用现有设施,并留有发展余地。
(5)具备良好的给排水、电力、道路、通信等条件。
(6)具备良好的地质条件。

2.汽车货运站选址的步骤

(1)收集城镇、路网、国土等有关规划和运输统计、站区内水文地质等有关资料。
(2)确定汽车货运站的服务范围和功能。
(3)测算设计年度货运站的生产规模和占地面积。
(4)根据站址选择原则,提出若干货运站站址备选方案。
(5)对备选站址进行现场勘查。
(6)经方案比选,确定货运站站址。

(三)汽车货运站布局

根据货运站的功能和生产规模统一布局,并结合货运业务的实际情况突出重点,分期实施。在布局中要优先考虑生产区域,重点是确保库、场位置。分期实施的建设项目,应考虑分期建设过程中相互的衔接要求。

(1)与现有设施的改造利用相结合,减少用地和节约投资。
(2)按货运业务不同,分区设置相应设施,并具有合理生产关系,生产设施、设备要符合生产工艺的要求。危险货物的储存与作业应在相对独立的专门区域内进行。站内道路统一规划,合理利用,使站内车流、货流、机械流、人流便捷通畅,互不干扰。
(3)符合国家和当地政府现行的安全、消防、环保等有关规定。
(4)汽车货运站设施组成。
①生产设施:业务办公设施、库(棚)设施、场地设施、道路设施。
②生产辅助设施:维修维护设施、动力设施、供水供热设施、环保设施。
③生活辅助设施:食宿设施、其他服务设施。
(5)汽车货运站的分级。

汽车货运站分为以下四个级别。

一级:年换算货物吞吐量 $600×10^3$ t 及以上。
二级:年换算货物吞吐量 $300×10^3 \sim 600×10^3$ t。
三级:年换算货物吞吐量 $150×10^3 \sim 300×10^3$ t。
四级:年换算货物吞吐量不足 $150×10^3$ t。

(6)中国汽车货运站的现状。

中国大部分汽车货运站空间布局分布不合理,货运站场整体处于功能单一、设施简陋、分散弱小无序状态。货运市场的无序竞争又给货运站场带来严重冲击,出现了"有车无站,有站无货"现象,同时作为政府管理部门只重视货运站场的商品性,忽视了社会性、公益性;货运站进入门槛地、办理手续不全,管理不规范;提供的服务单一,且服务素质普遍偏低;法治建设不完善;等等。

四、城市公共交通站点、枢纽和场站

1.公交场站分级及标准

公交场站根据服务对象与服务功能,可分为中间停靠站、一般终点站、服务性终点站、枢纽站、公交总站、公交停车场与保养场、培训场地和附属生活设施。

(1)中间停靠站

公交线路中间站有一路边停靠站和港湾式停靠站两种(图2-2-42)。

a)路边停靠站

b)浅港湾站

c)港湾站和专用道

图2-2-42 公交站形式

路边停靠站用站牌确定停站位置,也可以采用标线固定停靠站位。为保证公交车辆出站便利,可在车站前方设禁停标线,路边停靠站一般上、下行错开,但不宜超过50m。

(2)一般终点站

一般终点站是指1~2条线路的首站或末站。公交首末站应配置人员休息室、停靠泊位、候车站台、行车道(回车道)、蓄车位和绿化面积,其建设规模根据所服务的车辆数确定,

用地面积可按每车 50~100m² 控制。终点站必须有标志明显、严格分离的出口和入口。

(3) 公交总站

有两类公交总站：一类仅具备客运服务功能，通常设在城区人流集散点和主要的运输枢纽，便于为就业、购物或娱乐活动提供服务，提供与其他交通方式的换乘方便；另一类总站除客运服务功能外，还兼具管理指挥功能，与停车场、与修保养厂等形成大型公交综合场站。

一个公共汽车总站应包括至少 8 条发车港湾通道，其中有 2 条通道应加宽，以便让始发车发车超越停车。此外，还必须提供用餐时间车辆停放区、调度室、员工餐厅、公共卫生间及其他配套设施，用地面积不小于 8000m²。

用地紧张的大城市，综合车场用地面积每标准车应不小于 200m²，车场用地面积一般按每辆 150m² 计算，另加 6000m² 的保修、办公、洗车、测试、油库等场地。

(4) 公交停车场与保养场

公交停车场指用于公交车辆下班后停放及进行简单保养和小修的场地，停车场规划用地每标准车为 150m²。

保养场承担营运车辆的高级保养任务及相应的配件加工、燃料储备、存取等功能。保养场可分为大中型小型两种：小型保养场年保养能力 200 辆，大中型保养场年保养能力约为 500 辆。

2. 道路上公交站的布置与容量

1) 停靠站平面布置形式

大量公共汽车站均沿路设置利用人行道或道路分隔带作为乘客候车区域。

港湾式停靠站布置形式如图 2-2-43 所示。

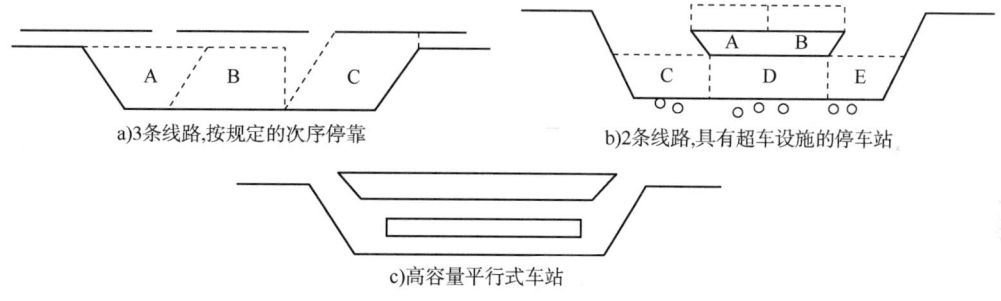

图 2-2-43　港湾式停靠站布置形式示意图

2) 终点站平面布置形式

终点站平面布置主要受用地条件的限制。主要分为以下几种布置形式：

(1) 锯齿形布置和窄锯齿形布置，分别见图 2-2-44a)、b)。

(2) 终端式终点站布置。这类终点站通常设置在大型建筑物的底层，既可节省用地，又缩短乘客的步行距离，见图 2-2-44c)。

(3) 岛式终点站布置，如图 2-2-44d) 所示。岛式终点站利用道路回转，是终点站用地比较困难时采用的方式。

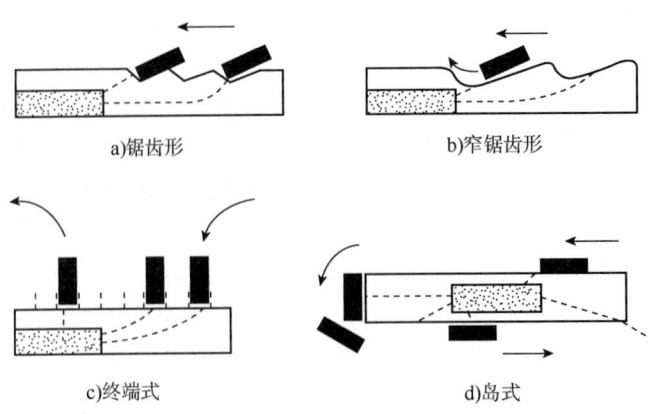

图 2-2-44 终点站平面布置形式

五、城市停车设施

1. 城市停车设施分类

城市停车设施是城市道路交通系统的组成部分之一,根据城市交通的停车要求,可以将城市停车设施分为以下 6 种类型。

(1) 城市出入口停车设施:是为外来或过境货运机动车服务的停车设施。其作用是截流外来车辆或过境车辆,经检验后方可按指定时间进入城市装卸货物。这类停车设施应设在城市外围的城市主要出入干道附近,附有车辆检查站、车辆小修设施等服务设施和文化娱乐设施。

(2) 交通枢纽停车设施:是在城市对外客运交通枢纽(如长途汽车站、火车站)和城市客运交通换乘枢纽所需配备的停车设施,是为疏散交通枢纽客流、完成客运转换而服务的,这类停车设施一般都结合交通枢纽布置,如图 2-2-45a) 所示。

(3) 大型集散场所停车设施:包括体育场馆、中心广场、大型公园以及交通限制区边缘干道附近的停车设施。这类停车设施的停车量大而且集中,高峰期明显,要求集散迅速。停车场以停放客车为主,并考虑自行车停车场地的设置,如图 2-2-45b) 所示。

(4) 商业服务设施附近的社会公用停车设施:在大型商业服务设施附近设置的社会公用停车场,其中包括一定规模的自行车停车场地,如图 2-2-45c) 所示。

(5) 生活居住区停车设施:城市生活居住区应按所在城市的市政府公布的停车配建标准,设置相应规模的机动车、自行车停放场地,如图 2-2-45d) 所示。

(6) 路边临时停车设施:为避免沿道路任意停车造成交通混乱,在那些需要经常停车的地点,由交通管理部门在道路面积内设置一定数量的路边临时停车位。

目前,我国大多城市因停车用地太少,尤其是社会公共停车场严重不足导致停车泊位不能满足实际需要,占道、乱停车现象十分普遍,严重削弱了道路通行能力,影响了城市道路系统的正常运转,因此需要设置足够数量的各类停车设施。

2. 停车库(楼)

停车库可分为坡道式停车库和机械化停车库两类。

a) 火车站停车场

b) 大型集散场地停车场

c) 商业服务设施停车楼

d) 生活居住区地下停车场

图 2-2-45 城市公共停车场

1) 坡道式停车库

（1）直坡道式停车库（图 2-2-46）

停车楼面水平布置，每层楼面间以直坡道相连，坡道可设在库内，也可设在库外；可单行布置，也可双行布置。直坡道式停车库布局简单整齐，交通路线清晰，但单位停车位占用面积较多，用地不够经济。

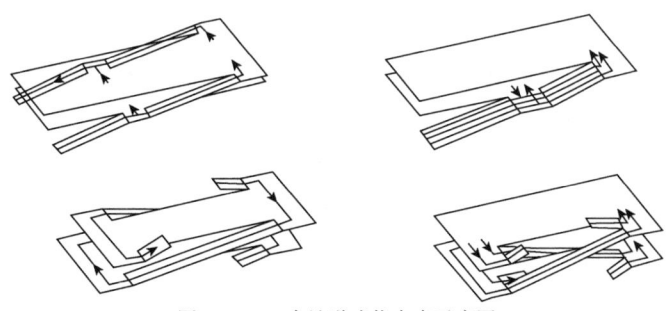

图 2-2-46 直坡道式停车库示意图

（2）螺旋坡道式停车库（图 2-2-47）

停车楼面采用水平布置，基本行车部分的布置方式与直坡道式相同，只是每层楼面之间用圆形螺旋式坡道相连。坡道可分单向行驶（上下分设）或双向行驶（上下合一，上行在外，下行在内）的方式。螺旋坡道式停车库布局简单整齐，交通路线清晰明了，行驶速度较快，用地稍比直坡道式节省，但造价较高。

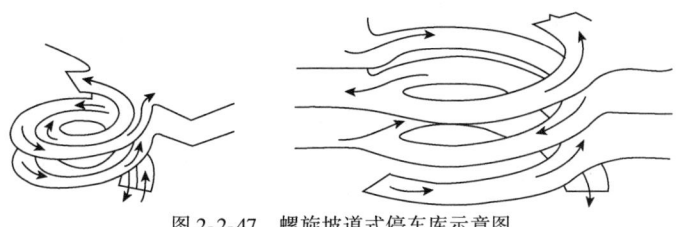

图 2-2-47 螺旋坡道式停车库示意图

(3)错层式(半坡道式)停车库(图2-2-48)

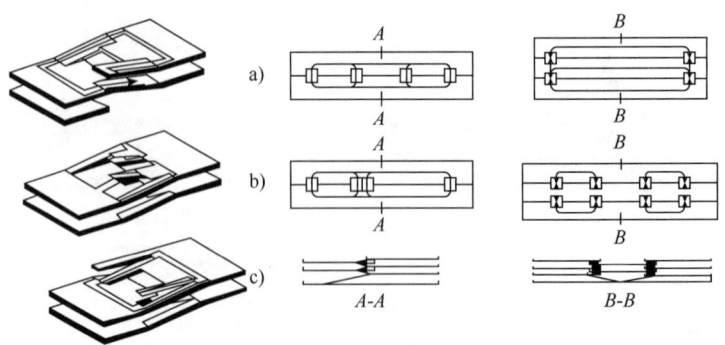

图 2-2-48 错层式(半坡道式)停车库示意图

错层式是由直坡道式发展而成的,停车楼面分为错开半层的两层或三层楼面,楼面之间用短坡道相连,因为大大缩短了坡道长度,坡度适当加大。该类型的停车库的用地较节省,单位停车位占用面积较少,但交通路线对部分停车车位的进出有干扰。

(4)斜坡楼板式停车库

停车楼板呈缓坡倾斜状布置,利用通道的倾斜作为楼层转换的坡道,因而无需再设置专用的坡道,用地最为节省,单位停车位占用面积最少。但由于坡道和通道合一,交通路线较长,对停车位车辆的进出普遍存在干扰。斜坡楼板式停车楼是常用的停车库类型之一,建筑外立面呈倾斜状,具有停车库的建筑个性。

停车库一般安装自动控制进出设备、电视监控设备、消防设备、通风设备、采暖和变电设备,同时需配备一定数量的管理、修理、服务、休息用房,人行楼梯,电梯等,通常在底层还有小规模的加油设施和内部使用的停车位。

2)机械化停车库

机械停车楼(图2-2-49)即立体停车场,主要是使用了一套机械式自动升降的停车设备,分若干排,最高可以建造25层。驾驶员把车辆停放在钢板上,机器自动将车辆升至适当的层面,再将车辆和钢板移到层面处。存一辆车的时间一般不会超过2min。取车时,车主只要将卡交给工作人员,工作人员在设备上按车的卡位,再按启动,车就自动降到地面。

图 2-2-49 机械停车楼

机械停车楼最大的优势就在于其能够充分利用城市空间,被称为城市空间的"节能者"。根据资料统计,传统停车场停50辆车需要1650m²,而采用露天电梯塔式立体停车只需50m²。从工程造价方面来比较,同样以50个车位计算,传统建设需约750万元,立体停车建设造价仅400万元。此外,由机械设备自动存放减少了车辆在车库内的绕行和尾气排放,十分环保节能。

第四节　道路交通管控设施

道路交通管控设施是道路交通管理系统不可缺少的重要内容,是保障道路交通安全秩序,减少、减轻道路交通事故的重要手段和方式。道路交通管理控制设备主要有交通标志、交通标线和交通信号 3 类,它们的功能主要是对车辆驾驶员和行人起限制、警告和诱导作用。

一、交通标志

交通标志是指把交通警告、交通禁令、交通指示、指路等交通管理与控制法规用文字、图形和符号形象化地表示出来,设置于路旁或公路上方的交通控制设施。

1.交通标志的定义和分类

交通标志属于静态交通控制。它是用图形符号和文字传递特定信息,传递交通诱导引导、限制、警告或指示信息的一种交通设施。交通标志分为主标志和辅助标志两大类。

1)主标志

主标志有下述 4 种。

(1)警告标志:即警告车辆、行人注意危险地点的标志。其形状为正三角形,颜色为黄底、黑边、黑图案,距离危险地点的距离为 20~50m,如图 2-2-50 所示。

注意危险
交通标志牌

向左急转弯三角
交通警示牌

注意儿童标志牌,
交通标牌

图 2-2-50　警告标志

(2)禁令标志:即对车辆、行人加以禁止或限制的标志。其形状为圆形和等边倒三角形,颜色为白底、红圈、红杠、黑图案,如图 2-2-51 所示。

禁25　禁止直行
和向左转弯

禁26　禁止直行
和向右转弯

禁27　禁止掉头

图 2-2-51　禁令标志

(3)指示标志:即指示车辆、行人行进的标志。其形状为圆形、长方形或正方形,颜色为蓝底、白图案,如图 2-2-52 所示。

最低限速　　　　　单行路向左或向右　　　　单行路 直行

表示机动车驶入前方道路之最低时速限制。此标志设在高速公路或其他道路限速路段的起点　　　表示一切车辆向左或向右单向行驶。此标志设在单行路的路口和入口处的适当位置　　　表示一切车辆单向行驶。此标志设在单行路的路口和入口处的适当位置

会车先行　　　　　人行横道　　　　　右转车道

表示会车先行,此标志设在车道以前适当位置　　　表示该处为专供行人横穿马路的通道。此标志设在人行横道的两侧　　　表示车道的行驶方向。此标志设在导向车道以前适当位置

图 2-2-52　指示标志

（4）指路标志:即传递道路方向、地点、距离信息的标志。其形状为长方形或正方形,颜色一般为蓝底白图案,高速公路为绿底白图案,如图 2-2-53 所示。

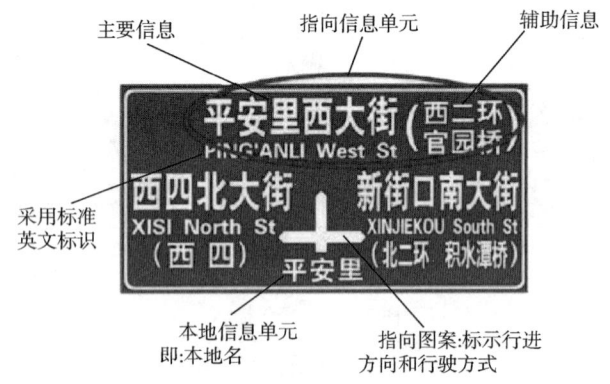

图 2-2-53　指路标志

2）辅助标志

辅助标志是附设在主标志下,起辅助说明作用的标志,如图 2-2-54 所示。

2.交通标志的三要素

要充分发挥交通标志的作用,必须使驾驶员在一定的距离内迅速而准确地认出标志形状和文字、符号,从而接收到交通信号和管制要求。因此,要求交通标志有最好的视认性。决定视认性好坏的主要要素是交通标志的颜色、形状和符号。

1）交通标志的颜色

颜色可分为彩色和非彩色两类。黑色、白色系列称为非彩色,黑色、白色系列以外的各种颜色称为彩色。不同颜色有不同的光学特性,如对比性、远近性、视认性等。

图 2-2-54 辅助标志示例

相邻区域的不同颜色相互的影响称为颜色的对比性。有的色彩对比效果强烈,有的则对比效果较差。如把绿色纸片放在红色纸片上,绿色显得更绿,红色显得更红;若把绿色纸片放到灰色纸片上,对比效果差,而且会妨碍视认。

我国安全色国家标准和国际安全色标准都规定,红色、蓝色、黄色、绿色四种颜色为安全色(表 2-2-6),并规定黑色、白色两种颜色为对比色。所谓安全色,是表达安全信息,表示禁止、警告、指令、提示等的颜色。

国家标准规定的安全色含义　　　　　　表 2-2-6

颜　　色	含　　义
红色	禁止、禁停
蓝色	指令①,必须遵守的规定
黄色	警告、注意
绿色	提示②、安全状态通行

注:①蓝色只有与几何图形同时使用时,才表示指令。
②为了不与道路两旁绿色树木相混淆,交通上用的指示标志为蓝色。

在交通标志中,一般是以安全色为主,以对比色为辅,按表 2-2-7 的规定配合使用。其中,黑色用于安全标志的图案、文字和符号以及警告标志的几何图形;白色作为安全标志红色、蓝色、绿色的背景色,也可用于安全标志的文字和图形。

对 比 色　　　　　　　　　　　　　　　表 2-2-7

安 全 色	相应的对比色	备 注
红色	白色	黑白色互为对比色
蓝色	白色	
黄色	黑色	
绿色	白色	

2)交通标志的形状

交通标志上要记载各种文字和符号,故应选择较简单的形状。在同等面积、同样距离、同样照度条件下,容易识别的外形依次是三角形、长方形、圆形、正方形、五边形、六边形等。交通标志的基本形状就是按此顺序选用的三角形、长方形和圆形。

三角形:最引人注目,即使在光线条件不好的地方,也比其他形状容易被发现,是视认性最好的外形。因此,国际上把三角形作为警告标志的几何形状。

长方形:长方形给人一种安稳感,同时有足够的面积来写文字说明和画图形,所以用作特殊要求的指示标志。

圆形:在同样的面积下,圆形内画的图案显得比其他形状内的图案大,看起来更清楚。所以,国际上把圆形作为禁令标志的外形。如果圆形内有"\",则为禁止标志。

不同功能的交通标志,其几何形状应有明显的区别,我国《图形符号　安全色和安全标志　第 5 部分:安全标志使用原则与要求》(GB/T 2893.5—2020)规定如表 2-2-8 所示。

交通标志的种类及含义　　　　　　　　　　　　表 2-2-8

图形及含义		图形及含义	
圈内加斜线	禁止	圆	指令
三角形	警告	矩形	提示

3)交通标志的符号

交通标志的具体含义,即规定的具体内容,最终要由图案、符号或文字和数字来表达。

(1)图案

用图案表示交通标志的内容,直观、生动、形象、易懂,可使识别交通标志的人不受文化程度的限制。因此图案设计要简单明了,与客观实物尽可能相似。同时表示不同客观事物的图案要有明显区别,以便于驾驶员在车速很快、辨认时间很短的情况下迅速识别。投影图案具有简单、清晰、逼真的特点,能从远处观察,所以交通标志图案一般使用投影图案。

(2)符号

在规定符号所代表的意义时,要考虑其直观性和符号的单义性,要符合人们在日常生活中的思维习惯,使人们容易理解。例如用"→"代表直行,"右转箭头"代表掉头。还必须考虑符号与其他要素之间的配合,习惯上虽然用"×"表示"不允许"或"禁止",但在标志上画一个"×",往往会把图案或文字覆盖太多而不清楚,因此用半个"×"即"\"来表示"禁止",这也符合人们的思维习惯。

(3)文字和数字

在同一视觉条件下,图案符号信息比相同大小的文字信息传递更为准确和迅速,易为人们理解和识别。但是图案和符号毕竟是抽象的东西,有些内容也不能用图案和符号来表示,如"停车"只能用一个"停"字来表达。停车的"时间"和"范围"也必须用数字来表达。所以文字和数字在某些交通标志上也是一种必要的表达方式。使用文字表达应尽可能简明扼要,一般不宜超过两个字,使用的单位要符合国家法定计量单位。

3.交通标志的文字尺寸和视认距离

标志牌的大小应保证在距标志一定距离内可以清楚地识别标志上的图案和符号文字,此距离称为视认距离。视认距离与行驶速度有关,如表2-2-9所示。文字尺寸应与车辆行驶速度相适应,并应按设置地点的交通量、车道宽度、地形与线形情况以及周围环境而有所变化。指路标志上汉字高度与行驶速度关系如表2-2-10所示,字宽与字高相等。

视认距离与行驶速度的关系 表2-2-9

行驶速度(km/h)	<50	60	70	80	90	100
视认距离(m)	240h	239h	236h	227h	209h	177h

注:h 为文字高度(m),表列为白天数值,夜间为表列数值的60%~70%。

汉字高度与行驶速度的关系 表2-2-10

设计速度(km/h)	汉字高度(cm)
>100	40
70~90	30
40~60	20
<30	10

4.交通标志设置的原则

为了充分发挥交通标志的使用效果,交通标志的设置应遵循以下原则:

(1)交通标志的设计与安装应与道路的交通条件和行车速度相适应。

(2)设置的交通标志应当是引人注目的,以便能在足够远的距离就引起驾驶员的注意,易被辨认并保证驾驶员有充足的时间采取必要的驾驶操作,避免危险发生。

(3)标志应设置在使驾驶员视线不致偏离过大、且不易被其他车辆等遮蔽的地方;按具体情况可设置在道路前进方向的右侧、中央分隔带或行车道上方。

(4)交通标志的设置要考虑整体布局,以保证交通畅通和行车安全为目的,兼顾道路环境美化的要求,避免重复设置,尽量用最少的标志把必需的信息展现出来。

(5)在高等级公路或夜间交通量较大的道路上,应尽量采用反光标志。

(6)同一地点需要设置2种以上标志时,可安装在一根标志柱上,但最多不应超过4种。解除限期速度标志、解除禁止超车标志、干路先行标志、停车让行标志、减速让行标志、会车先行标志、会车让行标志应单独设置。标志牌在一根支柱上并设时,应按警告、禁令、指示的顺序,先上后下、先左后右地排列。

二、交通标线

道路交通标线与交通标志具有相同的作用,它是用耐磨漆喷刷或用混凝土预制块、瓷砖等制作的一种交通安全管控设施。其作用是配合标志牌对交通进行有效管制,适用于车辆分道行驶,达到安全畅通的目的。它可以与标志配合使用,也可单独使用。高速公路、一级公路、二级公路均应按国家规定设置交通标线。为解决混合交通问题,在一般道路上,可先考虑设置机动车道和非机动车道的分界线。

我国道路交通标线有行车道中线、车道分界线、路边线、停车线、禁止超车线、导向箭头、人行横道线等。路面标线有连续线、间断线和箭头指示线3种形式。其颜色有黄色、白色两种:黄色一般是用于允许车辆越过的标线。例如:车道线、转弯符号等用黄色一般用于不准许超越的标线,如禁止通行区、不准超车的双中心线等。

交通标线为沿道路中线或车道边线或防撞墙埋设的反光标志。车辆夜间行驶时,在车灯照射下,路标的反光作用勾画出行车道或车道的轮廓,从而为驾驶员提供行驶导向。

道路交通标线主要是路面标线,它包括行车道中心线、车道分界线、行车道边缘线、停车线、减速让行线、人行横道线、导流线、行车道宽度渐变段标线、接近路面障碍物标线、出入口标线等。其次是导线箭头、路面文字标记、立面标记、突出路标和路边线、轮廓线等。

三、交通信号

交通信号是用于对时间上相互冲突的交通流分配行使权,从而使各个方向和车道上的车辆安全有序地通过交叉路口的一种交通管理措施。如图2-2-55所示为不同类别的信号灯。交通信号基本可分为定时式和感应式两种。

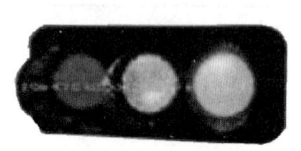  

a)指挥信号灯　　　　　　　b)车道信号灯　　　　　　　c)人行信号灯

图2-2-55　信号灯

定时信号是利用定时控制器,按预先设定的时间顺序,重复变换红、黄、绿三色灯。信号周期时间可按照交叉口处不同方向的车流情况预先规定一种或几种。

感应信号是通过车辆检测器测定到达交通路口的车辆数,并及时变换信号显示时间的一种控制方法。它充分利用绿灯时间,指挥车辆在停车线前尽可能不停车,提高通过能力,从而达到安全畅通的效果。

第三章 道路运输组织与管理

第一节 道路规划建设与养护管理

规划、建设和管理好道路交通系统是一个非常复杂的系统工程,需要健全、完善的国家和地方交通法规、政策,需要科学制订符合城市发展规模和定位的总体交通规划,需要各种不间断地治理、优化城市交通网络的工程并实施优化交通组织方案。

一、公路规划建设

公路网规划是道路交通系统规划的一个重要组成部分。公路网规划以区域有关调查资料和区域现状交通系统分析评价为基础,以交通需求预测为主要依据。同时与区域交通预测有一个互相依托、相互反馈、调整的关系和过程。

公路网规划属于长期发展布局规划,规划期限一般为10~20年。公路网规划是制订公路建设中长期规划、编制五年建设计划、选择建设项目的主要依据,是确保公路建设合理布局,有序协调发展,防止建设决策、建设布局随意性、盲目性的重要手段。

1.公路网规划的要求

公路网规划一般可分为全国公路网规划和地区公路网规划,两者的关系是全局与局部的关系。全国规划指导地区规划,地区规划补充全国规划;地区交通规划是地区建设发展规划的基本内容之一,地区公路网规划是地区交通建设规划的重要组成部分。

公路网规划按公路行政等级划分,可分为国道规划、省道规划、县道规划、乡道规划,以及专用公路规划;按区域范围划分,可分为各级行政区域的公路网规划和特定区域的公路网规划。各级公路网规划的编制、批准和备案见表2-3-1。

各级公路网规划的编制、批准和备案　　　　表2-3-1

规划等级	编　制	批　准	备　案
国道	交通运输部	国务院	—
省道	省交通运输厅	省(自治区、直辖市)人民政府	交通运输部
县道	县(市)交通运输局	市(区)人民政府	省交通运输厅
乡道	乡、民族乡、镇人民政府	县级人民政府	市(区)运输局
专用公路	主管单位	上级主管部门审定	交通运输局或交通运输厅

编制公路网规划要广泛征询公众、相关部门和相邻行政区交通运输主管部门的意见。路网规划研究及报告编制工作应由具有相应咨询资质的单位承担,其中承担国道和省道规划的研究单位应具备甲级咨询资质。交通运输主管部门可根据经济社会和交通发展的新形势及规划实施情况,适时组织规划调整,当出现重大调整时,须履行相关审批程序。

2.路网布局的主要形式

公路网布局典型形式主要有三角形(星形)、棋盘形(格网形)、放射形(射线形)、扇形、树杈形、条形以及并列形,如图 2-3-1 所示。

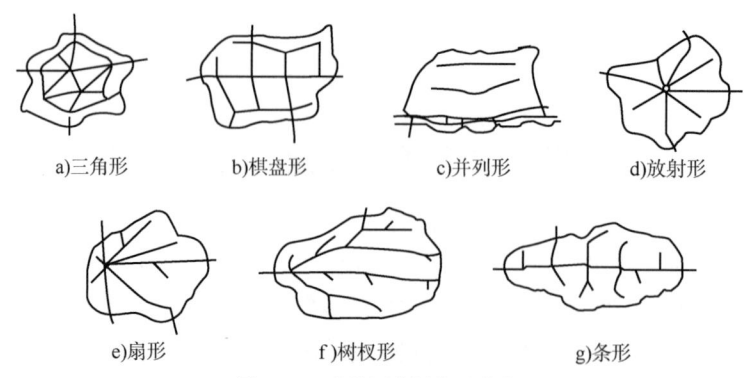

图 2-3-1 公路网布局典型形式

一般来说,在平原和微丘地区,公路网布局形式中的三角形(星形)、棋盘形(格网形)和放射形(射线形)较为普遍;而重丘区和山区,由于受到山脉和河川的限制,公路网布局往往形成并列形、树杈形或条形;当区域内的主要运输点(省、市或县的行政机关所在地等)偏于区域边缘时,有可能产生扇形或树杈形路网;条形是特例,有可能在狭长地带的地方公路网中出现。

各种布局形式往往又相互组合而形成混合型。如果条件许可,为了满足公路网能够四通八达和达到效益最佳的要求,通常区域公路网宜呈环状。

国家公路网规划总规模 40.1 万 km,由普通国道和国家高速公路两个路网层次构成。

(1)普通国道网

由 12 条首都放射线、47 条北南纵线、60 条东西横线和 81 条联络线组成,总规模约 26.5 万 km。按照"主体保留、局部优化,扩大覆盖、完善网络"的思路,调整拓展普通国道网:保留原国道网主体,优化路线走向,恢复被高速公路占用的普通国道路段;补充连接地级行政中心和县级节点、重要的交通枢纽、物流节点城市和边境口岸;增加可有效提高路网运行效率和应急保障能力的部分路线;增设沿边沿海路线,维持普通国道网相对独立。

(2)国家高速公路网

按照《国家公路网规划(2013 年—2030 年)》(颁布时间 2013 年 6 月),至 2030 年国家公路网规划总规模 40.1 万 km,由普通国道和国家高速公路 2 个路网层次构成。其中高速公路网由 7 条首都放射线、11 条北南纵线、18 条东西横线,以及地区环线、并行线、联络线等组成,总规模约 11.8 万 km,另规划远期展望线约 1.8 万 km。

按照"实现有效连接、提升通道能力、强化区际联系、优化路网衔接"的思路,补充完善国家高速公路网:保持原国家高速公路网规划总体框架基本不变,补充连接新增 20 万以上城镇人口城市、地级行政中心、重要港口和重要国际运输通道;在运输繁忙的通道上布设平行路线;增设区际、省际通道和重要城际通道;适当增加有效提高路网运输效率的联络线。

二、城市道路规划建设

城市道路网络规划应以合理的城市用地功能组织为前提,根据城市现状及自然环境特点,经济合理地规划布局道路网络,同时区分不同功能的道路性质,结合具体城市的用地情况组成道路系统。

城市道路系统既是组织城市各种功能用地的"骨架",又是城市进行生产和生活活动的"动脉"。城市道路系统布局是否合理,直接关系到城市是否可以合理、经济地运转和发展。城市道路系统一旦确定,实质上决定了城市发展的轮廓、形态,即使遇到自然灾害或战争的破坏,在恢复和重建城市时,也较难改变。

为了优化城市用地布局,提高城市的运转效能,提供安全、高效、经济、舒适和低公害的交通条件,城市道路网络的布局必须经过科学、合理的规划。城市交通规划、建设和管理的职能如图2-3-2所示。

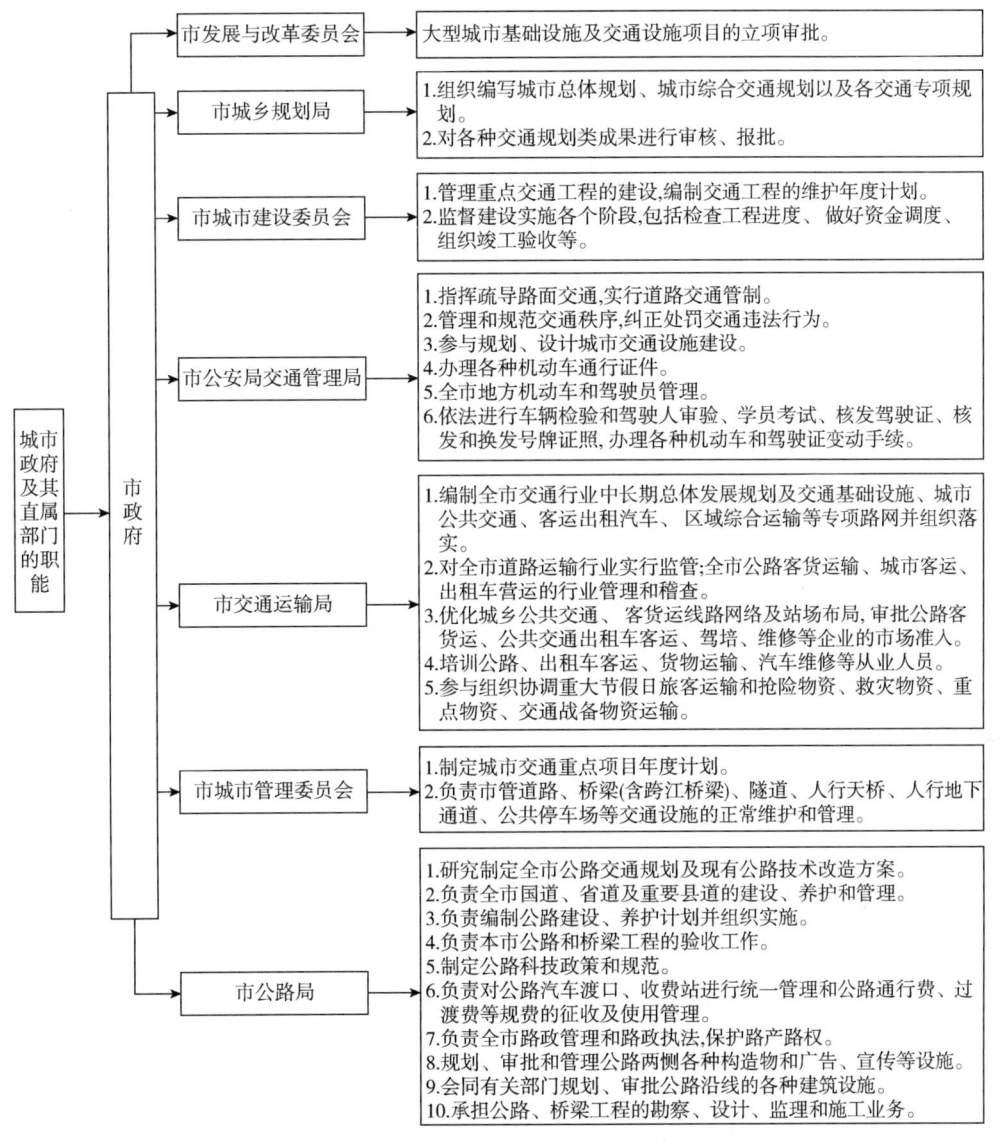

图2-3-2 城市交通规划、建设和管理的职能

三、道路养护管理(养护管理体制)

1.基本概念
1)公路养护
(1)"公路养护"就是对公路的保养与维护,保养侧重于从建成通车开始的全过程养护,维护侧重于对被破坏的部分进行修复。
(2)公路维修养护按养护对象和部位分,公路养护组成可分为路基、路面、通道、桥涵、隧道、绿化及公路附属设施。
(3)公路养护基本任务。
①贯彻"预防为主,防治结合"的方针,加强预防性养护,提高公路的抗灾害能力。
②加强公路及其沿线设施的基本技术状况调查,及时发现和消除隐患。
③保持公路及其沿线设施良好的技术状况,及时修复损坏部分,保障公路行车安全、畅通、舒适。
④吸收和采用新技术、新工艺、新材料、新设备,采取科学的技术措施,不断提高公路养护工程质量,延长公路使用寿命,降低路桥设施的全寿命周期成本,提高养护资金使用效益。
⑤加强公路的技术改造,以适应公路交通事业的不断发展。
2)城市道路养护
(1)城市道路养护就是对城市道路的保养和维护。维护道路及道路上的构筑物和设施,尽可能保持道路使用性能,及时恢复破损部分,保证行车安全、舒适、畅通,节约运输费用和时间;采取正确的技术措施,提高工程质量,延长道路的使用年限,推迟重建时间。
(2)城市道理养护组成包括路面、路基、路边坡、人行道、桥梁和交通服务设施等的养护,以及排水、冰雪的控制。
(3)城市道路养护基本任务。
①针对道路的表面进行维护与处理。道路在长期使用后,会出现裂缝或者凹陷等不良的现象,相关施工队伍针对出现的不同问题及时进行有效的维修与保养。
②针对道路两侧的围栏与石板进行检查与维修。道路两侧的围栏也是道路维护中的一个部分,确保这些方面的安全有利于减轻事故的严重性。
③针对道路的路标与路牌进行保养或更新。确保路标路牌的正确可以保证使用者顺利到达目的地,同时合理划分路标也是保证道路正常使用的重要保证之一。
④针对道路的排水功能及其他重要功能进行检查与维护,确保能正常使用。在雨水天气时,道路排水功能是非常重要的,雨水的成功排出保证路面不积水,减少车辆在雨水天气中的打滑现象,同时降低事故发生的可能性。
⑤在确保道路正常运行的同时,也要对居民道路安全意识进行问卷调查。可以在社区里派发道路安全使用问卷调查,通过调查了解居民对道路使用安全意识。

2.路基路面常见病害与防治
1)路面常见病害
路面功能是路面为道路使用者提供的舒适程度。路面结构是指路面的物理状况,包括路面损坏状况和结构承载能力。路面安全是指路面的抗滑能力,而路面破坏类型分类包括结构性破坏和功能性破坏。

结构性破坏是指路面的整体出现破坏(如开裂、疲劳),影响结构整体强度。功能性破坏是指路面不平整或太光滑等类破坏,影响使用舒适性和安全性要求明确破坏类型的目的。

路面结构的损坏状况,反映了路面结构在行车和自然因素作用下保持完整性或完好的程度。按照损坏状况评价,可将路面状况划分为优、良、中、次、差5个等级。

路面常见病害有啃边、龟裂、车辙、波浪、松散剥落、沉陷、泛油、拥包等,如图2-3-3所示。

衡量和判断路面技术状况的主要指标为MQI(Maintenance Quality Indicator),MQI的分项指标包括PQI、SCI、BCI、TCI,路面部分的分项指标还包括PCI、RQI、RDI、SRI、PSSI,具体如图2-3-4所示。

a)啃边　　　　　　　　　　　　　b)龟裂

c)车辙　　　　　　　　　　　　　d)波浪

e)松散剥落　　　　　　　　　　　f)沉陷

图 2-3-3

g) 泛油

h) 拥包

图 2-3-3 路面常见病害

2) 路面养护一般性对策

沥青路面一般性养护对策：沥青路面养护对策应根据公路等级、交通量、分项路况评价结果确定。分项路况评价包括路面破损状况、行驶质量、路面强度和抗滑性能等方面。路面综合评价指标用于对路面质量的总体评价。

水泥混凝土路面养护一般性对策：高速公路及一级公路的路面破损状况等级为优和良，或者二级及二级以下公路的路面破损状况等级为中及中以上时，可采用日常养护和对局部或个别板块修补措施。

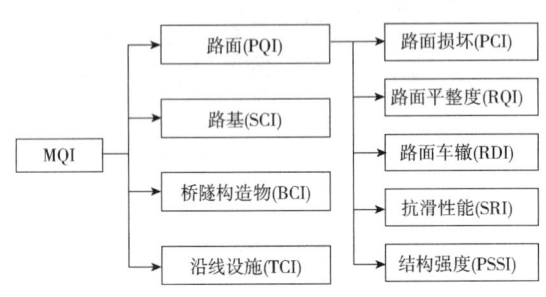

图 2-3-4 路面技术状况评价指标

3) 路基养护的主要内容

路基养护对象涉及路肩、边坡、排水设施、挡土墙，如图 2-3-5 所示。

路基养护的主要内容包括维修、加固路肩及边坡；疏通、改善、铺砌排水系统；维护、修理各种防护构造物及透水路堤，管理保护好公路两旁用地；清除塌方、积雪，处理塌陷，预防水毁；观察、预防、处理滑坡、翻浆、泥石流、崩塌、塌方及其他路基病害，及时检查各种路基的险情；有计划地局部加宽、加高路基，改善急弯、陡坡和视距，以逐步提高其技术标准和服务水平。

a)

b)

图 2-3-5

c) d)

图 2-3-5 路基养护

4) 路基养护的基本要求

(1) 路基各部分保持完整,各部尺寸保持规定的标准要求,不损坏变形,经常处于完好状态。

(2) 路肩无车辙、坑洼、隆起、沉陷、缺口,横坡适度,边缘顺适,表面平整坚实、整洁,与路面接茬平顺。

(3) 边坡稳定、坚固、平顺,无冲沟、松散,坡度符合规定。

(4) 边沟、排水沟、截水沟等排水设施无淤塞、无高草,纵坡符合规定,排水通畅,进出口维护完好,保证路基、路面及边沟内不积水。

(5) 挡土墙保持完好无损坏,泄水孔无堵塞。

3. 道路养护管理的特点

从道路管理与养护的特点来看,安全性始终是第一要则,其次是道路的质量与使用寿命。在道路的使用过程中,科学合理使用以及定期养护,可以有效提高道路的使用寿命,使其不易发生大面积的损坏,提升道路使用过程中的安全性。除此之外,还可以利用道路的养护工作,对道路中存在的隐患问题进行有效排查,并对可能发生问题的位置进行预警。但是,由于道路的养护工作需要消耗大量的费用,在养护频率与范围的制定方面尽可能将该阶段的工作费用控制在政府相关部门可以接受的范围之内。

第二节 公路运输组织及管理

一、运输组织的内涵

随着经济和社会的发展以及科学技术的进步,运输过程由单一方式向多样化发展,运输工具由简陋向现代化发展,运输组织系统是运输生产力发展到一定阶段的产物。运输生产过程要求各种运输方式在各个运输环节上实现连接贯通以及各种交通运输网和其他运输手段实现合理布局。从运输业发展的历史和现状来看,各种运输方式一方面在运输生产过程中存在着协作配合、优势互补的要求;另一方面在运输市场和技术发展上又相互竞争。这两种要求交织在一起,形成运输组织体系由低级向高级发展的态势。

从运载工具运用的角度来看,有车辆和船舶的货物配载问题,有特殊货物运输条件的确定和安全运输问题;从运输港站工作的角度来看,有运输动力、线路、作业站台、仓库货位和装卸机械等设备配置问题与运输技术作业流程的组织管理问题;从运输网络运用和管理的角度来看,有交通流的组织调整和动态监控,确保系统安全、畅通和交通高效有序的问题;从运输企业生产和经营的角度来看,有运输市场调查、客流和货流组织以及运输产品设计的问题,运输设备综合运用和运输生产过程优化组织的问题;从整个综合运输系统的角度来看,有各种运输方式的布局和运输协作配合问题等,这些都是运输组织所要面临和解决的问题。随着运输需求的不断发展,从运输组织的角度,即运输资源合理利用的角度,需要对运输设备和运输管理系统合理布局和建设,实现运输资源的动态合理配置,这也是运输组织所要研究和解决的重要理论和技术问题。

二、公路运输生产过程

1. 运输准备过程

运输准备过程又称为运输生产技术准备过程,是旅客、货物进行运输之前所做的各项技术性准备工作。有些工作需要在运输前进行较长时间的准备,如运输经济调查与运输工作量预测、营运场站的设置、运输生产作业计划安排等;有些工作是经常性、不间断地进行的准备工作,如出车前的车辆技术状况检查、货源调查与组织等。

2. 基本运输过程

基本运输过程是运输生产过程的主体,是指直接组织货物或旅客,从起运地至到达地完成其空间位移的生产过程。在客运方面,包括检票、行李包裹装载旅客上车座位组织、车辆负载运行、中途站旅客及其行李上下车、终点站旅客及其行李下车等作业过程;在货运方面,包括货物装车、车辆负载运行、中间站卸货和终点站卸货等作业活动。

3. 辅助运输过程

辅助运输过程是指为保证基本运输过程正常进行所必需的各种辅助性生产活动。辅助运输过程本身不能直接构成旅客、货物的运输位移,它主要包括运输车辆、装卸设备、承载器具及专用设施的维护与修理工作,燃料、润滑油、轮胎等的组织供应与保管工作,运输劳务组织工作,代办保险、小件物品寄存、茶水供应及旅行用品供应等站务工作。

上述 3 项作业环节,是构成公路运输生产过程所必需的主要作业环节。其中又以基本运输过程作为基本运输工作环节,其余 2 项运输过程需围绕基本运输过程的各类需要,科学、及时地进行组织,以使基本运输过程与客流过程、物流过程的各个功能环节有机协调起来,以保证公路运输生产过程的正常进行,使得运输生产过程的服务质量得以提高。

三、公路运输生产要素

运输生产要素是指运输生产所必须具备的基本因素,主要包括运载工具、运输通路和场站设施、运输对象(旅客与货物)、动力、通信等。

其中,运输工具也称为活动设备,是运输对象(旅客和货物)的承载体和形成动态交通流的基本单元。运输线路是运载工具的载体,为提高运载工具的通达性,运输线路一般呈网状布局线路之间的交叉点形成交通节点。而在大城市和区域经济中心,各种运输方式的接合部,多形成交通枢纽。以运输线路和交通枢纽为主体,构成运输的固定设备。

四、公路运输组织与管理过程

由于旅客、货物运输在性质上的区别,两者对运输过程的运输服务水平的质量需求有所不同。这一点表现在:旅客运输的运输对象是人,在运输过程中接受各种运输服务有一定的自主性,因此,运输组织过程需要旅客的参与和配合;而货物运输过程中,货物的仓储、装卸和中转、货物运输载体的各种作业和运动,则需要运输企业对货物运输及其技术作业过程进行一系列严密、科学、有效组织管理。因此,需要根据不同服务对象的生产功能对各生产组织系统进行分类说明。

1.公路客运运输组织

旅客运输服务对象的运输流程可以简单描述为:旅客获得乘坐交通工具的凭证;旅客从始发地港、站登乘交通工具,开始运输;旅客在途中运输,包括中转和换乘;旅客到达目的地,离开交通工具,终止运输。

客运站(港、机场)既是旅客运输的起点,又是旅客运输的终点。旅客运输的组织与管理主要是在客运站(港、机场)内完成的。因此,客运站(港、机场)的工作组织是旅客运输的核心。为组织旅客运输过程,运输企业需进行以下工作:

(1)旅客运输市场调查和旅客运输需求预测分析,了解不同旅客群体(客流)的数量、流向、流程、流时旅行服务需求及其变化,分析各种运输方式的市场占有率。

(2)根据市场需求开发有竞争力的、满足不同层次需求的多样化旅客运输产品和运输服务,如各运输路线和方向的、不同行程的铁路列车、飞行航班、公路班车等。

(3)制订运输计划,合理运用运输技术设备、能源和人力资源。

(4)提供方便的客票预订和发售服务,良好的候车(船、机)环境和旅客乘降服务,安全、快速、舒适的运载工具,旅行途中优质规范的餐饮、卫生和文娱服务,信息服务,各种延伸服务,以及满足旅客投诉和理赔的需求。

(5)运输过程的监控和调度指挥,保证旅客和行李包裹安全、迅速和方便的输送。

(6)运营活动的安全、技术和经济考核、统计分析和管理。

随着社会进步和人民生活水平的不断提高,旅客运输企业应更多开发满足各种休闲、观光旅游需求的运输产品和服务,更多关注老龄、儿童、残疾等社会弱势群体的运输服务需求。

2.公路货物运输组织

公路货物运输是现代运输主要方式之一,同时也是构成陆上货物运输的基本运输方式之一,在整个运输领域中占有重要的地位,并发挥着越来越重要的作用。公路货物运输类型见表2-3-2,公路货物运输系统构成如图2-3-6所示。

公路货物运输类型 表2-3-2

序号	划分标准	划分结果
1	按托运批量大小	整车运输、零担运输、集装箱运输和包车运输
2	按运送距离	长途运输与短途运输
3	按货物的性质及对运输条件的要求	普通货物运输与特种货物运输

续上表

序号	划 分 标 准	划 分 结 果
4	按托运的货物是否保险或保价	不保险(不保价)运输、保险运输和保价运输
5	按货物运送速度	一般货物运输、快件货物运输和特快专运
6	按运输的组织特征	集装化运输与联合运输

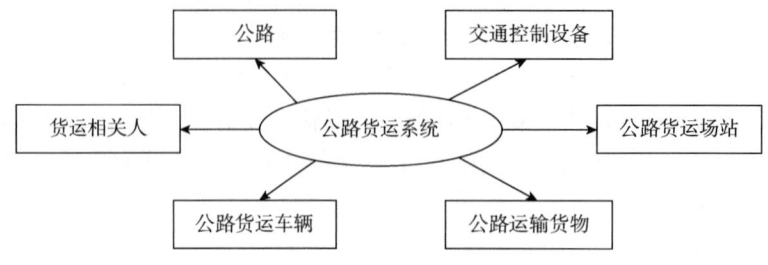

图 2-3-6 公路货物运输系统构成

从广义上说,公路货物运输是指利用一定的载运工具(汽车、拖拉机、畜力车、人力车等)沿公路实现货物空间位移的过程;从狭义上说,公路运输即指汽车运输。物流运输中的公路运输专指汽车货物运输。

公路货运主要组织形式有多(或双)班运输、定点运输、定时运输、甩挂运输、直达联合运输、集装箱运输、零担货物运输等。

五、公路路政管理

路政管理,是指县级以上人民政府交通主管部门或者其设置的公路管理机构,为维护公路管理者、经营者、使用者的合法权益,对公路、公路用地及公路附属设施(以下统称"路产")实施保护的行政管理。业务主要包括公路建筑控制区管理、超重超限运输车辆管理、公路收费与税收管理及其他涉及路产和路权的事务管理等,本节主要介绍前两项内容。

(一)公路建筑控制区管理

1.公路建筑控制区

公路建筑控制区即是指根据法律规定在公路两侧一定的范围内禁止修建建筑物和构筑物,原有的建筑物和构筑物不得扩建,需埋设管线、电缆及修建临时性工程设施的,应经交通主管部门批准的划定区域被称作公路建筑控制区。

公路建筑控制区和公路用地不同,公路用地是指公路两侧边沟(或者截水沟)以外不少于1m范围以内的公路实际占用的土地,是公路路产的一部分,属于国家建设用地,在公路建设之初已先行征为国有。而公路建筑控制区则是公路两侧对建筑物和构筑物建设进行控制管理的区域,虽然对地上实物实施控制,但对土地所属性质未加限制。

2.公路建筑控制区的范围

公路建筑控制区的范围是指公路两侧边沟外缘以外禁止修建固定筑物和地面构筑物区域的水平宽度。它不仅对一般建筑物和地面构筑物规定范围,也要对规划和新建的村镇、开发区规定范围,如图 2-3-7 所示。

按《中华人民共和国公路法》和《中华人民共和国公路安全保护条例》规定,公路建筑控制区范围从公路用地外缘起向外的距离标准为：

(1) 国道不少于 20m；

(2) 省道不少于 15m；

(3) 县道不少于 10m；

(4) 乡道不少于 5m。

a)

b)

图 2-3-7　公路建筑控制区

高速公路的公路建筑控制区范围从公路用地外缘起向外距离标准不少于 30m。

新建、改建公路的建筑控制区的范围,应自公路初步设计批准之日起 30 日内,由公路沿线县级以上地方人民政府依照《中华人民共和国公路安全保护条例》划定并公告。

（二）超限超重运输车辆管理

1. 超限运输与超重运输

（1）超重运输：超重货物运输是指实际装载的货物质量超过核定载重质量的运输车辆在公路的情况。

超重管理的主要目的是从汽车性能和行车安全角度出发,保证车辆的各项动力性能和承载性能,防止由于车辆原因造成交通事故,保护人民生命财产安全。

（2）超限运输：超限货物运输是指装载货物的高度和宽度,超过相关法规规定限制的运输车辆在公路运营的情况。图 2-3-8 所示为超载超限检测站。

a)

b)

图 2-3-8　超载超限检测站

2. 超限超重对公路运输的影响

近年来,我国道路运输车辆超重现象较为普遍,有些严重的地区,大多数货运车辆都存在不同程度的超重运输行为,有的超重比例非常高。车辆超限超重运输对交通安全、运输市场及汽车生产秩序造成了极大危害,而对道路的危害主要涉及车道宽度、桥涵高度和强度、路面磨损等具体问题,如图 2-3-9 所示。

a) 超高车撞坏涵洞

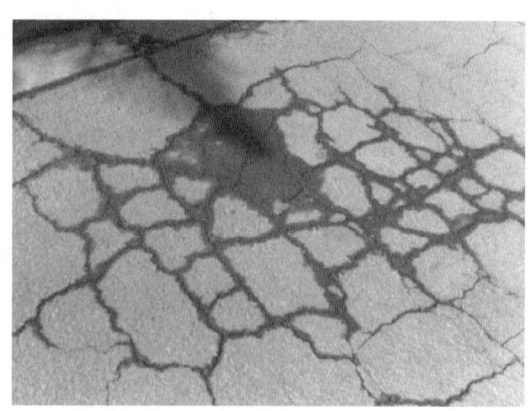
b) 超重车压坏路面

图 2-3-9 车辆超限超重运输危害

六、道路运政管理

根据《中华人民共和国道路运输条例》规定,道路运政管理的范围包括:道路客运管理、道路货运管理、道路运输相关业务管理 3 个方面。其中,道路运输相关业务包括站(场)经营、机动车维修经营、机动车驾驶员培训等。本节主要介绍前两项内容。

(一)道路客运管理

道路客运经营,是指用客车运送旅客、为社会公众提供服务、具有商业性质的道路客运活动,包括班车(加班车)客运、包车客运、旅游客运。它包括营业性和非营业性两种。

道路客运管理是指国家各级交通主管部门对道路客运经营的行政管理,主要任务包括道路客运市场需求管理和市场秩序管理两个方面。道路运输管理机构按其具体职能和任务不同,划分为决策层、中间层、执行层 3 个层次。以下从经营许可管理、客运车辆管理、客运经营管理、客运站经营管理、监督检查管理 5 个方面进行介绍。

1. 经营许可管理

(1)申请从事道路客运经营的,应当具备下列条件:

①有与其经营业务相适应并经检测合格的客车。

②有符合从事客运经营的驾驶人员。

③有健全的安全生产管理制度,包括安全生产操作规程、安全生产责任制、安全生产监督检查、驾驶人员和车辆安全生产管理的制度。

④申请从事道路客运班线经营,还应当有明确的线路和站点方案。

(2)申请从事客运站经营的,应当具备下列条件:

①客运站经有关部门组织的工程竣工验收合格,并且经道路运输管理机构组织的站级验收合格。

②有与业务量相适应的专业人员和管理人员。

③有相应的设备、设施,具体要求按照行业标准《汽车客运站级别划分和建设要求》(JT/T 200—2020)的规定执行。

④有健全的业务操作规程和安全管理制度,包括服务规范、安全生产操作规程、车辆发车前例检、安全生产责任制、危险品查堵、安全生产监督检查的制度。

(3)申请从事道路客运经营的,应当按照下列规定提出申请:

①从事县级行政区域内客运经营的,向县级道路运输管理机构提出申请。

②从事省、自治区、直辖市行政区域内跨2个县级以上行政区域客运经营的,向其共同的上一级道路运输管理机构提出申请。

③从事跨省、自治区、直辖市行政区域客运经营的,向所在地的省、自治区、直辖市道路运输管理机构提出申请。

(4)申请从事客运站经营的,应当向所在地县级道路运输管理机构提出申请。

2.客运车辆管理

(1)客运经营者应当依据国家有关技术规范对客运车辆进行定期维护,确保客运车辆技术状况良好。客运车辆的维护作业项目和程序应当按照国家标准《汽车维护、检测、诊断技术规范》(GB/T 18344—2016)等有关技术标准的规定执行。

(2)客运经营者应当定期进行客运车辆检测,车辆检测结合车辆定期审验的频率一并进行。

(3)机动车综合性能检测机构应当使用符合国家和行业标准的设施、设备,严格按照国家和行业有关营运车辆技术检测标准对客运车辆进行检测,如实出具车辆检测报告,并建立车辆检测档案。

(4)县级以上道路运输管理机构应当定期对客运车辆进行审验,每年审验一次。

3.客运经营管理

(1)客运经营者应当按照道路运输管理机构决定的许可事项从事客运经营活动,不得转让、出租道路运输经营许可证件。

(2)道路客运班线属于国家所有的公共资源。班线客运经营者取得经营许可后,应当向公众提供连续运输服务,不得擅自暂停、终止或者转让班线运输。

(3)客运班车应当按照许可的线路、班次、站点运行,在规定的途经站点进站上下旅客,无正当理由不得改变行驶线路,不得站外上客或者沿途揽客。

(4)客运经营者不得强迫旅客乘车,不得中途将旅客交给他人运输或者甩客,不得敲诈旅客,不得擅自更换客运车辆,不得阻碍其他经营者的正常经营活动。

(5)严禁客运车辆超载运行。

4.客运站经营管理

(1)客运站经营者应当按照道路运输管理机构决定的许可事项从事客运站经营活动,不得转让、出租客运站经营许可证件,不得改变客运站用途和服务功能。客运站经营者应当维护好各种设施、设备,保持其正常使用。

（2）客运站经营者和进站发车的客运经营者应当依法自愿签订服务合同,双方按合同的规定履行各自的权利和义务。

（3）客运站经营者应当依法加强安全管理,完善安全生产条件,健全和落实安全生产责任制。客运站经营者应当对出站客车进行安全检查,采取措施防止危险品进站上车,按照车辆核定载客限额售票,严禁超载车辆或者未经安全检查的车辆出站,保证安全生产。

（4）客运站经营者应当禁止无证经营的车辆进站从事经营活动,无正当理由不得拒绝合法客运车辆进站经营。

（5）客运站经营者应当公布进站客车的班车类别、客车类型等级、运输线路、起讫停靠站点、班次、发车时间、票价等信息,调度车辆进站发车,疏导旅客,维持秩序。

5.监督检查管理

（1）道路运输管理机构应当严格按照法定职责权限和程序,对道路客运和客运站经营活动的监督检查。

（2）道路运输管理机构及其工作人员重点在客运站、旅客集散地对道路客运、客运站经营活动实施监督检查。如管理需要,可以在公路路口实施监督检查,但不得随意拦截正常行驶的道路运输车辆,不得双向拦截车辆进行检查。

（3）道路运输管理机构的工作人员实施监督检查时,应当有 2 名以上人员参加,并向当事人出示交通运输部统一制式的交通行政执法证件。

（4）道路运输管理机构的工作人员可以向被检查单位和个人了解情况,查阅和复制有关材料。但应当保守被调查单位和个人的商业秘密。

（5）道路运输管理机构的工作人员在实施道路运输监督检查过程中,发现客运车辆有超载行为的,应当立即予以制止,并采取相应措施安排旅客改乘。

（二）道路货运管理

道路货运管理,是指国家交通主管部门对道路货运经营活动的行政管理,其核心内容是对道路货运市场进行管理,包括对货运市场的需求和监督管理。其中,交通运输部主管全国对道路货物运输和货运站的管理工作;县级以上地方人民政府交通运输主管部门负责组织领导本行政区域的道路货物运输和货运站管理工作。县级以上道路运输管理机构具体实施本行政区域的道路货物运输和货运站管理工作。以下从道路货运类别,道路禁运、限运与凭证运输,道路货运管理等 3 个方面进行介绍。

1.道路货运类别

按行政管理类别,道路货运可分为普通货物运输、货物专用运输、大型物件运输、危险货物运输。

（1）普通货物运输:是指在运输过程中没有特殊要求无须采用特殊措施和方法的货物运输,而需要采用特殊措施和方法的货物运输,称为特种货物运输。

（2）货物专用运输:是指使用集装箱、冷藏保鲜设备、罐式容器等专用车辆进行的货物运输、出租汽车货运、搬家货物运输等。

（3）大型物件运输:交通部在 1995 年颁发的《道路大型物件运输管理办法》中规定,大型物件,按其外形尺寸和重量(含包装和支承架)分成四级。

大型物件及专用货物运输车如图 2-3-10 所示。

(4)危险货物运输:是指使用专用车辆,对按国家有关规定属于易燃、易爆、有毒、有腐蚀性、有放射性等危险货物通过道路运输进行的经营或非经营性活动。

图 2-3-10　大型物件及货物专用运输车

2.道路禁运、限运与凭证运输

(1)道路禁运:是指货物是国家法令禁止流通或寄运的物品,如国家珍贵文物、武器、弹药、毒品等,没有国家监管部门的委托和批准任何道路运输单位和个人不能运输。

(2)道路限运:是指货物只能在限定的数量和区域内运输的物品,一般有长期限运货物和临时限运货物两种类型。

(3)道路凭证运输:是指货物是根据国家有关法规规定,须经指定的主管机关批准并出具证明方可运输的货物,如剧毒品、爆炸品的运输、烟草的运输、麻醉药品运输等。

道路禁运、限运与凭证运输如图 2-3-11 所示。

图 2-3-11　道路禁运、限运与凭证运输

七、运输组织的发展趋势

随着社会经济的快速发展,运输技术的不断进步以及人们对运输要求的不断提高、同时也基于运输企业自身的经济效益和运输行业的可持续发展,从运输生产经营方式、运输管理模式运输组织形式等方面来看,运输组织正面临着深刻的变革。

1. 信息技术得到广泛应用

交通运输业一直与信息业联系密切。计算机技术、通信网络技术、地理信息系统/全球定位系统(GIS/GPS)技术、传感器技术、电子数据交换(Electronic Data Interchange,简称EDI)技术等最新信息技术的应用,进一步提升了运输体系的现代通信、监控管理、组织指挥和数据交换与处理系统的功能。

例如,我国自行研制的全球卫星导航系统,中国北斗卫星导航系统(BeiDou Navigation Satellite System,BDS)是继美国全球定位系统(GPS)、俄罗斯格洛纳斯卫星导航系统(GLO-NASS)之后第三个成熟的卫星导航系统,在我国交通运输管理中发挥着重要作用,如图2-3-12所示。利用北斗卫星导航系统提供的短报文功能,可以将交通系统中主要关键设备进行位置标识,利用这些信息规范智能交通产品及其工程设施的管理和检修工作,便于运输公司掌握车辆的实际情况及分布状态。当车辆遇到事故时能及时向控制中心报告所处位置和故障情况,有效缩短故障定位时间,提高抢修时效。此外,北斗卫星导航系统可以迅速提供及时、准确、可靠的实时交通信息,可全方位对陆路交通运输情况进行很好了解,并提供良好的通行依据。加上通用分组无线服务(GPRS)技术逐步完善,在此基础上搭建的平台可以自由、快速地供应需求信息。

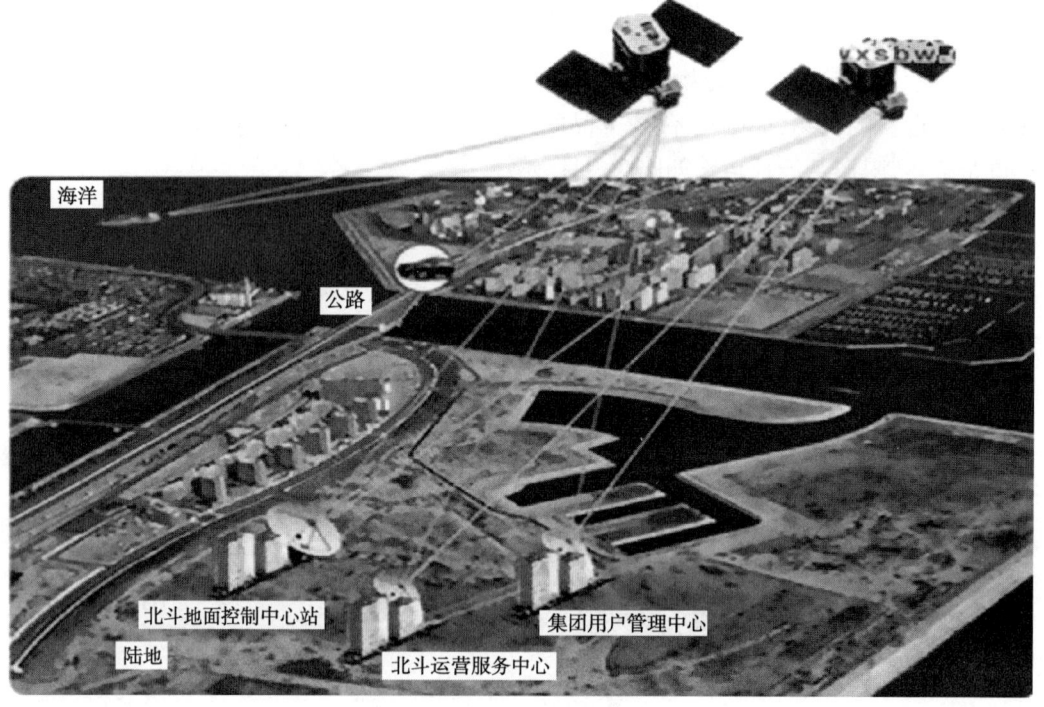

图 2-3-12 中国北斗卫星导航系统

2.采用先进的运输组织形式

先进的运输组织形式主要包括联合运输、甩挂运输、集装箱运输等,如图 2-3-13 所示。采用先进的运输组织形式,对于提高运输效率、降低运输成本、促进节能减排,起着十分重要的作用。

图 2-3-13 联合运输、甩挂运输、集装箱运输

联合运输是综合运输思想在运输组织领域的体现,是综合性的运输组织工作。多式联运是联合运输的一种现代形式,是在集装箱运输的基础上产生发展起来的现代运输方式,按照多式联运合同,以至少两种不同的运输方式,由多式联运经营人将货物进行"门到门"的运输。国际多式联运是指按照多式联运合同,以至少两种不同的运输方式,由多式联运经营人将货物从一国境内的接管地运至另一国境内指定交付地点的货物运输。多式联运的产生打破了传统的不同运输方式、不同运输企业独立经营、独立组织的运输局面,把不同运输方式的运输线路、运输枢纽,各种运输企业及运输服务企业连成了一个不可分割的整体。随着"一带一路"倡议的推进,全球多式联运重心正向我国转移。同时,我国制造业重心也在西移,加快向西、向南开放所衍生出的长距离货物运输需求,正吸引着多方力量进入该领域。

甩挂运输是指汽车列车按照预定的计划,在各装卸作业点甩下并挂上指定的挂车后,继续运行的一种组织方式。汽车甩挂运输适宜于运量规模较大、网络化经营的货物运输企业。随着我国促进甩挂运输相关政策和实施设施设备等各方面条件的具备,甩挂运输将会得到长足的发展。我国开展的一些甩挂运输试点项目实践表明,甩挂运输平均运输成本可降低 30% 以上。

集装箱运输是指以集装箱为载体,将货物集合组装成集装单元,以便在现代流通领域内运用大型装卸机械和大型载运车辆进行装卸、搬运作业和完成运输任务,从而更好地实现货物"门—门"运输的一种新型、高效率和高效益的运输组织方式。近十几年来,在外贸新一轮高速增长、集装箱化率提高和集装箱港口建设加速 3 大因素推动下,我国集装箱市场空前繁荣。香港、上海、深圳、青岛等港口集装箱运输量逐年增加,我国的集装箱运输已经进入世界四强之列。

3.快速运输和直达运输越来越受欢迎

快速运输和直达运输是近半个世纪以来运输组织发展的一个重要趋势。快速运输就是通过提高运输工具的运行速度,同时缩短运输过程中各环节的作业时间,从而缩短旅客和货物的在途时间,提升运输的时间效益。

就公路运输而言,随着高速公路网的建立,我国公路快速运输发展迅速,使得人们的出行变得更加方便、快捷和舒适,货物运输变得更加顺畅。公路快速客运 800km 当日到达,400km 当日往返已成为现实;在保证货物从发货人运到收货人的前提下,公路快速货物运输干线距离在 1600km 以内的 48h 能运达,在 3000km 以内的 72h 能完成运输的全过程。公路快速货物运输以其快速、经济、安全便利的运输服务,已成为发达国家道路货物运输的主要方式。

直达运输是指把商品从发运地直接运达接收地,中途不需要换装和在储存场所停滞,而且力求运输距离最短的一种运输方式。直达运输可以减少商品的周转环节,取消商品的迂回、对流等不合理运输,从而提高送达速度,减少商品的损耗,降低运输费用。直达运输水平是一个国家运输组织水平的重要标志。

4. 积极开展绿色运输

运输业的发展促进了经济的发展,但同时也给社会带来了负面影响,如车辆噪声、污染排放。绿色运输是指在运输组织过程中,抑制运输对环境造成危害的同时,实现对运输环境的净化,并使运输资源得到充分利用,以保证运输与社会经济和资源环境之间的和谐发展。

为了减少运输活动对环境的污染和节约运输资源,在运输组织过程中,可通过集约现有资源、优化资源配置,合理选择运输方式、运输工具和运输路线,改善运力结构,改进内燃机技术和使用清洁燃料,使用先进运输组织形式等措施来实现。

第三节 城市道路交通组织与管理

一、城市道路交通网络

为了优化城市用地布局,提高城市的运转效能,提供安全、高效、经济、舒适和低公害的交通条件,城市道路网络的布局必须经过科学、合理的规划。

国内外常见的城市道路网布局结构形式可抽象地归纳为 4 种:方格网式、环形放射式、自由式和混合式。前 3 种形式是城市道路网结构的基本类型,混合式路网可与前 3 种结构形式组合而成。

1. 方格网式路网

方格网式(又称为棋盘式),是最重要的一种类型,适用于地势平坦的地区,其几何图形多为规则的长方形,即每隔一定的距离设置平行的干道,在干道之间再设置次要的道路,将用地划分为大小合适的街区。

我国许多大城市(尤其是历史古城)的老城区路网均为此结构形式,如西安、南京、洛阳、太原、石家庄、开封、福州、苏州等城市。

2. 环形放射式路网

环形放射式路网一般都因旧城中心区逐渐向外发展,由旧城中心区向四周引出的放射形干道而形成。为了便于各分区之间的联系,在城市发展过程中逐渐加上一个或几个环城干道,便形成了环形放射式路网。

环形放射式路网适用于大城市和特大城市,国内外许多城市都采用了环形放射式路网结构,取得了较好的效果,如巴黎、莫斯科、柏林、东京、郑州、成都、沈阳、武汉等城市。

3. 自由式路网

自由式路网：一般是由于城区地形起伏，道路结合地形变化呈不规则形状而形成。在我国完全采用自由式路网的较少，部分山丘城市采用这种路网结构，如重庆、青岛等城市。

4. 混合式路网

混合式也称为综合式，是由上述三种形式组合而成的一种结构形式，是一种扬长避短的较合理的形式。国内许多城市采用方格网式和环形放射式的混合式路网，如北京、上海、南京、合肥、武汉等城市，保留着原有旧城的方格网式路网，随着城市的发展，为减缓市中心的交通压力而设置了环形放射式道路，从而构成混合式路网。

二、城市交通方式和交通工具

1. 城市交通方式

城市交通方式通常是指城市居民的出行方式。现代城市的主要交通方式按是否使用公共交通工具可分为私人交通、公共交通，按所选的交通工具方式又可分为步行、道路交通和轨道交通等。

(1) 私人交通

私人交通一般是指只为个人、自家或本单位（企业、学校、机关和团体）服务的交通行为。私人交通不面向社会提供服务，不以营利为目的，是非营利性的交通方式。

相对营运车，私人交通的特点是出行频率少、运行无规律、车辆使用率低，但是平时占用停车场地多。随着我国汽车工业的发展和人民生活水平的提高，汽车迅速向家庭和单位普及，私家车和单位车不断增加，增长速度惊人，其数量上远远超过营运车。

(2) 公共交通

公共交通是指城市中为方便人们出行、供大众乘用、经济方便的公共交通设施资源的总称。城市公共交通系统是由多种模式组成的，目前，常规公共汽（电）车、出租车、大运量公交、城市轻轨、城市轨道等都是城市公共交通方式。

相对于私人交通，公共交通出行频率高、运行有规律、车辆使用率高、行驶时载客量多、人均占用道路面积少、平时占用停车面积少。

当今世界各大城市尤其是特大城市都确立了优先发展公共交通的政策，大部分特大城市都建立了以轨道交通为骨干、常规公交为主力、出租车为补充的综合公共交通系统，并日趋完善。

2. 城市交通工具

城市交通工具是指城市中人们出行所乘用的用以代步的交通器具，主要是指客运交通工具。城市交通工具按动力形式可分为机动车和非机动车，按经营方式可分为私人交通工具和公共交通工具。

目前，现代城市主要的客运交通工具有自行车、摩托车、乘用小汽车、公共汽车、无轨电车、有轨电车、地铁列车、轻轨列车、出租车（图2-3-14）、磁悬浮列车、快速有轨电车等。

a)混合动力公共汽车

b)双层汽车

c)有轨电车

d)轻轨列车

e)地铁列车

f)出租车

图 2-3-14　几种主要的城市公共交通工具

(1) 自行车：为非机动车，在城市道路上行驶时应走非机动车道。

(2) 摩托车：为机动车，分为轻便摩托车、普通二轮摩托车和三轮摩托车。驾驶摩托车应取得相应的机动车驾驶证。在城市道路上行驶时应走机动车道。

(3)乘用小汽车:包括轿车、小客车(俗称面包车)、乘用越野车和专用车。乘用小汽车长度不超过 6m,包括驾驶员在内,座位数不超过 9 个。

(4)公共汽车:是指在城市道路上循环固定路线、由车载动力源驱动,用以载乘旅客出行的营运客车。按驱动力和结构形式,公共汽车可分为以下四类。

①内燃机动力公共汽车:是指完全以汽油或柴油为驱动力的公共汽车,是我国城市常规公交的主力,占公共汽车总拥有量的 90%以上。

②混合动力公共汽车:是一种采用传统动力,同时配以电动机、发电机和大容量电池作为动力系统的营运客车。在混合动力系统中,内燃机仍是汽车主动力,其主要作用是直接驱动汽车或带动发电机发电;电动机的主要作用是直接或协助内燃机驱动汽车;发电机的作用是发电供给电动机电源或储进蓄电池;蓄电池用于储存电能。

③纯电动公共汽车:是一种以车载电源为动力,用电动机驱动的公共汽车,简称电动公交车。其核心部分是电源,在使用中的主要问题是电能的补充,因为蓄电池容量有限,电动公交车每行驶 100km 左右就要更换电池或充电。

④双层公共汽车:是一种车厢上有上、下两层的公交车。一般而言,一辆长 10m 的单层公交车可运载约 60 名旅客,而长度相近的双层公交车则能运载 130 名乘客。但因其车身过高,乘客上下车不方便,影响城市中立交桥下的通过高度设计,所以不宜大量使用。

(5)无轨电车:是指采用外接电源和橡胶轮胎,在道路上不依赖固定轨道行驶的电动公交车。由于需要外接电力驱动,所以开通无轨电车线路需增设电线,突出的优点是使用的电能来自发电厂,不依赖石油能源且环保,有"绿色公交"之称。

(6)有轨电车:是指采用外接电源和金属车轮,在固定无砟轨道上行驶的电动公交车。其优点与无轨电车相同,但因其需要循着道路上铺设的固定轨道行驶,且要经常维护,对其他交通方式有影响。随着小汽车、轻轨列车、地铁列车的普及,很多国家这种交通工具已完全消失,但在瑞士、德国、奥地利、比利时等国仍然保留了这种公共交通工具并被现代化。

(7)地铁列车:是指以轨道和电网为基础设施,以编组地铁列车为载运工具的大运量轨道客运系统。此部分的相关知识在第一篇第二章中做了详细介绍,在此不再重复。

(8)轻轨列车:是指以轨道和电网为基础设施,以编组地铁列车为载运工具的中运量轨道客运系统,客运能力和造价在地铁和无轨电车之间,在一些大城市中使用。

(9)出租汽车:是指在城市道路上无固定线路和班次,经营者按乘客要求的目的地或路线运行,按行驶里程或包用时间计费的一种公共客运小汽车。出租车载客少,但可以随叫随到,或招之即来,能提供机动灵活的服务,是现代城市不可缺少的一种辅助公共交通工具。

三、城市道路交通组织管理

道路交通管理是指依据交通法规,通过各种交通管理设施和管理措施,科学有效地组织、指挥与控制、管理、诱导道路交通的过程。交通管理的目标是充分发挥已有道路交通资源的最大效益,变无序交通为有序交通,减少道路交通事故,使道路交通高效率运行,为道路使用者创造有序、安全、高效、方便、舒适的出行环境。国内外的交通发展实践表明,道路交通资源是有限的,而交通需求是无限的,道路交通系统的供需之间存在矛盾。因此,只有将现代化的交通基础设施建设与科学的交通管理密切结合,才能缓解交通需求的增长压力,实现交通供需关系的动态平衡。

（一）城市道路交通管理的内容

（1）对城市交通秩序依法进行执法。

通过定点值勤、巡视、监控、电子警察等手段，按照《中华人民共和国道路交通安全法》《中华人民共和国交通管理处罚程序规定》等法律法规，处理各种交通违章情况，维护城市交通秩序。

（2）组织并实施城市交通和治理方案。

通过交通调查和分析，合理分配路权、完善标志标线、渠化交叉路口、合理设置信号配时，并提出必要的交通需求管理方案，以达到分散交通流量、减少拥堵、提高通行能力的目的。

（3）城市道路交通管理设施的建设与维护。

为实施道路交通管理而在道路上设置的各种交通设施，称为道路交通管理设施。道路交通管理设施分为两类：一是交通控制与安全设施，如交通信号设备、交通标志、交通标线、隔离墩、护栏、安全岛、反光缆等；二是交通服务设施，如停车泊位、人行过街天桥和地下通道、路灯等。

（4）会同市政管理部门对占道进行许可审核。

（5）登记核发机动车牌照和对机动车的安全性进行检查、鉴定。

包括机动车登记、检验与核发牌证，以及补发、换发牌证与异动登记；机动车档案管理；机动车安全技术检测；对制造、保养、修理单位的安全技术监督。

（6）对机动车驾驶员的管理。

包括驾驶员考试与培训监督；核发、补发和换发驾驶证、增驾、复试与异动登记；驾驶员审验与安全考核；驾驶员档案管理。

（7）交通事故处理。

包括查明受伤人伤情和车辆损失情况；调查核实清楚事故全过程，掌握充分证据；依据道路交通法规，分清有关人员责任，做出处理。

（8）交通法规宣传教育。

通过和依靠行政、社会、部门的力量，以各种形式和方法，以交通法规及交通常识为主要内容，向驾驶员、学生和儿童以及其他广大交通参与者进行宣传教育。

（9）维护道路治安秩序。

对发生在道路上的治安问题在现场依法进行初步处理，以维护正常的交通秩序和社会治安秩序。

（10）交通警卫。

道路交通警卫工作是运用国家赋予的权力，保卫警卫对象、警卫目标和重大会议、活动的道路畅通与安全；可分为路线警卫和现场警卫。道路交通警卫工作是一项系统的工程。

（二）交通管理措施

交通管理措施包括如下内容：点控制、线控制、面控制、匝道控制等交通控制系统；禁行（在指定时间禁止某类型车进入某一区域，或在某日禁止某种牌号的车辆限行，或在某地点禁止左转、禁止掉头等）、限速、单向通行、变向交通等交通组织管理措施；渠化、封闭路口等交通工程设计内容；路边停车、路外停车管理，优先对策、错峰上班、轮流上班、弹性工作时间等交通需求管理措施及巡视执法；设置各类交通工程设施（拓宽路口，开辟辅路，修过街天桥、过街地道,增加或封堵进出口,设置路障、减速带、颠簸路面等);设置护栏、防护栅(隔离栅)、隔离墩、安全岛等交通安全设施,采取收费、过路(桥)收费、拥挤收费等经济措施;采取诱导交通,紧急电话及广播通信等交通信息与服务设施与措施。

(三)道路交通组织

交通组织是对道路交通流量、流向、流速等进行组织。道路交通组织优化是对交通工程技术的具体应用,其遵循的原则有交通工程技术原则,交通组织思想、方法原则。

1. 交通工程技术原则

①交通分离原则:不同流向、车种的交通流在时间、空间上分离。

②交通连续原则:保证大多数人在交通活动过程中,在时间、空间、交通方式上不发生间断。

③交通负荷均分原则:是指对路网交通流进行调节、疏导,达到路网各节点交通压力趋于一致,不会由于某一点压力过于集中造成交通拥堵。

④交通总量削减原则:当一个路网总体交通负荷接近饱和时,可采取措施限制部分车种行驶来削减路网总流量。

⑤置右原则:按照车速分配车道。

⑥优先原则:对某一种交通流给予优先通行权,有车种优先和流向优先。

2. 交通组织思想、方法原则

①换位思维原则:交通组织的调整,特别是单行、禁左行、禁(限)行措施的调整,在方案实施前,应站在禁(限)行对象的角度寻找是否有时空出路,判断交通压力转移的时空可能性以及由此可能引发的问题。

②以人为本、方便群众原则:交通组织调整应以方便大多数人出行为准则。

③通行能力资源配置原则:遵循"木柄原理",上游交叉口最大通行能力取决于下游交叉口所能提供的最大通行调控能力,即通行能力资源配置的核心是上下游相同流向通行能力匹配问题。

④路权分配原则:设置完善的路权分配方案和路权表现方式。

⑤动静态交通组织相结合原则:在路网静态通行能力资源配置的基础上,根据路网各节点流量负荷,进行流量流向的动态调整。

⑥渐变原则:交通组织调整应按作用力度大小循序渐进,依据交通状况采取相应的调整方式。

3. 不同类型交通组织的原则和重点

①宏观交通组织原则:平衡城市交通供给与需求,特点是通过政策、法规来引导交通发展,以扩大供给和控制需求为手段,平衡供需关系。

②中观交通组织原则:时间上削峰填谷,空间上控密补稀。重点是均分路网交通压力。

③微观交通组织原则:时间上分秒必争,空间上寸土必争。重点是冲突点上的冲突分离。

④静态交通组织原则:消除各类交通瓶颈。重点是做好道路通行能力、停车资源以及交通路权的分配,解决通行能力增容问题。

⑤动态交通组织原则:避免出现路网局部交通压力集中。重点为路网各节点的分配交通流量,为交通负荷减压。

4. 道路交通组织方案优化技术流程

道路交通组织方案优化技术流程如图 2-3-15 所示。

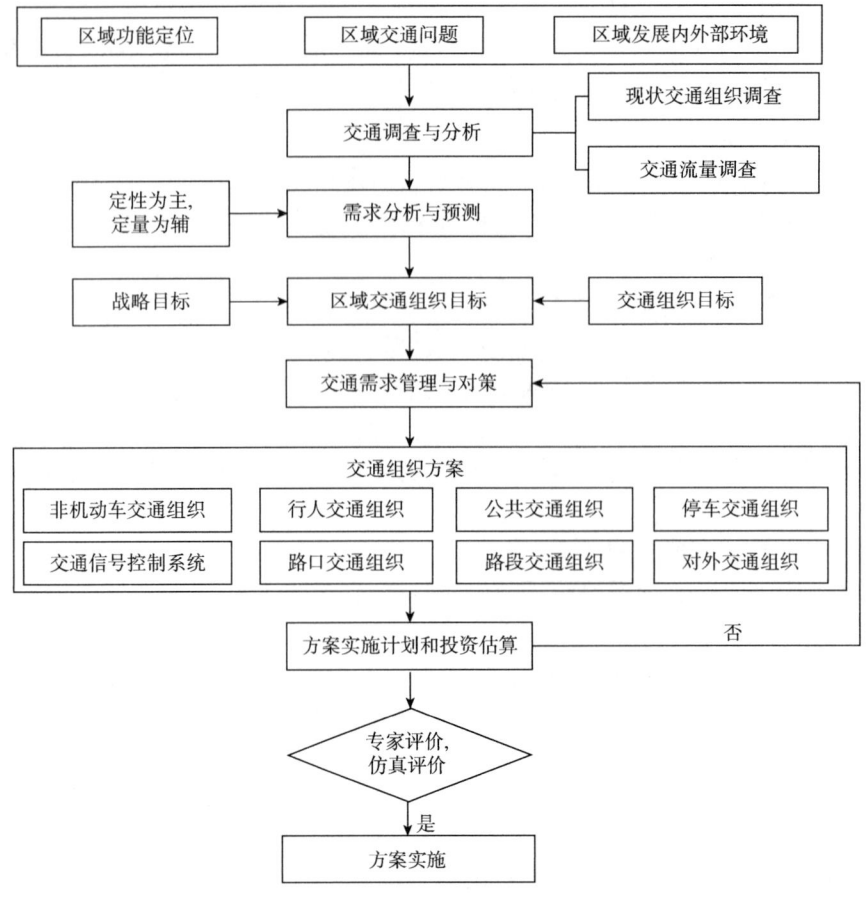

图 2-3-15 道路交通组织方案优化技术流程图

(四)常用交通组织类型简介

1.宏观交通组织

宏观交通组织的原则和出发点是平衡城市交通供需关系,常用的方法是在政策上"对提倡的交通方式给予优先,对不提倡的交通方式给路不给方便"。通过宏观交通组织调整出行方式,将分散、独立的个体出行方式转换成集体、公共交通出行方式,进而大大减少路网上的交通流量,减轻城市交通压力。

2.区域交通组织

区域交通组织的核心和指导思想是交通压力均分。区域可以看作一个放大的节点,可以按照微观交通组织的思路进行区域交通组织。微观交通组织的重点是在时间上要分秒必争,在空间上要寸土必争,其重点在于将不同种类、不同流向交通流的冲突分离。而区域交通组织解决的重点在于将交通压力均分。

在拥堵区域内,一方面要调整交通组织,均衡内部交通压力的时空分布,另一方面通过交通需求控制,来缓解交通供给不足造成的交通压力。在拥堵区域外,重新整合交通流,把不会给拥堵区域带来正面效益或只能造成负面影响的交通流调整到拥堵区域时空范围以外,减轻拥堵区域的交通压力。

3.微观交通组织

微观交通组织分为平面交叉口交通组织、立交桥交通组织、路段交通组织、车速组织、公共交通组织、路侧停车组织、非机动车交通组织和行人交通组织等8个方面。

4.动态交通组织

动态交通组织是交通管理技术不断发展的产物,也是交通智能管理的重要体现。以往的交通组织中,几乎全是停留在单行、禁左行、禁(限)行、渠化等静态交通组织的内容上,在动态交通流的调节方面,目前尚无较为广泛的应用。静态交通组织的重点是路网各节点通行能力的分配及路权的分配,而动态交通组织的重点是路网各节点流量的实时分配。通过协调城市路网静态与动态交通组织,将路网内各节点的交通压力进行均分,从而最大限度地避免交通拥堵的发生。

由于城市各区域的功能不同,导致城市各条道路的服务对象和重要程度不同。因此在进行动态交通组织之前,应对城市功能和路网格局进行细致研究,确定容易产生拥堵的路段,按重要干路、一般干路、支路进行编号分级。在实行动态智能控制时,级别高的道路优先卸载,并向级别低的道路分流。而级别低的道路应向级别高的道路截流,以保证高级别道路的畅通。

(五)单向交通组织

单向交通俗称"单行线",是指道路上的车辆只能按一个方向行驶的交通。单向交通是在城市道路交通系统中缓解交通拥挤、充分利用现有城市道路网容量的一种经济、有效的交通管制措施。但是,作为一种组织方式,单向交通有其自身的适用范围和条件,在应用过程中要针对每个城市不同的交通条件来确定是否可以设置单行系统及如何设置单行系统,如果盲目套用其他城市的经验,会对交通的改善起"副作用"。

单向交通组织是交通组织管理的一个重要组成部分,它以提高交通流的畅通性和道路通行能力为目的,对交通流在道路网络上进行优化组织,以充分利用道路网络的资源。

从心理学角度分析,人力交通侧重于追求省力目标,机动交通则追求省时目标。按照这个特点,进行单向交通组织不失为一种满足机动车省时目标的好方法,进行单行道路组织可以有效减少路口内的冲突点,可以有效进行路口间信号绿波协调,两者都是在用时间上的连续来弥补空间连续上的不足。其结果不是走最短路,而是省时间,这一点正好可以满足驾驶员省时需求。

对于公共交通双行的单行道路,由于公交电汽车在机动车道内行驶,路口内的冲突点实际上和双行道路完全相同。如果公交车是直行通过路口,对单向交通道路路口通行能力的影响还不算大。但是公交车如果在单向交通道路的路口处转弯,特别是左转弯,则由于路口内冲突点不比双行路口少,所以公交双行的单行道路通行能力不会比双行道路高很多。特别是当逆行公交车辆较多时,这类路口通行能力不会比双行道路路口通行能力更高,反而会因单向交通组织方式引起路网大量的无效绕行流量,加剧路口拥堵。

四、智能交通管理系统

智能交通管理系统(Intelligent Transportation Management System,ITMS)是通过先进的交通信息采集技术、数据通信传输技术、电子控制技术和计算机处理技术等,把采集到的各种道路交通信息和各种交通服务信息传递到城市交通控制中心,交通控制中心对交通信息采集系统所获得的实时交通信息进行分析、处理,并利用交通控制管理优化模型进行交通控制策略、交通组织管理措施的优化,交通信息分析、处理和优化后的交通控制方案和交通服务信息等内容通过数据通信传输设备分别传输给各种交通控制设备和交通系统的各类用户,以实现对道路交通的优化控制,为各类用户提供全面的交通信息服务。

通过智能交通管理系统的建设,交通管理者们可以利用多媒体技术、网络技术、卫星定位技术等现代化的管理手段,实时、准确、全面地掌握当前交通状况,预测交通流动向,制定合理的交通诱导方案,实现快速反应,准确、及时地处理交通突发事件,提前消除交通隐患,增强城市交通管理部门对城市交通的管控能力,改变城市交通管理混乱低效的局面,提高城市交通管理的科学化、现代化水平,使城市交通系统的整体性能得到根本改善。

智能交通管理系统包括城市交通管理的多个方面,不同功能的智能交通管理系统的系统结构有所差异,但一般而言,智能交通管理系统通常要包括3个部分:交通管理中心系统、通信系统及外场设备。

1. 交通管理中心系统

一般位于交通指挥中心的交通管理中心系统主要利用大型计算机系统或中小型计算机系统以及各类显示设备等信息分析装置完成以下工作:收集、处理和存储交通信息,生成交通管理、控制策略,以便进行信号控制和提供信息诱导服务等;在交通状况显示设备上显示实时交通信息,为交通管理、指挥调度提供信息支持;在交通指挥中心监视交通管理系统设备的工作状态并提供综合查询功能;进行事故管理、工作区管理、天气管理等交通管理工作及指挥调度工作;向各类用户提供相应交通管理信息;等等。某城市交通指挥中心,如图2-3-16所示。

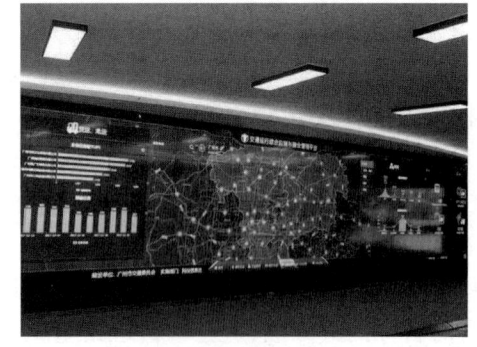

图2-3-16 某城市交通指挥中心

2. 通信系统

在ITMS结构中包括六大通信系统,分别是中央子系统与外场子系统间的通信系统、中央子系统与联外子系统间的通信系统、外场设备子系统与车载子系统间的短距离无线通信系统、车载子系统中的车—车间通信系统、联外子系统与车载子系统间的广域信息通信系统、远程访问子系统和联系子系统间的通信系统。当然,不同的智能交通管理系统所包括和利用的通信系统有所不同。

3. 外场设备

不同功能的智能交通管理系统其外场设备差异较大,例如信号控制系统的外场设备主要包括检测设备、现场控制器、信号灯、通信终端等。

第四节　道路交通安全管理

一、交通安全

(一)定义

交通安全是指在交通活动过程中,能将人身伤亡或财产损失控制在可接受水平的状态。交通安全意味着人或物遭受损失的可能性是可以接受的;若这种可能性超过了可接受的水平,即为不安全。道路交通系统作为动态的开放系统,其安全既受系统内部因素的制约,又受系统外部环境的干扰,并与人、车辆及道路环境等因素密切相关。系统内任何因素的不可靠、不平衡、不稳定,都可能导致冲突与矛盾,产生不安全因素或不安全状态。

(二)构成要素

交通安全是一门"5E"科学。所谓"5E"是指法规(Enforcement)、工程(Engineering)、教育(Education)、环境(Environment)及能源(Energy)。

1. 法规

在我国,"法规"是指维护交通秩序,保障交通安全的交通规则、交通违章罚则及其他有关交通安全的法律等。交通法规是交通安全的核心,对交通安全起保障作用。交通法规必须具备3大条件:一是科学性;二是严肃性;三是适应性。

2. 工程

"工程"是指交通工程,它包括3个方面的内容:一是研究和处理车辆在街道和公路上的运动,研究其运动规律;二是研究和处理为使车辆达到目的的方法、手段和设施,包括道路设计、交通管理和信号控制等;三是研究和处理为使车辆安全运行而需要维持车辆与固定物之间的缓冲空间。

3. 教育

"教育"是指安全教育,包括学校教育与社会教育两种。学校教育是对在校学生进行交通法规、交通安全和交通知识的教育;社会教育是通过报刊、广播、电视、互联网及广告等方式,广泛宣传交通安全的意义和交通法规,同时对驾驶员定期进行专业技术知识、守法思想、职业道德及交通安全等方面的教育。

4. 环境

"环境"是指环境保护。在发达国家,80%以上的噪声污染及废气污染是由汽车运行造成的,因此,保障道路交通安全是道路交通环境保护的重要措施。

5. 能源

"能源"是指所消耗的燃料。汽油、柴油的大量使用,造成不可再生资源的大量消耗,给人类发展带来影响。交通事故与能源消耗的关系一直是发达国家研究的热点。

二、交通事故

事故与安全是对立的,但并非是不安全的全部内容,而只是在安全与不安全这对矛盾过程中某些瞬间突变结果的外在表现。

交通事故会造成人员伤亡或财产损失,对交通事故进行明确的定义是进行交通事故调查、处理的基础。一般对交通事故的定义包括:对发生地点的界定,如是否发生在公共道路上;对损失的界定,如造成人员伤亡或财产损失;对参与者的界定,一般都要有车辆参与。

我国"交通事故"定义的构成要素主要包括4个方面,即车辆要素、道路要素、运动要素和后果要素。

(1) 车辆要素:是指在交通事故中仅限于车辆造成的人身伤亡或财产损失的事件。界定某事件是否属于交通事故的基本标准是必须有车辆参与其中,这是构成交通事故的前提条件;否则,不认为是交通事故。

(2) 道路要素:是指车辆必须行驶在道路上,此处的"道路"是指公路、城市道路和在单位管辖范围但允许社会机动车通行的地方,包括广场、公共停车场等用于公众通行的场所。判断是否在道路上,应以事故发生时人、车所在的位置为准,而不是以最后停靠的位置为准。在非道路上发生的事故不适用道路事故的有关规定,因此,正确理解道路的含义在交通事故的处理中尤为重要。

(3) 运动要素:是指在事件发生时各当事方至少有一方车辆处于运动状态且发生碰撞才属于交通事故,车辆都处于停放状态发生的事故不属于交通事故。

(4) 后果要素:是指交通事故必须有造成人身伤亡或者财产损失的损害后果,这种后果并不包括间接的损害后果,如果没有此类损失后果,就不能形成交通事故。

三、我国道路安全与交通事故概况

我国道路交通事故的发展可分为三个阶段。第一阶段,国民经济水平总体较低,交通运输业发展缓慢,机动车保有量不高,道路交通事故数量虽逐年增加,但总量保持在较低水平。第二阶段,随着改革开放的不断深入、国民经济实力不断增强,汽车工业和交通运输业迅速发展,机动车保有量急剧增加,而相应的道路设施和管理体制并不完善,导致道路交通事故数量不断上升。第三阶段,虽然机动车保有量仍然不断增加,但是随着道路设施的完备、监管措施的实行以及交通参与者安全意识的普及,道路交通事故数量显著减少并逐渐趋于稳定。根据公安部公布的数据,20世纪五六十年代每年全国道路交通事故死亡人数不过几千人,70年代发展到2万人左右,从80年代中期至21世纪初,我国的道路交通事故数量及死亡人数急剧上升,在2002年达到峰值,并在之后呈现出较明显的下降趋势。我国2000—2018年道路交通事故如图2-3-17所示。

与道路交通安全状况相对较好的国家相比,我国的道路交通事故指标仍然偏高。以万车死亡率为例,2015年公安部交通管理局公布的数据为2.08。尽管在我国车辆保有量持续提高的情况下,我国的万车死亡率近年来快速下降,但与交通安全状况较好的国家相比有较大差距,说明我国的道路交通安全水平还有很大的提升空间。

四、交通安全与交通事故的关系

道路交通系统是一个由人、车、路及其环境等要素构成的动态系统。在正常的运行状况下,系统各要素在时间和空间上会保持均衡有序、相互协调的运行状态,这种状态视为道路交通的安全运行状态。然而,作为一个动态系统,绝对的均衡和协调是难以维持的,一旦安全运行状态遭到破坏,就可能发生交通事故。但是,对道路交通安全影响因素进行分析,发现存在的交通安全隐患,并制定相应的对策,能够减少交通事故的数量和减轻交通事故的严重程度,从而提高道路交通的安全水平。

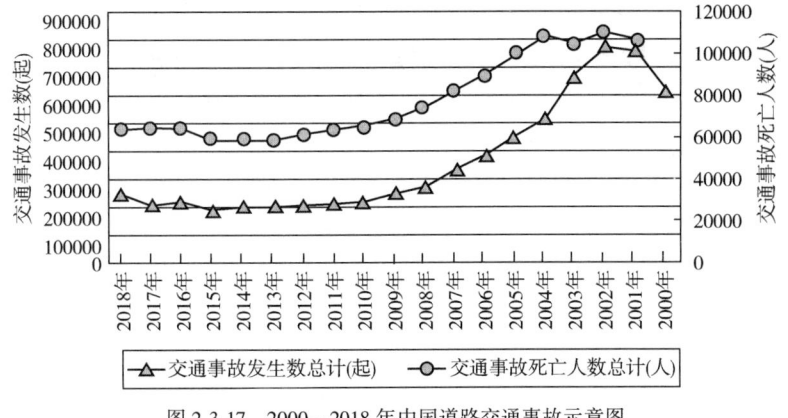

图 2-3-17　2000—2018 年中国道路交通事故示意图

交通安全既然是一种状态,就有不同的量化方式,其中一种方法是用事故来量化安全。但有并不是发生事故多的地方就危险,有可能是因为这个地方车多,所以,用事故量化交通安全有各种各样的方式及参数;也并不是说有些地方没有发生事故就安全,只能说这一时期没有发生事故,但只要导致事故的隐患还存在,未来某个时期就有发生事故的可能性。

五、道路交通安全改善流程

交通安全水平的提升是一个持续不断的过程。交通安全的管理流程,一般可分为 6 个相对独立的过程,如图 2-3-18 所示。

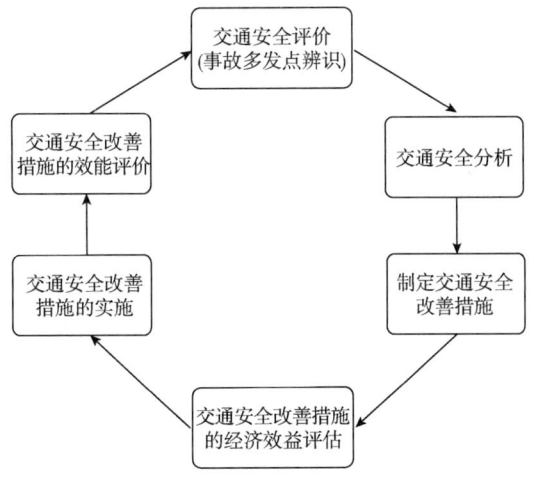

图 2-3-18　交通安全的管理流程

（1）交通安全评价（事故多发点辨识）。对整个路网进行事故多发点筛选，在交通网络内按降低事故率的可能性大小对路段（或交叉口、区域）进行排序，从而确定交通安全改善的实施对象。

（2）交通安全分析。通过对事故现场数据和现场状况、对事故多发点或交通安全改善实施对象进行深入分析，揭示事故致因，为制定交通安全改善措施奠定基础。

（3）制定交通安全改善措施。以交通安全分析结果为依据，针对交通安全改善实施对象的主要事故致因，提出一项或多项交通安全改善措施。

（4）交通安全改善措施的经济效益评估。评估交通安全改善措施的优势和成本，并确定经济合理的改善项目。

（5）交通安全改善措施的实施。在评估交通安全改善措施的经济效益基础上，考虑成本、环境影响等因素，对多个改善措施进行排序，选择较优的措施安排实施。

（6）交通安全改善措施的效能评价。对交通安全改善措施在改善交通安全水平、降低事故率或事故严重程度方面的效果进行效能评价。

道路交通安全管理流程中的各个过程在交通系统的规划、设计运营、维护等阶段都可以独立进行，也可以集成到一个不断循环改进的流程中，用于交通安全状况的不断改进。

六、道路交通安全教育

道路交通安全教育是社会主义精神文明建设的重要内容，对于提高我国公民文明素质和社会文明程度、营造文明和谐的道路交通环境具有重要的现实意义。为了适应我国城市化发展和机动化水平的快速提高，我国采取多项重大举措来提升公民交通素养和交通安全文化的水平。2003年，卫生部、公安部、交通部、教育部和国家安全生产监督管理总局联合下发通知，要求各地相关部门组织宣传《道路交通安全法》、交通安全常识、道路交通事故危害、交通事故人员创伤的急救处理等知识，对中小学生开展交通安全知识教育，增强群众交通安全意识，推动全社会都来关心道路交通安全。为了推进交通安全宣传教育实施，公安部在全国部署开展了交通安全宣传教育的"五进"活动，即进农村、进社区、进企业、进学校和进家庭；2006年，中宣部、公安部、教育部、司法部和国家安全生产监督管理总局联合部署实施为期三年的"保护生命，平安出行"的交通安全宣传工程；2010年由中央文明办、公安部和交通运输部联合发起了全国范围的2010年到2012年为期三年的《文明交通行动计划》，进一步提升公民文明素质和社会文明程度，使公民交通出行的法制意识、安全意识、文明意识明显增强，交通事故明显下降，交通执法更加规范，交通管理更加科学，交通秩序明显改善，文明交通长效机制进一步完善。2012年，国务院批准将每年的12月2日定为"全国交通安全日"，标志着从国家层面对道路交通安全的进一步重视。2017年8月17日，公安部、中央文明办、住房和城乡建设部和交通运输部发布了《城市道路交通文明畅通提升行动计划（2017—2020年）》，广泛开展文明交通宣传和推进文明交通征信体系建设。

第四章 我国道路运输文化与成就

第一节 我国道路运输文化

一、交通文化的含义

(一)理解交通文化的概念

交通文化是隶属于社会主义的一种亚文化,交通文化建设的理论渊源是文化人类学。对于交通文化的概念,可以根据社会主义文化概念的核心内容和基本要素做出界定:交通文化是交通行业在长期的交通建设、运输和管理实践中逐步形成并不断发展的、广大交通员工所普遍认同并付诸实践的、具有鲜明行业特点和时代特征的价值理念,是交通行业各种精神文化、制度文化和物质文化的总和,是交通发展的重要成果,是交通文明的重要结晶。其中,精神文化是交通行业的核心文化,是交通行业纲领性的核心思想,是指导交通发展的核心价值;制度文化是交通行业的浅层文化,是交通行业制定并执行办事规程、道德规范和行为准则所秉承的价值理念;物质文化是交通行业的表层文化,是交通行业生产物质实体、展现外在形象所秉承的价值理念。

(二)交通行业的价值体系

经过长期的探索与实践,交通行业逐步形成了具有鲜明行业特色和时代特征的交通精神文化、制度文化和物质文化,形成了经实践证明对于引导交通事业快速发展、科学发展、和谐发展具有重要指导作用的价值体系。

(1)行业使命:发展现代交通,做好"三个服务"。

交通是支撑经济良性发展、促进社会全面进步的基础性产业和服务性行业,是促进经济增长、优化产业布局、改善人民生活、保障国家安全、维护社会稳定的基础条件和重要依托。在目前及今后相当长时期内,交通行业围绕履行这一使命,必须把握世界交通发展的总体趋势和我国交通发展的阶段特征,着力调整交通结构、转变发展方式、推进自主创新、完善行业管理,加快推进交通由传统产业向现代服务业转型,努力提高做好"三个服务"(服务国民经济和社会发展全局,服务乡村振兴战略,服务人民群众安全便捷出行)的能力和水平。

(2)共同愿景:建设一个更安全、更通畅、更便捷、更经济、更可靠、更和谐的现代公路水路交通运输系统,实现人便于行、货畅其流,让人们享受高品质的运输服务,让经济社会发展更加充满活力,让交通与自然、交通与社会更加和谐。

为实现这一愿景,一代代交通人前赴后继,做出了艰苦卓绝的不懈努力,取得了举世瞩目的巨大成就,交通事业各个方面不断实现了历史性突破和跨越式发展。

(3)交通精神:艰苦奋斗、勇于创新、不畏风险、默默奉献。

交通精神是民族精神和时代精神在交通实践中的生动体现,是对交通行业先进典型精神的高度概括,是交通行业广大从业人员共同创造的精神财富,是交通行业履行自身使命、实现共同愿景的强大动力,代表了交通行业广大从业人员的思想意志和精神风貌。交通精神的核心要素是"艰苦奋斗、用于创新、不畏风险、默默奉献"。

艰苦奋斗是交通行业的优良传统。立足我国社会主义初级阶段的基本国情,交通行业各条战线广大员工,本着高度的使命感和责任感,始终保持拼搏进取、努力奋斗的优良传统,创造了无数可圈可点的光辉业绩。

勇于创新是交通行业的时代追求。锐意进取、用于创新,是交通行业在长期的改革与发展实践中不断适应新的形势变化和发展要求,有效解决突出矛盾和问题,不断取得重大进展与突破的成功经验。

不畏风险是交通行业的突出意志。交通建设逢山开路、遇水架桥,车辆行驶于陡峭险峻的群山之间,船舶航行于风急浪高的水面之上,无不存在一定风险,是交通行业坚强意志力和大无畏精神的突出体现。

默默奉献是交通行业的真情付出。我国公路水路交通建设、运输和管理很多是在气候恶劣、地形复杂、人烟稀少的特殊条件下展开的,广大交通建设、运输和管理人员,无数的铺路工、养路工和航标工,在平凡的岗位上、在艰苦的条件下,恪尽职守、真诚奉献,用宝贵的青春和人生,铺就了无数大道,送去了万家温暖,留下了无数可歌可泣的感人事迹。

(4)职业道德:爱岗敬业、诚实守信、服务群众、奉献社会。

交通行业开展职业道德建设,坚持用社会主义核心价值观引领风尚,按照《公民道德建设实施纲要》的要求,大力倡导并努力践行以"爱岗敬业、诚实守信、服务群众、奉献社会"为主要内容的职业道德,为交通事业又好又快发展提供有力的制度保障。

二、道路运输文化含义

(一)道路运输文化的概念

道路运输文化是社会主义和谐文化建设的有机组成部分,是道路运输行业长期实践过程中所形成的道路运输精神文化、制度文化和物质文化的总和,是道路运输行业价值理念的高度升华,是我国道路运输事业发展的丰硕成果,是行业文明程度的重要标志。

(二)道路运输文化的分类

由于道路运输文化是一种复杂的行业文化,为了深刻理解并阐述它,可以从不同角度、不同侧面、不同研究目的和研究对象等出发,对它进行分类考察。通常有3种主要分类方法:

(1)按道路运输文化现象分类,可以划分为物质文化、制度文化和精神文化。

(2)按行业部门、单位构成分类,大致可分为道路运输的管理部门文化、团体文化和企业文化。

(3)按照行业特色或主题分析,可以划分为服务文化、管理文化、安全文化、窗口文化、品牌文化等。

从上述不同分类方法可以看出,道路运输文化是一个开放的、复杂的系统(图2-4-1),而在各种分类中,道路运输的物质文化、制度文化和精神文化是最基本的 3 种要素。道路运输物质文化主要是指道路运输物质成果及其外在的表现形式,具体表现为基础设施、运输工具、标志标识,以及行业环境、服务形象、传播网络等,它是道路运输文化的物质基础。道路运输制度文化主要是指正式的管理制度和非正式的各种制度,包括行为方式和社会规范两个方面,具体表现形式为管理制度、相关技术标注和交通法律法规、行为规范、惯例习俗等,它规范着物质文化的内容,并为精神文化建设提供制度保障,起着承上启下的作用。道路运输精神文化是道路运输行业形成的共同意识活动,是共同信守的价值理念,是道路运输文化的核心内容,具体表现为行业使命、共同愿景、行业精神等核心价值,它是道路运输文化的最集中体现。这 3 种文化是一个相互联系、相互依存的有机整体,它们构成了道路运输文化的 3 个主要子系统。

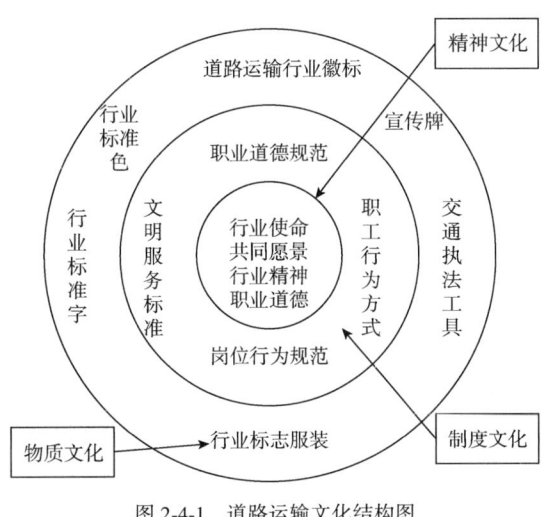

图 2-4-1　道路运输文化结构图

三、道路运输文化特征

(一)历史传承性

道路运输行业是一个历史悠久的传统行业,道路运输文化也在长期的历史发展中成为一个流动和发展、继承和发扬的文化体系,道路运输文化的传承,不是毫无选择的兼收并蓄,而是将行业文化遗产中过时的、糟粕的成分筛选掉,留下来的多是具有价值的精华成分,如道路运输的思想理念、道路运输的本质和发展规律,道路运输工具、道路运输基础设施产生、使用和发展过程中形成的理论、概念、理念、观念和风俗习惯等精神文化产品,这些都成为今天道路运输文化建设的宝贵文化积淀和未来道路运输文化创造的基础。

(二)广泛传播性

道路运输行业是一个窗口服务行业,与人民群众的生产生活息息相关。道路运输文化也以行业为载体覆盖了全社会。道路运输行业核心价值观、宗旨使命、共同愿景、行业精神等精神文化,行为规范、风俗习惯等制度文化,基础设施、运输工具、标志标识以及行业环境、服务形象、传播网络等物质文化建设,都以其特有的行业文化特征向整个社会广泛传播,对社会文明进步具有重要的影响。

(三)层次多样性

道路运输文化作为一种行业文化,在行业的不同发展阶段、不同的地域、不同的层次都体现出各不相同的文化特色,从而形成了道路运输文化丰富多样的特点。按照道路运输从业层面划分不同的道路运输企业都形成了各自不同的特色文化,如客运文化与货运文化等。按照道路运输的不同地域划分又有独具特色的地域文化等。

(四)时代创新性

继承是道路运输文化的基础,而创新是其发展的动力。道路运输文化时代创新,意味着新的行业文化特质以及文化圈的产生、增加和扩大,意味着文化模式或类型发生局部的或根本性的变革。无论是一种新的道路运输方式,还是一种新的服务规范、新的行业精神被创造出来,都是在已有道路运输文化之上的创新,也正是这种伴随时代发展的不断创新,才促使道路运输行业整体得以发展繁荣。

四、道路运输文化功能

(一)导向功能

道路运输文化具有导向功能,是因为所包含的价值取向影响着行业成员所追求的共同目标。一方面为行业决策者提供正确的指导思想,另一方面在行业全体成员中形成一致的、稳定的并被广泛认同的价值观,提升行业人员的素质和精神风貌,为行业成员指明前进的方向。

(二)凝聚功能

道路运输文化,一种凝聚全体行业成员的黏合剂,能够营造出一种具有共同价值观、共有精神、共有理想追求的氛围,使所有成员产生强烈的行业意识,将自己的思想、感情、行为融合在整个行业的发展之下,对自己所处的行业产生强烈的认同感和归属感,形成强大的凝聚力,获得整体效能的最大化。

(三)塑造功能

道路运输文化的塑造功能不仅体现在能够对内塑造行业人员的形象,而且还体现在通过道路运输与外界接触,起到向社会展示本行业的管理风格、经营状况和精神风貌的积极作用。我国道路运输行业的发展,给社会经济生活带来的巨大变化,也必然使社会把目光凝聚在这个行业上。

(四)传播功能

道路运输行业的流动性特点,决定了道路运输文化的传播性功能。人们在从事道路运输的同时,也在不断传播交流着道路运输文化成果。这些文化成果超出地域、民族、语言、国家甚至时代的界限,成为一种具有普遍性的成果,在沟通人们思想感情、融合民族文化价值、形成积极向上的社会风气等方面起着重要作用。

（五）约束功能

道路运输文化的约束功能主要体现在两个方面：一是内在的自我约束力。道路运输文化通过树立行业的核心价值理念，增强员工的归属感，激发其积极性和创造性。它通过对行业共同价值观、道德观长期不断地宣传灌输教育，潜移默化地向员工个人价值观、道德观渗透，促使员工在观念上确立一种内在的自我约束的行为标准。二是外在的强制约束力。道路运输行业规章制度是行业理念的物化形式，是行业文化的重要内容，它是通过法律法规和行业内部指定的规章制度等制度文化，形成的行业强制约束机制。

五、道路运输文化建设的意义

1.贯彻落实新时代中国特色社会主义思想的重要举措

当代道路运输文化，不仅是中国特色社会主义文化的组成部分，而且还有自身特点。人是道路运输文化建设的中心和主旋律。道路运输文化建设过程，就是实现道路运输行业经济发展和人的全面发展有机统一的过程。加强道路运输文化建设研究，可以更准确把握新发展理念的内涵和实践要求，促进道路运输行业走资源节约型、环境友好型之路，实现道路运输业由外延式的粗放型增长向内涵式的集约型增长转变、由以生产增长为导向的发展向以服务质量为导向的发展转变，促进行业又好又快发展。

2.实现"三个服务"的重要保障

加强道路运输文化建设，就是不断增强行业服务理念，端正服务态度，深化服务意识；规范服务过程，提升服务质量，细化质量标准；优化服务环境，改造服务设施，创新服务技术，从而为国民经济和社会发展全局、乡村振兴战略和人民群众安全便捷出行提供优质高效的服务（简称"三个服务"），并不断推进交通事业又好又快发展。

3.构建文明和谐行业的有力支撑

道路运输文化建设是涉及全行业的一场深刻变革，主要表现在3个方面：一是道路运输文化建设是全行业价值观、道德、思维方式等观念的优化和统一，即以卓越的核心价值观和价值观体系，把道路运输行业全体职工武装起来，通过强化团体意识，提高道路运输行业的凝聚力和战斗力，从而形成良好的行业风尚。二是道路运输文化建设是道路运输行业行为规范的优化和统一，即按照核心价值观和价值观体系的要求，通过纪律和规章制度的创新和建设，使行业全体职工的一切行为方式规范化、文明化，从而形成良好的职业道德。三是道路运输文化建设是全行业形象面貌的优化和统一，即按照形象识别体系的要求，通过细致的设计和施工，使道路运输行业的实体外在形象统一，从而形成鲜明的行业特色，更生动地体现出行业风尚和职业道德。因此，加强道路运输文化建设研究，有利于形成良好的职业道德和行业风尚，是推进和谐行业的文化支撑。

4.提升行业软实力和竞争力的重要途径

加强道路运输文化建设，是推动道路运输行业改革发展、提升行业管理水平的主要途径。优秀的行业文化是行业核心竞争力的重要组成部分，文化管理是管理的最高境界。从一定意义上讲，谁拥有文化的优势，谁就拥有竞争的优势、效益的优势、发展的优势。没有行业文化建设，行业就很难形成深化改革的持久动力及思想基础，很难构成真正的核心竞争力,行业管理水平也难以得到提升。

第二节　我国道路运输成就

一、改革开放前的发展(1949—1978年):百废待兴、艰难创业

旧中国的公路交通极为落后,1949年全国公路通车里程仅8.07万km,公路密度仅0.8km/100km²。中华人民共和国成立初期,公路交通经历一段时期的恢复后开始获得长足发展,1952年公路里程达到13.67万km。50年代中后期,为适应经济发展和开发边疆的需要,我国开始大规模建设通往边疆和山区的公路,在东南沿海、东北和西南地区修建国防公路,公路里程迅速增长,1959年达到50多万km。

每一个中国人都应该特别铭记的是川藏公路(图2-4-2、图2-4-3)、青藏公路的修建。1950年,解放军奉命进军西藏,完成祖国大陆解放的历史使命,当时进藏的交通极其艰难,毛主席指示部队"一面进军,一面修路",11万军民历时5个春秋,在平均4000多米海拔的世界屋脊修建了当时世界上最艰苦、最复杂、最具挑战性的两条公路,2000多名军人和群众付出了生命的代价。1954年12月川藏公路北线和青藏公路建成通车,从此天堑变通途,遥远的高原打开了大门,西藏"唐蕃古道、人背畜驮、栈道溜索"的历史永远被定格在了20世纪50年代。两条通天大道的铺就成为西藏交通现代化建设的开端。

图2-4-2　拉萨庆祝川藏公路通车

图2-4-3　崎岖的川藏公路

60年代后,我国在继续大力兴建公路的同时,加强了公路技术改造,有路面的道路里程及其高级、次高级路面比重显著提高。

随着公路事业的发展,公路桥梁建设也得到发展,建成了一批具有中国特色的石拱桥、双曲拱桥、钢筋混凝土拱桥以及各式混凝土和预应力梁式桥。

在1949—1978年的30年间,尽管国民经济发展道路曲折,但全国公路里程仍基本保持持续增长,到1978年底达到89万km,平均每年增加约3万km,公路密度达到9.3km/100km²。

道路运输的主要工具是汽车。1886年1月29日,德国工程师卡尔·本茨发明制造的世界上第一辆三轮汽车获得发明专利,这一天被公认为是汽车的诞生日。

中华人民共和国成立后，我国的汽车工业非常薄弱。在改革开放前经历了创建阶段（1949—1965 年）和成长阶段（1966—1980 年）。

1953 年 7 月 15 日，第一汽车制造厂在长春动工兴建，1956 年 7 月 13 日试制成功第一批国产"解放"牌载货汽车（图 2-4-4）。1951 年国庆，大连制造的我国首台 DL-1000 型新式四轴有轨电车投入运营（图 2-4-5），1958 年，第一辆国产东风牌轿车下线（图 2-4-6）。

图 2-4-4　第一辆解放牌载货汽车下线　　图 2-4-5　中华人民共和国第一辆有轨电车　　图 2-4-6　第一辆国产东风牌轿车

1966 年以前，中国汽车工业共投资 11 亿元，形成了长春、北京、南京、上海和济南的"一大四小"5 个汽车制造厂，年生产能力近 6 万辆、9 个车型品种。1965 年底，全国民用汽车近 29 万辆。

1966 年后，"文革"期间主要是贯彻中央的精神建设三线汽车厂❶，以中、重型载货汽车和越野汽车为主，同时发展矿用自卸车。在此期间，一汽、北汽、南汽、上汽等老厂投入技术改造扩大生产能力，并承担包建和支援三线汽车厂的任务；地方发展汽车工业，几乎全部仿制国产车型；改装车生产多品种、专业化，生产厂点近 200 家。1966—1980 年生产各类汽车累计 163.9 万辆。

二、改革开放后我国道路运输取得的成就

改革开放后，国民经济持续高速发展，公路运输需求强劲增长，中央将交通运输事业尤其是公路的发展作为国民经济发展的全局性、战略性和紧迫性任务，中国道路运输系统尤其是公路基础设施的建设开始发生历史性转变，主要表现在：①各级政府的重视；②统一科学规划，明确总体目标和阶段目标；③扩大路网规模，加强道路质量；④建设多元筹资化，扭转资金短缺；⑤1984 年底国务院决定提高养路费征收标准、开征车辆购置附加费、允许高等级公路收费还贷以及 1985 年起国家陆续颁布有关法规后，公路建设有了稳定的资金来源。

20 世纪 90 年代以后，尤其是进入 21 世纪以来，我国继续加大基础建设投资力度，公路建设获得了前所未有的大发展，使"全面紧张"的交通状况在近几年内得到根本改变，取得了举世瞩目的成就。

1. 公路里程迅速增加，公路技术等级和路面等级进一步提高

截至 2019 年末，全国公路总里程 501.25 万 km，增加 16.60 万 km。其中高速公路里程

---

❶　中共中央在 1964 年针对当时严峻国际形势和中国东西部经济发展不平衡状况，作出国际和经济三线建设的战略决策。参阅："三线建设"的缘由、历程及精神内涵。https://www.xzdu.com/1/view-15049325.htm

14.96万km,增加0.7万km,高速公路总里程居世界第一;农村公路里程420.05万km,增加16.08万km;等级公路里程375.56万km,占公路总里程的93.7%。公路密度达到52.21km/100km²,比2018年增加1.73km/100km²,如图2-4-7所示。

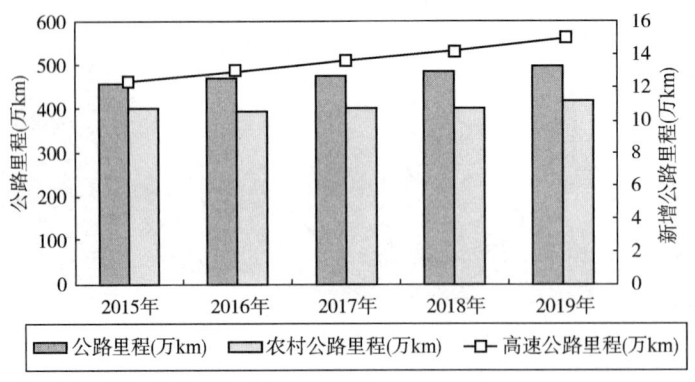

图2-4-7 2015—2019年中国公路里程

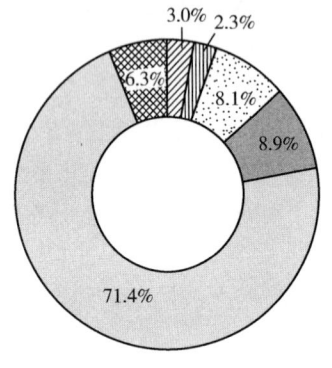

图2-4-8 2019年全国公路里程等级构成

各等级公路里程分别为:一级公路里程11.53万km,占公路总里程的2.3%;二级公路里程40.6万km,占公路总里程的8.1%;三级公路里程44.61万km,占公路总里程的8.9%;四级公路357.89万km,占公路总里程的71.4%。等外公路31.58万km,占公路总里程的6.3%。如图2-4-8所示。

2.路网结构进一步改善、公路运输结构调整取得新进展

2007年,我国20世纪90年代制定的总规模有3.5万km的"五纵七横"公路干线网规划的基本实现,对于我国主要公路通道网的结构改善以及技术标准的升级和建设,起到了非常重要的调控和指导作用,使公路网的通达率迅速提高。

近年来,通过政策引导和企业兼并重组,全国公路运输结构调整稳步推进。以资产为纽带,企业兼并、重组和改制步伐加快,涌现出一批诸如中远物流、中外运等大型运输企业,集约化、规模化、网络化经营水平和市场集中度明显提高。初步形成大型专业集团主导行业发展方向的市场格局。经营结构也有所改善,旅游客运、现代物流、小件快运、连锁维修、汽车租赁等新型服务方式快速发展,进一步满足了社会不同层次的运输需求。

3.汽车工业迅速发展

20世纪80年代后,在改革开放方针指引下,汽车工业进入全面发展阶段,主要体现为:老产品(如解放、跃进和黄河车型)升级换代,结束30年一贯制的历史;调整商用车产品结构,改变"缺重少轻"的生产格局;建设轿车工业,引进资金和技术,国产轿车形成生产规模;行业管理体制和企业经营机制进行改革,汽车品种、质量和生产能力大幅提高。

进入21世纪以来,我国的汽车工业尤其是轿车工业技术进步的步伐大大加快,新车型层出不穷;科技新步伐加快,整车技术特别是环保指标大幅度提高,电动汽车开发初见进展。

2019年中国汽车产销分别完成2572.1万辆和2576.9万辆,虽然同比分别下降7.5%和8.2%,但是连续11年蝉联全球第一。2019年末全国拥有公路营运汽车1165.49万辆,比上年下降18.8%;拥有载客汽车77.67万辆,比上年下降2.5%,共计2002.53万客位,比上年下降2.2%;拥有载货汽车1087.82万辆,比上年下降19.8%,共计13587.00万吨位,比上年增长5.5%。2019年末全国拥有公共汽电车69.33万辆,比上年增长2.9%,其中快速公交系统(BRT)车辆9502辆,比上年增长4.3%。按车辆燃料类型分,柴油车占17.4%,天然气车占21.5%,纯电动车占46.8%,混合动力车占12.3%。

4.公路运输的能力迅速增长

2019年完成营业性客运量130.12亿人,比上年下降4.8%;完成旅客周转量8857.08亿人·km,下降4.6%。完成营业性货运量343.55亿t,增长4.2%;完成货物周转量59636.39亿吨·km,增长0.4%。2019年末全国公路总里程501.25万km,比上年增加16.60万km。公路密度52.21km/100km²,增加1.73km/100km²,如图2-4-9所示。

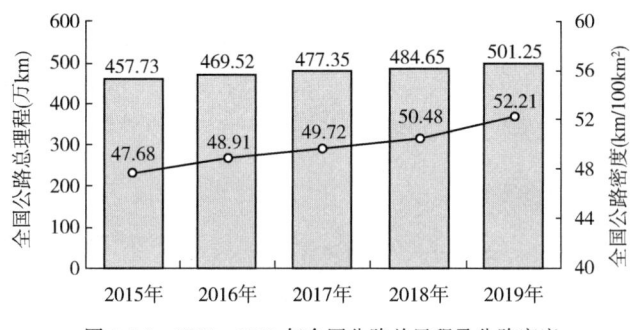

图2-4-9 2015—2019年全国公路总里程及公路密度

2019年年末全国拥有公共汽电车运营线路65730条,比上年增加5140条,运营线路总长度133.6万km,增加13.7万km。其中,拥有公交专用车道14951.7km,增加2101.5km;BRT线路长度6149.8km。

2019年全年完成城市客运量1279.17亿人,比上年增长1.3%,如图2-4-10所示。其中,公共汽电车完成客运量691.76亿人,下降0.8%;BRT完成客运量17.47亿人,完成公共汽(电)车运营里程354.13亿km,增长2.3%

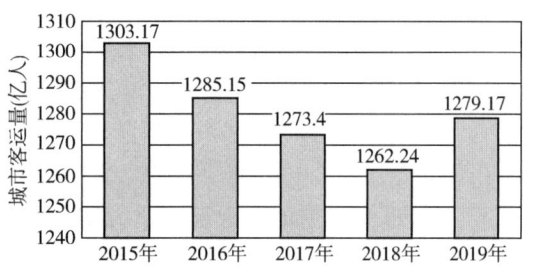

图2-4-10 2015—2019年全国城市客运量

5.运输市场秩序进一步规范、道路运输信息化水平明显提高

加强了公路运输市场的行业监管和社会监督,市场秩序得到明显好转,守法诚信经营的意识明显增强,违法违规行为明显减少,规范有序的市场环境正在逐步形成。

各地普遍实行了政务公开,推广应用了道路运政管理信息系统、全球卫星定位和导航系统、行车记录仪、联网售票系统等先进设备,加快普及了联网售票、电子屏幕显示、货运信息配载和汽车维修、综合性能检测等电子技术,有效提高了公路运输行业的管理能力和服务水平。

6.道路基础设施快速发展带动了相关行业的建设

我国道路基础设施的快速发展带动了与之相关行业的建设,公路桥梁的建设成就同样令世人惊叹。当前,我国的舟山西堠门大桥主跨 1650m,为世界第二大跨悬索桥,如图 2-4-11 所示。苏通长江大桥主跨 1088m,为世界第二大跨斜拉桥;朝天门大桥主跨 552m,为世界第一大跨拱桥,如图 2-4-12 所示。目前正在建的广西壮族自治区平南三桥为中承式钢管拱桥,全长 1035m,主桥 575m,预计 2021 年建成后将成为新的世界第一跨度拱桥。

图 2-4-11 舟山西堠门大桥

图 2-4-12 世界第一大跨拱桥朝天门大桥

2009 年 12 月 15 日动工建设的港珠澳大桥,于 2017 年 7 月 7 日实现主体工程全线贯通,2018 年 2 月 6 日完成主体工程验收,同年 10 月 24 日 9:00 开通运营。截至 2018 年 10 月,港珠澳大桥是世界上里程最长、沉管隧道最长、寿命最长、钢结构最大、施工难度最大、技术含量最高、科学专利和投资金额最多的跨海大桥,如图 2-4-13 所示。大桥工程技术及设备规模创造了多项世界纪录。2018 年,港珠澳大桥工程先后获美国《工程新闻纪录》(简称 ENR)评选的 2018 年度全球最佳桥隧项目奖、国际隧道协会"2018 年度重大工程奖"和英国土木工程师学会(ICE)期刊《New Civin Engineer》评选的"2018 年度隧道工程奖(10 亿美元以上)"。习近平总书记评价港珠澳大桥说:"港珠澳大桥的建设创下多项世界之最,非常了不起,体现了一个国家逢山开路、遇水架桥的奋斗精神,体现了我国综合国力、自主创新能力,体现了勇创世界一流的民族志气。这是一座圆梦桥、同心桥、自信桥、复兴桥。大桥建成通车,进一步坚定了我们对中国特色社会主义的道路自信、理论自信、制度自信、文化自信,充分说明社会主义是干出来的,新时代也是干出来的!"❶

---

❶ 习近平总书记出席开通仪式并宣布港珠澳大桥正式开通[N].人民日报,2018-10-24(1).

a)   b)

图 2-4-13　港珠澳大桥

7. 交通强国建设

建设交通强国是以习近平同志为核心的党中央立足国情、着眼全局、面向未来作出的重大战略决策，是建设现代化经济体系的先行领域，是全面建成社会主义现代化强国的重要支撑，是新时代做好交通工作的总抓手。为统筹推进交通强国建设，2019 年 9 月 19 日，中共中央、国务院印发《交通强国建设纲要》，明确从 2021 年到本世纪中叶，我国将分两个阶段推进交通强国建设。到 2035 年，基本建成交通强国，形成三张交通网、两个交通圈。

"三张交通网"即发达的快速网、完善的干线网、广泛的基础网。发达的快速网主要由高速铁路、高速公路、民用航空组成，服务品质高、运行速度快；完善的干线网，主要由普速铁路、普通国道、航道、油气管道组成，运行效率高、服务能力强；广泛的基础网，主要由普通省道、农村公路、支线铁路、支线航道、通用航空组成，覆盖空间大、通达程度深、惠及面广。

"两个交通圈"是指围绕国内出行和全球快货物流建立的快速服务体系。一是"全国 123 出行交通圈"，即都市区 1 小时通勤、城市群 2 小时通达、全国主要城市 3 小时覆盖；二是"全球 123 快货物流圈"，即国内 1 日送达、周边国家 2 日送达、全球主要城市 3 日送达。

建设交通强国要以习近平新时代中国特色社会主义思想为指导，深入贯彻党的十九大精神，紧紧围绕统筹推进"五位一体"总体布局和协调推进"四个全面"战略布局，坚持稳中求进工作总基调，坚持新发展理念，坚持推动高质量发展，坚持以供给侧结构性改革为主线，坚持以人民为中心的发展思想，牢牢把握交通"先行官"定位，适度超前，进一步解放思想、开拓进取，推动交通发展由追求速度规模向更加注重质量效益转变，由各种交通方式相对独立发展向更加注重一体化融合发展转变，由依靠传统要素驱动向更加注重创新驱动转变，构建安全、便捷、高效、绿色、经济的现代化综合交通体系，打造一流设施、一流技术、一流管理、一流服务，建成人民满意、保障有力、世界前列的交通强国，为全面建成社会主义现代化强国、实现中华民族伟大复兴中国梦提供坚强支撑。

《交通强国建设纲要》明确，到 2020 年，完成决胜全面建成小康社会交通建设任务和"十三五"现代综合交通运输体系发展规划各项任务，为交通强国建设奠定坚实基础。到 2035 年，基本建成交通强国。现代化综合交通体系基本形成，人民满意度明显提高，支撑国家现代化建设能力显著增强；拥有发达的快速网、完善的干线网、广泛的基础网，城乡区域交通协调发展达到新高度；基本形成"全国 123 出行交通圈"（都市区 1 小时通勤、城市群 2 小时通达、全国主要城市 3 小时覆盖)和"全球 123 快货物流圈"(国内 1 日送达、周边国家 2 日送达、全球主要城市 3 日送达),旅客联程运输便捷顺畅,货物多式联运高效经济;智能、平安、绿色、共享交通发展水平明显提高,城市交通拥堵基本缓解,无障碍出行服务体系基本完善;交通科技创新体系基本建成,交通关键装备先进安全,人才队伍精良,市场环境优良;基本实现交通治理体系和治理能力现代化;交通国际竞争力和影响力显著提升。到 21 世纪中叶,全面建成人民满意、保障有力、世界前列的交通强国。基础设施规模质量、技术装备、科技创新能力、智能化与绿色化水平位居世界前列,交通安全水平、治理能力、文明程度、国际竞争力及影响力达到国际先进水平,全面服务和保障社会主义现代化强国建设,人民享有美好的交通服务。

第三篇 水路篇

第一章 初识水路运输

第一节 水路运输概念与特点

一、水路运输概述

水路运输：以船舶为主要运输工具，以港口或港站为运输基地，以水域包括海洋、河流和湖泊为运输活动范围的一种运输方式。水路运输是目前各主要运输方式中兴起最早、历史最长的运输方式。其技术经济特征是载重量大、成本低、投资省，但灵活性小，连续性也差。较适于担负大宗、低值、笨重和各种散装货物的中长距离运输，特别是海运，更适于承担各种外贸货物的进出口运输。

水路运输按其航行的区域，大体上可划分为远洋运输、沿海运输和内河运输3种形式。

远洋运输：使用船舶跨海洋的长途运输形式，主要依靠运量大的大型船舶。

沿海运输：使用船舶通过大陆附近沿海航道运送客货的一种运输方式，一般使用中小型船舶。

内河运输：使用船舶在陆地内的江、河、湖、川等水道进行运输的一种运输方式，主要使用中小型船舶。

二、水路运输特点

1. 投资少，能源消耗少，单位运输成本低

除人工运河外，水运几乎都是利用"天然航道"进行运输的，只需修建港口、码头、导航设施和购置运输船舶，设备建设和养护费用比铁路要少得多，一般只有铁路的10%左右；船舶在水上航行所受到的阻力比火车运行所受到的阻力小，运载能力大，所以，运输同样重量的货物至同样的距离水运的能源消耗少，运输成本较其他各种运输方式都低。水路运输的运输成本约为铁路运输的1/25～1/20，是公路运输的1/100，因此，水运是最低廉的运输方式。

2. 运载能力大

水运的载运工具主要是船舶，船舶自重与其载重的比值为8%～25%，而铁路货车的自

重与载重之比为 25%~40%。因此可供装运货物的舱位及载重量均是各种运输工具中最大的,目前国际上最大的油船每次可装运原油 60 万 t,矿石船的载重量高达 40 万 t,最大的集装箱船可装运集装箱 2.4 万 TEU。

3. 可装运超大型货物

公路两侧都有各种设备及建筑物,为保证安全,铁路和公路运输对于所运输的货物,在长、宽、高方面都有一定的限制,而船舶在水域上航行,净空限制小,可以装运体积巨大的货物和大宗散货、石油等物资。

4. 续航能力强

一艘商船(以商业行为为目的运载货物和旅客的船舶)具有能够独立生活的各种设备,如发电空调设备、制造淡水设备、储藏粮食的粮仓、储藏食品的冷库和储藏燃料的油槽等,这些设备可使船舶能够携带足够的粮食、淡水和燃料,能够独立生活,可航行数十日行程达上万海里,这是其他任何交通运输工具不可比拟的。

5. 受自然条件的制约

水路运输受海洋与河流的地理分布、地质、地貌、水文、气象等条件的明显制约与影响,水运需要与铁路、公路、航空或管道运输配合,实行联运。

6. 连续性和通达性较差

许多地区缺乏通航的江河水系,一些水系自成体系,互不通航,有些港湾水深不够,无法停靠大船,需要转驳倒载,这些都将影响水路运输的连续性和通达性。

7. 速度慢

船舶体积大,水流的阻力随航速的增加而迅速增加。例如,当航速从 5km/h 增加到 30km/h 时,船舶所受到的阻力将增大到原来的 35 倍,因此船舶的航速一般较低,目前一般船舶速度为 30km/h 左右,冷藏船的速度为 40km/h 左右。集装箱船的速度为 40~60km/h,速度远低于铁路、公路、航空等其他运输方式。

第二节 水路运输管理体制

一、水路运输行政管理机构

1. 交通运输部水路运输管理机构

(1) 海事局

海事局主要负责国家水上安全监督管理,包括事故调查、船员管理、船舶防污染等。部海事局之下有两个系统:直属海事局和地方海事局。地方海事局管理除干线外的小河流,而在地方常与港航局或者水运局合署办公,比如湖北省港航局和地方海事局。

(2) 水运局(国内航运管理处)

水运局主要负责国内水路运输行业管理,制定行业发展政策,拟订相关法律、法规草案,指导水路运政管理队伍建设。

(3)交通运输部水系派驻机构

交通运输部水系派驻机构分别为长江航务管理局(以下简称"长航局")和珠江航务管理局(以下简称"珠航局"),主要负责水系水路交通行政管理。水系派驻机构分设海事、船检、航道、通信等分支机构,具体负责水系干线水路交通行政管理。

除此之外,交通运输部水路运输管理机构还有救助打捞局、中国船级社、质量监督管理局及职业资格中心等。

2.省级水运管理机构

省级人民政府交通主管部门直属的行政事业单位具体实施水运管理。总的来说,直属机构管理水运一般采取两种方式:①水路运输管理与道路运输管理合一,统一设置于"运输管理局"中,如北京市交通委员会下设的运输管理局,内蒙古自治区交通运输厅下设的交通运输管理局等。②水路运输分设管理机构。如航运管理局、港航管理局、水路运输管理局、航务管理局等,这些管理机构通常"一门多牌",兼挂地方海事局、船舶检验处(局)门牌。在水运分设管理机构的管理方式中,还有 2 种比较特殊的机构设置:一种是天津市和上海市设置的"交通运输和港口管理局",突出港口建设和管理的重要性,以实践"以港兴市"的战略目标;另一种是山西省、吉林省、西藏自治区、宁夏回族自治区和新疆维吾尔自治区设置的地方海事局,对辖区内的水运实行统一管理。江西省交通运输厅内设有港口与航道管理处、水路运输处、安全监督处,下设港航管理局、工程质量监督局等。

3.市、县级水运管理机构

市、县级的水运管理机构通常与省级的机构设置相对应,它们常以运政、航道、地方海事和地方船检"四牌一门"或者"三牌一门"的形式进行水运管理。也有与省级机构设置不对应的情况,比如广东省交通运输厅直接负责省内的水运管理,广州市则成立航务局,对其辖区内的水运行业进行管理。

二、水路运输运政管理

1.水路运政管理体制和机构

依据《中华人民共和国水路运输管理条例》及《中华人民共和国水路运输管理条例实施细则》的规定:国务院交通主管部门主管全国水路运输事业;交通运输部在长江、珠江水系分别派驻航务(运)管理局,统一负责干线的航运行政管理工作,在业务上指导水系沿线各省(自治区、直辖市)的航运管理工作;各地人民政府交通主管部门主管本地区的水路运输事业;各地人民政府交通主管部门可以根据水路运输管理业务的实际情况,设置航运管理机构,负责水路运政管理工作。

2.水路运政管理范围、对象

(1)在中华人民共和国沿海、江河、湖泊及其他通航水域内从事水路货物和旅客运输经营活动和水路运输辅助性经营活动。

(2)水路运输辅助性经营活动(也称为水运服务业)包括国内船舶代理、货物运输代理、客运代理、船舶管理、推拖船业务。

3.运政管理机构职责

(1)交通运输部:"三资"航运企业和省际运输航运企业的筹建、开业及相关管理;省际液货危险品运输及重点区域省际客运管理;集装箱班轮内支线管理;国外进口船舶、国际海运船舶进入国内市场管理。

(2)地方交通主管部门:省内和地市内航运企业的筹建、开业及管理;本行政区域内从事省际和省内运输的航运企业的船舶管理;本行政区域内的水上运输管理。

4.运政管理方式

采取审批方式管理的事项:

(1)设立航运企业,申请经营国内航运业务或调整水路运输经营范围,须事先得到相应交通主管部门批准。

(2)建造、购买或光租水路客运船舶(包括普通客船、高速客船、客滚船、载货汽车滚装船、旅游船等)和液货危险品运输船舶(包括油船、化学品船、液化气船等),须事先得到相应交通部门批准。

采取登记方式管理的事项:

(1)开辟或调整集装箱班轮内支线航线,客运航线。

(2)在国内外建造、购买或光租除客船、液货危险品船以外的运输船舶。

(3)航行国际航线船舶(客船、液货危险品船除外)转入国内运输。

第三节　我国水路运输网

一、内河运输网

1.概述

在我国内河运输网中,主要水系有长江、黄河、淮河、黑龙江、京杭大运河、钱塘江、珠江等,我国共有大小河流5800多条。因航道受水深、宽度、水速、转弯半径、水上外廓等因素影响,现有内河航道12万多公里,可航行机械动力船的内河航道有7万多公里。

2019年年末,全国内河航道通航里程12.71万km,各等级内河航道通航里程分别为:一级航道1828km,二级航道3947km,三级航道7686km,四级航道10732km,五级航道7613km,六级航道17522km,七级航道17114km。等外航道里程6.07万km。

我国各水系内河航道通航里程分别为:长江水系64825km,珠江水系16495km,黄河水系3533km,黑龙江水系8211km,京杭运河1438km,闽江水系1973km,淮河水系17472km。

2.我国重要内河航线

在众多内河航线中,目前,我国比较发达的内河航线有长江航线、珠江航线、京杭大运河航线、松花江航线。

(1)长江航线

长江航线被誉为黄金水道,全年可通的航线长2800多公里,长江航道划分为:宜昌以上为长江上游航道、宜昌至汉口为长江中游航道、汉口至浏河口为长江下游航道、浏河口至长江口灯船为长江口航道。从长江口到武汉段,可通5000吨级船只;从汉口到重庆段,可通3000吨级船只。2017年,全年长江干线规模以上港口货物吞吐量24.4亿t,长江水系完成的水运货运量和货物周转量占沿江总货运量的20%和货物周转量的60%。

(2)珠江水系

珠江水系起源南盘江,在广州,东江汇入后,称为珠江。珠江水系沟通了两广各地与沿海的联系,内河航道通航里程达到1.5万多公里,约占全国通航里程的13%,年货运量仅次于长江而居第二位。珠江是华南以广州为中心的最大水系、水运大动脉,通航价值仅次于长江。

(3)京杭大运河航线

京杭大运河是世界上最长的一条人工运河,是中国重要的一条南北水上干线。目前,京杭大运河的通航里程为1442km,其中,北起北京,南至杭州,沟通了海河、黄河、淮河、长江、钱塘江五大水系。全年通航里程为877km,主要分布在黄河以南的山东、河南、江苏和浙江。目前已在东南地区形成贯通"一带一路"、连接长江经济带和环渤海经济圈的格局,今日,杭州80%的重点物资从运河而来。

(4)松花江航线

黑龙江在中国境内的通航里程约2200km。松花江是黑龙江最大支流,可通航里程达1500km,航运价值较大,是东北地区主要水运干线,货运量占黑龙江水系的95%左右,运输的主要物资是木材、粮食、建筑材料、煤炭、钢铁等。

3.我国重要的内河港口

(1)苏州港

苏州港地处长江入海口的咽喉地带,背靠经济发达的苏州、无锡、常州地区,东南紧邻上海,是江苏省最重要的集装箱干线港之一,是江海河联运,内外贸货物运输、装卸与仓储、多功能综合性港口。2017年度我国内河港口货物吞吐量排名第一。

(2)南京港

南京港是亚洲最大内河港口之一,是长三角唯一实现集装箱铁路与水路无缝对接的港口,也是长江中上游最直接、最快捷的出海口,是我国连接全球的江海转运综合枢纽。

(3)南通港

南通港区,东濒黄海,西南临长江,处于海、江、河联运的枢纽地位。南通已成为我国重要的修船基地。南通港是国家一类开放口岸,也是国家沿海主要港口。

(4)芜湖港

芜湖港是安徽省重要的水陆交通枢纽,素有"皖南门户,长江巨埠"之美誉,港口岸线顺直、水深流缓,可常年靠泊5000~10000吨级船舶,年通过能力5000万t。

(5)徐州港

徐州港是全国28个主要内河港口和内河十大枢纽港之一,是"北煤南运、西煤东输"重要的中转基地、徐州国家级综合运输枢纽的重要组成部分。京杭大运河穿徐州市区而过。

(6)杭州港

杭州港是国内28个内河主要港口之一,连接三大水系,将京杭大运河、钱塘江和杭甬运河连在一起,具有往北能伸入长江,往东能驶向沿海的通江达海的航运能力。

根据货物吞吐量2017年度我国十大内河港口分别是苏州港、南京港、南通港、泰州港、重庆港、江阴港、镇江港、芜湖港、岳阳港、杭州港,在这十大港口中,只有杭州港是钱塘江流域港口(部分属于长江流域),其余9个全部位于长江流域,可见长江"黄金水道"名不虚传。

二、我国沿海航线

中国沿海海上运输习惯上以温州为界,划分为北方沿海和南方沿海两个航区。

北方沿海航区是指温州以北至丹东的海域,它以上海、大连为中心,航线包括:上海—青岛—大连;上海—烟台—天津;上海—秦皇岛;上海—连云港;上海—温州;大连—石岛—青岛;大连—烟台;大连—龙口;大连—天津;等等。

南方沿海航区是指温州至北部湾的海域,以广州为中心,航线包括:广州—汕头;广州—北海;广州—海口;等等。

按所承担的货运量来看,以北方沿海航区占绝对优势。货运的物资构成北方沿海航区由北而南,以石油、煤炭运量最大,其次为钢铁、木材等,由南至北为金属矿石、粮食和工业产品;南方沿海航区则以农产品比重最大,次为食盐、矿石和煤炭,其中除煤炭以外,其余物资大部分由各中小港口向广州、湛江集中转运内地。上海—福州、上海—厦门、上海—广州均有定期班轮航线;已决定把南、北两个沿海航区连成一片,建设南北海运通道。

三、我国远洋航线

我国已开辟 90 多条通往亚洲、非洲、欧洲、美洲、大洋洲 150 多个国家和地区的 600 多个港口的远洋航线。这些航线大都以上海、大连、天津、秦皇岛、广州、湛江等港口为起点,包括东、西、南、北 4 条主要远洋航线。

(1)西行线:由中国沿海各大港经新加坡和马六甲海峡,西行印度洋入红海,出苏伊士运河,过地中海进入大西洋,沿途抵达欧、非各国港口。

(2)南行线:由中国沿海各大港南行,通往东南亚、大洋洲等地。

(3)东行线:从中国沿海各大港出发,东行抵达日本,横渡太平洋则可抵美国、加拿大和南美各国。

(4)北行线:由中国沿海各港北行,可抵朝鲜和俄罗斯东部各海港。

四、我国主要海港

1.我国港口布局

中国主要分为渤海、长三角、东南沿海、珠三角、西南沿海形成 5 个港口群,形成煤炭运输、石油运输、铁矿石运输,集装箱运输、粮食运输、商品汽车及物流、陆岛滚装运输、客运等八大系统。港口布局分三个层次,即主要港口、地区性重要港口和一般港口。全国沿海布局规划了 24 个主要港口、24 个地区性重要港口,其余为一般港口。5 个港口群分别为:

(1)环渤海地区港口群:由辽宁、天津、河北、山东沿海港口群组成。

(2)长三角港口集团:依托上海国际航运中心,以上海、宁波、连云港为主。

(3)东南沿海港口群:以厦门、福州港为主。

(4)珠三角港口群:主要由广州、深圳、珠海、汕头等粤东和珠三角港口组成。

(5)西南沿海港口群:由粤西、广西沿海和海南省港口组成,以湛江、防城港、海口港为主。

2.我国主要海港口
(1)上海港

上海港居我国南北海岸线的中心,临江面海,地理位置十分优越。上海港区总面积3618.3km², 其中长江口水域3580km²、吴淞口内水域33km²、陆域5.3km²。港务公用码头生产用泊位140个,长度19km;生产用库场面积210.5万m²;装卸机械3344台。2019年上海港已经超越新加坡港成为世界第1大港。

(2)大连港

大连港位于辽宁省辽东半岛的南端,是东北三省和内蒙古东部地区的进出口门户,也是联结华北、华中、华东等地区水陆联运的枢纽。大连港有陆域面积8km²,水域面积346km²;码头泊位65个,长度为11981m,最大靠泊能力为10万吨级;库场面积136.4万m²;装卸机械1041台(辆)(以上均不含货主及地方码头)。

(3)广州港

广州港位于广州市珠江口内,是中国对外贸易的主要口岸和华南最大的国际港口。广州港共有泊位790个,泉州万吨级泊位39个,总延长40555.72m。装卸机械总数为1571台,港作船舶197艘。广州港已先后与美国的巴尔的摩港、洛杉矶港,澳大利亚的悉尼港,加拿大的温哥华港结为友好港。

(4)天津港

天津港地处华北的经济中心天津市,是我国北方重要的国际港口,也是亚欧大陆桥理想的起点港之一。天津港有水域面积超180km²,陆域面积20km²,各类泊位146个,岸线长20190m,其中万吨级以上深水泊位48个,库场总面积为240万m²,生产用装卸机械1035部(台);港口作业船舶59艘。天津港是北京的出海门户,已经成为我国北方的最大港。

(5)深圳港

深圳港位于广东省珠江三角洲南部,珠江入海口东岸,毗邻香港。港口迅速崛起,建成蛇口、赤湾、妈湾、东角头、盐田、黄田机场、沙渔涌、内河8个港区。深圳港已进入世界十大港口行列。深圳港口水域面积106km²,陆域面积16km²,500吨级以上泊位113个,其中生产性泊位100个,万吨级以上深水位26个;集装箱专用泊位5个。码头总长12965m,最大靠泊能力7.5万吨级,库场面积169.21万m²,装卸机械约800台。2019年深圳港已成为世界第四大集装箱港口。

五、我国港口发展方向

1.港口泊位大型化、深水化

由于高效节能的产业政策导致船舶大型化是近年全球航运业发展的主要趋势之一,船舶大型化使得港口行业进一步降低成本并增强了竞争力。虽然成片深水岸线的开发已经遭遇瓶颈,却阻挡不住港口向大型化、深水化的程度继续发展,并因此不断提高航道、码头、周围配套设施等硬件设施的能力和现代化水平。

2.港口功能多元化

发展港口功能多元化,是当今世界港口发展的必然结果。将传统的港口装卸、堆存的单一功能,发展为港口装卸、仓储、运输、工业、商贸、旅游、房地产开发等多元化的功能,港口企业提高了经济效益和社会效益,避免和减少了港口经营的风险,保证港口经营的安全。

3.港口管理信息化

提升港口管理信息化水平,将信息技术管理贯穿于港口开发、企业管理、装卸生产、营销和服务的全过程。目前,港口已应用的信息技术有电子数据交换(EDI)、管理信息系统(MIS)、计算机仿真、无线终端和电子商务。这些信息技术的应用,已成为推动港口发展的强大动力。

第二章　水路运输设施、设备与运输组织

第一节　水路运输设施与设备

一、航道

1.航道的航行条件

为了保证船舶正常安全航行和获得一定的运输效益,航道必须具备一定的航行条件:

(1)要有足够的航道深度

航道深度是河流通航的基本条件之一是限制船舶吨位和通过能力的主要因素。航道深度一般满足:

$$最小通航深度 = 船舶满载吃水 + 富裕水深$$

其中,富裕水深应根据河床土质、船舶类型、航道等级来确定一般沙质河床可取 $0.2 \sim 0.3m$,砾石河床则取 $0.3 \sim 0.5m$。

(2)要有足够的航道宽度

航道宽度视航道等级而定。航道宽度一般可按以下公式计算:

$$航道宽度 = 同时交错的船队或船舶宽度之和 + 富裕宽度$$

其中富裕宽度一般采用"同时交错的船队或船舶宽度之和"的 $1.5 \sim 2.5$ 倍。

(3)要有适宜的航道转弯半径

航道转弯半径是指航道中心线上的最小曲率半径,一般航道转弯半径不得小于最大航行船舶长度的 $4 \sim 5$ 倍。

(4)要有合理的航道许可流速

航道上的流速不宜过大,否则不经济,比较经济的船舶静水速度一般为 $9 \sim 13 km/h$,即 $2.5 \sim 3.6 m/s$ 之间,因此航道上的流速以不大于 $3m/s$ 为宜。

(5)要有符合规定的水上外廓

水上外廓是保证船舶水面以上部分通过所需要的高度和宽度水上外廓的尺度,按航道等级来确定。航行对航道的上述要求中,最主要的是航道水深。在大多数情况下,主要根据航道条件设计港口、选择船舶和组织运输。此外,航行还要考虑航道的冰冻期及水下障碍等情况。

2.航道的分类

(1)等级与占比。根据我国《内河通航标准》(GB 50139—2014)我国内河航道分为 7 级,如表 3-2-1 所示。

航 道 等 级 表　　　　　　　表 3-2-1

航 道 分 类	指　　　标
一级航道	可通航 3000t
二级航道	可通航 2000t
三级航道	可通航 1000t,三级航道尺度的最低标准为水深 3.2m、底宽 45m
四级航道	可通航 500t,四级航道尺度的最低标准为水深 2.5m、底宽 40m
五级航道	可通航 300t
六级航道	可通航 100t
七级航道	可通航 50t

通航标准低于七级的航道,称为等外级航道。

截至 2019 年末,我国内河航道通航里程 12.73 万 km。各等级内河航道通航里程分别为:一级航道通航里程为 1828km(占比 1.4%),二级航道 4016km(占比 3.2%),三级航道通航里程为 7975km(占比 6.3%),四级航道 11010km,五级航道 7398km,六级航道 17479km,七级航道 17044km。等外航道里程 6.05 万 km。

(2)按航道的管理属性划分

《中华人民共和国航道管理条例》将航道划分为以下 3 种:

①国家航道:构成国家航道网、可通航 500 吨级以上船舶的内河干线航道;跨省、自治区、直辖市可常年通航 300 吨级以上船舶的内河干线航道;可通航 3000 吨级以上海船的沿海干线航道;以及对外开放的海港航道和国家指定的重要航道。

②地方航道:可以常年通航 300 吨级以下[含不跨省(自治区、直辖市)可通航 300 吨级]船舶的内河航道;可通航 3000 吨级以下海船的沿海航道、地方沿海中小港口间的短程航道;非对外开放的海港航道;其他属于地方航道主管部门管理的航道。

③专用航道:由军事、水利电力、林业、水产等部门以及其他企事业单位自行建设和使用的航道。

二、航标

航标是帮助引导船舶航行、定位和标示碍航物与表示警告的人工标志,为各种水上活动提供安全信息的设施或系统;设于通航水域或其近处,以标示航道、锚地、滩险及其他碍航物的位置,表示水深、风情,以指挥狭窄水道的交通。永久性航标载入各国出版的航标表和海图。海事局对我国沿海航标实行统一管理与维护。内河航标由交通管理部门下属航道管理机构进行建设、管理和养护。

航标按工作原理分有视觉航标(Visual Aids to Navigation)、音响航标(Audible Aids to Navigation)和无线电航标(Radio Aids to Navigation)3 类。

1.视觉航标

能使驾驶人员通过直接观测迅速辨明水域,确定船位,安全航行,是使用最多、最方便的航标。常见的视觉航标有灯塔、立标、灯桩、浮标、灯船和各种导标。视觉航标包括以下多种类型:

(1) 用于标示航道和港口水域中通航部分外廓线的浮标和固定标。
(2) 设立在岸上塔架结构上的导标,用以引导船舶通过航道和港口口门。
(3) 灯塔:用以引导远处船舶接近港口,或用以指示礁石、浅滩等危及航行的障碍物。
(4) 设置于防波堤堤头、码头、系船墩和其他突出于航行水域中的建筑物上的灯标,用以表明这些建筑物的外廓边界。
(5) 灯船:和灯塔的作用基本相同,只是用于难以建立灯塔的地点。

2. 音响航标

能发出规定响声的助航标志。它可在雾、雪等能见度不良的天气中向附近船舶表示有碍航物或危险,包括雾号、雾笛等。

3. 无线电航标

无线电航标是无线电助航设施的总称,它是指利用无线电波传送信息供船舶测定船位和导航的助航标志,主要包括无线电导航台、无线电指向标、差分全球定位系统(DGPS)、船舶自动识别系统(AIS)、雷达应答器、雷达指向标、雷达反射器等。

无线电指向标是供船舶测向用的无线电发射台,有全向无线电指向标和定向无线电指向标两种。无线电导航台是船舶无线电定位和导航系统的地面设备。雷达应答标被船用雷达波触发时,能发回编码信号,在船用雷达荧光屏上显示该标方位、距离和识别信息。雷达指向标是一种连续发射无方向信号的雷达信标。船用雷达接收机收到这种信号,荧光屏上便显示出一条通过该标的径向方位线。雷达应答标和雷达指向标安装于需要与周围物标回波区别开的航标上。雷达反射器为反射能力很强并能向原发射方向反射雷达波的无源工具,安装在灯船或浮标上,可以增大作用的距离。

利用 AIS 系统可设置虚拟航标、为事故调查取证提供证据、完成航路分析、向港口提供船舶流量统计图表等,AIS 系统成为海事航标实现快速和可持续发展的重要保障。

三、港口

港口是位于沿海、内湖或河口的水陆运输转运的场所,一方面为船舶服务,另一方面为陆运工具服务,是国内外贸易的集散地,是海运的始、终点。港口必须有安全停泊船舶的海面,称为港湾;还有可供船舶泊靠、旅客上下船的泊位和码头;除此之外,还应有货物装卸储转、船舶修理、油水供应、航行标识等设备。港口具有物流服务、信息服务、商业及产业功能。现代港口向泊位深水化、码头专业化、装卸机械自动化方向发展。港口区域按功能为水域和陆域两部分组成,在港口区域内,还设有港口导航设施及港口围护设施等。2019 年末全国港口拥有生产用码头泊位 22893 个,内河港口生产用码头泊位 17331 个。全国港口拥有万吨级及以上泊位 2520 个,其中,沿海港口万吨级及以上泊位 2076 个,内河港口万吨级及以上泊位 444 个。港口功能区域如图 3-2-1 所示。

1. 港口水域

港口水域是供船舶进出港,以及在港内运转、锚泊和装卸的区域,要求有足够的水深度和面积,水面基本平静,流速和缓,以便船舶安全停泊和技术操作。港口水域包括进出港航道、港外锚地、港内锚地、码头前沿水域(港池)、船舶回旋水域等。一般港口水域平面布置示意图如图 3-2-2 所示。

图 3-2-1　港口功能区域

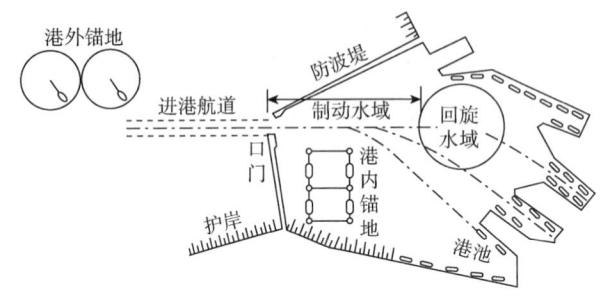

图 3-2-2　一般港口水域平面布置示意图

（1）进出港航道

多数海港及河口港都有天然进出港航道，但其水深不一定满足船舶要求，在河口段可能还有部分浅滩，往往需要疏浚和整治。

内河港口的航道常常就在主航道靠近码头的一侧，一般要求有适当的宽度，既不影响主航道上船舶的航行，又与码头、锚地留有足够的距离。

（2）港外锚地

港外锚地是供进出港船舶抛锚停泊使用的，在这里船舶需接受边防检查、卫生检疫等手续，引航员也需在这里上下（海港）；有时也供大型船队编队、解队之用（河港）。

（3）港内锚地

港内锚地主要供船舶等待泊位，或是进行水上装卸用。在气候恶劣情况下，还可供船舶避风停泊。而河港锚地主要用于编解船队和进行水上作业，水上装卸作业是内河港、河口港的主要作业方式之一，并设置"水上作业平台"，配备浮式起重机等。

（4）码头前沿水域（港池）

码头前沿水域必须有足够的深度和宽度，以使船舶方便靠离。它不仅要保证船舶靠码头的一侧能进行装卸作业，有时还要考虑其另一侧同时进行水上（船过船）装卸作业的需要，因此，码头前沿水域宽度应适当大些，以免影响附近的航道。

（5）船舶回旋水域

港内航道与码头之间一般要有供船舶进行回转的掉头区，这段水域要有足够的宽度。

大型海轮在港内靠离码头时常有拖轮协助,而内河船靠泊时为便于控制,常常需要将船首对着水流的方向,掉头区正是供它们使用的。

2.港口陆域

一般港口陆域平面布置如图3-2-3所示。

港口陆域是旅客上下船,以及货物装卸、堆存和转运使用场所,因此陆域必须具有适当的高程、岸线长度和纵深,以便在这里安置装卸设备、仓库、堆场、铁路、公路,以及各种必要的生产和生活设施等。港口主要作业系统及设施如表3-2-2所示。

图3-2-3 港口陆域平面布置

港口主要作业系统及设施 表3-2-2

作 业 系 统	主 要 设 施
船舶航行作业系统	航道、导航设施、助航拖船、锚地、回旋水域、港池、航修设施、船舶供水、供油
乘降装卸作业系统	码头、装卸作业锚地、装卸机械、运输机械、旅客上下船设施、防波堤、控制中心
存储分运作业系统	各种仓库、堆场、库内机械、分运中心、客运站、宾馆
集疏运作业系统	铁路、公路、水网、管道
信息与商务系统	港口商务中心、贸易服务中心
环境保护	绿地、污水处理、废弃物处理、油回收船、海面清扫船

供船舶停靠,以便旅客上下、货物装卸的水工建筑物称为码头。供船舶停泊的位置称为泊位,一个泊位即可供一艘船舶停泊。泊位的长度依船型的大小而有差异,码头线长度是由泊位数和每个泊位的长度来决定的。

3.港口导航设施

港口导航设施可分为航标、电子导航设施和卫星助航设施。

常规导航助航标志即航标。设置航标的目的在于标明航道的界限,针对暗藏的危险障碍物给予警示和引导,使船舶得以安全而迅速地到达目的地。

电子导航设施即船舶通航服务站,利用岸上雷达测定进出港船位,用甚高频无线电话向船舶提供导航信息,协助船舶进出港航行。

卫星助航系统一般利用全球定位系统(GPS)实施导航。

4.港口水工建筑物

港口的水工建筑物是指大部分处于水中,或经常与水接触,特别是遭受海水的侵蚀等有害作用的水工建筑物。根据用途的不同,可将水工建筑物分为:

(1)防护建筑物。防护建筑物多数用在海港,以防止波浪对港内的冲击,也有的用来防止泥沙、流冰进入港内。

(2)码头建筑物。现代码头由主体结构和附属设备两部分组成。主体结构的上部有胸墙、梁、靠船构件等;下部有墙身、基础或板桩、桩基等。附属设备主要是系船柱、护木、系网环等。

(3)护岸建筑物。港口陆域和水域的交接地带,需要对岸边进行加固,这就是护岸建筑物。最常见的护岸建筑物有:护坡、护墙。

四、船舶

船舶是指载运旅客与货物的运输工具,又称为商船。随着世界经济的发展,现代运输船舶形成了种类繁多、技术复杂及高度专业化的运输船舶体系,运输船舶向大型化、专业化、高速化、自动化、信息化方向发展。至2019年末,我国拥有水上运输船舶13.16万艘,比上年下降4.0%;净载重量25684.97万t,增长2.3%;载客量88.58万客位,下降8.0%;集装箱箱位223.85万标准箱,增长13.8%。

(一)船舶的主要尺寸与航行性能

1.船舶主要尺寸

如图3-2-4所示,船舶主要尺寸有总长、型宽、型深及吃水深等。

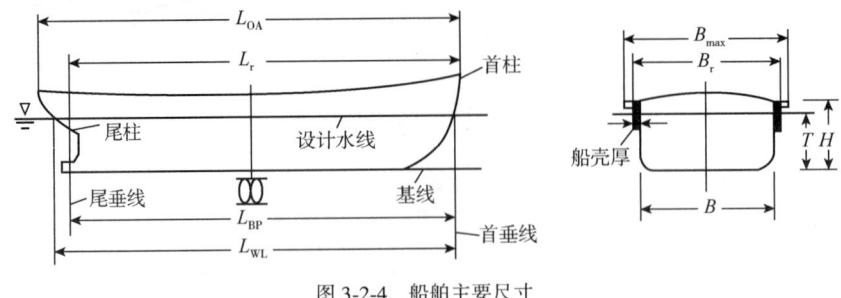

图3-2-4 船舶主要尺寸

(1)总长L_{OA},是指由船首最前端量到船尾最后端的水平距离。这个尺度主要用于选择船舶进船坞,另外港口泊位费一般也是按照L_{OA}来收取。

(2)船长L_{BP}是制造船舶性能试验用的船体模型,以及作为主要航海性能、装载能力计算用的船舶尺度。

(3)量吨长度L_r(登记长度)。《1969年国际船舶吨位丈量公约》中定义:对长度不小于24m(79ft)的船舶,L_r应取为量自龙骨板上缘的最小型深85%处水线总长的96%,或沿该水线从首柱前缘至舵杆中心的长度,取大者。

(4)装载水线长度L_{WL},也称为设计水线长,是船舶设计水线平面与船体型表面首尾两端点之间的水平距离,通常用L_{WL}表示,是船舶主尺度中船长的一种。

(5)最大宽度B_{max},是指包括外板和永久性突出物在内的两舷最大横向水平距离。与L_{OA}类似,主要用于选择船坞、船舶过闸等时候使用,以避免对船坞或闸门碰撞。

(6)型宽B,是指船体最宽处两舷外板内表面之间的水平距离。一般船舶的船舯(船长的中点)处就是最宽的部位。主要用于评估船舶性能、装载性能等。

(7)量吨宽度B_r(登记宽度):除另有明文规定外,B_r是船舶的最大宽度,不包括舷外突出物。

(8)型深H,是指在船长中点处沿舷侧自龙骨上缘量至上甲板下缘的垂直距离。

(9)吃水深T,是指在船长中点处从龙骨上缘量至设计水线的垂直距离。

2.船舶主尺度的比值

船舶主尺度的比值不仅反映形状特征,而且反映船舶航行性能的好坏和船体结构的强弱。主尺度比有以下几种:

(1)长度宽度比L/B

该值对船舶快速性影响较大。L/B值大表示船体狭长,阻力较小而航速较高。

(2)型宽吃水比B/T

该值与船舶的稳性、阻力关系比较大。B/T越大,稳性越好,但阻力也较大。B/T过大时容易造成过快的摇摆,不利于船上人员的生活和工作。

(3)型深吃水比 H/T

该值影响船舶大角度横倾时的稳性和抗沉性。H/T 大时船的储备浮力大,对提高大倾角稳性和抗沉性有利。

(4)长度型深比 L/H

该值影响船舶的结构强度,L/H 越小,则纵总强度越好。不同用途不同类型的船舶都有其相应的主尺度比值。

(二)船舶的常用技术参数

(1)船舶吨位。用来表示船舶的大小和运输能力,分为质量吨位和容量吨位。质量吨位用排水量或载重量表示。

(2)排水量。是指船舶所排开同体积水的质量,即整个船的质量。排水量是一个可变的数,它因载货的多少而不同,故排水量又分为空船排水量、满载排水量、实际排水量。通常说明一条船的排水量是满载排水量。

(3)船舶的容量吨位。货船的排水量在营运过程中变化很大,在许多情况下载重量也不能确切表明船舶的大小,因此,在航运中常以船舶容量代替质量来衡量船的大小,单位是 m^3。对于国际航行的船舶,国际上规定了一个统一的量度单位,称为吨位或登记吨位。一个登记吨位相当于 $100ft^3$ 或 $2.83m^3$。船舶登记吨位分总吨位和净吨位。

总吨位(GT)是指船上所有封闭的舱室根据一定的丈量规则丈量而得到的容积总和。总吨位的用途:表明船舶的大小;作为国家统计船舶吨位的依据;作为计算净吨位的基础;作为计算海事赔偿费的基准。

净吨位(NT)。从总吨中扣除不用于装载旅客、货物的吨位,即为净吨位,净吨位是实际营运使用的吨位。净吨位的用途:作为税收和向有关港口交纳各种费用的计算基准;作为计算港口停泊及拖带、领港等费用的依据;作为船舶买卖或租赁的计算基准。

(4)航速。海船的航速单位是"节",用 kn 表示。1 节 = 1 海里/小时,即 1kn = 1n mile/h。海里(n mile)并不是一个固定的长度,它是地球子午圈 1 分角所张的弧长。各国对 1n mile 长度的规定不完全一致。我国规定 1n mile 为 1.852km。

民用船舶的航速一般为 15~25kn,高速船可达 30kn 以上,军用舰艇为 20~40kn,水翼船、气垫船可超过 50kn。

(5)续航力。续航力是指船舶携带额定燃料,中途不再补给,以一定航速连续航行所能达到的最大航程,以海里表示。续航力对远洋航行的运输船是极为重要的性能指标。

目前,远洋船舶的续航力都在 1 万 n mile 以上。

(6)自持力。自持力是指船舶出航后,在海上不添加燃料、淡水、食物和其他消耗品而能维持的最多天数或称昼夜,是船舶耐航性的一个指标。自持力对于离岸较远航行的远洋船,如南极捕鱼船、海洋考察船以及在海上作业时间较长的某些特殊船舶,都是很重要的性能。

船舶自身具备的续航力和自持力都是有一定限度的。

(三)船舶的主要类型

民用船舶按用途分客船和货船两大类。

1.客船

客船是专门用于载运旅客及其行李和邮件的运输船舶。通常多为定期定线航行,故也称为"班轮"。根据《国际海上人命安全公约》的规定,凡载客超过12人者均应视为客船。

客船的特点是具有多层甲板的上层建筑,设有完善的餐厅、卫生和娱乐设施,另配置有足够的救生设备、消防设备和通信设备。有些客船还设置减摇装置以改善航行环境。客船的航速较高,一般为16~20kn,大型高速客船可达24kn左右。

随着远程航空运输的发展,客船逐渐转向为短程运输和旅游观光服务,如机动灵活的快艇、高速气垫船、多层豪华客轮等。小型高速客船主要有水翼船和气垫船,多用于沿海及内河的短途航行。水翼船的航速可达40~60kn,最多可设有300个客位。气垫船航速60~100kn,100~200客位,气垫船主要用于水上航行和冰上行驶,还可以在某些比较平滑的陆地和浮码头登陆。客船类型如图3-2-5所示。

a)客轮

b)快艇

c)气垫船

d)华东明珠8

图3-2-5 客船类型

2.货船

货船是专门运输各种货物的船只。货船主要种类有杂货船、散货船、集装箱船、滚装船、载驳船、冷藏船、油船等。各类型货船如图3-2-6所示。

(1)杂货船。杂货船常用来运输一般包装、袋装、箱装和桶装等普通货物。其结构特点是具有双层甲板、4~6个货舱,货舱口装有吊货杆或起吊车。在我国运输船舶中所占比重很大。

(2)散货船。散货船是专门用来装运糖、盐、谷物、煤、矿砂等散装货物的船舶,它运输的货物品种单一,货源充足,装载量大。其结构特点:驾驶室和机舱设在尾部;货舱口大;有较大压载水舱;单甲板,顶边舱等。

(3)集装箱船。集装箱船是用于载运集装箱的专门运输船舶。集装箱一般都使用20ft

和 40ft 两种,20ft 集装箱被定为统一标准箱(TEU)。其结构特点:一个货舱,船型尖瘦,航速高(一般在 20~37kn),船上一般不设装卸设备,船舷采用双层船壳,经济效益好、成本高等。

图 3-2-6 各类型货船

(4)滚装船。滚装船是专门装运以载货车辆为货物单元的运输船舶。纵通全船的主甲板和多层车辆甲板,不设舱口和装卸设备,载货汽车可以自行上船或下船,速度快,效率高;滚装船对货种的适应性强。滚装船的航速为 18~20kn(最高可达 25kn)。

(5)载驳船。载驳船是专门装运以载货驳船为货物单元的运输船舶。货物装载在规格统一的驳船(无动力)上,再把驳船装上载驳船(母船),到达目的港后,将驳船卸到水中,由拖船或推船将其分送内河各地。载驳船具有实现海河直达运输、装卸效率高、运输成本低、不受港口水深影响、不占用泊位码头等特点。

(6)冷藏船。冷藏船是专门运输鲜活易腐货物的船舶。例如,装运新鲜的鸡、鸭、鱼、肉、蛋、水果、蔬菜和冷冻食品等。冷藏船就像一座水上活动的冷库。专用的冷藏船航速较高,船的吨位不大,通常在数百吨到数千吨。

(7)油船。油轮是专门运载石油类液货的船只。油轮上层建筑和机舱设在尾部,上甲板纵中部位,布置纵通全船的输油管和步桥。装备先进的救生、消防设备,如火警自动探测系统、卫星示位标、全封闭救生艇等。

(8)其他船舶。除了上述各种船舶外还有渡船、工程船和工作船等。

(四)船舶发展方向

(1)主要生产船型为油船、散货船、集装箱船和液化天然气(LNG)船。2018年全球船舶订单成交结构如图3-2-7所示。2018年和2019年世界主要船型新船订单量如表3-2-3所示。

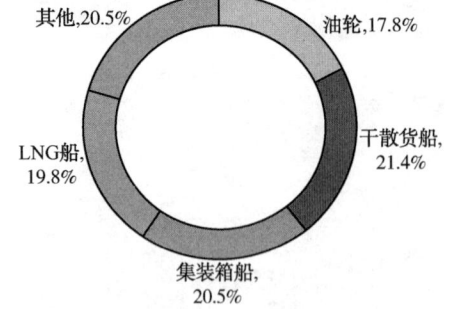

图3-2-7 全球船舶订单成交结构

2018年和2019年世界主要船型新船订单量 表3-2-3

船型	2018年(截至10月31日)		2019年(截至10月31日)	
	万载重吨	艘数	万载重吨	艘数
散货船	1665	182	1295	160
油船	1572	133	1548	118
集装箱船	1163	150	747	84
液化气船	478	85	402	73
化学品船	227	91	214	89
杂货船	57	104	82	87
滚装船	36	20	19	11
客滚船	25	92	11	33
客船	17	98	16	51

(2)世界新船建造市场呈现三足鼎立之势。2018年全球主要国家造船完工量占比如图3-2-8所示,中日韩三国新接订单量合计占世界市场份额的93%。统计资料显示,2019年中日韩三国新接订单量合计占世界市场份额的97.8%。其中,中国造船完工量、新接订单量、手持订单量分别占世界市场份额的36.8%、43.6%和43.6%,小幅超过韩国,大幅超过日本,位居世界第一。

未来船舶技术发展必然是绿色节能技术与智

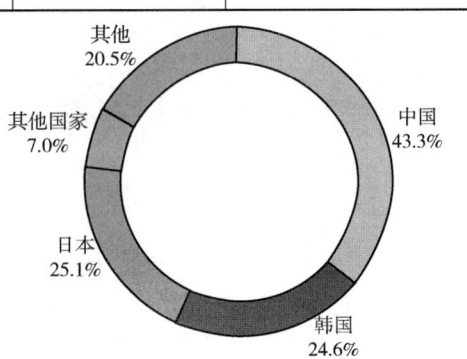

图3-2-8 2018年全球主要国家造船完工量占比

能技术的融合。采用先进技术,在满足功能和使用性能上要求的基础上,实现节省资源和能源消耗,并减小或消除造成的环境污染。绿色船舶应当具备环境协调性、技术先进性和经济合理性3个基本要素。随着互联网技术、大数据分析技术、人工智能技术等的发展,船舶向着智能化方向发展。

第二节 水路运输组织

在水路货运工作中,整个运输组织过程是指货物在起运港承运至到达港交付或疏运的全部运输过程。主要包括货物在起运港接收、仓储、装船、船舶运行至到达港,在到达港卸船、仓储、疏运或交付给收货人等过程。水运过程按照作业性质及地点可划分为港口作业、船舶作业和船舶运行3个部分,如图3-2-9所示。

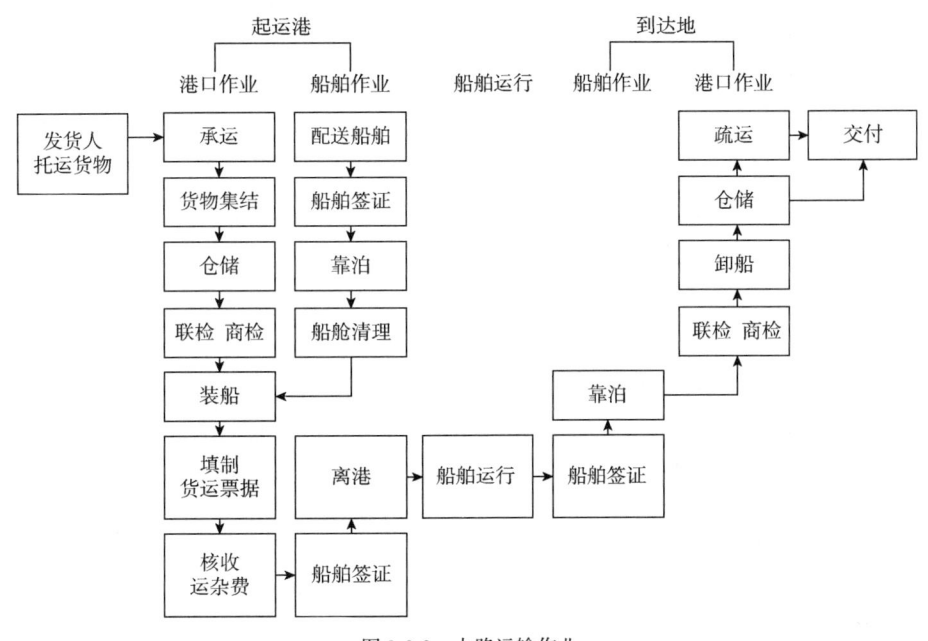

图3-2-9 水路运输作业

一、港口装卸作业

(1)港口装卸工艺。是指港口装卸货物的方法,即按照一定的劳动组织形式,运用装卸机械及其配套工具等物质手段,遵照规定的技术标准和规范,按一定的操作过程,以合理和经济的原则完成货物在不同运输工具之间的换装作业的方法。其主要内容包括装卸作业的操作方法、作业技术标准和规范以及维护工艺纪律的生产组织程序。

(2)港口生产组织。包括船舶作业组织、铁路车辆作业组织、库场作业组织、驳船作业组织、车船直取换装作业组织等。为保证各作业环节之间的衔接和生产率的一致性,每一类型的生产组织都应编制作业组织程序,确定各作业环节的配工人数、配机台数、工具的种类和数量等。

二、船舶在港作业组织

组织船舶在港作业的目标就是最大限度地缩短船舶在港的停泊时间。从船舶到达港口到船舶离开港口，必须经过如下 8 个作业过程：

(1) 联检。由海关、边防、卫生、港监组成的联合检查。

(2) 进港。在港口导航设备和引航员的引航下(有时还需要拖船的帮助)通过入港航道进入港口。

(3) 待泊。在锚地等待指泊。

(4) 靠泊。泊位确定以后在引航员和拖船的帮助下，由港口的系缆工人将船舶系在码头的系缆桩上，完成靠泊。

(5) 船舶卸货。船舶卸货之前需要办妥有关的手续，港口需要做好卸货前的一切准备工作，在船舶卸货的同时进行船舶的供给补充。

(6) 移泊。船舶的装货和卸货之间可能需要移泊，移泊的过程仍然是在引航员和拖船帮助下进行。

(7) 船舶装货。货物装船之前，必须办妥有关的手续，并做好装货前的各项准备工作，在货物装船之前或同时还要进行理货。

(8) 联检出港。装船完毕，联检合格后引航出港。

三、船舶运行组织

船舶运行组织的主要内容有拟订航线，选择适航的船舶或船队，确定运行组织的形式及船队的构成，发船密度和投放运力等。在安全前提下，有效、合理地使用运输工具，迅速、经济地运送旅客和货物，取得最佳的经济效益。船舶运行组织可概括为航次形式和航线形式两种：

(1) 航次形式

所谓航次形式是指船舶的运行没有固定的出发港和终点港，船舶仅为完成某一项运输任务，按照航次计划运行的船舶运行组织形式。采用航队形式时，船舶完成一个航次后，便可到达任一港口，运输适合的货物，开始另一个航次。航次形式、船舶的使用性质、它所运输的货种、数量、发送港和发送期限以及船舶的运行方向等，主要取决于货主的具体运输申请书，这样常常会造成船舶空驶，使船舶使用效率降低。航次作业流程如图 3-2-10 所示。

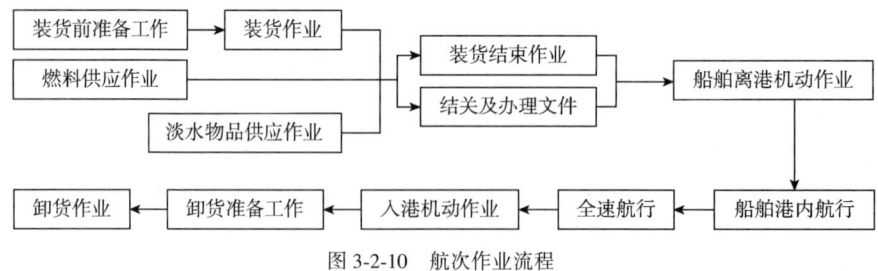

图 3-2-10 航次作业流程

（2）航线形式

所谓航线形式是指在固定的港口之间,为完成一定的运输任务,选配适合具体条件的一定数量的船舶,并按一定的工艺过程组织船舶生产活动的船舶运行组织形式,适合量大而稳定的货流运输。

航线形式的主要优点:①有利于吸引货源(旅客)组织货流(客流)保证货物(旅客)的及时送达;②有利于组织几种运输方式之间的联合运输;③有利于各生产环节协调配合,缩短船舶泊港时间,提高运输效率;④有利于工作人员熟悉航道航行条件,确保航行安全,缩短航行时间;⑤有利于船员安排生活和对船舶的管理。

在国际航行中,根据贸易与市场需要,可组织船舶以航线形式或航次形式运行。在国内的沿海及内河运输中,航线形式是船舶运输的基本组织形式,而航次形式则是一种辅助的、但不可缺少的运行组织形式。

四、我国主要水路运输集团公司

1. 中国远洋海运集团有限公司

2016 年,中国远洋海运集团有限公司(以下简称中国远洋海运集团)由中国远洋运输(集团)总公司与中国海运(集团)总公司重组而成,总部设在上海,是中央直接管理的特大型国有企业。

截至 2020 年 7 月 31 日,中国远洋海运集团经营船队综合运力 10875 万载重吨/1362 艘,排名世界第一。其中,集装箱船队规模 310 万 TEU/523 艘,居世界第三;干散货船队运力 4318 万载重吨/449 艘,油轮船队运力 2617 万载重吨/208 艘,杂货特种船队 427 万载重吨/147 艘,均居世界第一。集团在全球投资码头 59 个,集装箱码头 51 个,集装箱码头年吞吐能力 12675 万 TEU,居世界第一。全球船舶燃料销量超过 2770 万吨,居世界第一。集装箱租赁业务保有量规模达 370 万 TEU,居世界第二。海洋工程装备制造接单规模以及船舶代理业务也稳居世界前列。

截至 2018 年 3 月底,集装箱船队规模世界排名第四、亚洲第一。公司共经营 362 条航线,其中 227 条国际航线(含国际支线)、49 条中国沿海航线及 86 条珠江三角洲和长江支线。公司所经营的船舶,在全球约 90 国家和地区的 289 个港口挂靠,在全球范围内共拥有超 500 个境内境外销售和服务网点。

2. 招商局集团

简称"招商局",是中央直接管理的国有重要骨干企业,总部设在香港,也被列为香港四大中资企业之一。截至 2019 年底,集团总资产 9.1 万亿元,同比增长 14.6%。集团利润总额、净利润和总资产在央企中均排名第一。2019 年集装箱吞吐量达 11299 万 TEU,散杂货吞吐量 4.9 亿 t。2019 年,集团港口板块货物权益吞吐量位列世界第一。

中国长江航运集团有限公司(简称长航集团)长航集团总部设在湖北省武汉市,下属公司分布在长江沿线六省二市,并在沿海主要港口设有分支机构,长航集团主要经营长江航运、邮轮旅游、船舶修造和港航服务业。长期以来,长航集团深耕长江黄金水道,在长江大宗货物运输、军事交通战备保障、抢险救灾及执行国家一、二级警卫接待任务中,始终发挥国有企业主力军作用,被誉为"长江国家队"。2017 年 12 月长航集团调整为招商局集团二级公司,是中国最大的内河航运企业集团。

3. 神华中海航运公司

神华中海航运公司成立于2001年7月,注册资本金51.8亿元,注册地在上海自由贸易区(洋山港),公司主营沿海及沿江煤炭散货运输业务,兼营国际远洋运输业务。服务对象主要为神华、销售集团、电力能源企业及煤炭储运基地等。

公司现有船舶40艘,218万载重吨、年运能约5500万t,船型从4.5万吨级内贸船到7.6万吨级内外贸兼营业船,包括4.5万吨级12艘、4.77万吨级15艘、5.7万吨船舶4艘,6.9万吨船舶1艘,7.6万吨级8艘。船队规模在国内排第六位。

2019年我国水运货物运输量为63.6亿t,我国主要航运企业船舶运力情况如表3-2-4所示。

我国主要航运企业经营的船舶运力情况(截至2019年12月31日)　　表3-2-4

排　名	单位名称	艘　数	万载重吨
1	中国远洋海运集团有限公司	1315	10455.0
2	招商局集团有限公司	686	4212.4
3	山东海运股份有限公司	41	555.9
4	福建国航远洋运输(集团)股份有限公司	57	361.8
5	上海中谷物流股份有限公司	112	248.7
6	神华中海航运有限公司	40	218.0
7	海丰国际控股有限公司	88	199.0
8	上海瑞宁航运有限公司	25	197.0
9	广东粤电航运有限公司	24	172.0
10	上海时代航运有限公司	28	166.2
11	宁波海运股份有限公司	32	162.9
12	青岛洲际之星船务有限公司	32	156.9
13	东莞市海昌船务有限公司	18	137.0
14	福建交通运输集团有限责任公司	32	130.6
15	南京远洋运输股份有限公司	22	120.0
16	浙江省海运集团有限公司	24	105.3
17	江苏远洋运输有限公司	35	101.8
18	福建海通发展股份有限公司	19	100.8
19	泉州安盛船务有限公司	32	95.8
20	华远星海运有限公司	18	91.0

第四篇　航　空　篇

第一章　初识航空运输

第一节　航空运输概念与特点

航空运输是使用飞机及其他航空器运送人员、物资及邮件的一种运输方式。航空运输具有快速、机动的特点,是现代旅客运输,尤其是远程旅客运输的重要运输方式,也是国际贸易中的贵重物品、鲜活货物和精密仪器的主要运输方式。

一、航空运输特点

1. 运输速度快

航空运输在各种运输方式中速度最快,这是航空运输的最大优点。现代喷气式飞机的飞行速度能达到 900km/h。但由于机场位于城市远离郊区,机场与市区之间的交通方式不够完善,使得整个运输过程不够快速、便捷,因此,运输距离越长,航空运输速度快的优势越显著。随着高速铁路的发展,航空运输受到了冲击,尤其是在中距离运输方面。

2. 运输成本高

由于飞机价格昂贵、维护成本高、燃油费用高等原因,导致航空运输方式的单位运输成本偏高,直接表现在旅客运价、货物运价均高于其他运输方式。

3. 国际性

航空运输已成为现代社会最重要的交通运输形式,包括国际友好合作,也包含国际激烈竞争,在服务、运价、技术协调、经营管理和法律法规的制订实施等方面,都要受国际统一标准的制约和国际航空运输市场的影响。

4. 准军事性

人类的航空活动首先投入军事领域,而后才转为民用。因此很多国家在法律中规定,航空运输企业所拥有的机群和相关人员在平时服务于国民经济建设,也作为军事后备力量,在战时或紧急状态时,民用航空即可依照法定程序被国家征用,服务于军事上的需求。

5. 资金、技术、风险密集性

航空运输业是一个高投入的产业,无论运输工具,还是其他运输设备都价值昂贵、成本巨大,因此其运营成本非常高。航空运输业由于技术要求高,设备操作复杂,各部门间互相依赖程度高,因此其运营过程中风险性大。任何一个国家的政府和组织都没有相应的财力,像贴补城市公共交通一样去补贴本国的航空运输企业。出于这个原因,航空运输业在世界各国都被认为不属于社会公益事业,必须以盈利为目标才能维持其正常运营和发展。

6.自然垄断性

由于航空运输业投资巨大,资金、技术、风险高度密集,投资回收周期长,对航空运输主体资格限制较严,市场准入门槛高,加之历史的原因,使得航空运输业在发展过程中形成自然垄断。

二、航空分类

民用航空分为商业航空和通用航空。

1.商业航空

商业航空也称为航空运输,是指以航空器进行经营性的客货运输的航空活动。它的经营性是一种商业活动,以盈利为目的。截至 2018 年底,民航全行业运输飞机在册架数 3639 架。

2.通用航空

通用航空是指除商业航空以外的其余部分的民用航空,包括工业航空、航空科研和探险活动、农业航空、飞行训练、公务航空、私人航空等。截至 2018 年底,通用航空在册航空器总数达到 2495 架,其中教学训练用飞机 692 架。

三、航空运输体系

航空运输体系包括飞机、机场、空中交通管理系统和飞行航线 4 个部分。这 4 个部分有机结合,分工协作,共同完成航空运输的各项业务活动。

1.飞机

飞机是航空运输的主要运载工具。按其最大起飞重量,民用机可分为大型、中型、小型飞机。按航程远近,可分为远程、中程、短程飞机。

2.机场

机场是提供飞机起飞、着陆、停驻、维护、补充给养及组织飞行保障活动的场所,也是旅客和货物的起点、终点或转折点。

3.空中交通管理系统

空中交通管理系统是为了保证航空器飞行安全、提高空域和机场飞行区的利用效率,而设置的各种助航设备和空中交通管制机构及规则。助航设备分仪表助航设备和目视助航设备。仪表助航设备是指用于航路、进近(飞机下降对准跑道的飞行叫作进近)、机场的管制飞行,包括通信、导航、监视(雷达)等装置;目视助航设备是指用于引导飞机降落、滑行的装置,包括灯光、信号、标志等。空中交通管制机构通常按区域、进近、塔台设置。空中交通管制规则包括飞行高度层配备,垂直间隔、水平间隔(侧向、纵向)的控制等。管制方式分程序管制和雷达管制。

4.飞机航线

飞机航线是航空运输的线路,是由空中交通管理部门设定飞机从一个机场飞抵另一个机场的通道。飞行航线分为航路、固定航线、非固定航线。航路是用于国与国之间、跨省(区、市)航空运输的飞行航线,规定其宽度为20km。固定航线是用于省(区、市)之间和省(区、市)内定期航班飞行,尚未建立航路的飞行航线。非固定航线是用于临时性的航空运输或通用航空运行,在航路和固定航线以外的飞行航线。

航空运输体系除了上述4个基本组成部分外,还有商务运行、机务维护、航空供应、油料供应、地面辅助及保障系统等。

第二节 我国民航运输管理体制与组织架构

一、我国民航运输管理体系

(一)民航政府行政管理构架

中国民用航空业管理体系为三级管理,即民用航空局、航空地区管理局和省航空安全监督管理局三级管理。民航局下设7个地区管理局,各地区管理局下设多个省市级安全监督管理局,对民航事务实施监督。行政管理机构示意图如4-1-1所示。

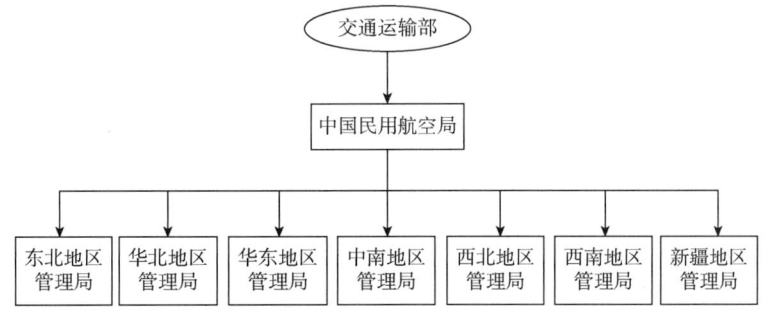

图 4-1-1 行政管理机构示意图

1.中国民用航空局

中国民用航空局,简称中国民航局或民航局,英文缩写CAAC,是中华人民共和国国务院主管民用航空事业的由部委管理的国家局,归交通运输部管理。位于北京市东城区东四西大街155号,其前身为中国民用航空总局。2008年3月23日,由国务院直属机构改制为交通运输部管理的国家局,同时更名为中国民用航空局。

2.地区管理局

地区管理局的职责:贯彻执行民用航空的方针、政策及规章条例;管理所辖地区的机场、民用航空器的飞行活动,按《中国民用航空飞行事故调查条例》之规定,调查处理民用航空器的飞行事故;审查、颁发或吊销经营所辖区内航线的航空企业的经营许可证,监督外国民航企业在所辖区内的业务活动;审查、颁发或吊销所在地区民航企业的维修人员执照;管理受民航局委托管理的直属运输、通用航空企业。

3.安全监督管理局的职责

安全监督管理局的职责:组织运输生产和通用航空业务,在地区管理局授权下,对辖区内民航企事业单位实施行业管理和安全监督检查。

除此之外,中国民用航空局还设有空中交通管理局、中国民航飞行学院等与民航事务有关的直属机构。

各地区管理局及其安全监督管理局名称如表4-1-1所示。

各地区管理局及其安全监督管理局名称 表4-1-1

地区管理局名称	所在地代码	安全监督管理局
华北管理局	1	北京、天津、河北、山西、内蒙古
西北管理局	2	陕西、甘肃、宁夏、青海
中南管理局	3	河南、湖北、湖南、广西、海南、广东、深圳、桂林、三亚
西南管理局	4	四川、重庆、贵州、云南、丽江、西藏自治区管理局(代管)
华东管理局	5	上海、江苏、浙江、山东、安徽、福建、江西、厦门、青岛、温州
东北管理局	6	黑龙江、吉林、辽宁、大连
新疆管理局	9	

(二)民航企业

民航企业是指从事民航业有关的企业。目前,中国航空运输业初步形成了以中国国航、东方航空、南方航空三大航空公司为主导,多家航空公司并存的竞争格局。三大国有控股航空集团占据了国内航空客货运输市场较大的份额。截至2018年底,我国共有航空公司482家,获得通用航空经营许可证的通用航空企业422家。2018年各航空集团(公司)周转量占比如图4-1-2所示。

为便于组织运输生产,每个航班都按照一定的规律编有不同的号码以便于区别和管理,这种号码称为航班号。航空公司代码是国际航空运输协会(IATA)为全球各航空公司指定的两个字母的代码,IATA也采用国际民用航空组织1987年开始发布的三字母代码,代码用于各种商业用途的航空公司识别。如CA表示国际航空公司,MU表示东方航空公司,CZ表示南方航空公司;另有六大地方航空公司,即3U表示四川航空公司,ZH表示深圳航空公司,FM表示上海航空公司,MF表示厦门航空公司,HU表示海南航空公司,SC表示山东航空公司。我国国内航班号的编排如图4-1-3所示。

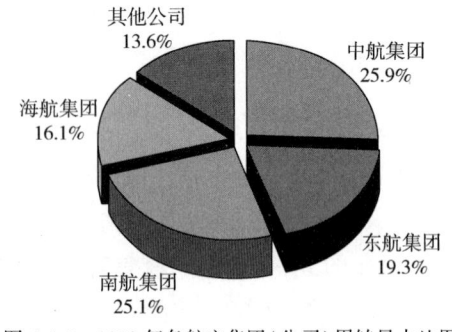

图4-1-2 2018年各航空集团(公司)周转量占比图

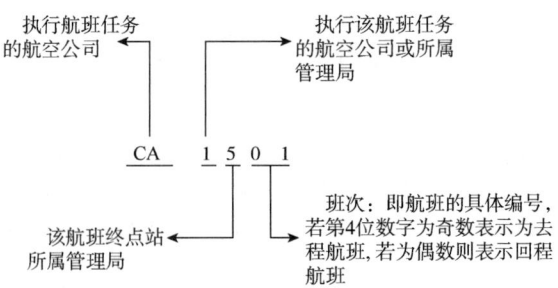

图4-1-3 我国国内航班号的编排

CA代表这个航班是有国航承运的;第一位数字是1,国航的总部位于北京,北京属于华北地区,华北地区的地区代码是1;第二位数字是5,代表这趟航班的目的地是华东地区;第三位数字是0,是一个序列号,没有实际意义;第四位数字是1,是一个奇数,代表这是一个去程航班。所以,这个航班号可以翻译为:由国航承运、从北京飞往上海的去程航班。

我国民航事业发展迅猛,不同的航空公司有自己独特的标志,它是对公司形象的归纳和提炼。这些公司标志(Logo)不仅简洁明了,而且很有美感。部分航空公司标志(Logo)如图4-1-4所示。

图4-1-4 部分航空公司标志(Logo)

(三)民航机场管理

1.机场产权隶属关系

目前我国民用机场的产权隶属关系总体来说可归纳为以下5种:

(1)民航局所属的机场。主要包括首都机场集团全资或控股的40多个机场、新疆管理局所属的4个机场等。

(2)地方政府所属机场。指由省(区、市)所属的机场,目前占我国机场总数的75%以上。

(3)西部机场集团跨省所属机场。指陕西省所属的西部机场集团跨省拥有了陕西、甘肃、宁夏和青海四省(区)的19个机场。

(4)航空公司所属是指海航所属的机场及南航所属的河南南阳机场。

(5)属于中联航的南苑和佛山机场。

2.机场管理模式

(1)省机场集团管理模式

省机场集团是以各省的省会机场为核心,以省内其他机场(全部或部分)为成员的机场集团。该管理模式有利于从统筹调配全省资源,统一规划;有利于发挥机场集团公司的规模优势,促进省内小型支线机场的生存和发展。但该模式在某种程度上,会导致机场所在地政府缺乏投资建设和发展机场的积极性。对未纳入机场集团的小型支线机场,由于存在投融资模式单一、管理水平不高等问题,导致生存和发展困难。

(2)跨省机场集团管理模式

该模式指在成立省机场管理集团以后,省机场管理集团之间再进行兼并与收购,如西部机场集团、首都机场集团等。该模式的规模优势体现在:有利于集团公司非航空业务实行一体化经营和管理,提高机场非航空性业务收入;借助于集团的大平台,实现集团化管理的规模效应,也有利于提高成员机场的经营管理水平。该模式的劣势:大大降低了成员机场所在地地方政府投资和扶持机场发展积极性。

(3)省会机场公司管理模式

该模式是指省政府仅管理省会机场,省内其他机场则由所在地市管理。属于此模式的有江苏、山东、河南等省,这3个省的国有资产监督管理委员会分别管理南京、济南和郑州3个省会机场,其他机场由机场所在地市管理。该模式的优势是有利于调动全省资源扶持省会机场的建设、运行和发展。但这种模式的不利之处是无法依托省会机场的资源优势来带动省内其他小型支线机场的发展。

(4)市属机场管理模式

该模式是指机场由其所在地的市政府管理,如我国的深圳、山东青岛和威海、山西的大同和运城等机场。这些机场公司只管理本地一个机场。该模式下,机场的发展与当地经济关系紧密。城市由于经济实力雄厚,机场的发展速度也比较快。若机场所在地经济欠发达,又无法获得省会机场的带动,总体来说此类机场发展相对较困难。

(5)航空公司管理机场模式

此种模式的代表是海航集团管理的机场。目前海航集团管理的机场数量合计16家。此类机场有利于利用航空公司来拓展机场的航线航班,做大航空市场,从而持续提高机场的航空业务量,解决支线机场航班量不足问题。但对于大中型机场来说,则不利更多。主要表现在:一是将机场交给航空公司来运营管理,机场所在地政府投资建设机场的积极性降低;二是对于大型机场来说,一般航空公司会利用控制机场资源的先天优势,对在该机场运行的其他航空公司采取歧视对待;三是航空公司管理机场后,由于其是营利性企业,一般会将机场纳入企业搞资本运营,而忽视机场在建设、安全等方面的投入,缺乏对机场发展的长远考虑。

(6)委托管理机场模式

在被托管的机场中,依据受托方主要分为以下两类:一类是内地机场由内地机场来管理,如吉林机场集团、内蒙古机场集团由首都机场集团公司托管;另一类是内地机场委托外资、港资管理,如香港机场托管珠海金湾机场。该模式的主要优势:有利于利用受托机场的经营管理优势,促进被托管机场经营管理水平的提升。如珠海金湾机场被香港机场托管后,通过引入香港机场的经营管理理念,实现了机场的规范化管理。主要劣势:受托机场管理机构缺乏主人翁意识,不利于被托管机场的长远发展。

二、国际航空运输主要管理机构

(一)国际民航航空组织(ICAO)

1947年4月4日国际民用航空组织(International Civil Aviation Organization,简称ICAO)

正式成立,5 月 13 日成为联合国的一个专门机构,简称国际民航组织。总部设在加拿大蒙特利尔。其作用是制订国际航空和安全标准;收集、审查、发布航空情报;调解成员国之间于国际民用航空有关的任何争端;防止不合理竞争造成经济浪费、增进飞行安全等;逐步建立气象服务、交通管制、通信、无线电信标台、组织搜索和营救等飞行安全所需设施模式;防止空中污染、保障国际航系安全方面的任务。

(二)国际航空运输协会(IATA)

国际航空运输协会(International Air Transport Association,简称 IATA)是一个由世界各国航空公司组成的大型国际组织,总部设在加拿大的蒙特利尔,执行机构设在瑞士日内瓦。与监管航空安全和航行规则的国际民航组织相比,它更像是一个由承运人(航空公司)组成的国际协调组织,管理在民航运输中出现的诸如票价、危险品运输等问题。

(三)国际机场理事会(ACI)

国际机场理事会(Airports Council International,简称 ACI)是全世界所有机场的行业协会,是一个非营利性组织,其宗旨是加强各成员与全世界民航业各个组织和机构的合作,包括政府部门、航空公司和飞机制造商等,并通过这种合作,促进建立一个安全、有效、与环境和谐的航空运输体系。

(四)世界联合旅游代理协会(UFTAA)

UFTAA 成立于 1966 年,由国家旅游代理协会、旅游公司构成,代表着 114 个国家协会,分别分布于 121 个国家,是世界上代表着旅游业的最大的团体,是一个民间机构,致力于教育培训技能,以提高旅游代理机构进入 21 世纪后的竞争力和专业化。UFTAA、IATA(国际航空运输协会)、UFTAA(世界联合旅游代理协会)已成为国际公认的旅游业专业鉴定机构。

(五)国际航空电信协会(SITA)

SITA 是一个专门承担国际航空公司通信和信息服务的合资性组织。1949 年 12 月 23 日由 11 家欧洲航空公司的代表在比利时的布鲁塞尔创立。SITA 经营着世界上最大的专用电信网络,由 400 多条中高速相互连接 210 个通信中心组成。各航空公司的用户终端系统通过各种不同形式的集中器连接至 SITA 的网状干线网络。中国民航于 1980 年 5 月加入 SITA,中国国际航空公司、中国东方航空公司、中国南方航空公司都是 SITA 的会员。

第三节 航空运输旅客出行常识

一、客票概述及相关内容

客票,俗称机票,是航空旅客与承运人之间为空运旅客和行李所订合同的凭证(报销凭证)。旅客按照航空公司规定支付全部票款后,航空公司或其客运销售代理人为旅客填开客票。航空客票的主要内容有旅客姓名、全航程(包括出发地、经停点、目的地以及不同航程、不同承运人)、航班号、客票等级、乘机日期和起飞时间、行李件数和重量、票价款额、承运人名称和地址等,客票见图 4-1-5。此外,客票通常附有简要的旅客须知,如说明客票有效期和运输条件,国际客票还应列明适用的国际公约规定和条件等。航空客票是记名式,旅客不能自行转让。航空客票是进行财务核算和统计的原始资料。

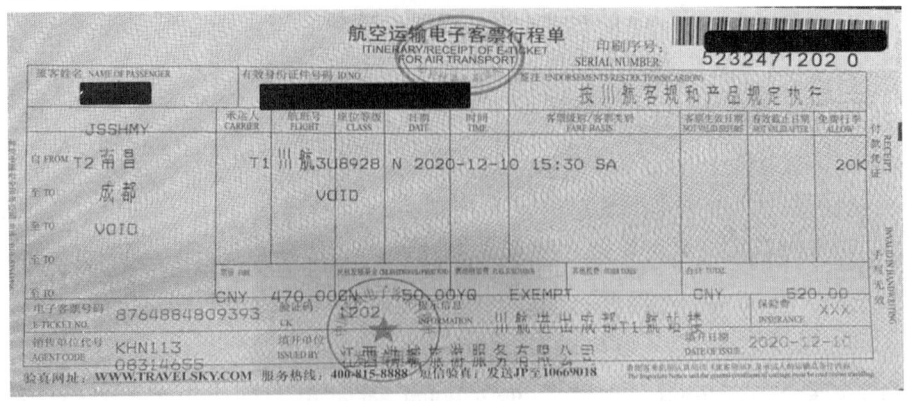

图 4-1-5 客票

登机牌是旅客乘坐航班时的登机凭证(图 4-1-6)。登机牌的主要内容有旅客姓名、航班号、航班日期、航班所在登机口、座位号、登机时间及登机口关闭时间(截载时间)。办理登机牌(值机)可通过前往航站楼航空公司或其代理人柜台办理,也可通过手机进行网上值机。

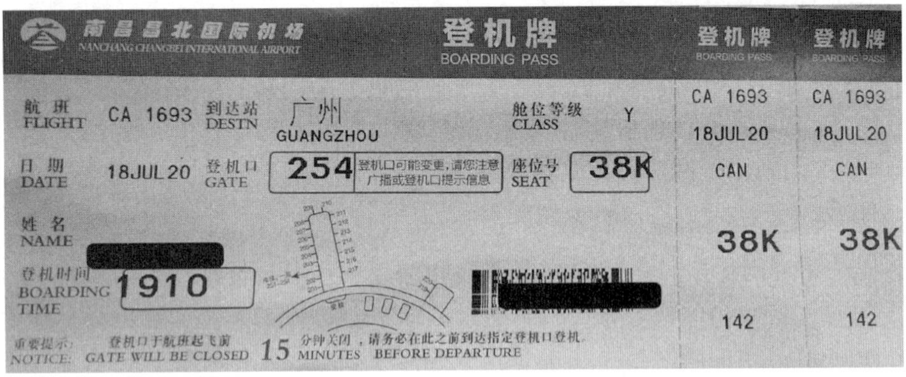

图 4-1-6 登机牌

1.票价

(1)普通票价

即航空公司公布的正常销售票价,通常称全价票,没有任何折扣和优惠,允许进行签转和更改。此类价格高于特种票价。

(2)特种票价

特种票价通常分为两类:一种是针对政府规定的特定人群的票价,如革命伤残军人和因公致残的人民警察等。在签转、变更和退票等方面的限制很少。

另一种是航空公司根据市场淡旺季、购票人数、购票时间的早晚等情况推出的特殊优惠票价,通常称折扣客票或者特价票。这种客票不允许签转,有很多限制条件,有效期各异,但较便宜。在购买此种客票时,旅客务必了解该客票相关的限制条件,如需退票、改签,往往手续费较高。

2.客票有效期

客票有效期是旅客使用客票完成航空旅行的期限。旅客必须在该期限内完成客票上列明的全部航程。国内客票的有效期为一年,订妥座位的客票自运输开始之日次日零时起计算;未订妥座位的客票自出票之日次日零时起计算。

国际客票的有效期因客票的种类不同而有所区别,普通客票的有效期为一年,不论其为单程、来回程或环程,如果全部未使用,自出票之次日零时起计算;如果已经开始使用,则从旅客开始旅行之次日零时起计算;特种客票和折扣客票的有效期,则应根据该票的规定计算;而季节性航线客票的有效期,就以该航线实施的季节期限为准。

3.客票变更

客票变更分为自愿变更和非自愿变更两种情形。

自愿变更:旅客购票后,改变乘机日期、航班、航程、票价级别或更换乘机人,航空公司及其销售代理人应根据实际可能积极办理。自愿变更也有一定限制,折扣票有不同的限制条件,甚至不允许变更(即无法改签,需重新购票)。

非自愿变更:航班取消、提前、延误、航程改变或不能提供原定座位时,航空公司应优先安排旅客乘坐后续航班或签转到其他航空公司的航班。因航空公司的原因,旅客的舱位等级变更时,票款的差额多退少不补。

4.退票

由于航空公司或旅客原因,旅客不在客票有效期内完成部分或全部航程,可以在客票有效期内要求退票。旅客应凭客票或客票未使用部分的"乘机联"和"旅客联"办理退票。国内航班退票可在机场航空公司或其代理人售票柜台办理,网络购票的旅客可在网上办理退票手续。票款只能退给客票上列明的旅客本人或客票的付款人。国际航班退票应在原购票地点或者经航空公司同意的地点,并符合原购票地点和退票地点国家的法律及其他规定。

旅客自愿退票,除有效客票外,还应提供旅客本人的有效身份证件,网上退票应使用购买机票 App 账号登入办理。革命伤残军人和因公致残的人民警察要求退票,经航空公司审核同意后,可免收退票费。旅客在航班的经停地自动终止旅行,该航班未使用航段的票款不退。

因航空公司原因造成航班取消、提前、延误、航程改变或不能提供原定座位时,旅客要求退票,始发站应退还全部票款,经停地应退还未使用航段的全部票款,均不收取退票费。

旅客因病(包括患病旅客的陪伴人员)要求退票,需提供医疗单位的证明,始发地应退还全部票款,经停地应退还未使用航段的全部票款,均不收取退票费。

机票退票费:各航空公司的规定不同,建议根据实际情况咨询航空公司。民航正常规定是:在航班规定离站时间 24h(含)以前,收 5%;24h 以内至 2h(含)以前,收 10%;航班规定离站时间 2h 以内收 20%;航班规定离站时间后,收 50%;特价机票除外(部分特价机票不退票款,仅退机场建设费)。

5.客票遗失

旅客遗失客票,应以书面形式迅速向航空公司或其销售代理人申请挂失。在旅客申请挂失前,客票如已被冒用或冒退,航空公司不承担责任。

定期客票遗失,旅客在所乘航班规定离站时间 1h 前向航空公司提供证明后,航空公司可以补发原定航班的新客票。补开的客票不能办理退票。

不定期客票遗失,旅客应及时向原购票的售票地点提供证明后申请挂失。经查证客票未被冒用或冒退、待客票有效期(通常是一年)满后的 30 日内,办理退款手续。国际客票应在航空公司规定的时限内办理。

6.航空保险

(1)客票险:旅客的客票含有旅客法定责任险。当旅客在乘坐飞机时发生意外,造成人身伤亡或行李物品的损失均属法定责任险。

(2)航意险:旅客可以自愿向航空公司投保国内航空运输意外伤害险。购买此险,不免除或减少航空公司应当承担的赔偿限额。

(3)行李险:如果旅客的托运行李价值较高,在办理行李托运时可以自愿购买商业保险。旅客购买了商业保险,行李赔偿时并不因此免除航空公司的赔偿责任。

7.订座

旅客可以通过航空公司及其授权的销售代理人的售票处、销售服务热线、互联网订座和购票。(注意:务必在航空公司规定的出票时限内付款购票,否则座位将被自动取消。)

8.购票

旅客可以在航空公司或其客运销售代理人的售票处以及登陆航空公司官方网站、手机网站、移动客户端购票,也可通过航空公司热线进行咨询和购票。旅客购票必须凭本人有效身份证件或公安机关出具的其他身份证件,填写"旅客订座单";旅客通过上述网站、移动客户端、热线购买客票应按航空公司的规定告知个人有效身份证件、联系电话等信息,并对其真实性负责。旅客应确保其购票时使用的身份证件与其办理乘机登记手续时使用的证件相同。旅客应当使用航空公司可以接受的货币和付款方式交付票款,除航空公司与旅客另有协议外,票款一律现付。

购买儿童客票、婴儿客票,应提供儿童、婴儿出生年月的有效证明。患病旅客、孕妇(怀孕超过 32 周的)购票,应根据航空公司的要求提供相应材料,经航空公司同意后方可购票。每一位旅客应单独持有客票。旅客在约定的出票时限内交付票款,由航空公司或其客运销售代理人填开客票。交付票款的旅客应领取并核对客票或行程单信息。旅客有特殊情况要求保留座位,须经航空公司同意并按订座记录中注明的出票时限购票。

儿童购买儿童票,提供座位。婴儿购买婴儿票,不提供座位;如需要单独占用座位时,应购买儿童票。每一成人旅客携带婴儿超过一名时,超过的人数应购买儿童票。

革命伤残军人和因公致残的人民警察凭《中华人民共和国革命伤残军人证》和《中华人民共和国人民警察伤残抚恤证》,按照同一航班成人普通票价的 50%购票。

9.查验客票

旅客务必对所购买客票的姓名、航班日期、出发和到达城市(如果始发地或目的地不止一个机场)及乘坐航班的候机楼等事项加以确认,以免走错路线。

客票上的字母含义:

OK 表示:座位已被确认。

RQ 表示:候补。

OPEN 表示:座位未确认。

CN 表示:民航发展基金。

YQ 表示:燃油附加费。

10.航班超售

旅客订票后并未购买或购票后在不通知航空公司的情况下放弃旅行,从而造成航班座位虚耗。为了满足更多旅客的出行需要和避免航空公司座位的浪费,航空公司会在部分容易出现座位虚耗的航班上,进行适当的超售。这种做法对旅客和航空公司都有益,也是国际航空界的通行做法。航班超售时,航空公司将在旅客办理乘机手续前,告知旅客航班超售情况、补偿方案及旅客可享有的权利。在超售情形下,对于弃乘的旅客,航空公司将给予合理的补偿并根据旅客的要求为其安排合适的航班或退票。如果没有足够的旅客愿意放弃本次航班旅行,航空公司可以根据其确定的优先登机规则拒绝运输部分旅客。对于被拒绝运输的旅客,在其决定继续旅行的情况下,航空公司将安排旅客搭乘相应舱位的最早航班,并根据旅客原定航班及被延误时间按照相关规定给予合理的补偿。

二、乘机材料及流程

1.证件

1)使用有效身份证件

有效身份证件指的是用于证明自然人有效身份信息的证件。目的是为了证明居住在中华人民共和国境内的公民的身份,保障公民的合法权益,便利公民进行社会活动。

大致可归纳为四大类:居民身份证件、军人类证件、护照/通行证类证件和其他可以乘机的有效证件。

居民类:中华人民共和国居民身份证和临时居民身份证。

军人类:军官证、武警军官证、士兵证、军队文职干部证、军队离(退)休干部证、军队职工证、学员证。

护照/通行证类:护照、港澳同胞回乡证、港澳同胞来往内地通行证、中华人民共和国往来港澳通行证、台湾居民来往大陆通行证、大陆居民往来台湾通行证、外国人居留证、外国人出入境证、外交官证、领事官证、海员证等。

其他可以乘机的有效证件:

(1)本届全国人大代表证、全国政协委员证;

(2)出席全国或省、自治区、直辖市的中国共产党全国代表大会、中华人民共和国全国人民代表大会、中国人民政治协商会议、工会、共青团、妇联代表会和劳模会的代表,凭所属县、团级(含)以上党政军主管部门出具的临时身份证明;

(3)旅客的居民身份证在户籍所在地以外被盗或丢失的,凭发案、报失地公安机关出具的临时身份证明;

(4)年龄已高的老人,凭接待单位、本人原工作单位或子女、配偶工作单位[必须是县、团级(含)以上工作单位]出具的临时身份证明;

(5)16岁以下未成年人凭学生证、户口簿或者户口所在地公安机关出具的身份证明,等等。

2)证件遗失

到户籍地派出所开出户籍证明。现在的户籍证明都有标准的格式,同时有相片复印件在上面。凭户籍证明可以办理登机手续。

如不在户籍地,可以直接到机场派出所,出示自己相关的证件,如驾驶证、教师证、法官证、工作证等,然后说明情况,报出自己的身份证号后,待派出所核实后,由机场派出所开出证明,凭证明办理登机手续。

2.办理乘机手续

(1)办理手续时间

须预留足够的办理手续时间。如正常排队办理乘机手续时间紧张,请及时向工作人员和值班经理提出,寻求协助,避免误机。

(2)自助办理乘机手续

通过航空公司网站、自助服务设备(CUSS)或其他方式自助办理乘机手续。但是,自助乘机手续不能办理行李托运,在机场航空公司会设置行李托运柜台,旅客可以凭打印的登机牌到柜台托运行李(部分中大型机场已开通自助托运行李设备)。

(3)打印后遗失的补办

自己打印的登机牌遗失后,可凭有效证件到机场办理乘机手续柜台补办乘机手续。在网上自助打印的登机牌,也可凭保存的登机牌图样重新打印,或使用电子登机牌(二维码)登机。

(4)截止时间

航空公司根据各机场、航站楼的设施和环境的不同,截止办理乘机手续的时间是不同的,应提前向航空公司、机场了解相关信息,以免误机(国内航班截止办理乘机手续时间普遍为航班起飞前30~50分钟)。

(5)国际旅客

国际旅客需留出充裕的时间办理出境手续。

(6)特殊旅客

需要特殊服务及加验其他乘机证明方可运输的旅客,如儿童、婴儿、孕妇、无人陪老人、盲人旅客、聋哑旅客、需担架或轮椅服务的旅客、身体患病旅客或精神病患者等,无法自助办理乘机手续。

3.候机

(1)登机牌的作用

旅客办理完乘机手续后会取得登机牌,而登机牌是旅客乘坐飞机唯一的登机凭证,因此旅客应妥善保管。

(2)登机牌上的信息

登机牌上的信息旅客应仔细阅读,其中常规的内容包括:姓名、航班号、乘机日期、登机口的位置、登机时间、座位号码、舱位等级、始发地和目的地。最重要的是,每一张登机牌上都会有特别温馨提示的内容:登机口于飞机起飞前10分钟(或15分钟)关闭(因各航空运输企业规定有所不同,因此登机口的关闭时间也不同)。这句话的意思是告知旅客,飞机会在起飞前10分钟或15分钟(根据登机牌上列出的时间)按时关闭舱门。因此,有了登机牌,旅客还需在规定的时间内登机,方可顺利成行。

(3)候机显示屏及广播

当旅客进入候机厅候机时,应按照登机牌的指定登机口候机,及时关注航班显示屏及候机广播的相关内容。如遇特殊情况,航空公司会临时改变登机口,变更后的登机口位置将通过显示屏或候机广播告知旅客。因此,旅客登机牌上所列明的登机口有可能不是旅客最终登机的准确位置,因此,请旅客留意临时变更的相关乘机信息。

4.误机

因未按规定时间办妥乘机手续或旅行证件不符合规定未能乘机,可联系航空公司官方客服进行改签,航空公司将收取一定的改签费用,如要求退票,航空公司将收取退票手续费。

疑问:我误机了,航空公司为什么不给我办理签转或退票?

旅客误机后,航空公司会依据旅客所购客票舱位等级所对应的客票限制条件来办理相应手续。一般情况下,折扣机票限制使用条件较多,大多不得签转退票。因此,购买机票时一定要了解清楚客票的使用限制条件,以免造成不必要的麻烦,耽搁旅客的行程。

5.中转

航空公司在中转机场一般都提供中转服务。中转分为国内转国内、国内转国际、国际转国内、国际转国际。

国内转国内时,如可办理行李联运的托运行李,无须提取;不可办理联运的托运行李应在提取行李后重新办理托运手续。国内转国际时或者国际转国内时,须办理边防出境、海关申报和查验手续。办理通程登机或行李联运的托运行李,需要提取。国际转国际时,须办理边防过境手续,但无需办理海关申报和查验手续。办理通程登机或行李联运的托运行李,无需提取。

6.旅客乘机流程

1)国内出发流程

(1)换登机牌、行李托运

到达机场后,在出发大厅指定的服务台凭客票及本人有效身份证件按时办理乘机和行李交运手续,领取登机牌。

(2)购买航空保险

旅客可自行决定是否购买保险(非强制购买)。

(3)安全检查

通过安全检查时,应向工作人员出示登机牌和有效身份证件,旅客需通过金属探测器门并接受安检人员检查。为了飞行安全,旅客及随身携带行李物品必须接受安全检查。带入客舱内的行李需通过X光机检查,旅客要走金属探测器门并接受安检人员检查。

根据登机牌所显示的登机口号在相应的候机厅候机休息,听广播提示进行登机。

2)国际出发流程

(1)海关检查

若有物品申报时,请走红色通道(申报通道),办理海关手续;如果没有,请走绿色通道(无申报通道)。

(2)行李托运、换登记牌

凭客票及本人有效身份证可以在指定值机柜台办理乘机和行李交运手续,领取登机牌。飞机离站前45min停止办理乘机手续(具体以各机场公布的时间为准)。须注意护照、签证及旅行证件应随身携带,不要放在交运行李中运输。

(3)购买航空保险

旅客可自行决定购买航空保险(非强制购买)。

(4)边防检查

确认出境卡是否填好,并连同护照、签证一并交边防检查站查验,中国内地旅客无需填写出境卡,外籍旅客及港澳台地区旅客需填写出境卡。

(5)安全检查

通过安全检查时,应向工作人员出示登机牌和有效身份证件,旅客需通过金属探测器门并接受安检人员检查。为了飞行安全,旅客及随身携带行李物品必须接受安全检查。带入客舱内的行李要做X光机检查,旅客要走金属探测器门并接受安检人员检查。

根据登机牌所显示的登机口号在相应的候机厅候机休息,听广播温馨提示进行登机。

3)国内到达流程

(1)领取交运行李

到达目的地后,确认航班号,到相应的行李转盘领取交运行李。行李较多时,使用行李手推车比较方便。

(2)进入到达大厅

在大厅接客处兑换人民币。到达大厅接客处设有市区各大宾馆接待柜台和公交售票柜台。出租车和公交巴士站台位于国内到达出口处。

4)国际到达流程

(1)卫生检疫

在飞机内如果得到检疫所发的卫生健康卡,请填写必要事项并交到卫生检疫站。

(2)边防检查

内地旅客无需填写入境卡,外籍及港澳台地区旅客填写入境卡,并将有效身份证件、旅行证件一并交边防检查站查验。

(3)领取交运行李

确认航班号,使用行李推车比较方便。

(4)海关检查

如果携带的物品没有超过免税范围,走绿色通道(无申报通道);超过或不清楚时请走红色通道(申报通道),接受检查或办理海关手续。

(5)进入到达大厅

在大厅接客处兑换人民币。到达大厅接客处设有市区各大宾馆接待柜台和公交售票柜台。出租车和公交巴士站台位于国际到达出口处。

三、安检及行李

1.安检常识

(1)航空运输的首要原则是保证安全,民航安检部门在保证安全的前提下,为航空消费者提供优质、高效、快捷的服务。

安检时,应向安检人员出示登机牌和有效身份证件,安检员审核后将在登机牌上盖章。旅客和其随身携带的所有物品必须接受安检部门的检查。

（2）为了保证航空安全，特殊情况下可以实施安检特别工作方案，一些机场可能要求旅客脱下皮带、鞋子、照相机、移动电话、随身携带的玩具等接受检查，如发现可疑物品时采用开箱（包）检查的方式，必要时也可以随时抽查。旅客有责任及义务配合安检部门的检查。

（3）安检门的安全性：旅客在通过安检门时会有顾虑，像孕妇、带有心脏起搏器的患者，甚至有旅客担心信用卡、手机、手表、相机等物会受到影响而失效。这种顾虑是没必要的，不必恐慌，民航安全检查门和金属探测器都是通过严格检验，符合安全标准和旅客安全标准，它通过感应寄生电流及均化磁场的数字信号处理方式获得很高的分辨率，但发射磁场厚度很低，对心脏起搏器佩戴患者、体弱者、孕妇，磁场媒质和其他一些电子装置均无损害，广大乘机旅客可以放心通过安检。孕妇通过安检时，如有顾虑请向安检人员表明身份。

安全检查时，请旅客注意不要遗漏本人放入筐内的个人物品。

为了保证按时起飞，旅客应提前到达机场，为接受安全检查服务预留充足的时间，减少不必要的麻烦。如果旅客因为安检而延误了航班，根据机票种类的不同区别处理。

2.行李常识

行李是指旅客在旅行中为了穿着、使用、舒适或便利而携带的必要或者适量的物品和其他个人财物。除另有规定外，包括旅客的托运行李和非托运行李。

国内、国际或地区航班行李托运规则见表4-1-2。

国内、国际或地区航班行李托运规则　　　　　表4-1-2

航班类型	航线	每件重量上限	每件尺寸限制
国内航班		50kg／件	$A×B×C>5cm×15cm×20cm$ $A×B×C≤40cm×60cm×100cm$
国际或地区航班	除加拿大外的北美航线	45kg／件	$A+B+C≤203cm$
	其他国际或地区航线	32kg／件	

每位旅客的免费托运行李额（包括托运和自理行李）：持成人或儿童的头等舱机票的旅客为40kg，公务舱旅客为30kg，经济舱旅客为20kg（部分廉价航空公司无免费行李额，如春秋航空、九元航空）。持婴儿机票的旅客，无免费行李额。

3. 随身携带行李限额

乘坐国内航班时：随身携带的手提行李总质量不要超过 5kg，每件物品的体积不得超过 20cm×40cm×55cm，超过规定件数、质量或体积的限制，航空公司将要求行李进行托运（不同航空公司标准不同）。

乘坐国际航班时：通常情况，手提行李总质量不要超过 7kg，每件行李体积不超过 20cm×40cm×55cm（三边之和不超过 115cm）。乘坐美加航线的旅客只能随身携带一件手提行李。（部分航空公司有特殊质量限制规定，请旅客留意机票上的提示，或向航空公司咨询）

4. 打火机、火柴的规定

2008 年 4 月 7 号，中国民航局发布公告，禁止旅客随身携带打火机、火柴乘坐民航班机（含国际/地区航班、国内航班），也不可以放在托运行李中托运。贵重或品牌打火机如来不及托运，可寄存安检部门。

5. 锂电池、充电宝携带规定

（1）锂电池携带规定

旅客为个人自用内含锂电池的便携式电子装置（照相机、手机、手提电脑、便携式摄像机等）可作为手提行李携带登机，并且锂电池的额定能量值不得超过 100W·h。超过 100W·h 但不超过 160W·h 的，经航空公司批准后可以装在交运行李或手提行李中的设备上。超过 160W·h 的锂电池严禁携带。

便携式电子装置的备用电池必须单个做好保护以防短路（放入原零售包装或以其他方式将电极绝缘，如在暴露的电极上贴胶带，或将每个电池放入单独的塑料袋或保护盒当中），并且仅能在手提行李中携带。经航空公司批准的 100～160W·h 的备用锂电池只能携带 2 个。

旅客携带锂电池驱动的轮椅或其他类似的代步工具和旅客为医疗用途携带的、内含锂电池的便携式医疗电子装置的，必须依照相关规定和要求携带并经航空公司批准。旅客可提前与航空公司咨询，以便获得帮助。

按照中国民航局的规定，携带乘机的锂电池必须符合相关的安全要求，建议旅客从正规渠道购买正规厂家生产的锂电池，以免给自己或他人造成伤害。

（2）"充电宝"携带规定

《关于民航旅客携带"充电宝"乘机规定的公告》：

充电宝是指主要功能用于给手机等电子设备提供外部电源的锂电池移动电源。根据现行有效国际民航组织《危险物品安全航空运输技术细则》和《中国民用航空危险品运输管理规定》，旅客携带充电宝乘机应遵守以下规定：

充电宝必须是旅客个人自用携带。

充电宝只能在手提行李中携带或随身携带，严禁在托运行李中携带。

充电宝额定能量不超过 100W·h，无需航空公司批准；额定能量超过 100W·h 但不超过 160W·h，经航空公司批准后方可携带，但每名旅客不得携带超过 2 个充电宝。

严禁携带额定能量超过 160W·h 的充电宝；严禁携带未标明额定能量同时也未能通过标注的其他参数计算得出额定能量的充电宝。

不得在飞行过程中使用充电宝给电子设备充电。对于有启动开关的充电宝，在飞行过程中应始终关闭充电宝。

6.不能随身携带,但可托运的物品

除管制刀具以外的如水果刀、剃须刀等生活用刀,手术刀等专业刀具,化妆品,如来不及托运,可以办理相关手续后,在规定时间内由安检部门代为保管。

7.严禁携带及托运的物品

枪支(含各种仿真玩具枪、微型发射器及各种类型的攻击性武器)、弹药、军械、警械、爆炸物品、易燃易爆物品、剧毒物品、放射性物品、腐蚀性物品、危险溶液及其他禁运物品带上飞机或夹在行李、货物中托运。凡携带或夹带上述物品的一经查出,立即移交公安机关处理。

8.限制随身携带的液态物品的种类

(1)液体饮品:矿泉水、茶水、碳酸饮料、牛奶、酸奶、果汁等。

(2)洗漱化妆用品:牙膏、洗发水、沐浴露、润肤露、剃须泡沫。

(3)凝胶用品:定型水、啫喱水等。

(4)药品:眼药水、口服或外用药液、喷剂等。

(5)液态食品:甜面酱、瓶装罐装罐头等食品。

(6)气雾剂:喷雾液。

如果旅客携带了不符合安全要求的液态或凝胶物品,这些物品及容器只能弃置,安检部门不设立保管或储存服务。旅客须将液体、凝胶及喷雾类物品放在托运行李内,以便顺利通过安全检查。

四、客舱服务与安全

1.大件行李的处理

在登机口、客舱门,工作人员将检查和鉴别旅客随身携带的行李是否符合要求。如遇到超大行李,或遇到旅客满员时,工作人员会临时为旅客的行李办理托运手续;临时办理托运的行李,部分机场无法实现行李同航班运抵目的地,需通过后续航班运抵。

(1)客舱内取放行李

座位上方的行李架是旅客公用的,是供旅客存放随身携带行李的地方,当旅客在客舱内取放行李时,应注意避免行李滑落,砸碰到其他旅客。

(2)保管好个人物品

工作人员提醒旅客,在飞行旅途全程中,须保管好自己的贵重物品,下机前注意检查随身携带物品,防止丢失或被盗。

2.客舱须知

(1)入座须知

为了飞行安全,当旅客登机后,须按照登机牌指定的座位号对号入座。如旅客对座位有特殊需求,及时与客舱乘务员说明或提出,乘务员会为旅客妥善解决。

(2)及时阅读安全须知

旅客入座后,注意收听、收看安全演示,认真阅读安全须知。安全带指示灯亮起时旅客必须系好安全带。为了旅客的安全,工作人员建议旅客空中旅行全程系好安全带。

(3)紧急出口的说明

为了安全的需要,飞机客舱设有紧急出口。通常,紧急出口座位不允许安排老、弱、病、残、孕、幼等旅客就座,更不允许放置任何行李物品。当旅客的座位在紧急出口,且身体状况不符合要求时,应主动与乘务员说明,或请旅客配合乘务人员进行座位调整。

(4)旅途全程禁止吸烟

烟草中的尼古丁是一种中枢神经毒麻剂,它会使飞行员全身血管收缩,视力下降,而且污染机上空气环境,甚至导致火险。为了飞行员和旅客的身体健康与飞行安全,航班上全程禁止吸烟。

目前,几乎所有国际、国内航班都要求旅途全程禁止吸烟。

3. 文明乘机

(1)客舱内禁止的行为如下:

①酗酒,寻衅滋事,抢占座位、行李舱(架);

②飞机起飞和降落过程中严禁使用电子设备。飞机在关闭舱门至结束飞行打开舱门期间可以使用移动电话,但是必须调整为飞行模式;

③当飞机在滑行过程中,请旅客不要离开座位,不要在客舱中来回走动,不要打开行李架拿取行李物品;

④不得盗窃、损坏或擅自移动救生设施、设备。

(2)在飞机起飞和下降阶段,收起小桌板,调直座椅靠背,拉开遮光板。收起小桌板,调直座椅靠背是为了应急撤离情况下,减少对旅客的人身伤害。拉开遮光板,是为了应急情况下,及时查看客舱外情况,便于迅速撤离。

(3)严禁捏造、传递劫机、有炸弹、炸机等虚假信息,扰乱正常飞行秩序行为。按照相关法律法规,公安机关将对此类行为追究刑事责任。

4. 客舱施压的人体反应

多数人在乘坐飞机时耳部都会有不适的感觉,这是因为机舱内的压力变化导致的。飞机在爬升阶段气压下降,在下降阶段气压升高。压力的过快变化就会让鼓膜内外产生压差,从而产生耳部的痛感,甚至是穿孔。但是每个人对这种压力变化的反应并不一样。旅客可以通过做吞咽动作、打哈欠、咀嚼食品或打喷嚏等方法缓解不适症状。

5. 乘务员主要责任

按照国际民航组织的规定,保证客舱安全是乘务员的首要责任。在飞机爬升、颠簸和降落过程中,乘务员必须坐在自己的座位上,系好安全带。在此阶段内,乘务员会暂停客舱服务。

6. 机长的职责

《中华人民共和国民用航空法》规定如下:

民用航空器的操作由机长负责,机长在其职权范围内发布的命令,民用航空器所载人员都应当执行。飞行中,对于任何破坏民用航空器、扰乱民用航空器内秩序、危害民用航空器所载人员或者财产安全以及其他危及飞行安全的行为,在保证安全的前提下,机长有权采取必要的适当措施。飞行中,遇到特殊情况时,为保证民用航空器及其所载人员的安全,机长有权对民用航空器作出处置。

7.下飞机

头等舱、公务舱旅客优先下机,请注意遵守下机秩序和安全。飞机落地滑行时,请旅客不要打开手机,不要在客舱中站立起来,并开启行李架拿取行李。飞机停稳,拿取行李时,应注意避免行李滑落。

中转或继续乘坐该航班过站的旅客,请注意按照到达机场标识或工作人员的分流引导,在指定区域办理中转手续或候机,过站旅客请注意领取过站登机牌。

五、不正常航班

1.航班不正常的原因

造成航班不正常的原因通常比较复杂,如天气原因、空中交通管制、机械故障、飞机调配、旅客原因等。在延误补偿方面需分清责任,区别对待。

1)航空公司原因

由于机务维护、航班调配、机组等承运人自身原因,造成航班在始发地出港延误或者取消,承运人应当向旅客提供餐食或者住宿等服务。

2)非航空公司原因

由于天气、突发事件、空中交通管制、安检以及旅客等非承运人原因,造成航班在始发地出港延误或者取消,承运人应当协助旅客安排餐食和住宿,费用由旅客自理。

3)旅客原因

当发生旅客由于某种原因漏乘或登机后要求下飞机中止旅行时,为了对旅客负责,航空公司须进行清舱,并将该旅客所交运的行李从飞机上卸下,飞机才可起飞。这是为了避免发生旅客在甲地,而行李在乙地,从而给旅客的工作、生活带来不便的情况。更重要的是,为了防止不法分子将危险物品交运后,故意不乘机而引起航空运输事故的发生。

2.航班不正常信息告知

当旅客遇到航班延误时,航空公司应及时将有关信息告诉旅客,当航班信息不确定时,应每30min向旅客通报动态信息。

3.大面积航班延误

由于大雪、大雾等恶劣天气或突发事件,会导致大面积、长时间的航班延误、取消或机场关闭等特殊状态。此时,航空公司和机场会启动应急预案,实时向旅客和社会发布信息。航空公司会根据旅客意愿,不受客票退改签限制条件的影响,免费为延误航班旅客办理退票和改签手续。大面积航班延误后航空公司要弥补和调整延误期间的航班,但往往需要一定时间才能使航班运行恢复正常。

4.航班不正常时旅客的权利

(1)航班延误时,旅客享有:

①知情权(有权获取信息);

②选择权(可选择换乘同一航空公司的其他航班,也可选择换乘其他航空公司的航班,还可以选择退票);

③索赔权(航空公司按照延误责任进行一定补偿,包括住宿、餐饮、交通等)。

(2)航班延误或取消签转。

旅客可以根据航班不正常情况选择改签或退票,但是折扣客票需按航空公司的规定办理。

5.维权与投诉

(1)投诉

如果旅客对航空服务不满意,建议旅客先向航空公司、机场投诉。如对其投诉处理不满意,可向民航局消费者事务中心申诉。

(2)投诉事项

投诉人可以书面、电子邮件或电话等形式向投诉受理单位进行投诉。投诉时应包括下列内容:

①投诉人姓名及联系方式;

②被投诉对象;

③具体的投诉事实和理由;

④投诉请求。

六、航旅健康

1.处方药携带

如果旅客在吃处方药,应带够整个旅行过程中的药,放在衣服口袋或随身携带的行李里面,不要放在托运行李里面,以防丢失。药物应保存在原装瓶里,避免安检或海关检查出现问题。

2.减小时差影响

通过以下方法,可以使旅客时差的影响最小化:

①旅行前睡几个好觉。

②尽量乘坐晚上到达的航班,下飞机后可以直接上床休息。

③在飞机上睡觉(除了飞机下降的时候)。

④在飞机上做肌肉伸展运动,吃清淡的食物,少饮酒。

3.压力调适

乘机旅行对人们来说是一项重要的出行活动,做好相应的思想准备会使旅行更舒适。

飞机飞行过程中机舱内的气压会因飞行高度变化而变化,此时旅客会感到耳堵、听力下降,发出"砰砰"的声音,或者有充胀的感觉。为了平衡压力,可以频繁吞咽、嚼口香糖或打哈欠。

如果上述方法不起作用,使用咽鼓管充气检查法:

①捏紧鼻孔,吸一口气。

②使用两颊和咽喉的肌肉,把气体压入鼻子后部,就像要把自己的手指从鼻孔吹开一样。

③试着轻轻吹,简短连续做几次。当听到或感觉耳朵有"砰砰"声,就成功了。不要把气体压入肺部和腹腔(横膈膜),这会产生太强的压力。

在飞机下降过程中压力的变化使婴儿特别不安,让他们叼着奶瓶或奶嘴会有所缓解。

第四节 我国航空运输线网

截至2018年底,我国共有定期航班航线4945条,国内航线4096条,其中,港澳台航线100条,国际航线849条。定期航班国内通航城市230个(不含香港、澳门、台湾)。我国航空公司国际定期航班通航65个国家的165个城市,国内航空公司定期航班从32个内地城市通航香港,从14个内地城市通航澳门,大陆航空公司从48个大陆城市通航台湾地区。

一、航线

航线是指航空器飞行路线。它确定了航空器飞行的具体方向、起讫与经停地点,规定了飞行高度和宽度。为维护空中交通秩序,保证飞行安全,民航从事运输飞行必须按照规定的航线进行。按照飞机飞行的起讫点,航线可分为:

(1)国内航线。连接国内航空运输中心的航线。航线的起讫点、经停点均在一国国境之内。国内航线可分为干线、支线和地方线。

(2)地区航线。是指在一国之内各地区与有特殊地位地区间的航线。如内地与香港、澳门,大陆与台湾地区的航线。

(3)国际航线。是指飞行的路线连接两个或两个以上的航线。一个航班如果在它的始发站、经停站、终点站有一点在外国的领土上都叫作国际运输。

另外,航线还可分为固定航线和临时航线。临时航线通常不得与航路、固定航线交叉,或是通过飞行频繁的机场上空。

二、航线网络

航线网络是指一定地域内若干条航线按某种方式连接而成的航线构成系统。

航线网络由机场、航线和飞机等要素构成。其中,机场与航线构成了航空运输的空间分布,决定了航空运输地面和空中保障能力。航线网络布局关键在于机场布局,它在很大程度上决定了航空公司的服务水平和竞争力。合理的网络布局和航线的衔接对提高航空公司的旅客满度和运行效率具有重要意义。从目前航线网络的构成分析,航线网络大致可分为以下2种类型。

(1)城市对式航线,如图4-1-7所示。是指从各城市之间的客流和货流的需求出发,建立城市与城市之间直接通航的航线和航班成为城市对式航线结构。其特点是两地间都为直飞航线,旅客不必中转。适用于客货流量较大的机场之间。

(2)中枢辐射式航线,如图4-1-8所示。其以几个业务量较大的机场作为枢纽机场,在它们之间形成主干航线,再由其他中小城市航站和最近的枢纽建立支线,支线上的航班和干线航班在时间上紧密衔接,从而形成航线网。与城市对式航线相比,中枢辐射式航线的优点是增大了航线网的覆盖面,提高了运载率,有效利用了旅客资源和航线资源;缺点是增加了枢纽机场高峰时的负荷,增加了大城市之间长途旅客的换机次数。只有大航空公司才有能力实施,由此削弱了小航空公司的干线竞争能力。

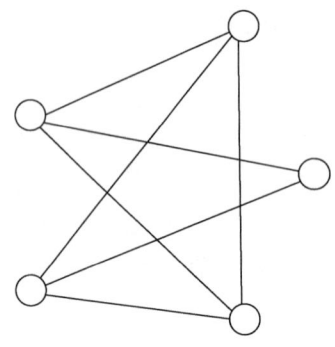

图 4-1-7　城市对式航线

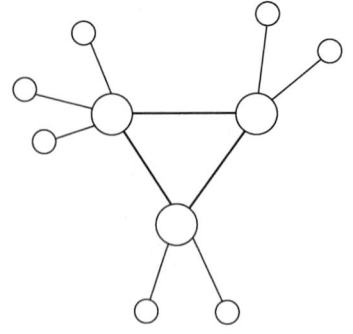

图 4-1-8　中枢辐射式航线

三、我国主要国际航空线

截至 2018 年底,我国与其他国家或地区签订双边航空运输协定有 126 个,其中,亚洲有 44 个(含东盟),非洲有 27 个,欧洲有 37 个,美洲有 11 个,大洋洲有 7 个。我国航空公司国际定期航班通航分布在 65 个国家的 165 个城市。我国主要国际航线有:

北京、上海、广州—新加坡、马尼拉;

北京—沙迦—开罗—巴黎—伦敦;

北京—法兰克福;北京—莫斯科;

北京—上海—悉尼;北京—亚的斯亚贝巴;北京—乌兰巴托;

北京(上海)—东京—安克雷奇、多伦多、温哥华、芝加哥、纽约。

四、我国航空交通网络

在中国的航空交通体系规划中,民航局确定了重点建设三大门户复合枢纽机场、八大区域性枢纽机场和十二大干线机场的规划,这 3 个层次、23 座机场(城市)是现在以及未来中国航空运输体系的核心枢纽。即以北京、上海、广州为我国三大门户复合枢纽机场;以重庆、成都、武汉、郑州、沈阳、西安、昆明、乌鲁木齐为我国八大区域枢纽机场;以深圳、南京、杭州、青岛、大连、长沙、厦门、哈尔滨、南昌、南宁、兰州、呼和浩特为我国十二大干线机场。

五、我国主要大型机场

按照机场面积,2019 年中国内地五个主要机场如下:

1.北京大兴国际机场

截至 2019 年 9 月,北京大兴国际机场有一座航站楼,面积达 70 万 m²;有 4 条跑道,东一、北一和西一的跑道宽 60m,长分别为 3400m、3800m 和 3800m,西二跑道长 3800m,宽 45m;为 4F 级国际机场。机位共 268 个,可满足 2025 年旅客吞吐量 7200 万人次、货邮吞吐量 200 万 t、飞机起降量 62 万架次的需求。

2020 年夏秋航季,北京大兴国际机场共有 10 家航空公司计划开通 328 条航线,共通航

124个城市,国际航线将继续暂停运营。基地航空公司中的中国南方航空每天运行177班,中国联合航空每天运行130班,中国东方航空每天运行100班左右,中国国际航空和厦门航空每天50班左右,首都航空、河北航空每天30班左右。

2. 北京首都国际机场

北京首都国际机场,位于北京市东北郊,西南距市中心25km,南距北京大兴国际机场67km,为4F级国际机场,是我国三大门户复合枢纽之一、环渤海地区国际航空货运枢纽群成员、世界超大型机场。截至2017年7月,北京首都国际机场拥有3座航站楼,面积共计141万 m^2;有两条4E级跑道、一条4F级跑道,长×宽分别为3800m×60m、3200m×50m、3800m×60m;机位共314个;共开通国内外航线252条。

3. 上海浦东国际机场

上海浦东国际机场,位于我国上海市浦东新区,距上海市中心约30km,为4F级民用运输机场,是我国三大门户复合枢纽之一、长三角地区国际航空货运枢纽群成员,华东机场群成员,华东区域第一大枢纽机场、门户机场。截至2017年底,已有110家航空公司开通了飞往上海两大机场(上海浦东国际机场、上海虹桥国际机场)的定期航班,浦东机场联通全球47个国家和地区的297个通航点。

4. 广州白云国际机场

广州白云国际机场,是位于我国广东省广州市北部约28km的民用运输机场,机场飞行区等级为4F级,是我国三大门户复合枢纽机场之一,世界前百位主要机场。机场有3条跑道和2座航站楼,远期规划为5条跑道和3座航站楼,有202个客机位,43个货机位(不含为通航小飞机服务的基地);T1号航站楼面积52.3万 m^2,T2号航站楼共88.07万 m^2,总面积共140.37万 m^2;覆盖全球210多个通航点,其中国际及地区航点超过90个,通达全球40多个国家和地区。

5. 成都双流国际机场

成都双流国际机场,位于我国成都市双流区中心城区西南方向,距离成都市区16公里,机场飞行区等级为4F级,是我国八大区域枢纽机场之一、我国内陆地区的航空枢纽和客货集散地。机场有2座航站楼,候机面积50万 m^2,可满足年旅客吞吐量5000万人次需求,建有3座航空货运站;有2条平行跑道,有3个飞机停放区,总面积约100万 m^2;共设置停机位178个,其中近机位74个、远机位104个;开通航线270条,通航国内外城市209个。

第二章　航空运输设施、设备与运输组织

第一节　航空运输设施与设备

航空运输所需的设施与设备主要包括飞机、机场设备及航空管制雷达系统等。本节主要介绍民航运输设施与设备。

一、飞机

(一)民航飞机分类

(1)按运输对象不同,飞机可分为客机、货机和客货两用机。
(2)按航程长短分为近程、中程和远程飞机。
近程飞机:1000km 以内的支线飞机。
中程飞机:3000~5000km,常用于国内干线。
远程飞机:8000km 以上,一般用于国际航线。
(3)按飞机发动机类型分为活塞式、涡轮螺旋桨式、涡轮喷气式、涡轮风扇喷气式。
(4)按发动机数量分为单发动机、双发动机、三发动机、四发动机。
(5)按客座数分:大型,200 座以上;中型,100~200 座之间;小型,100 座以下。

(二)飞机的结构

到目前为止,除了极少数特殊形式的飞机之外,大多数飞机主要由机身、机翼、尾翼、起落装置、动力装置和操纵系统等组成。飞机主要结构组成如图 4-2-1 所示。

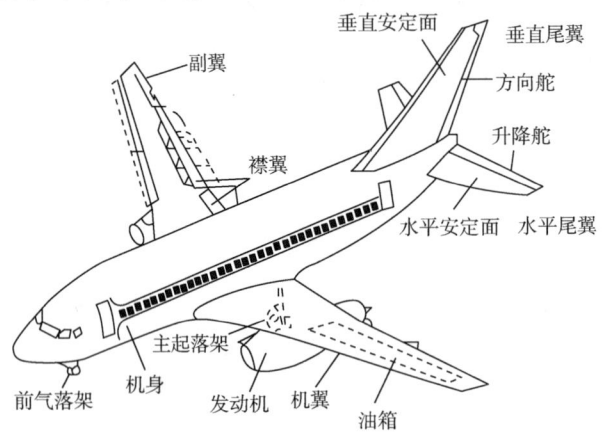

图 4-2-1　飞机主要结构组成

1.机身

机身主要用来装载人员、货物、燃油、武器和机载设备,并通过它将机翼、尾翼、起落架等部件连成一个整体。对机身的要求:

(1)机身应有尽可能大的空间,使它的单位体积利用率最高,以便能装载更多的人和物资,同时连接必须安全可靠。

(2)应有良好的通风加温和隔音设备,视界广阔,以利于飞机的起飞和降落。

(3)在气动方面,它的迎风面积应减小到最小,表面应光滑,形状应流线化而没有突角和缝隙,以便尽可能减小阻力。

(4)在保证有足够的强度、刚度和抗疲劳的能力情况下,应使它的质量最轻。对于具有气密座舱的机身,抗疲劳的能力尤为重要。

2.机翼

机翼是飞机上用来产生升力的主要部件,左右机翼后缘各设一个副翼,飞行员利用副翼进行滚转操纵。即飞行员向左压杆时,左机翼上的副翼向上偏转,左机翼升力下降;右机翼上的副翼下偏,右机翼升力增加,在两个机翼升力差作用下,飞机向左滚转。为了降低起飞离地速度和着陆接地速度,缩短起飞和着陆滑跑距离,左右机翼后缘还装有襟翼。襟翼平时处于收上位置,起飞着陆时放下。

3.尾翼

尾翼分垂直尾翼和水平尾翼两部分。

(1)垂直尾翼

垂直尾翼垂直安装在机身尾部,主要功能为保持飞机的方向平衡和操纵。通常垂直尾翼后线设有方向舵,飞行员利用方向舵进行方向操纵。当飞行员向右航行时,方向舵右偏,机头右偏。同样,蹬左舵时,方向舵左偏,机头左偏。某些高速飞机,没有独立的方向舵。整个垂尾跟着脚蹬操纵而偏转,称为全动垂尾。

(2)水平尾翼

水平尾翼水平安装在机身尾部,主要功能为保持俯仰平衡和俯仰操纵。低速飞机水平尾翼前段为水平安定面,其后缘设有升降舵,飞行员利用升降舵进行俯仰操纵。超音速飞机采用全动平尾,即将水平安定面与升降舵合为一体,飞行员用全动平尾来进行俯仰操纵。

4.起落装置

起落装置的功用是使飞机在地面或水面进行起飞、着陆、滑行和停放。着陆时还通过起落装置吸收撞击能量,改善着陆性能。

5.动力装置

飞机动力装置是用来产生拉力(螺旋桨飞机)或推力(喷气式飞机),使飞机前进的装置。

6.操纵系统

主操纵系统用来完成升降舵、方向舵和副翼的操纵。辅助操纵系统用来对调整片、增升力装置、水平安定面进行操纵。

7.机载设备

机载设备指在飞机飞行中接收各种信息和指令,进行传递、处理、显示、反馈和控制的设备,用于保证飞行安全,并完成飞行任务。一般而言,机载设备分为航电系统和机电系统。机电系统是指执行飞行保障功能的飞机系统的总称,包括燃油系统、液压系统、电源系统、航空电力系统、环境控制系统、防护救生系统等。航电系统是用于实现飞行的信息管理和控制,实现飞行状态的确定与控制、飞机状态参数测量、导航及通信等功能的机载电子装备。民航飞机还配备空中交通管制、应答机系统、近低告警系统、威胁告警和防撞系统等。

飞机飞行信息记录系统(俗称黑匣子),是飞机专用的电子记录设备之一,包括两套仪器:一是驾驶舱话音记录仪(CVR),它能记录保留停止录音前 30min 内的所有语音对话声音,飞行员与地面指挥机构的通话,正、副驾驶员之间的黑匣子对话,机长、空中乘务员对乘客的讲话,威胁、爆炸、发动机声音异常,以及驾驶舱内各种声音;二是飞行数据记录仪(FDR),主要记录飞机的各种飞行数据,包括飞行姿态、飞行轨迹(航迹)、飞行速度等共约 200 多种数据,可保留 20 多小时的飞行参数。

黑匣子通常安装在飞机上最安全的部位,即飞机尾翼下方,被放进一个(或两个)特殊钢材制造的耐热抗震的容器中,为了便于寻找它的踪影,国际民航组织规定此容器要漆成醒目的橘红色,在容器的内部装有自动信号发生器,能发射无线电信号,以便于空中搜索;还装有超声波水下定位信标,当黑匣子落入水中后可以连续 30d 自动发出超声波信号。

黑匣子主要用途是调查飞行事故,判定事故真正原因,避免同类事故再次发生;监控飞行员方面的功能,纠正飞行员不良驾驶习惯,预防事故发生;诊断飞机故障与维护,通监控、预测飞机主要部件的状态,排查故障隐患,防止故障发展为事故。

二、机场

民航运输网络由机场、航路和机队构成。机场是民航运输网络中的节点,是航空运输的起点、终点和经停点。机场可实现运输方式的转换,是空中运输和地面运输的转接点。机场为飞机起飞、着陆、停驻、维护、补充给养及组织飞行保障活动提供所用的场所。因此,可以把机场称为航空站,大型民航运输机场又被称为"航空港(Airport)"。

(一)机场的分类

(1)按航线性质分,可分为国际航线机场(国际机场)和国内航线机场。

国际机场有国际航班进出,并设有海关、边防检查(移民检查)、卫生检疫和动植物检疫等政府联检机构。

国内航线机场是专供国内航班使用的机场,我国的国内航线机场包括"地区航线机场"。地区航线机场是指我国内地城市与港、澳等地区之间定期或不定期航班飞行使用的机场,并设有相应的类似国际机场的联检机构。

(2)按机场在民航运输网络中所起作用划分,可分为枢纽机场、干线机场和支线机场。

国内国际航线密集的机场称为枢纽机场。在我国内地,枢纽机场仅北京、上海、广州三大机场;干线机场是指各省省会、自治区首府、直辖市以及一些重要城市或旅游城市(如大连、厦门、桂林和深圳等)的机场,共有 30 多个。干线机场连接枢纽机场,客运量较为集中;支线机场则空运量较少,航线多为本省区内航线或邻近省区支线。

(3)按机场所在城市的性质、地位划分,可分为Ⅰ类机场、Ⅱ类机场、Ⅲ类机场和Ⅳ类机场。

(4)按旅客乘机目的分,可分为始发/终程机场、经停(过境)机场和中转(转机)机场。始发/终程机场中,始发和终程旅客占旅客的大多数,始发和终程的飞机或掉头回程架次比例很高。目前国内机场大多属于这类机场。

(二)机场的等级

跑道的性能及相应的设施决定了什么等级的飞机可以使用这个机场,机场按这种能力的分类,称为飞行区等级。

飞行区等级用编码表示,编码由两部分组成:第一部分是数字,反映跑道长度,取决于所能允许使用的最大飞机的起降距离、海拔高度及温度(第一要素代码);第二部分是字母,反映飞机的尺寸所要求的跑道和滑行道的宽度,取决于相应飞机的最大翼展和最大轮距宽度(第二要素代码)。我国飞行区代码及其含义如表 4-2-1 所示。我国各国际机场的飞行区等级都是 4E 级。

我国飞行区代码及其含义　　表 4-2-1

第一要素		第二要素		
代码	飞机基准飞行场地长度(m)	代字	翼展(m)	主起落架外轮外侧之间距离(m)
1	<800	A	<15	<4.5
2	[800,1200)	B	[15,24)	[4.5,6)
3	[1200,1800)	C	[24,36)	[6,9)
4	≥1800	D	[36,52)	[9,14)
		E	[52,65)	[9,14)
		F	[65,85)	[14,16)

(三)机场的构成

机场主要由飞行区、候机楼区及进出机场的地面交通系统构成,如图 4-2-2 所示。

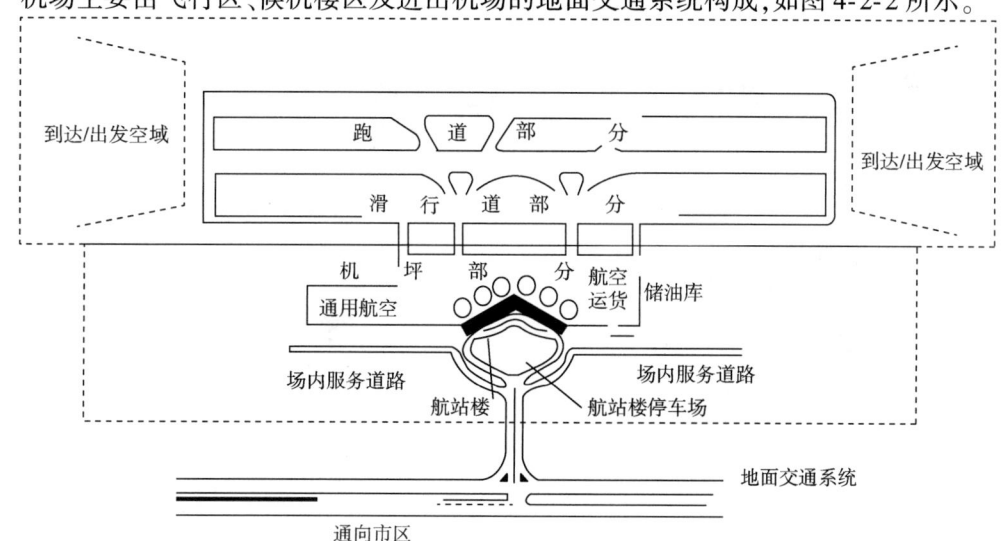

图 4-2-2　机场构成

1. 飞行区

飞行区是航空港的主要区域,也是占地面积最大的区域。在飞行区内设有跑道、滑行道、停机坪、指挥塔等设施。

2. 跑道

跑道是供航空器起降的地面场地,如图 4-2-3 所示。跑道设有道侧安全带和道端安全带,跑道端之外的地面和向上延伸的一定空域设有净空道,在这个区域内除了有跑道灯之外不能有任何障碍物,飞机可在其上空进行起始爬升,并达到安全高度,其范围和规格根据机场等级确定。

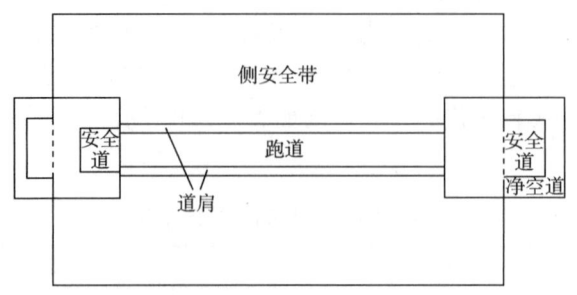

图 4-2-3　机场跑道

3. 滑行道

滑行道是跑道和停机坪之间的通道。与跑道相比,滑行道所受载荷更重,飞机运行密度更高,所以滑行道道面强度要和配套使用的跑道两端的强度相等或更高。

4. 机坪

机坪分为停机坪和登机坪。停机坪(特别是客货机坪)供飞机长时间停放、满载滑进滑出,其受载条件与跑道端部相近,因此其厚度也应与跑道端部相等。登机机坪是指旅客从候机楼上机时飞机停放的机坪,这个机坪要求能使旅客尽量减少步行上飞机的距离。登机坪根据客运量的不同,可以有以下几种布局形式,如图 4-2-4 所示。

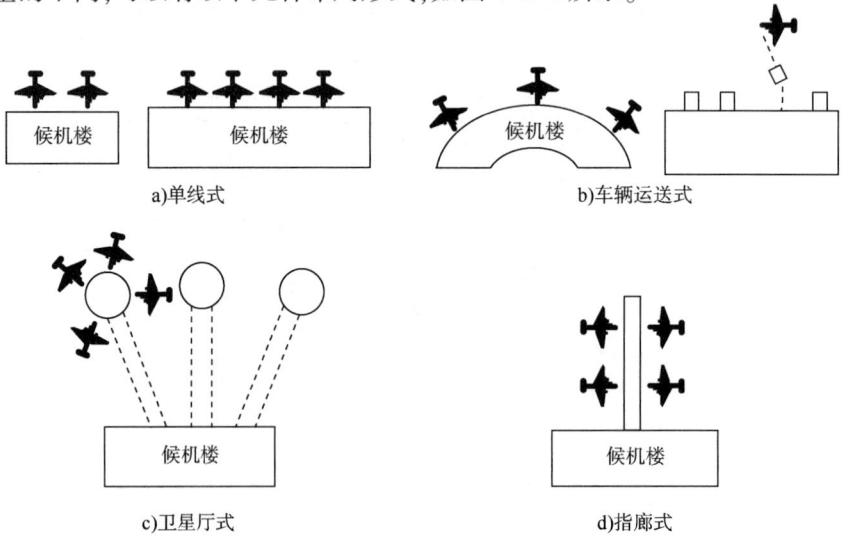

图 4-2-4　停机坪的布局形式

5.指挥塔

指挥塔是控制飞机进出机场的指挥中心,中小型机场的指挥塔台会兼顾进近指挥。大型机场指挥塔内显示器会显示塔台工作的相关信息,如当日进出港机组排班信息,航班号、计划起飞时间、目的地、机型、停机位等;还会显示当前落地/起飞跑道的风向、风速等气象信息,以及当前时区的时间和世界协调时(UTC)。一般大型机场指挥塔内还会显示机场对进出港机组的实时雷达监控情况。某大型机场指挥塔如图4-2-5所示。

6.地面运输区

地面运输区是车辆和旅客活动的区域,其功能是把机场和附近城市连接起来(通常通过公路连接,也包括铁路、地铁、轻轨、水运码头等连接方式)。

7.候机楼

候机楼是旅客登机的场所,供旅客完成从地面到空中或从空中到地面转换交通方式,是机场的主体部分之一。内部设有办理登机手续的柜台、候机厅、出入境大堂、海关和检疫设施等,也提供前往市区的公共交通交会站。

图 4-2-5　大型机场指挥塔

(四)机场导航设施

1.仪表着陆系统(ILS)

仪表着陆系统作为国际民航组织推荐的飞机标准进近和着陆设备,它能在气象恶劣和能见度差的条件下,给驾驶员提供引导信息,保证飞机安全进近和着陆,因此 ILS 在世界上得到普遍使用。仪表着陆系统的地面系统由航向台(Localizer)、下滑台(Glide Slope)和指点信标3个部分组成。飞机上的系统是由无线电接收机和仪表组成,它的任务是给驾驶员指示出跑道中心线并给出按照规定的坡度降落到跑道上的航路。其工作原理如图4-2-6所示。

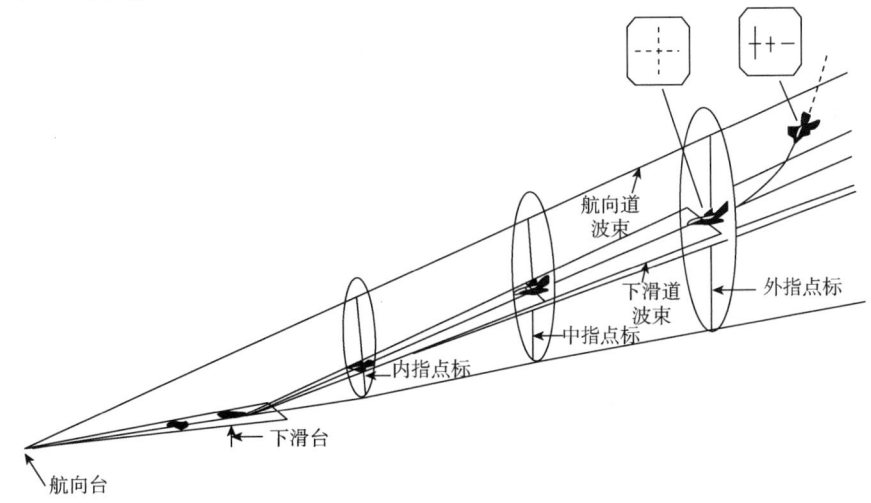

图 4-2-6　仪表着陆系统工作原理

(1)航向台:向飞机提供下降时的水平导航(航向导航)。航向台位于跑道中心线的延长线上,通常距跑道端 300~500m,它发射两个等强度的无线电波束(航向信标波束),波束为角度很小的扇形,提供飞机相对于跑道的航向道(水平位置)指引。

(2)下滑台,也称为下滑通信标台:向飞机提供垂直导航,和航向台的波束相似,位于跑道入口端一侧,通过仰角为 3°左右的波束,提供相对跑道入口 3°坡度,指引飞机平稳地降在跑道上。

(3)指点信标:提供飞机相对跑道入口的粗略的距离信息。仪表着陆系统一般设置 3 个指点信标。外指点标距跑道端 5n mile❶,中指点标的位置距跑道端 0.5n mile,这时飞机的高度约为 60m,内指点标的位置离跑道端只有 300m,飞机通过它时高度为 30m(这是Ⅱ类仪表着陆的决断高度),飞机飞越各指点信标时,有不同提示信号,通常表示到达最终进近定位点(FAF)、Ⅰ类运行的决断高度、Ⅱ类运行的决断高度。

仪表着陆系统按着陆的最小能见度分为 3 类:

(1)Ⅰ类标准仪表着陆系统,它可以在跑道目视视程为 800m 以上,决断高度 60m 以上使用。

(2)Ⅱ类仪表着陆系统可在跑道视程为 360m、决断高度为 30m 以上的情况使用。

(3)Ⅲ类仪表着陆系统没有决断高度限制,但是根据跑道目视视程不同又分为 3 个类别,Ⅲa 类对应视程为 200m,Ⅲb 类为 50m,Ⅲc 类则可在视程为 0 的情况下使用。

2.航空地面灯光系统

跑道侧灯沿跑道两侧成排安装,为白色灯光。当离跑道端 600m 的距离时,透镜的颜色变为一面为红色、一面为白色,红色灯光提醒驾驶员已经接近跑道端。

跑道端灯的情况与跑道侧灯相同,但是使用一面红、一面绿的透镜,红色朝向跑道,绿色向外,驾驶员着陆时看到近处的跑道端是绿色灯光,远处的跑道端是红色灯光。跑道灯光系统如图 4-2-7 所示。

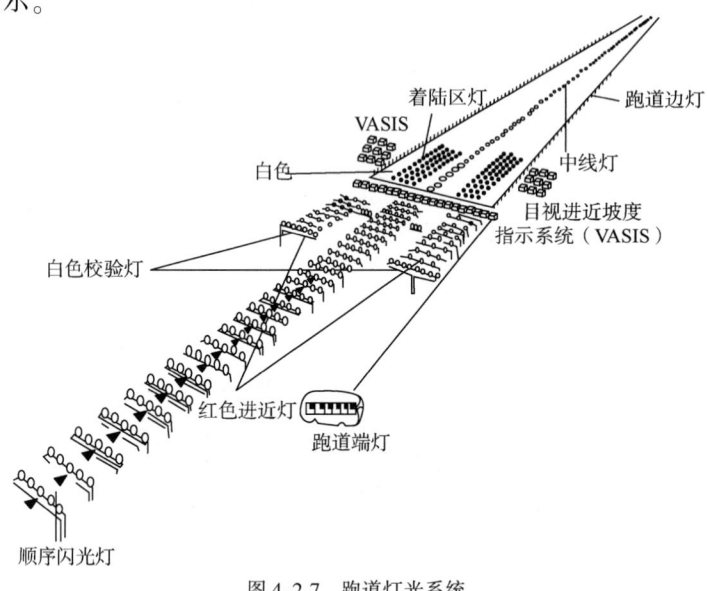

图 4-2-7 跑道灯光系统

---

❶ 1n mile=1.852km。

三、空中管制雷达系统

航空管制使用的雷达系统分为两个系统,分别为一次雷达系统和二次雷达系统。它的正式名称是空中管制雷达信标系统(ATCRBS)。

1.一次雷达系统

(1)机场监视雷达(Airport Surveillance Radar,ASR),一类是用于探测空中物体的反射式主雷达,它的作用距离为100n mile,主要是塔台管制员或进近管制员使用。

(2)航路监视雷达(Air Route Surveillance Radar,ARSR),设置在航管控制中心或相应的航路点上。它的探测范围在250n mile以上,高度可达13000m。它的功率比机场监视雷达大,在航路上的各部雷达把整个航路覆盖,这样管制员就可以对航路飞行的飞机实施雷达间隔。

(3)机场地面探测设备(ASD),它的功率小,作用距离一般为1mile❶,主要用于特别繁忙机场的地面监控,它可以监控在机场地面上运动的飞机和各种车辆,塔台管制员用来控制地面车辆和起降飞机的地面运行,保证安全。它主要的作用是在能见度低的时候提供飞机和车辆的位置信息。由于它的价格较高,机场通常没有这种设备。

2.二次雷达系统(Secondary Surveillance Radar,SSR)

也叫作空管雷达信标系统(Air Traffic Control Radar Beacon System,ATCRBS),包括雷达信标及数据处理在内的一套系统。它的主天线安装在一次雷达的上方,和一次雷达同步旋转。

3.飞机上的应答机

应答机是一个在接收到相应的信号后能发出不同形式编码信号的无线电收发机,应答机在接收到地面二次雷达发出的询问信号后,进行相应回答,这些信号被地面的二次雷达天线接收,经过译码,就在一次雷达屏幕出现的显示这架飞机的亮点旁边显示出飞机的识别号码和高度,管制员就会很容易地了解飞机的位置和代号。为了使管制员在询问飞机的初期就能很快地把屏幕上的光点和所对应的飞机联系起来,机上应答机还具有识别功能,驾驶员在管制员要求时可以按下"识别"键,这时应答机发出一个特别位置识别脉冲(SPI),这个脉冲使地面站屏幕上的亮点变宽,以区别于屏幕上的其他亮点。

第二节 航空运输组织管理

航空运输组织管理主要包括空中交通管理与航空公司的生产管理两大部分,本节重点讲述航空运输的空中交通组织管理。

一、空中交通管理机构

中国民用航空局空中交通管理局,简称民航局空管局,是民航局管理全国空中交通服务、民用航空通信、导航、监视、航空气象、航行情报的职能机构。中国民航空管系统实行民航局空管局、地区空管局、机场空管中心(站)三级管理体制,运行组织基本是以区域管制、进

---

❶ 1mile=1609.344m。

近管制、机场管制为主线的三级空中交通服务体系。

民航局空管局对全国民航空中交通管制实行统一指挥,对空管建设规划、标准、设备选型和人员培训等实行统一管理。地区空管局负责对本地区分管空域的飞行活动实施指挥和管理。各空管中心(站)对本中心(站)分管空域的飞行活动实施指挥和管理。不承担区域管制任务的支线机场的塔台管制由所在机场负责,业务上接受民航空管部门的统一指挥和行业管理。

二、空中交通管理

空中交通管理(Air Traffic Management,ATM)的任务:有效维护和促进空中交通安全,维护空中交通秩序,保障空中交通畅通。空中交通管理包括空中交通服务、空中交通流量管理和空域管理三大部分。

(一)空中交通服务

空中交通服务包括空中交通管制服务(ATC)、飞行情报服务(FIS)、告警服务(AS)。

1.空中交通管制服务(ATC)

空中交通管制的任务:为每个航空器提供其他航空器的即时信息和动态(它们将要运动的方向和变化);由这些信息确定各航空器之间的相对位置;发出管制许可,使用许可和信息防止航空器相撞,保障空中交通通畅;用管制许可来保证在控制空域内各航班的间隔,保证飞行安全;从航空器的运动和发出的许可的记录来分析空中交通状况,从而对管制的方法和间隔的使用进行改进,使空中交通流量提高。

空中交通管制体系中飞机飞行示意如图4-2-8所示。

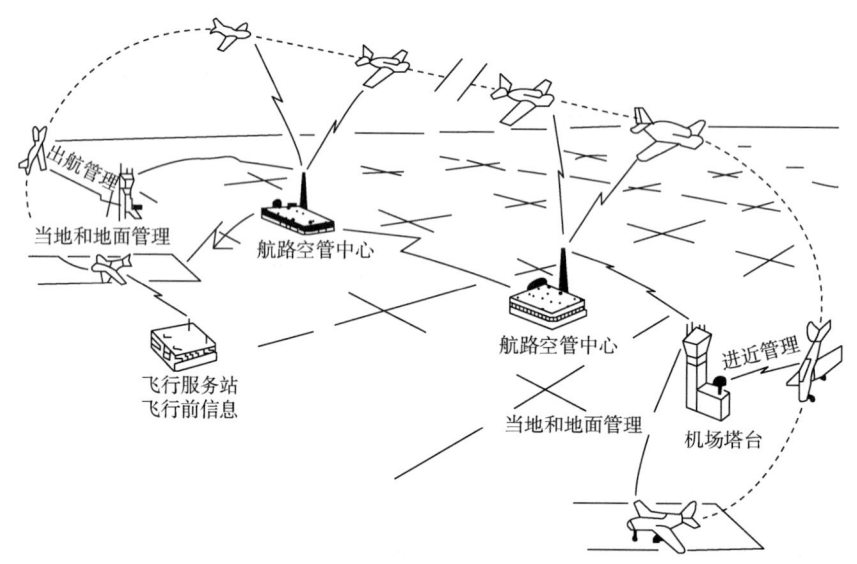

图4-2-8 空中交通管制体系中飞机飞行示意图

根据管制范围,空中交通管制一般分为机场管制服务、进近管制服务和区域管制服务。

(1)机场管制

机场内对飞机的管制,称为机场管制,包括机场地面管制和机场空中交通管制(塔台管制)。机场地面交通管制员负责飞机的地面运行,他们用目视和雷达屏幕监控在机坪和滑行道上的飞机,以及车辆和行人的活动。

(2)进近管制服务

进近管制服务为飞机离场或到场时的管制。进近管制区下接机场管制区,上接区域管制区,一般范围大约在机场90km半径之内,高度6000m以下。进近管制员把飞机接引到仪表着陆系统的作用范围内,飞机飞临机场上空500m高度左右后,由塔台管制员继续引导飞机降落。

(3)区域管制服务

航路上的空中交通管制叫作区域管制。它是由区域管制中心控制的,区域管制中心设在大城市附近,管制员根据飞行计划,批准飞机进入它的管制区域,当飞机飞出它的管制区后,再把任务移交给相邻的管制区。区域管制员依靠空地通话、地面通信和远程雷达来确定飞机的位置,进而指挥调度飞机,保证飞机的飞行顺序和间隔。我国划分了21个高空管制区(6000m以上),并建立了10个高空管制中心,还有若干个中低空管制区。

2.飞行情报服务(FIS)

向飞行中的航空器提供有益于安全和有效实施飞行的建议和情报。飞行情报区内的飞行情报和告警服务由有关的空中交通管制单位负责提供,主要涉及该区域内航空交通的现时状况、特别状况、天气尤其是恶劣极端天气状况。

3.告警服务(AS)

告警服务:当航空器处于搜寻和救援状态时,向有关单位发出通知,空乘专业人员并给予协助的服务。它不是一项孤立的空中交通服务,也不是某一专门机构的业务,而是当紧急状况如发动机故障、无线电通信系统失效、座舱失压等出现或遭遇空中非法劫持时,由当事的管制单位直接提供的一项服务。

(二)空中交通流量管理

为防止和纠正在航路或机场区域内出现航空器过度集中或超过规定限额的现象,必须对航空器的运行采取适当的控制措施。空中交通流量管理的任务就是在空中交通流量接近或达到空中交通管制的可用能力时,适时进行调整,保证空中交通量最佳流入或通过相应区域,尽可能提高机场、空域的利用率。

空中交通流量管理按空间划分为航路流量管理和终端区流量管理。航路流量管理主要是针对航路中、管制区之间、各航路汇集节点(导航点)以及地区航路网的整体流量问题进行管理。终端区流量管理主要对机场及走廊口区域的飞机到达和出发时间进行排序,确保在安全前提下,使到场飞机充分发挥各自的飞行性能,尽量减少飞机之间相互影响和飞机延误。

空中交通流量管理的主要方法包括地面等待、终端区排序、改航、航班时刻优化以及协同流量管理等。其中,地面等待、终端区排序、改航和航班时刻优化是传统流量管理的主要方法。协同流量管理是一种安全、高效和公平的流量管理机制,旨在利用协同决策技术与方法改进流量管理策略,以提高流量管理的有效性和公平性。

(三)空域管理

空域是航空器在大气空间中的活动范围。空域管理是指在给定空域结构内,根据不同用户的需要,通过时间和空间的划分,以最大限度地利用空域资源。

根据是否对在空域中飞行的航空器提供空中交通管制服务,把空域划分为管制空域和非管制空域两种。我国原则上民航管制空域只包括机场区、主要航路区。在这些区域之外全部是军事管制区域,而且是绝对管制区。民航飞行管制空域分为 A、B、C、D 四类管制空域,A、B 类空域受区域管制室管制,C 类空域受进近管制室管制,D 类空域机场塔台室管制。民航管制空域示意如图 4-2-9 所示。

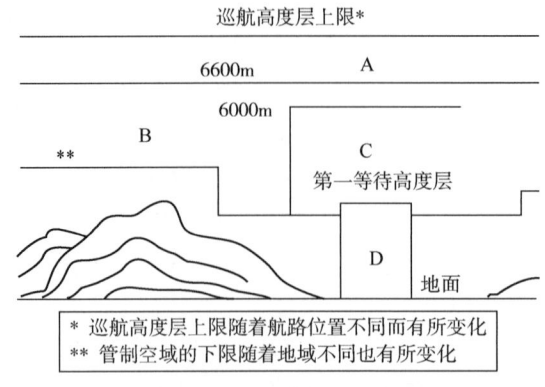

图 4-2-9　民航管制空域示意图

A 类空域(高空管制空域):在我国境内高度 6600m 以上划分为若干个高空管制空域。在此空域内,航空器必须按照仪表飞行规则飞行并接受空中交通管制。

B 类空域(中低空管制空域):在我国境内高度 6600m(不含)以下,与最低高度层距地面或水面 200m 以上,或机场塔台管制区上限以上的空间,划分为若干个中低空管制空域,在此空域内的航空器可以按照仪表飞行规则飞行,如果符合目视飞行规则的条件,经飞机驾驶员申请并经中低空管制室批准,也可以按照目视飞行规则飞行,并接受空中交通管制服务。

C 类空域(进近管制空域):通常是指在一个或者几个机场附近的航路汇合处划设的便于进场、离场飞机飞行的管制空域。它是中低空管制空域与塔台管制空域之间的连接部分,其垂直范围通常在 6000m(含 6000m)以下与最低高度层以上的空间。水平范围通常为半径 50km 或走廊进出口以内、除机场塔台管制范围以外的空间。在此空域内的航空器可以按照仪表飞行规则飞行,如果符合目视飞行规则的条件经飞机驾驶员申请,并经中低空管制室批准,也可以按照目视飞行规则飞行,并接受空中交通管制服务。

D 类空域(塔台管制空域):通常包括起落航线仪表进近程序、第一等待高度层以下、地球表面以上的空间和机场活动区。此空域允许航空器按照仪表飞行规则飞行或者按照目视飞行规则飞行。

三、飞机飞行间隔标准

飞行间隔是为了防止飞行冲突,保证飞行安全,提高飞行空间和时间利用率所规定的航空器之间应当保持的最小安全距离。飞行间隔包括垂直间隔和水平间隔。水平间隔分为纵向间隔和横向间隔。

1.航路宽度

航路是由国家统一划定的具有一定宽度的空中通道,即飞机的安全飞行通道。根据空中交管制的需要,我国航路的宽度为20km,其中心线两侧10km;航路的某一段受到条件限制的,可以减少宽度,但不得小于8km。

2.飞行高度层间隔

我国已在所属空域实施了米制的"缩小垂直间隔运行"(RVSM),在8900~12500m之间的高度范围内,飞行高度层间隔由600m缩小为300m。实施RVSM后,飞机巡航高度层将由过去的7个增加到13个,增加了飞行通道及空域容量,改善航路拥堵,提高空中交通管制效率。

3.水平间隔

水平间隔与飞机大小、速度和空中交通管制所使用的雷达的有效性有关。重型飞机产生的尾涡流对后随飞机会造成危害,当飞机组合无涡流危害且飞机在雷达覆盖范围内时,两架同向飞机的最小水平间隔为9.26km,当飞机在雷达天线74km以内时这一水平间隔可减少到5.56km。

第五篇 管道篇

第一章 初识管道运输

第一节 管道运输概念与特点

一、管道运输概述

管道运输是用管道作为运输工具的一种长距离输送液体和气体物资的运输方式,是一种专门由生产地向市场输送石油、煤和化学产品的运输方式,是我国统一运输网中干线运输的特殊组成部分。

二、管道运输特点

与其他运输方式比较,管道运输有以下特点:

1.优点

(1)运量大。一条输油管线可以源源不断地完成输送任务。根据其管径的大小不同,其每年的运输量可达数百万吨到几千万吨,甚至超过亿吨。

(2)占地少。运输管道通常埋于地下,其占用的土地很少;运输系统的建设实践证明,运输管道埋藏于地下的部分占管道总长度的95%以上,因而对于土地的永久性占用很少,在交通运输规划系统中,优先考虑管道运输方案,对于节约土地资源,意义重大。

(3)管道运输建设周期短、费用低。大量实践证明,管道运输系统的建设周期与相同运量的铁路建设周期相比,一般来说要短1/3以上,管道建设费用比铁路低60%左右。

(4)管道运输安全可靠、连续性强。由于石油天然气易燃、易爆、易挥发、易泄漏,管道运输能较好满足运输工程的绿色化要求。此外,由于管道基本埋藏于地下,其运输过程恶劣多变的气候条件影响小,可以确保运输系统长期稳定地运行。

(5)管道运输耗能少、成本低、效益好。发达国家采用管道运输石油,每吨千米的能耗不足铁路的1/7。实践证明,管道口径越大,运输距离越远,运输量越大,运输成本就越低,以运输石油为例,管道运输、水路运输、铁路运输的运输成本之比为1∶1∶1.7。

2.缺点

(1)专用性强。运输对象受到限制,承运的货物比较单一,只适合运输诸如石油、天然气、化学品、碎煤浆等气体和液体货物。

(2)灵活性差。管道运输不如其他运输方式(如汽车运输)灵活,除承运的货物比较单一外,它也不容随便扩展管线。对一般用户来说,管道运输常常要与铁路运输或汽车运输、水路运输配合才能完成全程输送。

(3)固定投资大。为了进行连续输送,还需要在各中间站建立储存库和加压站,以促进管道运输的畅通。

第二节　我国管道运输网

根据管道输送介质不同,管道运输可分为输油管道、输气管道及固体料浆管道。本章主要讲述油气管道。截至2018年底,我国油气长输管道总里程累计达到13.6万km,其中,天然气管道累计达到7.9万km。根据《中长期油气管网规划》,至2025年,国内油气管网规模提升至24万km,其中,天然气、原油、成品油管道里程数分别达到16.3万km、3.7万km、4万km。届时,全国省区市成品油、天然气主干管网将全部实现联通。

一、我国油气管网主要运营主体

目前,国内油气长输管线资产拥有方主要为中国石油天然气股份有限公司(简称中石油)、中国石油化工集团公司(简称中石化)与中国海洋石油集团有限公司(简称中海油)及省级管网公司。2018年,中石油、中石化、中海油三家公司占比分别为63%、15%、7%,如图5-1-1所示。

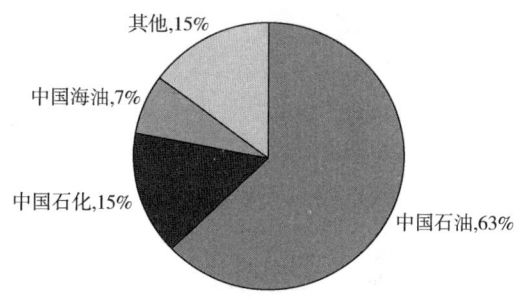

图5-1-1　目前国内油气管网主体构成

1.中石油

中国石油以管道分公司、西气东输管道分公司、西部管道分公司、西南管道分公司和北京天然气管道公司5个综合性运营公司为主,西南油气田公司为补充的国内管道运营管理体系。截至2017年底,中国石油国内运营的油气管道总里程达到8.56×10^4km。其中,原油管道2.04×10^4km,占全国的65.8%;天然气管道5.38×10^4km占全国的74.1%;成品油管道1.14×10^4km,占全国的40.8%。

2.中石化

中石化油气管道主要由其所属的管道储运分公司、销售公司、天然气分公司负责运营,截至2017年底,中石化国内运营的油气管道总里程约3.4×10^4km。

3.中海油

中海油主要负责海上油气资源的开发和利用,最具有代表性的崖城13-1气田工程的海底管道长778km,于1994年11月建成,是国内最长的海底管道,崖城13-1气田工程管道还包括至三亚 90km 的海底管道。截至 2017 年,中海油负责运营的长输油气管道约为 8414km,主要为天然气管道(7516km),陆上管道里程约 4536km。目前在建及规划的主要管道有海西天然气管网、粤东 LNG 管线、蒙西煤制气管道等。

4. 省级管网公司

我国目前已有十多个省(区)相继成立了省(区)级天然气管网公司[部分省(区)级天然气公司有中石油、中石化、中海油入股],负责省内天然气长输管道的规划、建设和经营管理。

(1) 山西

山西省天然气管网主要由山西天然气有限公司负责运营,管网总里程约 5600km,依托国家干线,初步形成"三纵、十一横、多环"的网络化输气管网系统格局,实现全省地级城市全覆盖,已建成北起大同、南至运城、贯通全省南北、沟通国家级气源的省级天然气管网,年管输能力超过 $2\times10^{10}m^3$。

(2) 浙江

浙江省天然气管网主要由浙江天然气开发有限公司负责运营,管网总里程约 1505km,逐步形成以西气、东气、川气、进口 LNG"多气源、一环网"格局,建成杭甬、杭湖、杭嘉、宁波 LNG 配套管线以及甬台温天然气管道等天然气管道项目。

(3) 广东

广东省天然气管网主要由广东天然气管网公司负责运营,管网总里程约 686km,先后建设广东省管网一、二期工程,向沿线 10 个地市、21 家工业用户输送天然气,设计年输气量 $160\times10^8m^3$。

(4) 湖南

湖南省天然气管网主要由湖南省天然气管网有限公司负责运营。根据《湖南省管网建设三年行动计划(2020—2022 年)》,湖南省计划新建 30 条管道,里程 1280km,至 2022 年,湖南省天然气管里程达 3900km,14 个市州中心城市全部管道气化,长沙、湘潭、岳阳、常德、株洲、衡阳、娄底 7 个市(区、县)管道实现"县县通、全覆盖"的供气格局。

(5) 江西

江西省天然气管网主要由两家公司负责运营,管网总里程约 1223km,其中,江西省天然气有限公司(与中石化合资)主要承接中石化川气东送工程气源;江西省天然气投资有限公司(与中石油合资)承接中石油西气东输二线气源。

(6) 广西

广西壮族自治区天然气管网主要由广西广投天然气管网有限公司负责运营,承接中石油入桂天然气并统筹下游天然气分销业务,主要建设广西地区天然气专供管道及压缩天然气(CNG)母站等相关配套工程。目前,已经建成投入运营的管道 166km,在建管约 34km。

二、我国主要干线管网

目前,我国已建成西气东输管道一、二、三线,陕京系统、涩宁兰、中贵、川气东送、秦沈、哈沈等多条大口径的长输天然气管道,以及用于大区域资源调配的中贵联络线和冀宁联络线两大跨省联络线工程。

1. 主要天然气干线

（1）西气东输线

西气东输一线：塔里木轮南—上海，以塔里木气田为主供气源，2004年12月30日实现全线商业运营，干线全长3843.5km。目前全线输气能力已达到170亿 m^3/a。

西气东输二线：西起新疆霍尔果斯口岸，东达上海，南抵广州、香港，气源来自中亚进口天然气，是我国第一条引进国外天然气资源的战略通道，工程一干八支，全长8704km，年输气量300亿 m^3。

西气东输三线：霍尔果斯口岸—福州，途径10省（区），管道线长7378km，年设计输气量300亿 m^3。主要气源来自中亚国家，另以国内塔里木盆地增产气和新疆煤制气为补充。

（2）川气东输线

川气东输线西起四川达州普光气田，管道总长2170km，年输送天然气120亿 m^3。2010年8月商业化运行，是继"西气东输"管线工程之后建成的又一条横贯中国东西部地区的绿色能源管道大动脉。

（3）陕京线

陕京线，陕京天然气管道由陕京一线、陕京二线、陕京三线和陕京四线组成。2020年，年供应量可达200亿 m^3，天然气将占北京市能源结构比重的三分之一。

（4）中俄东线天然气管

中俄东线天然气管1线，途经黑龙江、吉林、内蒙古、辽宁、河北、天津、山东、江苏、上海9个省（自治区、直辖市），终点为上海市，全长3371km。2018年俄罗斯开始通过中俄东线向中国供气，供气量逐年增长，最终达到每年380亿 m^3。俄东线天然气管道将在当前西气东输流向的基础上增加"北气南下"，有效完善我国东部地区天然气管网，将大规模进口的俄罗斯天然气顺利输到东部沿海地区。

（5）中亚管道

中亚管道A、B、C线经新疆霍尔果斯口岸入境，年输气能力达到550亿 m^3；D线经新疆乌恰入境，年输气能力300亿 m^3。中亚管道输入的气量占到国内天然气表观消费的1/3，占我国进口天然气总量的50%。

（6）中缅管线

2013年贯通，管道干线全长2520km，年输量120亿 m^3。将缅甸天然气资源绕过马六甲海峡输送至国内。

2. 主要输油管线

（1）距离最长的原油管道

我国最长的原油管道是西部原油管道。该管道起于乌鲁木齐王家沟首站，止于兰州末站，干线长1858km，管径813mm，设计压力8MPa，设计输量2000万t/a，于2007年6月建成投产。该管道建成投产后，与中哈原油管道共同组成"西油东送"战略通道，将塔里木、新疆、吐哈3个油田的原油和进口哈萨克斯坦阿塔苏油输往下游炼厂，结束了50年来兰州石化原油进厂依靠铁路的历史。

（2）管径最粗的原油管道

我国管径最粗的原油管道是日照—仪征原油管道。该管道北起山东日照，南达江苏仪征,长390km,管径914mm,设计压力8.5MPa,近期设计输量为2000万t/a,远期设计输油量为3600万t/a,于2011年10月10日建成投产,所输油品为海上进口原油。

(3) 输量最大的原油管道

我国输量最大、设计压力最高的原油管道是甬沪宁(宁波—上海—南京)原油管道。管道长645km,管径762mm,设计压力10MPa,设计输量为5000万t/a,于2004年3月20日建成投产。该管道是国内连接油库、码头和炼化企业最多的原油管道,是设计压力最高的原油管道,也是国内第一条穿越长江的管道。

(4) 第一条进口原油管道

我国第一条进口原油管道是中哈原油管道。该管道一期工程起于哈萨克斯坦阿塔苏首站,止于我国新疆阿拉山口末站,管道长965.1km,管径813mm,设计压力6.3MPa,设计输量1000万t/a,于2006年7月20日开始商业运行。该管道二期工程已于2013年12月13日建成投产,输油能力已提高到2000万t/a。截至2013年底,中哈原油管道累计向中国输油6360万t。

(5) 最寒冷的原油管道

中俄原油管道起于黑龙江省漠河县兴安镇,止于黑龙江省大庆市林源末站,管道长935km,管径813mm,设计输量1500万t/a,于2011年1月1日开始商业运行,投产第一天起,就实现满负荷运行。该管道穿越大兴安岭原始森林长达403km,沿线经过多年冻土区域约110km,是目前国内第一条通过多年冻土区、原始森林的大口径原油长输管道,为今后林区和冻土区域管道建设积累了大量经验。

(6) 我国距离最长的成品油管道

我国距离最长的成品油管道是兰州—郑州—长沙成品油管道。该管道包括1条干线和15条支线,干线起自兰州首站,途经甘肃、陕西、河南、湖北和湖南等5省67个市县,止于长沙末站,全长2080km,局部管径660mm,设计压力为10MPa,设计输量1500万t/a,已于2013年11月1日干线全线贯通。该管道的建设是贯彻落实党中央西部大开发战略的重要举措,是实施"西油东送"战略工程的具体体现,解决了兰州成品油外运问题,降低了运输成本,保障了油品高效运输,也是国内管径最大的成品油管道。

三、我国管网发展规划

1. 油气管道管理体制改革

2019年12月9日,国家石油天然气管网集团有限公司(简称国家管网公司)正式成立。国家管网公司已于12月9日出现在国资委央企名录中,为副部级央企。国家管网公司业务板块将划分为3个事业部和4个本部,分别为原油事业部、天然气事业部和成品油事业部,以及生产运行指挥本部、科技研发本部、工程建设本部和管道完整性本部,均为正局级单位。

2. 管网建设规划

国家能源局联合印发了《中长期油气管网规划》,该规划指出,到2020年,全国油气管网规模达到16.9万km,其中原油、成品油、天然气管道里程分别为3.2万km、3.3万km、10.4万km;到2025年,逐步形成"主干互联、区域成网"的全国天然气基础网络。规划新增管道里程如表 5-1-1 所示。

油气管网规划新增里程 表 5-1-1

管道种类	油气长输管道规划里程(km)			油气长输管道规划新增里程(km)	
	2015 年	2020 年	2025 年	"十三五"期间	"十四五"期间
天然气管道	64000	104000	163000	40000	59000
成品油管道	21000	33000	40000	12000	7000
原油管道	27000	32000	37000	5000	5000
总计	112000	169000	240000	57000	71000

第二章 管道运输设施、设备与运输管理

第一节 管道运输设施与设备

一、输油管道的组成

如图 5-2-1 所示,从输油管图中可以看到,原油从油井开始,经过油站收集处理后,由首站提供动力向下游输送。一般情况下,由于输送距离长,油品在运输过程中的能量损失明显,需要多级中间输油站提供动力,直至将油品输送至终点,终点的输油站通称"末站",主要是负责接收、计量,并分流至各炼油厂或油船码头。长距离输油管道由输油站和管线两大部分组成,输送轻质油或低凝点原油的管道不需加热,油品经一定距离后,管内油温等于管线埋深处的地温,这种管道称为等温输油管。当油品黏度极高或其凝固点远高于管路周围环境温度时,因流动阻力大,为改善油品的流动性能、降低能耗,常采用加热输送的方法,这种管道称为加热输油管。

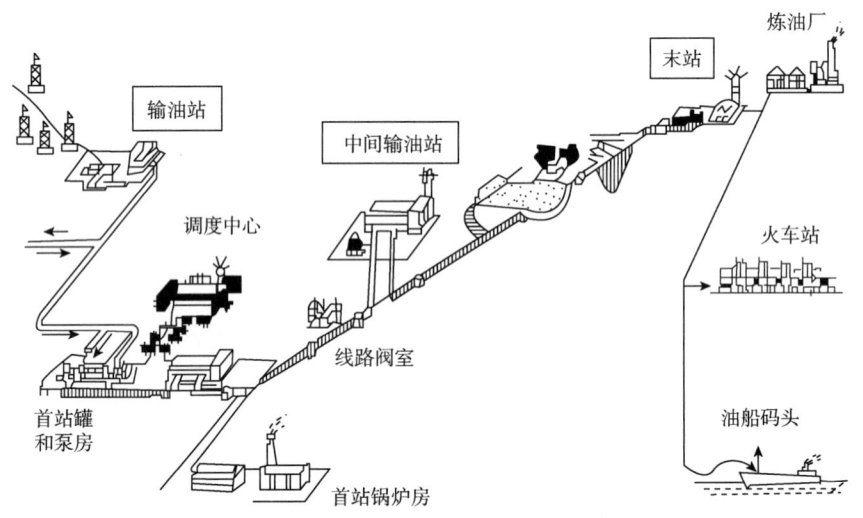

图 5-2-1 长距离输油管道示意图

1.输油站

沿管道干线为输送油品而建立的各种站场。按其所处的位置不同可分为首站、中间站、末站。中间站按其任务不同又可分为中间泵站、加热站、热泵站等。我国原油主要是含蜡高、凝点高、黏度大,输送时既需加压又需加热,输油站大多为热泵站。输油站设备主要有输油泵机组、加热设备、计量化验、通信设备、储油罐等。

(1)离心泵与输油泵站

离心泵是输油站的核心设备,管道运输的心脏,是将机械能变成液体动能的动力装置。一般采用电动机、柴油机或燃气轮机驱动。离心泵和驱动机组成泵机组,通常一个泵站设置几个泵机组,根据需要采用串联或并联连接。大型输油泵采用多级离心泵串联工作,每级可达500~600m。输油泵站设于首站和中间站,为油流提供压力能或热能。输油泵如图5-2-2所示。

(2)输油加热炉

在输送原油的过程中,为降低能量消耗、防止凝结、减少结蜡,通常采用加热炉加热。从燃烧器喷出的燃料在辐射室内燃烧,火焰温度达1500~1800℃,70%热量以辐射方式传递,火焰部分热量成为700~900℃的烟气进入对流室,以对流方式传递。加热炉如图5-2-3所示。

图5-2-2 输油泵

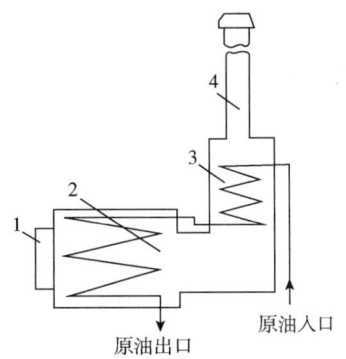

图5-2-3 加热炉

1-燃烧器(火嘴);2-辐射室;3-对流室;4-烟囱

(3)储油罐

储油罐是一种储存油品的容器,如图5-2-4所示,是油库的主要设施,在管道运输中是输油管的油源接口。按建筑特点可分为地上油罐、地下油罐和山洞油罐。转运油库、分配油库及企业附属油库一般宜选用地上油罐,而具有战略意义的储备油库及军用油库常选用山洞油罐、地下油罐和半地下油罐。按材质可分为非金属油罐和金属油罐两大类。储罐应有防腐、避雷、防静电、消防措施等。

(4)计量及标定装置

计量器如图5-2-5所示,通过计量掌握油品的首发量、库存量、损耗量等。在现代化的管道运输系统中,计量器及标定装置还可以调整运行状态、矫正压力与流量、检查泄漏等,是监测输油管运行的中枢。

图5-2-4 储油罐

图5-2-5 计量器

计量系统包括流量计、过滤器、温度及压力测量仪表、标定系统和排污管等。

2.输油管线

长距离输油管道的线路(即管线)部分包括管道本身、沿线阀室、穿(跨)越构筑物、管道阴极防腐保护设施、通信设施与自控线路等。

(1)管道

长距离输油管道由钢管焊接而成,一般埋地敷设,埋设深度不小于0.8m。为防止土壤对钢管的腐蚀,管外都包有防腐绝缘层,并采用阴极保护措施,对加热油管,还需要保温处理。输油管道如图5-2-6所示。

(2)截断阀室

长输管道上每隔一定距离(一般为32km,人口密集区需缩短距离)设有截断阀室,如图5-2-7所示,大型穿(跨)越构筑物两端也设有截断阀室,其作用是一旦发生事故可以及时截断管内油品,防止事故扩大,并便于抢修。其作用是一旦发生事故可以及时截断管内油品,防止事故扩大并便于抢修。

图5-2-6　输油管道

图5-2-7　截断阀门

(3)通信系统

通信系统是长距离输油管道的重要设施,用于全线生产调度及系统监控信息的传输,如图5-2-8所示。通信方式包括微波、光纤与卫星通信等。

(4)清管系统

油品在运输过程中,管道结蜡使管径缩小,造成输油能力下降,严重时可导致凝管事故。处理管道结蜡有效而经济的方法是采用清管器刮蜡,如图5-2-9所示。利用泵输送原油在管内顶挤清蜡工具,使蜡随油输走。

图5-2-8　通信系统

图5-2-9　清管器

二、输气管道系统

1.输气管道的组成

如图 5-2-10 所示,输气管道系统由矿场集气管网、干线输气管道(网)、城市配气管网、相关站场等组成。从气田的井口装置开始,经矿场集气、净化及干线输送,再经配气管网送到用户,形成一个具有集、净、输、储、配功能的密闭输气系统。输气管道可按其用途分集气管道、输气管道、配气管道等 3 种。

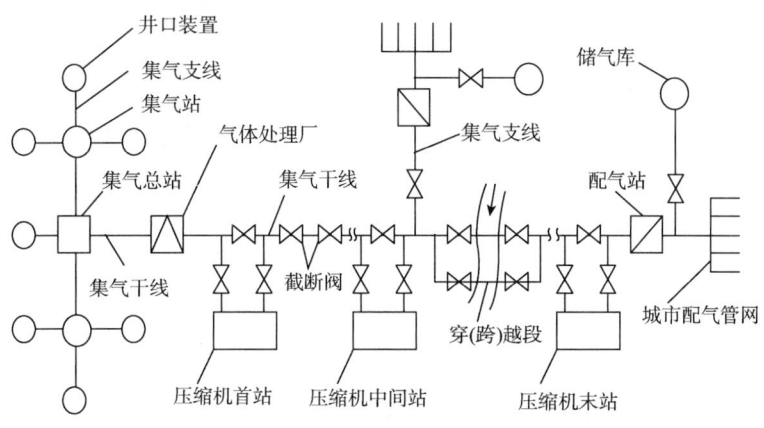

图 5-2-10 输气管网示意图

(1)集气管道

从气田井口装置经集气站到气体处理厂或起点压气站的管道,主要用于收集从地层中开采出来未经处理的天然气。由于气井压力很高,一般集气管道压力约在 100kgf/cm²❶以上,管径为 50~150mm。

(2)输气管道

从气源的气体处理厂或起点压气站到各大城市的配气中心、大型用户或储气库的管道,以及气源之间相互连通的管道,输送经过处理符合管道输送质量标准的天然气,是整个输气系统的主体部分。输气管道的管径比集气管道和配气管道管径大,最大的输气管道管径为 1420mm。天然气依靠起点压气站和沿线压气站加压输送,输气压力为 70~70kgf/cm²,管道全长可达数千公里。

(3)配气管道

从城市调压计量站到用户支线的管道,压力低、分支多、管网稠密、管径小,除大量使用钢管外,低压配气管道也可用塑料管道或其他材质的管道。

2.增加输气管输气能力

现代的集气管道和输气管道是由钢管经电焊联结而成。钢管有无缝管、螺旋缝管、直缝管多种,无缝管适用于管径为 529mm 以下的管道,螺旋缝管和直缝管适用于大口径管道。输气管道在生产过程中常需要进行扩建或改造,目的在于提高输气能力并降低能耗。当输

---

❶ 1kgf=9.80665N。

气管最高工作压力达到管路强度所允许的最大值时,可采用铺设副管、倍增压气站两种方法来提高输气能力。前者需要扩建原有压气站、增加并联机组;后者是通过在站间增建新的压气站、减少站间管路长度,从而获得输气管通过能力的提高。

三、固体料浆管道运输

用管道输送各种固体物质的基本措施是将待输送固体物质破碎为粉粒状,再与适量的液体配置成可泵送的浆液,通过长输管道输送这些浆液到目的地后,再将固体与液体分离送给用户。目前浆液管道主要用于输送煤、铁矿石、磷矿石、铜矿石、铝矾土和石灰石等矿物,配制浆液的主要是水,还有少数采用燃料油或甲醇等液体作载体。

1. 料浆管道系统的组成

料浆管道的基本组成部分与输气、输油管道大致相同,但还有一些制浆、脱水干燥设备。以煤浆管道为例,整个系统包括煤水供应系统、制浆厂、干线管道、中间加压泵站、终点脱水与干燥装置。它们可分为3个组成部分:浆液制备厂、输送管道、浆液后处理系统。

2. 料浆管道设备

(1) 浆液制备系统

以煤为例,煤浆制备过程包括洗煤、选煤、破碎、场内运输、浆化、储存等环节。

(2) 中间泵站

中间泵站的任务是为煤浆补充压力能。停运时则提供清水冲洗管道。输送煤浆的泵也可分容积式与离心式两种,其特性与输油泵大致相同。

(3) 后处理系统

煤浆的后处理系统包括脱水、储存等部分。

第二节　管道运输管理

一、管道运输生产管理

管道生产管理是管道运行过程中利用技术手段对管道运输实行统一的指挥和调度,以保证管道在最优化状态下长期安全而平稳地运行,从而获得最佳的经济效益。管道运输组织管理包括管道输送计划管理、管道输送技术管理、管道输送设备管理和管道线路管理。

1. 管道输送计划管理

根据管道所承担的运输任务和管道设备状况编制合理的运行计划,以便有计划地进行生产。管道输送计划管理首先是编制管道输送的年度计划,根据年度计划安排管道输送的月计划、批次计划、周期计划等。然后根据这些计划安排管道全线的运行计划,编制管道站、库的输入和输出计划,以及分输或配气计划。另一方面,根据输送任务和管道设备状况,编制设备维护检修计划和辅助系统作业计划。

2. 管道输送技术管理

根据管道输送的货物特性,确定输送方式、工艺流程和管道运行的基本参数等,以实现管道生产最优化。管道输送技术管理的内容包括随时检测管道运行状况参数,分析输送条件的变化,采取各种适当的控制和调节措施调整运行参数,以充分发挥输送设备的效能,尽可能减少能耗。对输送过程中出现的技术问题,要随时予以解决或提出来研究。管道输送技术管理和管道输送计划管理都是通过管道的日常调度工作来实现的。

3.管道输送设备

对管道站、库的设备进行维护和修理,以保证管道的正常运行。管理的内容主要包括:对设备状况进行分级,并进行登记;记录各种设备的运行状况;制订设备日常维修和大修计划;改造和更新陈旧、低效能的设备;维护在线设备。

4.管道线路管理

对管道线路进行管理,以防止线路受到自然灾害或其他因素的破坏。管理内容主要包括:①日常的巡线检查;②线路构筑物和穿越、跨越工程设施的维修;③管道防腐层的检漏和维修;④管道的渗漏检查和维修;⑤清管作业和管道沿线的放气、排液作业;⑥管道线路设备的改造和更换;⑦管道线路的抗震管理;⑧管道紧急抢修工程的组织等。

二、管道运输安全管理

管道运输安全管理主要是对事故进行预防,避免管道强度不足造成破坏、管道腐蚀穿孔、凝管等事故的发生,可能减少设备故障。在站场做好防火防爆、防雷、防静电、防毒等措施,避免灾情发生,造成重大损失。管道运输安全管理措施包括以下几个方面:

(1)管道投产的安全措施。做到各站内各油泵机组、加热炉、消防系统等单体设备单试运,然后站内联合试运,最后全线联合试运。

(2)管道运行安全措施。包括主要运行参数控制、严格执行操作规程、输油设备定期检修和维护、做到管理规范和制度化等措施,保证管道运输的运行安全。

(3)管道的安全保护措施。包括自然地貌的保护、穿跨越管段的保护、防腐系统保护、管道检测与安全评价等。

(4)管道维护和抢修的安全措施。包括建立管道维护抢修应急系统、制订切实可行的应急计划预案、采用维护和抢修的新技术等。

此外,还需要对输气管道做好通球清管的安全措施。

三、管道生产管理的技术手段

1.管道监控

管道监控是指对管道运行工况的监测和控制,是实现密闭输送工艺优化运行所必需的手段。管道监控的主要任务:收集、处理、显示和记录管道系统的运行状态和工艺参数;按输送计划、动态工况分析结果,选择最优运行方案;协助调度人员迅速准确地开关阀门和启停设备,以实现选定的输送工艺流程;调节流量、压力和温度等运行参数;预测、分析和处理事故;进行起点站、终点站和分输站的油、气交接及账务结算等。

2.管道流体计量

管道流体计量是指对管道运输的流体货物流动量的测量工作,其任务是:向交运和承运双方提供货物运输量的数据;为实施输送计划、分析运行工况、控制总流量和分输量的平衡提供重要依据;在油品顺序输送中,为批量切换和转换提供依据;为计算输油和输气成本提供依据;监测管道输送过程中的漏失量。

3.管道通信

管道通信是管道运输借以传递各种信息,以及进行业务联系和控制管道运行的工具。管道运输具有全线联合作业的特点,即管道的各个环节要密切配合,协调一致,才能完成管道运输作业,这就必须通过通信系统进行统一调度和集中监视。同时,在管道维护和抢修过程中,组织人员调运器材、协调操作等也缺少不了通信联络。

第六篇 综合篇

第一章 综合运输

综合运输是在资源日益紧缺的情况下,实现交通运输可持续发展的必由之路。由于各种运输方式具有不同的技术经济特性,即使是同一种运输方式在不同的运输需求、不同配置等条件下所表现出的技术经济优势也有很大不同。当单一运输方式的技术经济优势领域难以满足运输需求时,需要各种运输方式相互协调合作,以比较优势下的合理选择为基础,实现各种运输方式效用的充分利用。因此,发展综合运输是交通运输业发展到一定阶段的产物,是资源优化配置的结果,是运输需求的技术经济特征与运输方式的技术经济特征高度协调的统一体。

第一节 综合运输的概念、本质与特征

一、综合运输的概念

综合运输是以对社会经济发展贡献最大化为根本目标,依托综合运输体系实现人与物位移的过程优化的经济活动及社会活动的总称。

二、综合运输的本质

所谓本质,是事物本身固有的根本属性,是事物构成要素之间相对稳定的内在联系和内在矛盾。运输作为人类有目的的经济社会活动,其内在矛盾是决定其目的性的必然联系。资源稀缺和需求无限之间的矛盾是经济学解决的核心命题。作为运输经济学范畴,从需求与供给角度出发探究综合运输的本质,且应服从经济学研究的一系列假设,尤其是理性人假设。

从全社会总目标看,优化资源配置是人类社会发展永恒不变的主题。其核心理念是尽一切可能提高资源的效用,实现全社会共同利益的最大化,有利于促进社会经济发展,该核心理念是一切社会经济活动根本、现实的行为准则。由于运输需求具有无限性的特征,而运输供给却是有限的,因此运输资源配置的目标是最大限度实现供给与需求的有机统一。

探究综合运输的本质,必须明确综合运输的需求主体,即人或与人的利益直接相关的组织(全社会)。需求主体按照有利于促进社会经济发展的原则提出运输需求,正是基于现实资源配置机制上追求更加有效利用资源的具体体现,其依托的手段是借助运输工具满足人与物的充分流动,即运输活动。货物运输需求主要是追求"物"的优化利用,实现空间效用、时间效用和方式效用。而旅客运输需求的目标因出行性质而异,表面上看不是优化资源配置,但从上述资源定义来看,本质仍是资源配置的需求,主要满足情感需求、道德需求、精神需求等。

为更好揭示综合运输的内涵,基于前述提出的综合运输的概念,从综合运输的根本属性和内在机理出发,综合运输的本质是指在现有的技术经济条件下,以对社会经济发展贡献最大化为根本目标,以最恰当的运输方式,最大限度满足社会经济发展提出的运输需求的实践活动过程。

1. 实现交通运输对经济社会发展贡献最大化,是发展综合运输的根本目标

现有综合运输理论的立足点是追求运输资源自身利用效率最大化,未能充分体现运输在社会经济发展中的地位和作用,是对运输论的狭隘认识。综合运输的发展不能立足于交通运输自身来考虑发展,要跳出自身看待发展,这也是综合运输发展的顶层设计问题。我国运输资源利用效率远远高于发达国家,但运输环节瓶颈约束的矛盾非常尖锐,导致这种现实结果与理论认识的偏差。实际上,如果运输资源利用效率大幅度下降,但更好满足了运输需求,创造了更大的社会经济效益,仍是交通运输发展的目标;同理,即使运输资源利用效率大幅度提高,但抑制了运输需求,导致社会经济更大的损失,应归咎为交通运输发展的失误。因此,必须结合整个社会经济发展,特别是资源开发利用来考虑综合运输的发展,彻底摒弃交通运输本位观。

2. 最大限度地满足社会经济发展对运输需求,是发展综合运输的直接目标和基本立足点

社会经济发展提出的运输需求是对运输需求性质的定位。它意味着应最大限度地满足有利于社会经济发展的运输需求,而不是片面强调满足所有运输需求,应以全社会的共同利益为基准(公则)。由于全社会是由众多相互联系的利益主体组成,而每一利益主体在现实的政治制度、经济制度、社会制度、法律法规等条件约束下,以自身利益目标为基准来配置资源(私则),当自身利益与全社会利益相矛盾时,满足个人利益可能会有损全社会的共同利益。为此必须根据运输需求与社会经济发展之间的联系来甄别运输需求的合理性,摒弃不合理、不利于社会发展的运输需求。它涉及产业布局、人口空间结构、资源利用方式优化及社会经济发展理论与运输需求之间的联系。

社会经济发展理论,对运输需求的价值有决定性影响。这是由于运输需求具有差异性,即效用差异性,不同的社会经济发展理论导致不同的运输需求对社会经济发展所产生的效用具有一定的差异,而由于一定的技术经济条件和有限的运输资源约束,不可能满足全社会所有的运输需求。因此,从综合运输发展的根本目标来看,应以效用大小的优先顺序为原则来实现不同的运输需求,即应优先满足对社会经济发展贡献大的运输需求,并尽一切可能抑制产生负效用的运输需求的实现。

3. 安排最恰当的运输方式是发展综合运输的关键

在综合运输过程中,运输方式安排恰当与否,对运输需求的满足程度有决定性的影响。

从这个角度来解释,优化运输过程就是要按照运输需求特性完善综合运输体系的构建(增量优化),并为需求主体根据效用最大化原则充分选择运输资源,提供完善的运输服务(存量优化)。运输方式是否恰当,是基于运输需求的品质特性并通过比较优势来判断的,而各种运输方式的合理运用又是保证比较优势结论科学性的基础,是各种运输方式进一步发展的关键点。为此,每一种运输方式在寻求发展时必须充分分析自身及其他运输方式的动态技术经济特性,进而明确自己的服务对象及发展空间。

最大限度实现运输供给技术经济特征与运输需求特征的有机统一,是构建综合运输体系的基本原则,是解决结构过剩矛盾、提高供给有效性、降低运输过程消耗水平的关键。"最恰当的运输方式"是"最大限度"的前提,只有运输供给最恰当,才有可能最大限度地满足运输需求。因此,必须根据运输需求的技术经济特征来构建综合运输体系,这是综合运输规划的核心理论。另外,由于同一运输方式在配置不同的情况下技术经济差异很大(如高铁与普通铁路、高速公路与普通公路等),仅以运输方式的层面来考虑运输系统结构显得过于简单,应按照运输供给差异化产品来分析结构优化问题。

4.现有的技术经济条件既是综合运输体系发展的支撑,也是发展的约束

现有技术经济条件包括整个社会经济发展的技术经济水平及由此决定的运输需求、运输供给的技术经济特征。同时还意味着发展综合运输,既要充分利用现有的技术经济条件,又不能超越现阶段的技术经济水平,要根据社会经济与交通运输之间的相互联系实现协调,特别要把握好超前的"适度性"问题。

5.综合运输中"综合"是根据贡献最大化目标将运输需求技术经济特征与运输方式供给的技术经济特征有机结合起来

从外在形式来看,综合运输必然由多种运输方式共同承担整体运输任务,但就具体的运输任务而言究竟由几种运输方式来完成则取决于该项运输需求的特性,不论是由一种运输方式来完成还是由多种运输方式来完成,只要达到"最适当",就符合综合运输的本质。

三、综合运输的特征

综合运输的特征是在既定运输需求条件下运输供给比较优势得以充分发挥、运输能力得以充分利用,即实现交通运输系统投资效益最大化。由于各种运输方式具有不同的技术经济特性,且同一种运输方式在不同的运输需求下所表现出的技术经济优势也不同,因而合适的运输方式安排是最大限度地满足运输需求的前提,既能满足需求者、供给者的要求,又能促进整个国民经济可持续发展。这就要求实现综合运输服务能力的最大化,同时最大限度地支撑整个国民经济和社会发展。

1.至少存在两种技术经济特征不同的运输方式

我国交通运输发展过程中,5种运输方式通过建立自己的发展空间,基本形成了各展其长的发展格局,各种运输方式的技术都已相对成熟,可供需求主体任意选择。同时,由于各种运输方式之间在现实中存在一定的可替代性,在大多数情况下需求主体实现位移的过程中并不局限于某一种运输方式,至少存在两种技术经济特征不同的运输方式可供选择。因此,从综合运输的本质出发,运输需求主体完成一次运输过程,至少存在两种不同的可能选

择的运输方式,具体选择应以效用最大化为主要原则。

2.运输方式之间存在相互连接的可能

综合运输的本质反映了合适的运输方式安排是最大限度满足运输需求的前提,而这就要求各种运输方式必须实现有效衔接,通过各种运输方式的路网规划、综合枢纽建设、运输组织和运营管理等合理安排,实现运输的硬件无缝对接,真正实现"人便于行,货畅其流"。

3.运输方式间存在分工的机制和条件

由于各种运输方式具有不同的技术经济特性(静态和动态),具有各自合理的发展空间。充分发挥各种运输方式的技术经济优势,实现5种运输方式效用的最大化,为最大限度地满足运输需求提供了基础条件。这就需要建立相对公平合理的分工机制,而目前由于不同运输方式的经济属性及改革进程不同,导致市场化进程不同,相应的价值取向也存在较大差异(表6-1-1),从而难以建立起目标一致的合理分工机制,造成合理分工机制缺失,使得需求对供给的引导作用扭曲。这对优化交通资源配置产生极为不利的影响。

各运输方式的经济属性与价值取向 表6-1-1

运输方式	经济属性	价值取向
铁路运输	自然垄断,国有国营	社会效益高于经济效益
航空运输	正向市场化方向发展	以经济效益来实现自身的持续发展
公路运输	市场竞争领域	
水路运输		
管道运输		

4.交通运输在技术衔接、信息衔接、规制衔接、运营组织与管理衔接等方面具备实现"综合"的条件

从综合运输的本质看,优化运输资源配置是目的,而综合运输效率是运输资源配置效率的综合反映。而影响运输资源利用状态的因素有技术、管理、制度、运输组织等。理想的综合运输是全程、无缝且连续的运输过程。"全程"是一次售票或一次托运的门到门运输,而"无缝"要求实现运输过程所需要的硬件、软件等实现无缝隙衔接,包括技术、信息通信、法律法规、运营方式及组织管理、制度规范等。

5.综合运输的主要方式有直达运输、联合运输、多式联运、滚装运输、驼背运输、甩挂运输、接驳运输等,这几种方式都有可能符合综合运输的本质特征

特别需要强调,由单一运输方式完成的直达运输或接驳运输、甩挂运输也属于综合运输服务的方式之一。在现代交通运输体系中多种运输方式并存,选择一种运输方式来完成运输过程是基于综合运输体系现实来考虑的。至于单一运输过程究竟由多少种运输方式来完成不是认定是否综合运输的标志。从另一角度说,如果把至少两种运输方式完成特定的位移过程作为综合运输的基本特征,那么发展综合运输服务的主要目标应该定位在如何通过运输方式的衔接来有效分解运输过程上,这显然与综合运输的本质要义相悖的,而且与多式联运的概念重叠。因此,发展综合运输的内核在于充分发挥各种运输方式的技术经济优势与最大限度满足运输需求相统一。

第二节　我国现代综合运输体系构建

交通运输连接生产和消费两端,是建设现代流通体系、畅通国民经济循环的基础环节和重要依托。在社会再生产过程中,流通效率和生产效率同等重要,高效交通运输体系能够在更大范围把生产和消费联系起来,促进财富创造。从生产端来看,完善的综合交通网络布局和安全高效的物流网络,有利于优化产业布局、推动产业分工深化、提高生产组织效率,将更多的人流、物流安全顺畅地联入国内国际经济循环。从消费端来看,统一开放的运输市场和高效便捷的运输体系,有利于扩大交易范围、挖掘国内市场潜力,助力形成国内统一大市场。国内循环和国际循环都离不开高效的现代交通运输体系。

党的十八大以来,我国现代综合交通运输体系建设取得重大进展,"五纵五横"综合运输大通道基本贯通,交通基础设施网络加快完善,交通运输服务保障能力显著提升。截至2019年末,全国公路总里程已达501.25万km、位居世界第一,其中农村公路里程达420.05万km。截至2020年7月底,全国铁路营业里程达到14.14万km、位居世界第二,其中高铁3.6万km、稳居世界第一。交通运输国民经济主动脉作用日益显现。

尽管如此,我国综合运输发展不充分不均衡的问题仍然存在。一是全国市场的碎片化大幅提高了物流成本。数据显示,2019年社会物流总费用与国内生产总值(GDP)的比率为14.7%,其尽管比2013年的18.0%下降了3.3个百分点,但仍高于全球平均水平5个百分点左右。因此,建设现代综合交通运输体系还有一些制度性短板亟待弥补,一些区域性壁垒需要消除,"跨省通办"需要加快推进。二是空间布局仍需进一步优化。目前,城际轨道、沿边沿海公路、中西部铁路、内河航运等方面尚存在一些短板,对国民经济循环的支撑能力不足。三是国际物流供应能力和国际竞争力有待提高。数据显示,2019年,我国运输服务贸易逆差高达4059.2亿元,占服务贸易逆差总额的27%。航空货运和海运货运能力和竞争力较弱,对国际大循环的服务保障能力产生了较大影响。四是各种运输方式衔接不畅,存在转换效率偏低、多式联运发展滞后、内外联通不畅等问题,综合运输和物流效率仍有较大提升空间。

从四方面着力完善现代综合交通运输体系。一是加快推进与企业发展、群众生活密切相关的高频事项"跨省通办",加快各类要素自由流动,消除区域性壁垒,加快完善国内统一的交通运输大市场,大幅降低跨区物流成本。二是强化竞争政策作用,通过加快营造市场化、法治化、国际化营商环境,使不同所有制企业公平获得资源,公平获得产权保护,公平获得政策支持,健全交通运输市场体系。三是大幅放宽市场准入,提高政策透明度,创造开放的市场竞争环境,提升交通运输业的国际竞争力,更好满足民众对交通运输消费升级的更高需求。

优化完善综合运输通道布局。一是围绕国土空间开发和产业布局,加快综合立体交通网规划建设,以多中心、网络化为主形态,完善多层次网络布局,推动形成以高速铁路、航空网络为快速通道,以高速公路、干线铁路为骨架的大通道格局。二是重点推动沿边沿海跨江跨海运输体系、西部陆海新通道(平陆)运河等重大工程建设,提升城际轨道、沿边沿海公路、中西部铁路、内河航运等方面对国民经济循环的支撑能力。三是全面推进"四好农村路"建设,加快实施通村组硬化路建设,推动农村公路向进村入户倾斜,增强区域内交通密度和活力,形成广覆盖的农村交通基础设施网。

加强高铁货运和国际航空货运能力建设。一是加强前沿技术研发,瞄准新一代人工智能、新材料、新能源等世界科技前沿,加强对可能引发交通产业变革的前瞻性、颠覆性技术研究,重点解决好关键核心技术"卡脖子"的问题,强化高铁货运和国际航空货运能力建设的技术支撑。二是加快高铁专用货车、枢纽站场、快速转运通道等建设,提高高铁货运能力硬实力,同时深化铁路货运市场化改革,挖掘高铁线路网络资源和市场潜力。三是大力发展航空货运,加快以货运功能为主的枢纽机场建设,鼓励支持扩大专用货机机队规模,优化空域航线和时刻布局,推动形成现代航空物流体系。

加快形成内外联通、安全高效的物流网络。一是推动铁水、公铁、公水、空陆等联运发展,推广跨方式快速换装转运标准化设施设备,形成统一的多式联运标准和规则,以标准化促进物流体系标准兼容、信息共享、实体互联。二是畅通干线物流,完善城乡物流快递末端设施布局,建立健全集装箱多式联运体系,提高生产流通资源配置效率,统筹推进国际物流供应链体系建设。三是深入落实交通运输领域各项减税降费措施,推动公路法、收费公路管理条例、农村公路条例等制度的修订工作,在深化铁路、公路、航道管理体制改革等方面创新突破,优化物流组织模式,提高物流效率,降低物流成本。

第三节 综合运输与现代物流

一、综合运输是现代物流的基础和保障

首先,综合交通运输是现代物流的有机组成部分。现代物流是以铁路、公路、水运、空运、管道、仓储、托运等为主体,与其他相关的社会部门共同构成的一个综合经济体系。综合交通运输系统是现代物流大系统中重要的子系统,现代物流中的流通过程是依托综合运输系统来完成。

其次,综合交通运输是现代物流的中心环节。整个物流活动是由包装、装卸、保管、库存管理、流通加工、运输和配送等活动组成的。其中,运输活动不仅是物流活动的主要组成部分,而且是物流的中心环节。不论是企业的输入物流、输出物流,还是流通领域的销售物流,最终都要依靠交通运输来实现商品的空间转移,才能够将商品送达最终顾客手中。交通运输活动对物流活动成功与否以及物流成本的高低有着非常重要的影响。

第三,综合运输的发展是社会化物流网络形成的先决条件。现代化综合运输要求交通运输业在行业内形成自己的专业化分工,建设铁路、公路、水运、航空、管道联运的立体交通运输网络,发展高速货物运输、集装箱化运输和集约化的仓储等物资流通体系,使得每个企业都能够通过这个社会化网络以低成本构建自己的供应链,实现自己的物流活动计划。综合运输的发展为现代化物流及其管理的社会化提供基础条件。

二、现代物流能够促进综合运输的进一步发展

首先,现代物流的发展要求交通运输过程系统化和高效化,为综合运输的发展提供动力。现代物流系统的形成与发展体现的是一种对时间成本节约的追求,通过准点供货以满足生产企业"零库存"生产的要求。运输活动是物流活动中的重要一环,如果交通运输出现问题,不能满足物流运转的需要,那么现代物流过程所涉及的包装、装卸、仓储和配送等一系列环节就不能够协调运转,物流服务也就无法实现。

其次,现代物流客户对物流成本最小化、服务最优化的需求,要求交通运输方式多样化、结构合理化,促进各种交通运输组合的不断优化,推动综合运输的发展。目前,运输成本是物流成本中的最大的项目。通过各种交通运输方式的有机组合,实现运输过程的系统化、合理化和高效化,降低我国社会的运输成本,是降低物流成本以提高物流经济效益的关键环节。同时,发展现代化综合运输也是满足物流顾客多样化服务要求,提高物流服务质量的重要一环。现代物流顾客需求的变化和发展为交通运输过程的系统化、合理化和高效化提供了重要的推动力。

第二章 综合交通枢纽

第一节 交通枢纽概述

2017年2月3日国务院正式印发《"十三五"现代综合交通运输体系发展规划》,提出:全面推进综合交通枢纽建设,在全国重点打造150个开放式、立体化综合客运枢纽。国内已有多个城市提出建设与城市功能相匹配,可持续发展、高标准、现代化的综合交通运输体系,支持经济繁荣和社会进步的交通发展目标。

一、交通枢纽的概念

1.交通枢纽

交通枢纽(Transportation Junction)又称为运输枢纽,是几种运输方式或几条运输干线交会并能办理客货运输作业的各种技术设备的综合体。一般由车站、港口、机场和各类运输线路、库场以及运输工具的装卸、到发、中转、联运、编解、维修、保养、安全、导航和物资供应等项设施组成,是综合运输网的重要环节。它主要受制于地理位置、地形和水文等自然条件、经济条件(如生产和贸易的结构及水平、工业企业的分布等)、历史交通线和既有交通网的基础、运输技术的发展、大宗客货流的集散等条件。

根据运输方式的不同,交通枢纽可分为:铁路公路河海枢纽,如上海、天津、汉堡、纽约;铁路公路内河枢纽,如广州、重庆、莫斯科、法兰克福;铁路公路航空枢纽,如北京、郑州、成都、巴黎;单纯内河公路枢纽,多为中小城市,由同种运输方式,两条以上干线组成的枢纽为单一交通枢纽,由两种以上运输方式的干线组成的是综合交通枢纽。

2.综合交通枢纽

以一种及一种以上城市对外交通为主体,涵盖两种及两种以上城市公共交通(地面公交、轨道交通等)设施,融合多种换乘方式的交通综合体称为综合交通枢纽。

综合交通枢纽根据主体设施组成可分为单一主体模式和多主体模式。单一主体模式有航空综合枢纽、铁路综合枢纽、公路综合枢纽等;多主体模式有空铁综合枢纽、公铁综合枢纽、公空综合枢纽、空铁公综合枢纽等。

二、交通枢纽的特点

(1)交通枢纽是多种运输方式的交会点,是大宗客货流中转、换乘、换装与集散的场所,也是各种运输方式衔接和联运的主要基地。

(2)交通枢纽是同一种运输方式多条干线相互衔接,进行客货中转及对营运车辆、船舶、飞机等进行技术作业和调节的重要基地。

（3）从旅客到达枢纽到离开枢纽的一段时间内，为他们提供舒适的候车、船、机环境，包括餐饮、住宿、娱乐服务，货物堆放、存储场所，包括包装、处理等服务办理运输手续，货物称重，路线选择，路单填写和收费旅客购票，检票运输工具的停放、技术维修和调度。

（4）交通枢纽大多依托于一个城市，对城市的形成和发展有着很大的作用，是城市实现内外联系的桥梁和纽带。

三、主要交通枢纽介绍

1.北京交通枢纽

北京是中国北方的交通枢纽中心，交通路网发达。公路方面，以北京为中心向四面呈辐射状的国道共有12条，分别可到沈阳、天津、哈尔滨、香港、澳门、南京、福州、昆明等地。北京高速公路发展迅速，以八达岭高速路、首都机场高速路、京沈高速路、京津塘高速路、京石高速路、京张高速路等高速公路为主的快速路网构成了北京完善的交通网络。铁路方面，北京是中国北方最大的铁路枢纽，京秦铁路、京哈铁路、京沪铁路、京九铁路、京广铁路、京原铁路、京包铁路、京承铁路、京通铁路等中国主要铁路干线都汇集北京，9条干线经环线和联络线连接，形成了以北京市区枢纽站为中心，由多条向外放射线路和环线组成的铁路网络。航空方面，北京是我国主要的航空运输中心，民航运输能力处于领先位置。北京首都国际机场位于北京的东北方向，距北京市中心天安门广场25.35km，是我国地理位置最重要、规模最大、设备最齐全、运输生产最繁忙的大型国际航空港之一，是亚洲第一大国际机场，已开通200多条国际国内航线，通往世界主要国家及地区和国内大部分城市。北京首都国际机场不但是北京的空中门户和对外交往的窗口，而且是中国民用航空网络的辐射中心，它是我国大陆三大航空枢纽港之一。市内交通方面，北京市城区的路网结构以矩形环状为主，先后依托城市扩展，建设了二、三、四、五和六环路，总长度超过500km的北京新"七环路"已经形成半圆。

2.上海交通枢纽

上海已形成由铁路、水路、公路、航空、轨道等5种运输方式组成的、超大规模综合交通运输网络。上海港是中国最大的枢纽港之一，共有35个客运站，长途班线1611条，可抵达全国14个省（自治区、直辖市）的660个地方。上海市形成了由地面道路、高架道路、越江隧道和大桥以及地铁、高架式轨道交通组成的立体型市内交通网络。铁路方面，上海有三大火车站：上海南站、上海火车站、上海虹桥火车站。上海虹桥火车站是上海最大、最现代化的铁路客运站。上海虹桥综合交通枢纽全球范围首开高铁与机场融合之先河，是目前全球最大的综合交通枢纽。水路方面，主要的海港有外高桥、吴淞码头和洋山深水港。上海港是长江三角洲上的一个河口港，可以兼作海港。公路交通方面，上海市的公交交通，其线路、车辆、载客量均居全国第一。虹口足球场公交枢纽是集地铁站、轻轨站、公交车起始点站、出租车站集合成一体的大型公共交通换乘枢纽，机场四线成为第一条入驻该枢纽的公交运营线路。航空方面，上海拥有上海虹桥国际机场和上海浦东国际机场两座国际机场。轨道交通方面，上海拥有轨道交通系统共13条，包括地铁、高架轻轨和磁悬浮线等，营业里程约400km，居全国前列，已形成网络格局。

3.广州交通枢纽

广州是华南地区的海陆空交通中心,为华南最大的交通枢纽。海运方面,广州港是中国第三大港口,是珠江三角洲及华南地区主要物资集散地和最大的国际贸易中枢港,现已与世界170多个国家和地区的500多个港口有贸易往来。内河可沿东、西、北江航道沟通广东省各地和广西壮族自治区,与100多条河道相连。铁路方面,有京广复线、广茂线、广梅汕线、广深线、广九准高速铁路、广珠澳铁路、武广客运专线汇集广州,构成了四通八达的铁路网络。公路方面,已形成以市区为中心,105、106、107、324、205国道为骨架,以三道环线为纽带,连接各条国道,贯通广东省内97%以上的县、市、镇,并接邻近省市的公路网络。经过广州的重要高速公路有广清高速公路(广州—清远)、京珠高速公路(北京—珠海)、广惠高速公路(广州—惠州)、广深高速公路(广州—深圳)、广佛高速公路(广州—佛山)等。高速公路为城市与城市之间的交流加快了速度,以及减少了国道、省道之间的车流量。航空方面,广州白云国际机场是中国内地三大国际航空枢纽机场之一,旅客吞吐量居中国第二、世界第十九位,在中国民用机场布局中具有举足轻重的地位。广州白云国际机场是国家"十五"期间重点建设项目,是中国规模最大、功能最先进、现代化程度最高的国家级枢纽机场之一。市内交通方面,广州市公交运力很强,市内交通有公共汽车、电车、专线车、地铁等公交线路,也修建了高架路、公路桥、过江隧道等,先后修建了多条城际间高速公路。已建成城市快速交通骨架网:内环路、环城高速公路、北二环高速公路、新国际机场高速公路、华南南路一期工程、广园东路以及四条内环路放射线。

第二节 城市综合交通枢纽

一、城市综合交通枢纽分类

城市综合交通枢纽依不同标准可有不同分类,根据枢纽地区主要的交通方式可以分为城市航空运输枢纽、城市铁路运输枢纽、城市公路运输枢纽、城市轨道交通运输枢纽、城市公共交通运输枢纽、城市水路运输枢纽、城市管道运输枢纽等,根据枢纽服务的主要对象可以分为城市客运枢纽、城市货运枢纽等。

此外,根据交通功能、布置形式、规模等标准还可进一步分类,如对外枢纽、市内枢纽、立体枢纽、平面枢纽、一级枢纽等。

二、城市客运综合交通枢纽的定义及内涵

城市客运综合交通枢纽是城市客运交通系统中,汇集多种交通方式,为乘客提供集散换乘服务的交通场站设施综合体。

城市客运综合交通枢纽具有以下几个方面的技术特征:

(1)"点集中"特征。市客运综合交通枢纽是交通运输系统中的"点"系统。城市客运综合交通枢纽,是城市客运综合运输体系中的要冲处和关键点,是交通运输系统中的场站设施

综合体。正是因为所处地点的特殊性,城市客运综合交通枢纽在功能上主要是为乘客提供集散换乘服务,在综合运输体系中与运输线网具有同样重要的作用。

(2)"面扩散"特征。城市客运综合交通枢纽衔接多种交通方式和线路。多种交通方式的相互衔接,既可以实现同种交通方式不同交通线路上的集散换乘,也可以实现不同交通方式之间的集散换乘。它可以建设在各种交通方式的首末站上,也可以建设在各种交通方式的中间站上。城市客运综合交通枢纽连接着不同方向上的客流,对乘客的顺畅出行起着重要作用。

(3)"客流主体化"特征。城市客运综合交通枢纽为城市居民出行服务。城市范围内人的交通活动集聚在一起就形成了城市客运交通,它是城市交通系统的一个子系统,包括市内交通和对外交通两方面。城市客运综合交通枢纽的目标是快速便捷地实现城市居民的交通出行。

三、城市综合交通枢纽设施布局

1.综合交通枢纽的设施构成

综合交通枢纽的主要设施分为建筑本体和周边交通设施两大块。建筑本体是指枢纽内部各功能组成,主要有主体设施、换乘设施、停蓄车设施、商业开发等;周边交通设施是指连接枢纽与周边区域的交通设施,有城市道路或专用道路、轨道线路、外围站场等。

2.枢纽设施本体布局

1)布局目标

综合交通枢纽本体布局首先应是高效集约,应尽可能将各种不同交通方式直接引入枢纽,使旅客通过自动扶梯、自动步行道和电梯等工具实现枢纽内部换乘,从而构成紧凑、高效、便捷的转运。其次是通过将各种交通模式之间的换乘距离最短化、换乘时间最小化、换乘质量最优化达到换乘便捷的目的。最后是系统最优,实现换乘系统中各种交通工具间的总人时最小(不是某一种交通方式的人时最少)。

2)布局方法

(1)整体布局集中紧凑。为了减少换乘距离,设施布局应尽量集中紧凑,旁邻设施紧密贴临,无缝衔接;上下设施互相叠合,垂直换乘。

(2)水平布局近大远小。优先考虑换乘量大的交通设施靠近主体设施,不得已时换乘量小的交通设施布置在稍远的位置,以使更多的旅客方便换乘。

(3)垂直布局经济合理。综合交通枢纽为了凑近距离,方便换乘,常常需要上下叠合,立体布局,这时需要综合考虑设施投资和长期运行的经济性以及乘客换乘的方便性,甚至还要顾及设施的景观和环境因素。质量大的交通设施布置在地面层,以节省投资;地下工程造价高(比设施高架起来造价要高),而且还需长期运营,耗费人力、财力,但考虑到为使城市轨道交通与城市道路立体化,同时避免运行噪声,在轨道交通线路行走在地下的情况下,枢纽设施布置在地下是合理的;乘客上下移动困难,一般在枢纽内需提供电梯或自动扶梯。

(4)换乘衔接公交优先。枢纽的设施衔接应突出公交优先。枢纽的主体设施,如航站楼、铁路客运站等具有客运量大、客流集中的特点。大运量的公共交通适合到发旅客量大的集散交通方式。公交优先主要体现在大运量轨道交通优先和地面公交优先两方面。大运量轨道交通应优先靠近主体设施,减少换乘距离(上下换乘常常是选择的方案)。地面公交车站也应靠近主体设施布局(在大型综合交通枢纽中,将公交下客站设置在枢纽站厅门口,使旅客步行距离最短)。

(5)设施之间界限清晰。交通枢纽由不同的业主建造、管理。枢纽建成后,需由各部门协调合作,统一运营管理。清晰的界限便于各部门操作。

(6)商业开发与交通设施结合布置。商业开发可以提升枢纽品质,为枢纽服务,土地距离枢纽越近,价值越高。商业开发的投资收益远高于交通枢纽设施收益,经常出现商业开发收益补贴交通设施的情况,因此设施规划时有必要将商业设施与交通设施结合布置。商业开发设施的布局可分为通道商业布局和综合商业开发布局。

3.机动车系统运行组织及设施布局

1)公交车系统运行组织及设施布局

(1)运行组织。大型枢纽中的公交运行组织为通过集散道路至出发车道边,落客后公交车进蓄车场休息、维修等,通过调度,在到达车道边上客,做到"到发分离、场站分离",给旅客提供无缝式的接驳换乘方式。

(2)设施布局。以公交落客、蓄车、上客三项功能集中程度不同形成不同的布局方式。集中式集三项功能于一处,占地面积大,会产生换乘距离长、换乘不便等问题。半集中式集其中两项功能于一处,另一项功能设置在另一处。

2)出租车系统运行组织及设施布局

(1)组织。出租运营主要有两种方式:一种是出租车在车道边落客后直接随出租车流排队候客,上客后离场;另一种是出租车在车道边落客后到出租车蓄车场排队,然后到车道边接客离场。

(2)出租车系统设施布局。分场站集中和场站分离两种:场站集中式是利用较大空间的出租车排队上客通道进行上客排队,上客排队通道的布局基本靠近上客车道边,适用于高峰时出租车需求较小的枢纽;场站分离式有单独的蓄车场,上下客处与蓄车场是分离的,蓄车场可选择在一些边角之处,节约用地。大型综合交通枢纽较适合使用场站分离的布局模式。

3)社会车辆系统运行组织及设施布局

(1)运行组织。小客车运行组织针对社会车辆,系统到发通常采用动态管理措施,出发送客提供车道边送客。当车道边资源短缺时,部分社会车辆入库送客,小客车均进入停车库(场)等待,避免长时间占用车道边资源。

(2)设施布局。社会车辆停车库(场)的布局主要有2种:近端停车和远端停车。近端停车靠近枢纽主体设施,旅客步行距离短,但需占用核心区宝贵的土地资源。远端停车需采用穿梭巴士或专用轨道旅客运输系统与主体设施相连。旅客到达主体设施需要经过换乘,但不影响枢纽核心区用地,且可缓解枢纽核心区的交通压力。停车库(场)形式分单层平面停车场和多层立体停车库。单层平面停车场占地大,造价低,布局灵活可变,适合大小客车停泊,但步行距离较长,服务水平较低;多层立体停车库用地集约,步行距离可控,服务水平较高,但投资较大,且不适合大客车停泊。

第三章 集装箱运输与多式联运

第一节 集装箱运输与多式联运概述

集装箱运输是20世纪50年代以来发展迅猛的一种运输方式。20世纪70年代初开始进入我国,随后在我国的一些主要对外口岸迅速发展,20世纪80年代后期开始在我国进入多式联运。近年来,集装箱运输在世界物流界已成为一种主要的运输方式。

一、集装箱运输的起源

(一)早期的集装箱运输设想与实践

早在19世纪初(1801年),英国的詹姆斯·安德森(James Anderson)博士就提出了集装箱运输的设想。1830年,在英国铁路上首先出现了一种装煤的容器,接着出现了在铁路上使用容器来装运百杂货。1853年美国铁路也采用了"容器装运法"。1845年,英国铁路上开始出现载货车厢,这种车厢酷似现在的集装箱。发展到19世纪的下半世纪,英国兰开夏使用了一种运输棉纱和棉布的带有活动框架的托盘,俗称"兰开夏托盘"(Lancashire Flat),它可以看作最早使用的雏形集装箱。

1880年,美国试制了第一艘内河用集装箱船,在密西西比河上进行试验,但当时这种新的运输方式没有产生大的影响,未被广泛接受。

直到20世纪初期,由于世界经济的发展,某些西方国家陆上运输量迅速增长,铁路运输得到了较快的发展。这时,英国铁路才正式使用简陋的集装箱运输。这种新的运输方式在英国采用以后,很快在欧洲推广。1926年这种方式传到德国,1928年传到法国。1928年9月在罗马举行了一次"世界公路会议"。会议探讨了铁路和公路运输间相互合作的最优集装箱运输方案。会议中有人认为:利用集装箱运输货物,对于协调铁路和公路间的矛盾特别有利。最后,会议成立了国际集装箱运输委员会,研究有关集装箱运输的问题。就在这一年,欧洲的各铁路公司之间签订了有关集装箱运输的协定。

1931—1939年期间,由于公路运输的迅速发展,铁路运输的地位相对下降。公路与铁路之间为争夺货源,展开了剧烈的竞争。竞争的结果,导致这两种运输方式不能紧密配合和相互协调,致使集装箱运输的经济效果得不到充分发挥。这个时期集装箱运输发展极为缓慢,其主要原因,一个在于铁路运输和公路运输的割裂,另一个在于社会生产力还较落后,没有达到开展集装箱运输所需的水平,没有充足而稳定的适箱货源,集装箱运输所需的技术基础与配套的设施落后,集装箱运输的组织管理水平也较差,使集装箱运输的优越性不能很好发挥,影响集装箱运输的开展。

(二)现代集装箱运输的开始

早期集装箱运输实践的时期很长,但发展缓慢,其主要特征是仅限于陆上运输。到20世纪50年代,美国有人提出集装箱运输应该实行"海陆联运",才真正开始了现代意义上的集装箱运输,集装箱运输的优势也开始展现。

最初导致集装箱运输这种方式重新引起注意的是:相对于"散货"和"液体货物"运输,件杂货运输方式显得非常落后。

运输企业要想大大提高劳动生产率和降低运输成本,也必须遵循生产合理化的原理,采用大批量运输的生产方式,并促使装卸工具实现机械化和自动化。

海上运输业的大型化、机械化、自动化趋势,开始于"液体运输"和"散货运输",并很快取得成果。第二次世界大战后出现了56万吨级的超级油船、30多万吨级的大型散货船以及各种各样的专用船。这些大型船舶的出现,有赖于装卸过程的机械化和自动化。石油和散货船舶实现了大型化、装卸工作实现了机械化和自动化以后,使散货和液体货海上运输成本大幅降低,效率大大提高。这使得件杂货运输技术的落后显得更为突出。但第二次世界大战后,主要件杂货的运输,装卸工作的机械化程度仍然很低。这主要是由于采用人工作业装卸的"瓶颈"多年来没有被突破,这使得船舶大量时间停泊在港内装卸,每年航次天数不超过200d。

由于件杂货本身的特点(如外形、体积、密度等不同),要提高装卸效率,首先要摆脱沉重与低效的人力装卸状况。而要摆脱依赖人力的装卸,人们首先着眼于"货件"的标准化与扩大"装卸单元",也就是使得外形、大小不一的件杂货,通过某种组合方式,变成外形、大小一致的"货件",于是就出现了"成组运输"。

所谓成组运输,就是把单件杂货,利用各种不同的成组工具,组成一个个同一尺寸的标准"货件",并使其在铁路、公路、水路等不同的运输方式间,可以不拆组、快速转移。采用这种运输工艺,不仅提高了每个货件的重量,而且使每个货件定型化、标准化,从而促进了件杂货运输的机械化和自动化。

件杂货的成组运输开始是用"网兜"和"托盘"来实现的,后来进一步发展了托盘船,实现了"托盘化"。件杂货托盘化以后,与单件运输相比较,有了很大的进步。

成组运输的进一步改进,就是集装箱化。托盘货件被装进集装箱,克服了托盘运输的上述缺点。于是,集装箱化就代替了托盘化。成组工具的不断改进,提高了成组运输的效率,使成组运输系统得到了进一步的完善,彻底改变了件杂货运输中的落后面貌,从而引发了世界运输史上的一次大变革。

将集装箱运输海陆沟通起来的最早实践者是美国人马尔康·马克林(Malcon Melean)。1956年,由马克林收购的泛大西洋轮船公司(Pan-Atlantic Steamship Corp.),在一艘未经改装的油船甲板上装载了58个大型集装箱,从纽约驶往休斯敦,首开"海上集装箱运输"的先河。首次运输便取得了令人兴奋的成功,每吨货物的装卸成本从5.83美元降低到0.15美元。首航成功以后,在1957年10月,第一艘经改装的全集装箱船"盖脱威城"(Gateway City)号在马克林的泛大西洋轮船公司投入运营,由此开创了集装箱运输的新纪元。1960年,该公司更名为"海陆联运公司"(Sea-land Service Inc.)。

1965年,海陆联运公司制定了用大型集装箱船环航世界的计划。从此,海上集装箱运输成了国际贸易中通用的运输方式,许多大的航运公司纷纷仿效海陆联运公司的做法。

二、集装箱与集装箱运输的内涵

(一)集装箱的定义

集装箱(Container)是中国内地(大陆)的国家标准术语,在香港称为"货箱",在台湾地区称作"货柜"。关于它的定义,在各国的国家标准、各种国际公约和文件中都有具体规定,其内容不尽一致。下面仅列举国际标准化组织(ISO)关于集装箱的定义。

1968年,国际标准化组织(ISO)第104技术委员会起草的国际标准《集装箱术语》(ISO/R830—1968)中,对集装箱已下了定义。该标准后来又做了多次修改。国际标准《集装箱名词术语》(ISO 830—1981)中,对集装箱定义如下:

集装箱是一种运输设备,应满足以下要求:

(1)具有足够的强度,可长期反复使用;
(2)适于一种或多种运输方式的运送,途中转运时箱内货物不需换装;
(3)具有快速装卸和搬运的装置,特别便于从一种运输方式转移到另一种运输方式;
(4)便于货物装满和卸空;
(5)具有$1m^3$及$1m^3$以上的容积。

集装箱这一术语含义不包括车辆和一般包装。

国际标准化组织(ISO)对集装箱的这一定义相继为许多国家引用,如:日本工业标准《国际大型集装箱术语说明》(JISZ 1613-72)、法国国家标准《集装箱的术语》(NFH 90-001-70)和中国国家标准《集装箱名词术语》(GB/T 1992—85)等。

2006年,中国国家质量监督检验检疫总局、中国国家标准化管理委员会发布了《集装箱术语》(GB/T 1992—2006),对集装箱的定义如下:

一种供货物运输的设备,应满足以下条件:

(1)具有足够的强度和刚度,可长期反复使用;
(2)适于一种或多种运输方式载运,在途中转运时,箱内货物不需换装;
(3)具有便于快速装卸和搬运的装置,特别是从一种运输方式转移到另一种运输方式;
(4)便于货物的装满和卸空;
(5)具有$1m^3$及其以上的容积;
(6)是一种按照确保安全的要求进行设计,并具有防御无关人员轻易进入的货运工具。

(二)集装箱种类

集装箱按箱内所装货物一般分为:

1.通用干货集装箱(Dry Cargo Container)

这种集装箱也称为杂货集装箱,用来运输无需控制温度的件杂货。其使用范围极广。这种集装箱通常为封闭式,在一端或侧面设有箱门。这种集装箱通常用来装运文化用品、化工用品、电子机械、工艺品、医药、日用品、纺织品及仪器零件等。这是平时最常用的集装箱。不受温度变化影响的各类固体散货、颗粒或粉末状的货物都可以由这种集装箱装运。

2.保温集装箱(Keep Constant Temperature Container)

它们是为了运输需要冷藏或保温的货物。所有箱壁都采用导热率低的材料隔热而制

成,可分为以下三种:

(1) 冷藏集装箱(Reefer Container)。它是以运输冷冻食品为主,能保持所定温度的保温集装箱。它专为运输如鱼、肉、新鲜水果、蔬菜等食品而特殊设计的。目前国际上采用的冷藏集装箱基本上分两种:一种是集装箱内带有冷冻机的叫作机械式冷藏集装箱;另一种箱内没有冷冻机而只有隔热结构,即在集装箱端壁上设有进气孔和出气孔,箱子装在舱中,由船舶的冷冻装置供应冷气,这种叫作离合式冷藏集装箱(又称外置式或夹箍式冷藏集装箱)。

(2) 隔热集装箱。它是为载运水果、蔬菜等货物,防止温度上升过大,以保持货物鲜度而具有充分隔热结构的集装箱。通常用冰作制冷剂,保温时间为72h左右。

(3) 通风集装箱(Ventilated Container)。它是为装运水果、蔬菜等不需要冷冻而具有呼吸作用的货物,在端壁和侧壁上设有通风孔的集装箱,如将通风口关闭,同样可以作为杂货集装箱使用。

3. 罐式集装箱(Tank Container)

它是专用以装运酒类、油类(如动植物油)、液体食品以及化学品等液体货物的集装箱。它还可以装运其他液体的危险货物。这种集装箱有单罐和多罐数种,罐体四角由支柱、撑杆构成整体框架。由于侧壁强度较大,故一般装载麦芽和化学品等相对密度较大的散货,后者则用于装载相对密度较小的谷物。散货集装箱顶部的装货口应设水密性良好的盖,以防雨水侵入箱内。

4. 台架式集装箱(Platform Based Container)

它是没有箱顶和侧壁,甚至连端壁也去掉而只有底板和4个角柱的集装箱。这种集装箱可从前后、左右及上方进行装卸作业,适合装载长大件和重货件,如重型机械、钢材、钢管、木材、钢锭等。台架式集装箱没有水密性,怕水湿的货物不能装运,或用帆布遮盖装运。

5. 平台集装箱(Platform Container)

这种集装箱是在台架式集装箱上再简化而只保留底板的一种特殊结构集装箱。平台的长度与宽度。与国际标准集装箱的箱底尺寸相同,可使用与其他集装箱相同的紧固件和起吊装置。这一集装箱的采用打破了过去一直认为集装箱必须具有一定容积的概念。

6. 敞顶集装箱(Open Top Container)

这是一种没有刚性箱顶的集装箱,但有由可折叠式或可折式顶梁支撑的帆布、塑料布或涂塑布制成的顶篷,其他构件与通用集装箱类似。这种集装箱适于装载大型货物和重货,如钢铁、木材,特别是像玻璃板等易碎的重货,利用吊车从顶部吊入箱内不易损坏,而且也便于在箱内固定。

7. 汽车集装箱(Car Container)

它是一种运输小型轿车用的专用集装箱,其特点是在简易箱底上装一个钢制框架,通常没有箱壁(包括端壁和侧壁)。这种集装箱分为单层的和双层的两种。因为小轿车的高度为1.35~1.45m,如装在8ft(2.438m)的标准集装箱内,其容积要浪费2/5以上,进而出现了双层集装箱。这种双层集装箱的高度有两种:一种为10.5ft(3.2m),另一种为8.5ft高的2倍。

8. 动物集装箱(Pen Container or Live Stock Container)

这是一种装运鸡、鸭、鹅等活家禽和牛、马、羊、猪等活家畜用的集装箱。为了遮蔽太阳,箱顶采用胶合板露盖,侧面和端面都有用铝丝网制成的窗,以求有良好的通风;侧壁下方设有清扫口和排水口,并配有上下移动的拉门,可把垃圾清扫出去;还有喂食口。动物集装箱在船上一般应装在甲板上,因为甲板上空气流通,便于清扫和照顾。

9.服装集装箱(Garment Container)

这种集装箱的特点是,在箱内上侧梁上装有许多根横杆,每根横杆上垂下若干条皮带扣、尼龙带扣或绳索,成衣利用衣架上的钩,直接挂在带扣或绳索上。这种服装装载法属于无包装运输,它不仅节约了包装材料和包装费用,而且减少了人工劳动,提高了服装的运输质量。

如图 6-3-1 所示为部分类型集装箱。

a)通用干货集装箱　　　　　　　　　b)冷藏集装箱

c)罐式集装箱　　　　　　　　　d)台架式集装箱

e)汽车集装箱　　　　　　　　　f)敞顶集装箱

图 6-3-1　部分集装箱类型

(三)集装箱运输

集装箱运输是指货物装在集装箱内进行运送的运输方式。它突破了过去交通运输中的一切陈旧的规章制度和管理体制,形成了一套独立的规章制度和管理体制,是最先进的现代化运输方式。它具有"安全、迅速、简便、价廉"的特点,有利于减少运输环节,可以通过综合利用铁路、公路、水路和航空等各种运输方式,进行多式联运,实现"门到门"运输。所以集装箱运输一出现,就深受各方面的欢迎,显示出其强大的生命力和广阔的发展前景。

三、多式联运

1. 多式联运的定义与特点

多式联运,又称为联合运输、复合运输、多式运输、混合运输等,《联合国国际货物多式联运公约》1980年将国际货物多式联运定义为多式联运经营人按照多式联运合同,以至少两种不同的运输方式将货物从一国境内接管货物的地点运至另一国境内指定交付地点。根据这个定义多式联运的构成至少需要符合以下4个基本特征:

(1)经营人和托运人之间有一份多式联运合同;

(2)有一份全程的多式联运单证;

(3)两种及以上不同运输方式进行连续运输;

(4)有一个经营人对全程运输承担责任。

通过协调组合运输方式,多式联运可以达到运输方案合理、运输过程连续和运输高效的目的,其优点主要体现在以下几个方面:

(1)充分合理利用运输方式,发挥运输效能。不同运输方式在经营人合理规划下,组合衔接可以达到货物运输连续和中转流畅的效果。多式联运中主要涉及的运输方式有铁路运输、公路运输、水路运输和航空运输,不同运输方式在运速运量运费、运输连续性、占地面积和受自然影响等方面各有优劣,如表6-3-1所示。

主要交通运输方式及其特点　　　　　　　　　　　　表6-3-1

运输方式	优　点	缺　点
铁路运输	运量大、速度快、受自然影响较小、连续性好	造价高、金属耗材多、占地面积大
公路运输	机动灵活、周转速度快、装卸方便、适应性强	运量小、耗能多、成本高、运费较贵
水路运输	运量大、投资少、成本低	速度慢、连续性差、受自然影响大
航空运输	速度快、运输效率高	运量小、耗能大、运费高、设备投资大、技术要求严格

(2)缩短运输时间,提高货物运输质量和运输效率。作为集装箱多式联运的基本条件,集装箱装载不仅可以减免货物中转时的掏箱作业,保持货物的完整性,降低货损率,而且可以简化运输搬运作业,提高货物运输的连贯性。

(3)提高运输效率。基于资源利用最大化的原则,实现有效规划运输方案和组织实际货物运输,能有效实现货物的快速运输和运输方式中转,提高运输方式的利用率和运输组织效率。

(4)降低运输成本。多式联运过程中托运人只需与经营人签订货运合同,简化了手续过程和文件签订的复杂性。经营人确定货物运输方案后经由各区段承运人联合完成运输,减免了货物运输的包装费和整理费用。此外,多式联运定义运输中涉及多种运输方式,相比单运输方式运输货物,运输成本也具有明显优势。

2. 多式联运组织形式

多式联运中涉及的运输方式以不同方式组合衔接,可以形成多样的组织形式,按照运输特征可以从以下几个方面进行分类。

(1)以多式联运中选用的运输方式进行分类,主要有公铁联运、海陆联运、陆桥联运和海空联运 4 种。其中,公铁联运以铁路进行长距离大容量货物运输,配合公路完成运输"最后一公里",实现货物的"门到门"运输,是国内跨区域多式联运的主要组织形式;海陆联运以海运为主,辅以铁路或公路作为陆地一侧运输工具将货物运达沿海港口,故海陆联运又包括海铁联运和海公联运两种;陆桥联运是以横贯大陆的铁路作为中间桥梁,连接大陆两端海洋形成连贯的海—陆—海运输方式,也是海陆联运的特殊形式;海空联运以海运负责主要运输,空运完成交货区段运输,因海运和空运的运输条件限制无法达到无缝衔接的效果,海空联运中常以陆运作为中间连接,故也将其称为海陆空联运。区别于其他组织形式,海空联运的货物在空运前要换入航空集装箱进行运输。

(2)从铁路参与多式联运运输的角度出发,根据铁路运输工具可以将多式联运划分为驮背运输、箱驮运输和公铁两用车 3 类。其中,驮背运输由牵引车将装有集装箱的底盘车或挂车,开上或吊装至驮背车,通过铁路完成长距离运输,到达地点后再由牵引车挂上集装箱底盘车或挂车送往目的地;箱驮运输是将集装箱固定在铁路平车上完成运输,包括双层堆垛式和双层集装箱运输;公铁两用车是可以在公路和轨道上运行的专用牵引车,将铁路和公路的运输优势结合,能够方便实现"门到门"运输,可以用于轨道牵引和调车作业。

(3)多式联运按照是否使用装载箱具,可分为集装箱多式联运和非集装箱多式联运。集装箱多式联运根据货物拼箱类型,又可以分为零担运输和整车运输。非集装化多式联运不使用集装箱装载货物,一般适用于散件快递、煤炭等大宗货物。

(4)根据业务经营范围,多式联运可以分为国内多式联运和国际多式联运两种。国际多式联运中著名的多式联运航线有太平洋航线、大西洋航线和印度洋航线 3 条。

第二节 集装箱多式联运业务

一、集装箱货物业务

由于集装箱是一种新的现代化运输方式,它与传统的货物运输有很多不同,做法也不一样,目前国际上对集装箱运输尚没有一个行之有效并被普遍接受的统一做法。但在处理集装箱具体业务中,各国大体上做法近似,现根据当前国际上对集装箱业务的通常做法,简介如下:

1.集装箱货物装箱方式

根据集装箱货物装箱数量和方式可分为整箱和拼箱两种。

(1)整箱(Full Container Load,FCL)是指货方自行将货物装满整箱以后,以箱为单位托运的集装箱。这种情况在货主有足够货源装载一个或数个整箱时通常采用,除有些大的货主自己置备有集装箱外,一般都是向承运人或集装箱租赁公司租用一定的集装箱。空箱运到工厂或仓库后,在海关人员的监管下,货主把货装入箱内、加锁、铝封后交承运人并取得站场收据,最后凭收据换取提单或运单。

(2)拼箱(Less Than Container Load,LCL)是指承运人(或代理人)接受货主托运的数量不足整箱的小票货运后,根据货类性质和目的地进行分类整理。把去同一目的地的货集中到一定数量拼装入箱。由于一个箱内有不同货主的货拼装在一起,所以叫作拼箱。这种情况在货主托运数量不足以装满整箱时采用。拼箱货的分类、整理、集中、装箱(拆箱)、交货等工作均在承运人码头集装箱货运站或内陆集装箱转运站进行。

2.集装箱货物交接方式

如上所述,集装箱货运分为整箱和拼箱两种,因此在交接方式上也有所不同,纵观当前国际上的做法,大致有以下4类:

(1)整箱交、整箱接(FCL/FCL)

货主在工厂或仓库把装满货后的整箱交给承运人,收货人在目的地以同样整箱接货,换言之,承运人以整箱为单位负责交接。货物装箱和拆箱均由货方负责。

(2)拼箱交、拆箱接(LCL/LCL)

货主将不足整箱的小票托运货物在集装箱货运站或内陆转运站交给承运人,由承运人负责拼箱和装箱(Stuffing, Vanning)运到目的地货站或内陆转运站,由承运人负责拆箱(Unstuffing, Devantting),拆箱后,收货人凭单接货。货物的装箱和拆箱均由承运人负责。

(3)整箱交、拆箱接(FCL/LCL)

货主在工厂或仓库把装满货后的整箱交给承运人,在目的地的集装箱货运站或内陆转运站由承运人负责拆箱后,各收货人凭单接货。

(4)拼箱交、整箱接(LCL/FCL)

货主将不足整箱的小票托运货物在集装箱货运站或内陆转运站交给承运人。由承运人分类调整,把同一收货人的货集中拼装成整箱,运到目的地后,承运人以整箱交,收货人以整箱接。

上述各种交接方式中,以整箱交、整箱接效果最好,也最能发挥集装箱的优越性。

3.集装箱货物交接地点

集装箱货物的交接,可归纳为以下4种方式:

(1)门到门:这种运输方式的特征是,在整个运输过程中,完全是集装箱运输,并无货物运输,故最适宜于整箱交、整箱接。

(2)门到场站:这种运输方式的特征是,由门到场站为集装箱运输,由场站到门是货物运输,故适宜于整箱交、拆箱接。

(3)场站到门:这种运输方式的特征是,由门至场站是货物运输,由场站至门是集装箱运输,故适宜于拼箱交、整箱接。

(4)场站到场站:这种运输方式的特征是,除中间一段为集装箱运输外、两端的内陆运输均为货物运输,故适宜于拼箱交、拆箱接。

二、多式联运流程

多式联运的运作主体,包括提出托运申请的托运人、组织运输计划的经营人和负责区段运输的承运人和接收货物的收货人,各运作主体的相互关系如图6-3-2所示。

从运作主体的关系中可以看出,集装箱多式联运

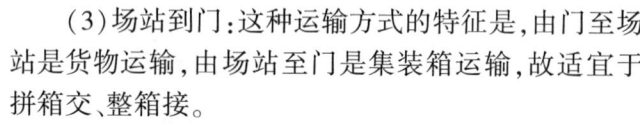

图6-3-2 多式联运的运作主体相互关系

运输是一个复杂的过程,具体业务流程如图 6-3-3 所示。

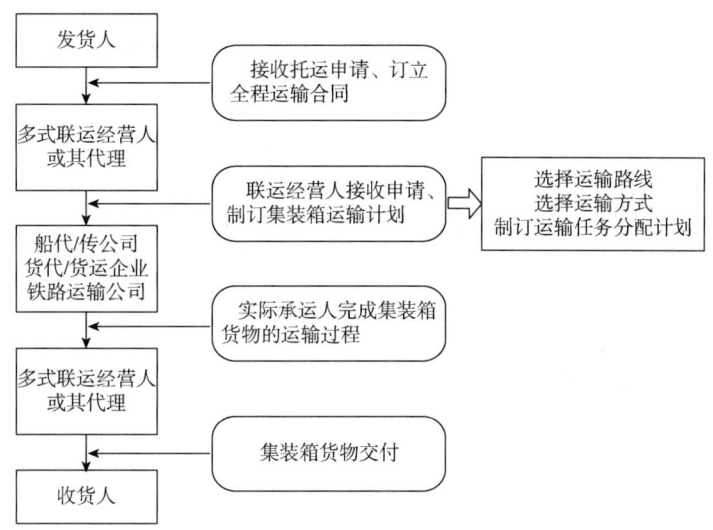

图 6-3-3　集装箱多式联运运输流程

由图 6-3-3 可知,集装箱多式联运流程应该具备以下基本条件。

(1) 订立多式联运合同。托运人提出运输申请和运输要求,经营人接收托运申请后协商有关事项,根据客户需求签订多式联运合同。该合同是区别多式联运和一般货物运输的主要依据,它阐明了经营人和托运人之间的权利和义务关系。

(2) 制订运输方案。签订运输合同后,根据客户需求制订具体运输计划和运输工作分配,包括运输路径、运输方式和区段任务责任人等。

(3) 办理货物保险。货物保险中包括运输险、责任险和集装箱险,使得托运人、经营人和集装箱所有人在货物运输中保护各自的利益。

(4) 签发多式联运提单。托运人向经营人交付货物和保险后,经营人签发多式联运提单,收取货物运输费用。

(5) 实际货物运输。经营人组织负责全程运输计划,其中区段任务可以委托承运人负责,经营人和承运人之间需要订立分运合同。

(6) 货物交付。货物运输到达目的地后,通知收货人凭运输单据到指定地点提货。

(7) 事故处理。托运人就运输事故向多式联运经营人提出索赔事宜,包括运输过程中发生的货物损坏、运输延误等。

第四章 邮政运输

第一节 邮政运输概述

一、我国邮政的起源

关于近代邮政起源存在3种观点:"到底中国邮政历史应该从何时起算,业界专家分为3派。"这3派的观点分别为天津起源说、上海起源说和北京起源说。业界专家之所以形成3个派别,主要基于3个事件:第一是1878年3月23日,天津开始试办邮政,国家首次收寄普通百姓的信件,这是中国邮政史上的里程碑;第二是1878年7月,发行了清代海关试办邮政时期的第一套邮票——大龙邮票,这套邮票由天津发行、上海印刷;第三是1896年3月20日(清光绪二十二年二月初七),光绪皇帝批准开办国家邮政,这一天即"奉旨成立"的日期。

1995年10月4日,邮电部邮政总局正式注册为法人资格,即"中国邮电邮政总局",简称"中国邮政"。2007年1月29日,中华人民共和国国家邮政局与中国邮政集团公司挂牌成立,中国邮政政企分开,统称"中国邮政"。2009年,根据国家"大部委改革"要求,国家邮政局转由交通运输部代管。2010年,中国邮政速递物流股份有限公司成立。经国务院批准,中国邮政集团公司于2019年12月正式改制为中国邮政集团有限公司。

中华人民共和国国家邮政局(简称国家邮政局)为中华人民共和国交通运输部管理的国家局。国家邮政局承担邮政监管责任,推动建立覆盖城乡的邮政普遍服务体系,推进建立和完善普遍服务和特殊服务保障机制,提出邮政行业服务价格政策和基本邮政业务价格建议,并监督执行,且代表国家参加国际邮政组织,处理政府间邮政事务,拟定邮政对外合作与交流政策并组织实施,处理邮政外事工作,按照规定管理涉及港澳台工作。

中国邮政集团有限公司是依照《中华人民共和国公司法》组建的国有独资公司,公司不设股东会,由财政部依据国家法律、行政法规等规定代表国务院履行出资人职责,公司设立党组、董事会、经理层。公司依法经营各项邮政业务,承担邮政普遍服务义务,受政府委托提供邮政特殊服务,对竞争性邮政业务实行商业化运营。

二、邮政运输的定义

邮政运输(Parcel Post Transport),是指通过邮政相关企业寄交货物的一种运输方式。邮政运输比较简便,只要卖方根据买卖合同中双方约定的条件和邮政的有关规定,向邮政相关企业办理寄送包裹手续,付清邮费,取得收据,完成交货任务。

三、邮政运输的分类

(1) 按传递时限分类

普通邮件:普通邮件即平邮,时间较慢,但是经济实惠,一般 7~30d 寄到。

快递包裹:主要服务对象为批量交寄、价值相对较高、对安全、信息反馈和综合性价比要求较高的大客户。

特快专递邮件:是由万国邮联管理下的国际邮件快递服务,是中国邮政提供的一种快递服务,主要是采取空运方式,加快递送速度,一般来说,根据地区远近,一般 1~8d 到达。

(2) 按内件性质分类

函件:信函、明信片、邮简、印刷品、盲人读物、邮送广告。

包件:普通包裹、直递包裹、快递包裹。

(3) 按处理手续分类

平常邮件和给据邮件。

(4) 按邮局承担的赔偿责任分

保价邮件和非保价邮件。

(5) 按函件寄递区域分

本埠函件和外埠函件。

第二节 我国邮政运输的发展现状

一、业务规模稳步增长

2019 年邮政行业业务总量完成 16229.6 亿元,同比增长 31.5%。全年邮政行业业务收入(不包括邮政储蓄银行直接营业收入)完成 9642.5 亿元,同比增长 22%。其中,邮政寄递服务业务量完成 247.2 亿件,同比增长 4.3%;邮政寄递服务业务收入完成 428.7 亿元,同比增长 16.4%。快递服务企业业务量完成 635.2 亿件,同比增长 25.3%;快递业务收入完成 7497.8 亿元,同比增长 24.2%。

二、网络建设逐步加强

目前,国家邮政服务网络以实物处理网为节点,以干线运输和支线运输为连接,以营业网和投递网为终端,以信息网为支撑组成。网络内部按功能划分为三个业务处理网:普通邮件网、快递(航空)邮件网、物流集散网。

截至 2019 年底,全行业拥有各类营业网点 31.9 万处,其中设在农村的 10.5 万处。快递服务营业网点 21 万处,其中设在农村的 6.5 万处。全国拥有邮政信筒信箱 11.9 万个,比上年末减少 0.3 万个。全国拥有邮政报刊亭总数 1.3 万处,比上年末减少 0.3 万处。全行业拥有国内快递专用货机 116 架,与上年同期持平。全行业拥有汽车 32.8 万辆,比上年末增长 1.8%,其中快递服务汽车 23.7 万辆,比上年末减少 0.9%。全国邮政邮路总条数 3.6 万条,比上年末增加 7619 条。邮路总长度(单程)1222.7 万 km,比上年末增加 237.6 万 km。全国邮政农村投递路线 10.2 万条,比上年末增加 7208 条;农村投递路线长度(单程)419.9 万 km,比上年末增加 16.8 万 km。全国邮政城市投递路线 10.3 万条,比上年末增加 3.3 万条;城市投递路线长度(单程)221 万 km,比上年末增加 49.8 万 km。全国快递服务网路条数 16.7 万条;快递服务网路长度(单程)2863.2 万 km。全行业平均每一营业网点服务面积为 30.1km²;平均每一营业网点服务人口为 0.4 万人。邮政城区每日平均投递 2 次,农村每周平均投递 5 次。全国年人均函件量为 1.6 件,每百人订有报刊量为 8 份,年人均快递使用量为 45.4 件。年人均用邮支出 688.7 元,年人均快递支出 535.5 元。

三、业务结构日趋优化

2019 年,邮政企业业务整体结构继续得到优化。重点发展的业务,如函件、速递、一体化物流和增值业务等都得到了较快的发展。速递业务继续保持 25.3% 以上的增幅,尤其是特快物品类业务快速增长,比重进一步提高。

四、多元竞争格局已经形成

从竞争的主体看,国有、私营、外资等经济成分都已涉足我国的快递服务市场,快递服务市场三足鼎立、多元竞争的格局已经形成,2019 年国有、民营和外资企业业务量占全部快递与包裹市场比重分别为 10.8%、88.8% 和 0.4%,国有、民营和外资企业业务收入占全部快递与包裹市场比重分别为 9.8%、85.3% 和 4.9%。从业务领域看,国有企业凭借其固有的网络、品牌等优势,把握着国内异地市场的主动权;民营快递企业凭借其灵活的机制、低廉的成本、方便的服务以及众多的从业主体,在国内同城快递市场的份额不断提升;外资企业依靠其遍布全球的运递网络、雄厚的资金与技术实力,优良的管理与服务,主导着高端国际快递市场。

五、促进就业作用明显

邮政速递企业从业人员数量持续增长,增长速度高于全国同期城镇就业人员增幅。快递服务的发展对于创造就业岗位,吸纳劳动力,促进就业发挥着积极的作用,且潜力很大。

近年来,我国邮政业正向信息流、资金流、实物流"三流合一"的现代邮政业迅速发展。2010—2019 年度中国邮政业务总量发展趋势如图 6-4-1 所示。

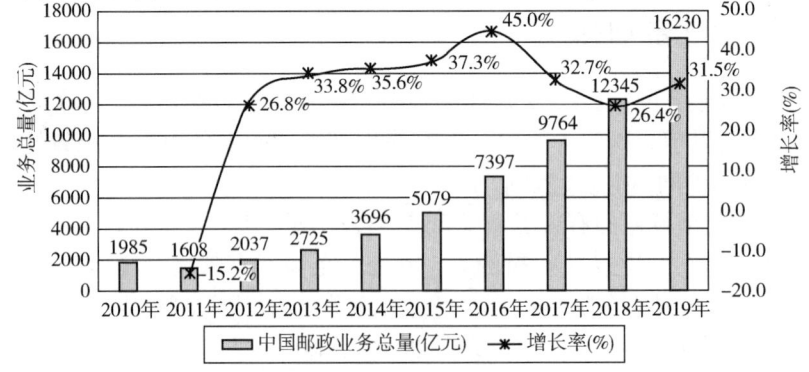

图 6-4-1　2010—2019 年度中国邮政业务总量发展趋势图

注:引自《中国统计年鉴 2020》

第三节 快递业务

一、快递的定义

快递(Express)为邮政运输的一种,是兼有邮递功能的门对门物流活动,即指快递公司通过铁路,公路和空运等交通工具,对客户货物进行快速投递。

《中华人民共和国邮政法》第九章对快递的定义是:"在承诺的时限内快速完成的寄递活动。"寄递的定义:"将信件、包裹、印刷品等物品按照封装上的名址递送给特定人或者单位的活动,包括收寄、分拣、运输、投递等环节。"

二、快递业务的基本特征

快递业务的基本特征如下:

1.递送物品的特定性

(1)封装的物品

快递业务是对封装物品的递送。封装的物品在快递业务中称之为"件",并以"件"为计量和计价以及物品流动的基础单位。一个或以上相同或不同物品封装后只作为一件快件。据了解,物流业务中一般不特别要求物品封装,可以以运输工具例如"车",或以物品重量❶或体积为计量和计价单位。快递业务对递送物品的封装要求明显区别于物流业务。

(2)署有名址的物品

快递业务是对有名址物品的递送。由于快递业务以"件"为物品流动的基础单位,因此封装后的物品即"件"署有名址是快递业务的基本要求。收件人名址明确了物品的目的地及接收者,寄件人名址明确了物品的收寄地及寄件人,这"件"物品的流向就得以确定。所以,名址信息是经营快递业务的基础。

(3)有重量、体积限制的物品

快递业务是对有重量、体积限制物品的递送。快递递送物品主要是信件、包裹、印刷品。信件和印刷品统称信函,以纸质物品为主。《中华人民共和国邮政法》第五十六条"不得将信件打包后作为包裹寄递",快递经营中很少有大重量、大体积的信函发生。包裹涉及面广,因此《中华人民共和国邮政法》对包裹重量、体积有明确规定:"其重量不超过五十千克,任何一边的尺寸不超过一百五十厘米,长、宽、高合计不超过三百厘米。"

2.寄递方式的独特性

快递业务的寄递活动是邮政业独有的一种服务方式,特指邮政从业者传送信件、包裹、印刷品等物品。这种服务方式的一个特点是便利性,它要求无论是寄或递都要贴近客户,为客户提供最方便的服务。快递业务对递送物品的特定要求,也使快递的寄递活动具备了高

---

❶ 重量:这里的重量,涉及快递行业,由于《中华人民共和国邮政法》有"重量"表述,所以沿用"重量",其实是指质量,单位为 kg。

度的渗透性。一件封装后署有名址且重量、体积在规定范围的物品,可以根据需要"流"向任何地方,实现快递"门到门,桌到桌,手到手"的服务。寄递活动的独特性是运输、托运、交运等方式不具备的。

3.寄递过程的时效性

《中华人民共和国邮政法》在解释快递定义时强调了"快速完成",足见时效性在快递业务中的作用。寄递过程的时效性体现了物品流动的速度,满足了客户对时间的需要。为此,《快递服务》(YZ/T 0128—2007)邮政行业标准专列了一项"彻底延误时限",达到"彻底延误时限"标准视递送物品为丢失,物品丢失即可依法获得赔偿。快递业务对时效性的高度追求既是这项业务的价值所在,也是这项业务的重要特征。

4.寄递组织的网络性

完成甲地收寄至乙地投递的一件快件一般需经历收寄(揽收)、处理(分拨)、运输、投递(派送)等环节。上述环节必须统一调度、上下衔接、协作配合,才能完成快件由收寄地到投递地的有序流动,最终到达收件人手中。快递业务各环节的有机组合、节点配置、合理分工、节律运作实际上是快递服务网络性的重要体现。快递服务组织的网络随着快件经营范围的扩大而同步扩大,不可或缺。快递业务的完成高度依赖于快递网络是这项业务的重要特征。

上述4条特征中,递送物品(即快件)的特定性和寄递方式的独特性是核心特征,寄递过程的时效性和寄递组织的网络性则为一般特征。核心特征是判断快递业务的主要依据,一般特征是判断快递业务的参考依据(或称补充依据)。

三、我国快递行业发展现状

改革开放以来,我国快递行业持续快速发展,快递业务量从20世纪80年代的153万件提升到2018年的507.1亿件,年均增速高达41.5%。根据国家邮政局公布的数据显示,2019年,全国快递服务企业业务量累计完成635.2亿件,同比增长25.3%;业务收入累计完成7497.8亿元,同比增长24.2%。其中,同城业务量累计完成110.4亿件,同比下降3.3%;异地业务量累计完成510.5亿件,同比增长33.7%。

1.行业良好态势延续,市场底盘稳固

2019年我国快递服务企业业务量依然延续逐年跨新百亿量级的增长态势。业务量超过美国、日本、欧盟等发达国家、经济体总和,占全球包裹量超过50%,连续6年稳居世界第一,2019年增量(128亿件)已接近2014年全年业务量。2014—2019年我国快递服务企业业务量及增长率如图6-4-2所示。

我国快递行业保持高位稳速运行,为快递业转型升级提供了坚实的市场底盘,稳步推动行业由高速增长向高质量发展转变。图6-4-3为2014—2019年我国快递服务企业业务收入及增速。

2.行业格局演变加速,马太效应凸显

目前快递行业竞争越发激烈,领先企业优势继续扩大,新主体新模式不断涌现。持续不断的价格战不断抬升行业的规模壁垒以及标准化服务的水平线,二线企业由于与头部企业的规模差距越拉越大,规模效应明显弱于头部企业,导致其成本线难以跟上行业价格线的降低速度,业绩出现亏损,同时其服务时效也无法与头部企业相抗衡,许多企业陆续退出行业竞争。2016—2019年快递与包裹服务品牌集中度指数(CR8)变化情况如图6-4-4所示。

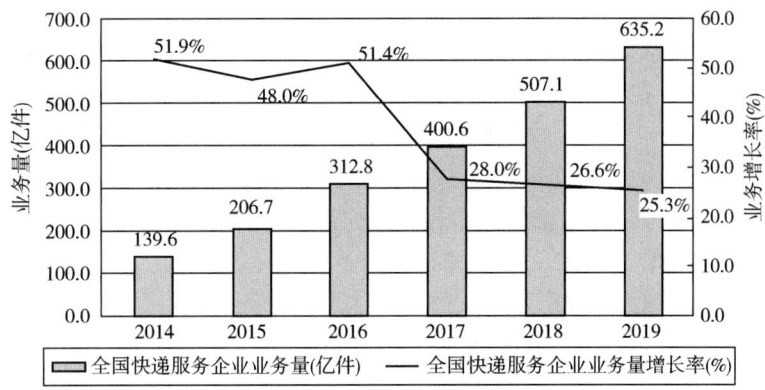

图6-4-2　2014—2019年我国快递服务企业业务量及增长率
注:引自《中国统计年鉴2020》

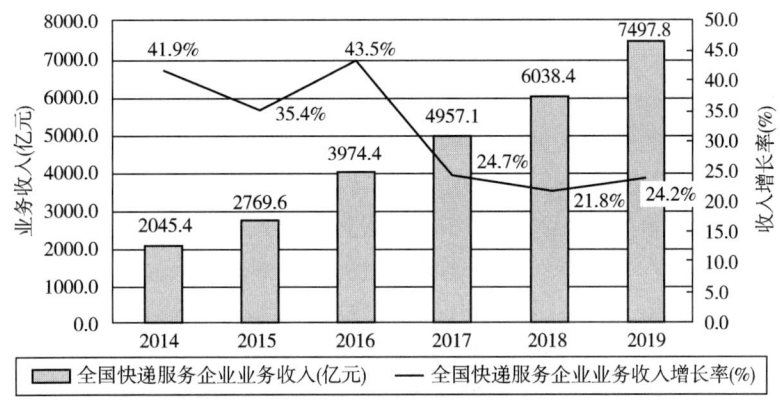

图6-4-3　2014—2019年我国快递服务企业业务收入及增速
注:引自《中国统计年鉴2020》

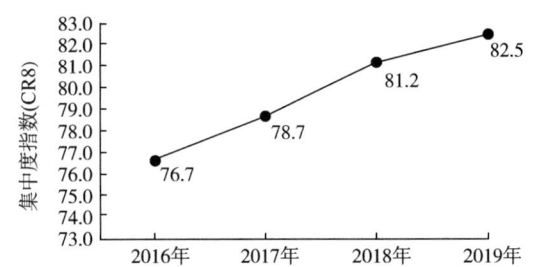

图6-4-4　2016—2019年快递与包裹服务品牌集中度指数(CR8)变化情况

3. 业务创新融合加速,增量市场广阔

规模流量成为竞争核心。电商流量不断分化,淘宝、拼多多、京东、唯品会、微商、直播带货等传统和新型电商均发展迅猛,快递服务随之呈现分层。

跨界成为常态,从快递向快运、大件重货、云仓、商业新零售、共享众包等多领域发展。

快递、即时递、重货、零担边界模糊,产业上下游跨界场景更多,快递物流成为商业竞争重要砝码。以拼多多为代表的电商下沉市场成为增量主导,以微信、短视频为媒介的流量市场成为电商新模式并快速发展。

快递赋能实体经济成效突出。全国打造快递服务现代农业"一地一品"年业务量超百万件项目163个,新增昆明鲜花、烟台苹果、南宁沃柑、成都柑橘和五常大米等20个年业务量超千万件"快递+"金牌项目,农村地区年收投快件超过150亿件,支撑工业品下乡和农产品进城超过8700亿元。新增快递服务先进制造业项目675个,年支撑制造业产值超1万亿元。

全年支撑网上零售额占社会消费品零售总额比重超五分之一。"懒人经济"带动本地生活业务迅猛发展,2019年,顺丰同城急送品牌独立运营,拥有骑士超过30万人,在全国200多个城市,完成了100多万单的同城配送业务,开拓急送跑腿业务"帮我买",上线全国16个城市。

供应链业务推进放缓。受宏观经济波动影响,制造业转型压力加大,供应链升级速度趋缓,加之快递市场竞争节奏加快,导致短线业务受青睐,相比B2C市场的火爆竞争,B2B等长线业务拓展缓慢❶。

冷链市场依然如火如荼。京东物流正式对外发布京东云冷链计划,依托京东集团资源,联合区域优质冷链企业形成"骨干网+合伙人"的创新模式,通过"京东云冷链"实现网络共建、货量共集、利益共享与风险共担,共同推进冷链网络的纵深布局与社会化运力资源聚集。

4.科技创新贯穿全流程,全场景应用加快

技术应用场景从发散转为聚焦。随着人力成本不断上升和对作业效率的需求不断加大,技术革新步伐愈发加快,从研发到应用时长不断缩短,研发应用领域从盲目到聚焦。

第五代移动通信技术(5G)、物联网(IoT)、增强现实(AR)、无人驾驶等技术应用,全场景应用加快,尤其是运输、分拣、仓储、系统平台、投递等领域,人工智能(AI)、大数据等技术加持的快递物流科技产品,在物流场景中纷纷落地实现应用。

目前,快递物流科技亮点频现,国内外多家企业发布新型技术或产品。此外,为推动技术革新助力激烈的市场竞争,即时即用的技术应用加快,效能提升加速。

5.资本聚焦关键领域,头部企业获益

资本投向从广泛布局向重点企业、关键领域聚集,头部企业更受资本青睐。全年快递物流核心产业链中共有99家企业完成融资。阿里巴巴投资46.6亿元入股申通快递,是快递主线企业中为数不多的资本案例。其余融资项目获益方均为快递物流的上游供给商和各类平台。

融资主体上看,更加聚焦头部企业,投资机构对优质的头部标的企业仍然愿意付出大额资金继续加持,融资成功企业均为发展较成熟的头部企业。图6-4-5为2015—2019年物流行业投融资金额图。

6.绿色快递实践加速,量化成效明显

我国快递行业绿色发展稳步推进,绿色快递实现从理念到实战的转换。可循环包装应用、绿色采购和包装回收等一系列绿色举措重磅落地。国家邮政局提出"9571工程",落地实施成效明显。快递绿色发展社会共治取得重大进展,各快递企业全面落实绿色发展要求,

---

❶ B2C是指直接面向消费者销售产品和服务商业零售模式。B2B是指企业与企业之间开展交易活动的商业模式。

上下游积极参与,产学研协同配合,媒体和公众高度关注,地方责任逐渐明晰,行业生态环保工作面临的良好氛围前所未有。

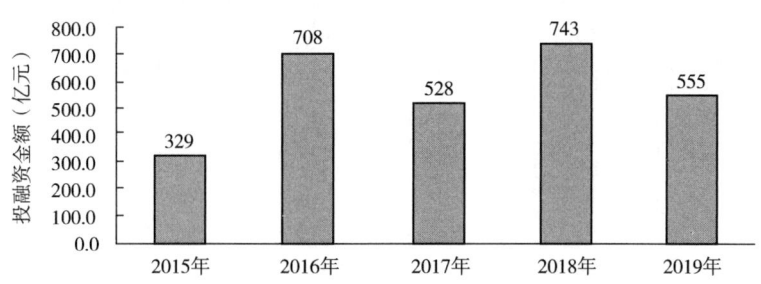

图 6-4-5　2015—2019 年物流行业投融资金额图

7. 新兴市场布局火热,出海步伐稳健

快递国际网络继续加深。"出海"是快递企业兵家必争之地,无论是快递企业、同城配送企业,还是物流设备、物流信息化企业等都在大力拓展海外市场。

东南亚地区布局加密。在我国快递企业全球布局目标之中,东南亚、印度、南美、非洲等是近期国际重点拓展市场,其中东南亚地区是快递出海最热门地区。顺丰、百世、圆通、中通、申通和韵达等快递企业均积极布局东南亚,开展快递业务。

8. 快递末端动力转换,模式重塑加快

末端功能不断加载。快递驿站方面,随着菜鸟驿站获新业态许可证,快递末端建设加速。快递超市的推广已成为中通的重要推进项目之一;圆通公司加大妈妈驿站铺设指标,网点铺设力度迅猛。当前快递驿站除了快件揽派业务外,还提供多种服务,业务范围包括餐饮、本地商圈产品配送等,将快递揽派引来的人流转换为商流,获取更高效益。

末端投入由人力向智能物力转变。技术创新成为快递企业末端创新突破的方向。中通快递通过 AI、物联网、移动互联网等技术,针对不同的快递末端场景,为用户研发出多套智能化、系统化、精细化的末端场景解决方案;菜鸟驿站的智慧物流解决方案以"智能设备+站+柜+人"模式提高末端服务效率及服务质量。

四、快递行业发展趋势

1. 电商增速趋缓但韧性仍在

过去几年,我国的快递市场跟随电商经历了爆发式的增长。2011—2019 年,我国网络零售额持续增长。2019 年,全国网上零售额达 10.63 万亿元,交易总额仍在逐步增长,增速虽已逐步趋缓,但依旧能保持在 25% 以上。

2. 网购行为向移动端渗透、小额多次化,有利于快递业务量的提升

近年来,计算机(PC)端逐渐向移动端过渡,从 2014—2020 年 3 月,我国手机网民数量从 5.27 亿人(图 6-4-6)上升到 8.97 亿人,手机网民占整体网民比例已经高达 99.3%。另外,手机网络购物用户规模也达到 7.07 亿,使用比例从 63.4% 增至 78.9%。移动端网购使消费者可以随时随地进行网上购物,与 PC 端相比,购物时间及空间限制进一步被打破,所以移动端消费者购物频率更高,购物模式偏向小额多次化,有利于快递业务量的提升。

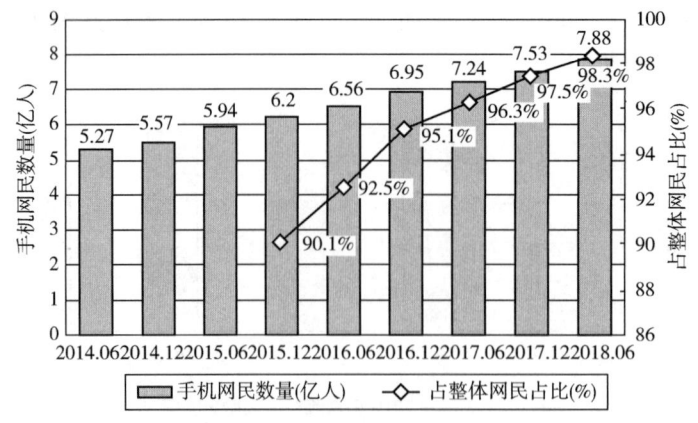

图 6-4-6　手机网络用户规模逐步上升

3.中西部发展存在巨大潜力

当前我国快递需求和快递企业主要集中于东部,而中西部地区由于经济发展水平较低,快递需求较为疲软,行业的区域发展不平衡。但目前来看,中西部地区快递需求潜力巨大。近年来,中部和西部地区的快递量明显加速提升,业务量和收入占比也有所增加。2018年东、中、西部地区快递业务量比重分别为79.9%、12.3%和7.8%,业务收入比重分别为80%、11.2%和8.8%;与2017年同期相比,东、中、西部地区的业务量增长率分别为24.1%、33.6%和34.6%(图6-4-7),而全国整体增长率为26%,东部地区低于整体增长率,而中、西部地区分别高于整体增长率7.6、8.6个百分点。目前,中西部地区的快递需求仍未被充分发掘,未来,随着线上消费不断向中西部地区渗透,该地区有望带来较大的业务增量,成为新的增长点。

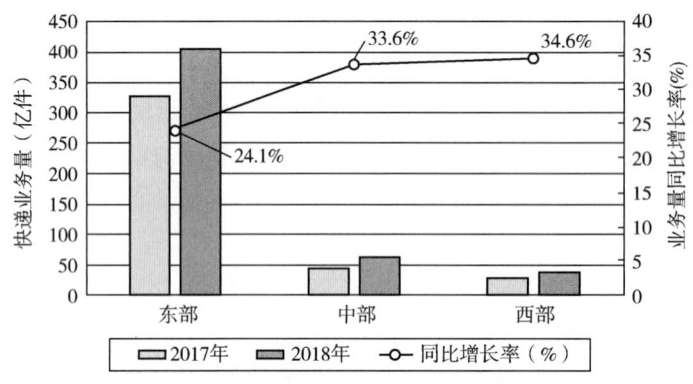

图 6-4-7　中西部业务量增速提升

4.农村发展存在巨大潜力

截至2019年6月,我国农村网民规模达到2.25亿人,体量规模巨大。另一方面,从互联网普及率来看,我国农村地区互联网普及率仅为36.5%,远低于城镇的72.7%,农村电商更是一片蓝海。而定位低端电商市场的拼多多销售额的爆发式增长,也是农村电商市场潜力的缩影。此外,2018年,农村电商超过980万家,全国农产品网络零售交易额达2305亿元,同比增加33.8%。

5.跨境物流的发展

近几年我国跨境电商持续快速发展,跨境网络零售迅速增长。2018年我国海关验放的跨境电商零售进出口额为1347亿元(图6-4-8),同比增长50%,其中出口561.2亿元,增长67%,进口785.8亿元,增长39.8%。近3年我国海关跨境电商零售进出口额年均增长率在50%以上。跨境电商的快速增长为带动跨境寄递服务的迅猛发展奠定了良好的基础,巨大的市场增量对跨境快递业务的带动作用值得期待。

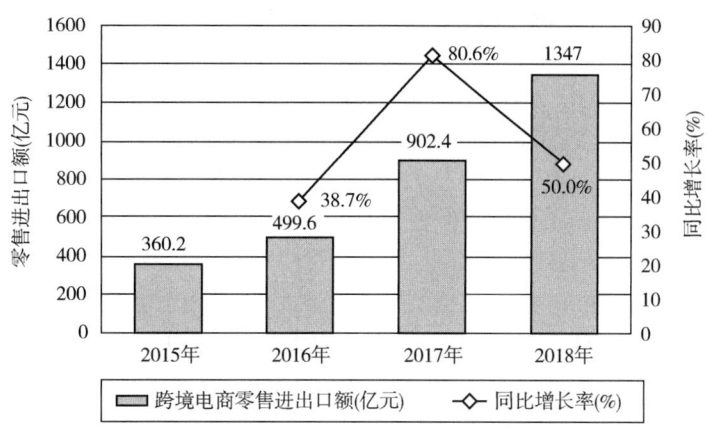

图6-4-8　2015—2018年海关跨境电商零售进出口额

6.人口红利下降,需求端和成本端承压

从需求端来说,人口红利的下降意味着业务增量减少,2013—2018年我国出生人口增长率呈现下降趋势,2018年出生人口更是同比下降11.61%,未来我国人口数量将会面临拐点,需求端承压。从成本端来说,高密度和低廉的人工成本也许以后将不复存在。

第四节　电子商务与快递

我国电子商务的发展始于20世纪90年代,近30年来经历了飞速的发展。2003年成为网购市场的转折年,网上购物开始繁荣活跃,网购规模达到18亿单。2019年全国电子商务交易额为34.81万亿元,比上年增长6.7%。其中商品、服务类电商交易额33.76万亿元,增长6.6%;合约类电商交易额1.05万亿元,增长10.1%。

在电子商务以惊人速度发展的同时,起到媒介作用的快递物流业也被提升到前所未有的高度。据统计,全国90%的网购用户选择了普通包裹和快递服务。到2020年10月,电子商务每天产生的快件量达2亿件。目前,电子商务与快递的依存关系如下:

(1)快递物流是电子商务生态系统的重要组成部分

1993年,美国学者James F.Moore在《哈佛商业管理评论》上首次提出了"商务生态系统"这一概念。所谓电子商务生态系统,就是将商务生态系统的理论和研究成果运用到电子商务领域中,形成一个以从事电子商务活动的企业或个人为核心,以物流、网络、广告、计算机为媒介,同时受制于技术、政策、社会环境等外部环境的新型商务生态系统。电子商务本质上是商务活动,其最终目的是买卖商品,而除了少数可以通过网络直接传输的特殊物品,商品转移到顾客手中必然是实体物流。

(2) 没有快递参与的电子商务不完整

电子商务汇集了信息流、商流和资金流,可以通过电子平台了解电子商情、洽谈电子贸易、签订电子合同。但这些只是贸易活动中的一部分,只有在要购买的东西已安全到达客户手中时,整个贸易活动才算告终。在电子商务物流中,B2C 和 C2C 占的主要部分,而这些基本依赖于快递,因而快递业又被称为电子商务的"最后一公里",若这一环节出了问题,那么整个电子商务就不能完成。

(3) 电子商务的发展为快递业的发展注入新的活力

快递业作为电子商务生态系统中必不可少的环节,它的增长离不开十多年来电子商务的飞速发展为之注入的新活力。据中国快递咨询网的统计,目前我国快递市场规模已突破 6000 亿件,每年可保持 30% 以上的增长率,即使在疫情的冲击下仍然增长 20% 以上,因而被视作全球快递业增长最快的黄金市场。

电子商务对于快递业的拉动主要来自其巨大的物流需求,由于电子商务的特殊性,其物流需求主要依靠快递来满足,这就给快递业的发展注入了活力。电子商务推动经济发展而间接产生的物流需求。经济发展本身可以直接产生物流需求,物流总量是与经济总量成正比的,发达国家的物流成本与 GDP 之比大概为 10% 左右,而作为发展中国家代表,我国物流成本与 GDP 之比为 18% 左右。电子商务活动直接产生的物流需求。电子商务活动中,除了极少数的数字化产品如书籍、音像等可以通过网络直接传输之外,绝大部分商品仍然有赖于物流配送。

(4) 电子商务促进快递业物流技术水平的提高

电子商务的发展将大大促进快递业物流技术的现代化进程,具体表现在以下两个方面:一是各种先进物流信息技术的广泛应用,如高度的物流信息化,表现为物流信息的商品化、物流信息收集的数据库化和代码化等。二是物流操作技术的全面进步。如高度的物流自动化,自动化的基础是信息化,自动化的核心是机电一体化,物流自动化的设施(如条码/语音/射频自动识别系统、自动分拣系统等)在电子商务中发挥着重要作用。

(5) 电子商务促进快递服务业的提高

快递业属于第三产业,人们比较重视行业服务态度问题。同时,快递是电子商务与客户直接接触的环节,调查显示,快递公司提供的服务将会影响客户对其销售商品的满意度,甚至会影响网购的信心。

电子商务环境下需要的是增值性的业务,比如上游的市场调查与预测、货物补仓及订单处理,下游的快递方案的规划与选择、货款结算与回收、快递信息系统的研发等。为了适应电子商务的环境,各快递公司纷纷建立快件的实时跟踪系统,增强物流信息的透明度,提高消费者的满意度,并积极探索代收货款等增值性业务,整个行业的服务水平在逐步提升中。

电子商务与快递服务是互为支撑、协同发展、共兴共荣的关系。电子商务依托快递实现了跨越式发展,在消费流通领域的作用日益突出,电子商务配送已成为拉动快递服务增长的重要力量。两者相互促进、共赢发展的前景十分广阔。

第五章　智能运输系统

第一节　智能运输系统概述

一、智能运输系统的产生背景

随着我国社会经济的高速发展,道路的基础建设已远远跟不上经济的发展需要。据报道,我国大部分城市的平均行车速度在20km/h以下,有的路段只有7~8km/h,造成的环境污染更加严重,如汽车尾气排放的CO_2已超过总量的50%。国外这种情况更加严重,其中美国每年因交通阻塞多耗费20亿h,因交通拥挤商业公司每年货物的运输损失约410亿美元。大城市交通堵塞、机动车尾气排放污染、交通安全形势严峻、运输效率低下等问题的解决刻不容缓。但是,单独从车辆方面或道路方面考虑,均难以有效解决交通拥阻问题。

如何合理利用有限的道路资源、提高道路的营运效率就显得至关重要。不论是交通工具的更新换代,还是运输方式的拓展变革,都与科学技术成果直接相连。科学技术的发展推动了交通运输的发展,智能运输系统(ITS)正是现代科学技术发展的必然产物。如何应用现代高新信息技术,将人、车辆和道路综合起来系统解决交通运输问题的探索,促使ITS的应运而生。目前世界各国都在致力于智能交通方面的研究,以此来解决道路拥挤和环境污染的问题。一些发达国家从20世纪60—70年代就开始从事这方面的研究,取得了显著的效果。

ITS的发展,最早可以追溯到20世纪七八十年代的一系列车辆导流系统新技术的开发和应用。1991年美国通过《地面交通效率法案》(Intermodal Surface Transportation Efficiency Act),俗称"冰茶法案"。从此美国的智能型汽车公路系统(Intelligence Vehicle Highway System,IVHS)研究开始进入宏观运作阶段,1994年美国正式将IVHS更名为ITS。之后,欧洲、日本等也相继加入这一行列。经过长达30年的发展,美国、欧洲、日本已经成为世界ITS研究的三大基地。我国自20世纪70年代末已经开始在交通运输和管理中应用电子信息技术,在此后20年内,逐步在ITS领域内进行了初步的理论研究、产品开发和示范应用,并取得了一定的成果。1999年,科技部正式批准了建立国家智能交通系统工程技术研究中心(ITSC),自此,我国ITS进入了一个新的发展阶段。进入21世纪,ITS逐渐在世界各国投入规模应用,也产生了良好的社会效益和经济效益,但是各国对ITS的开发并未停止,各国政府和企业紧紧抓住通信和信息技术的进步,根据ITS应用的实际效果,不断调整开发和应用的目标,调整系统结构,调整应用重点,并取得了长足进步。

二、智能运输系统的定义

智能运输系统是 20 世纪 80 年代中期迅速发展起来的一门新学科,它研究 21 世纪的新型交通运输管理模式,是当前交通运输大学科的一个前沿领域。智能运输系统将先进的科学技术(信息技术、计算机技术、数据通信技术、传感器技术、电子控制技术、自动控制理论、人工智能等)高效综合运用于交通运输、服务控制和车辆制造,加强人、车、路、环境四者的联系,从而形成一种安全、高效、环境友好、能源节约的综合运输系统,为交通运输相关者提供高安全、高效率和高品质的交通运输服务。

三、智能运输系统的特点

(1)先进性——ITS 既不是传统的交通运输工程也不是信息技术的简单叠加,而是运用高新信息技术改善道路交通运输的一项复杂的系统工程。

在智能运输系统的概念还没有形成之前,各国交通管理部门就在寻求各种信息技术来改造和装备交通系统,用先进的理论方法来改善交通运输系统的管理和运营。从总体上来讲,先进性不是单纯依靠建设更多的基础设施、消耗大量能源实现其功能,而是在现有基础之上,将先进的通信技术、信息技术、控制技术有机结合起来,用于整个交通运输系统,以实现其目的和功能。智能交通系统不仅包括先进的技术,还包括先进的理念和先进的管理。

(2)信息化——ITS 是建立在各种交通运输信息共享的基础上,通过对这些信息的采集、融合与提炼,实现对诸如交通流的控制与诱导等功能,使出行者由被动的遵守交通管制,变为主动选择出行方式。因此,先进的交通管理系统与先进的出行者信息系统是 ITS 的基础。

智能运输系统通过各种手段来获取交通运输系统的状态信息,并为系统的用户和管理者提供经过分析处理的、有针对性的有效信息和决策结果,而这一切的基础都源于交通信息的采集,智能化的实现离不开信息化。而且,当交通信息达到一定的程度,就会改变交通出行行为、交通管理方式等,进而引起传统交通理论的改变,因此信息化是智能交通运输系统的基础。

(3)智能化——形成定时、准确、高效的综合运输系统,实现自动化车辆与自动化公路是 ITS 的最终目的。

智能运输系统中的很多系统正是因为实现了智能化,才体现出与传统交通系统的差别。比如自动公路系统(Automated Highway System,AHS),可以实现车辆全自动驾驶,驾驶员一旦进入系统,只要输入目的地,就可以安全快捷地到达目的地,体现出了较高的智能性。自动化车辆的实现可以为我们节省大量的交通事故成本、交通拥堵成本以及运输过程中以人力提高生产力的成本,这都代表着智能交通运输系统的发展对社会有着积极作用。

(4)综合性——ITS 不仅是高新技术与传统交通工程结合的系统工程,非常重要的是,ITS 是 21 世纪主要的新兴产业之一。智能运输系统的实质就是利用高新技术对传统的交通运输系统进行改造,从而形成一种信息化、智能化、社会化的新型交通运输系统。智能交系统关键理论与技术包括：系统理论、控制理论、人工智能、信息技术、通信技术、计算机技术、电子技术、交通工程等。智能运输系统就是这些理论和技术的交叉融合，是这些理论和技术在交通运输系统中的集成应用。它使交通基础设施发挥出最大的效能，提高服务质量，使社会能够最有效使用有限的道路交通设施和资源，并推动与之相关的通信、计算机、网络等产业的发展，从而获得巨大的经济效益和社会效益。

四、智能运输系统的体系框架

智能运输系统作为复杂的大系统，是大量功能、技术和信息的集成。智能运输系统体系是指系统所包含的各子系统。各子系统之间的相互关系和集成方式、各子系统为实现用户服务、满足用户需求所应该具备的功能，是一个适宜国家发展计划和支持开发研究的通用框架，是一个从事智能运输系统研究开发工作的所有团体都应该支持的通用的体系框架。

科技部在"十五"期间设立"智能交通系统关键技术开发和示范工程"重大专项课题"智能交通系统体系框架及支持系统开发和技术跟踪"，对中国智能运输系统体系结构进行修订和深入研究。

智能运输系统体系结构决定了系统如何构成，确定了功能模块及模块之间的通信协议和接口。它的设计必须包含实现用户服务功能的全部子系统的设计，通过集成若干智能运输系统子系统的功能，可以实现一个或多个用户服务功能。体系结构是一个贯穿于智能运输系统结构研究制定过程的指导性框架，它提供了一个检查标准遗漏、重叠和不一致的依据。

1. 用户服务

用户服务包括用户服务领域、用户服务和用户子服务定义3个层次。2003年出版的《中国智能运输系统体系框架》中提出，中国智能运输系统体系结构中的用户服务部分包括8个服务领域、34项服务和138项子服务。北京交通大学贾利民教授提出了基于"高品质服务、高安全、高效率"目标的中国铁路智能系统需求框架，指导用户服务领域的构建及用户子服务领域的形成。

2. 逻辑体系结构

包括以下10个功能域：交通管理与规划（Traffic Management and Planning，TMP）、电子收费（Electronic Payment Service，EPS）、出行者信息（Traveler Information Systems，TIS）、车辆安全与辅助驾驶（Vehicle Safety and Driving Assistance，VSDA）、紧急事件和安全（Emergency and Security，EM）、运营管理（Transportation Operation Management，TOM）、综合运输（Inter Model Transportation，IMT）、自动公路（Automated Highway System，AHS）、交通地理信息及定位技术平台（Transportation Geographic Information and Positioning System，TGIPS）、评价（Evaluate，EVAL）。

中国智能运输系统逻辑体系结构如图6-5-1所示。

3. 物理体系结构

按目前交通系统的现状和职能进行划分，同时考虑将来可能的发展趋势，我国智能运输系统物理体系结构如图6-5-2所示。

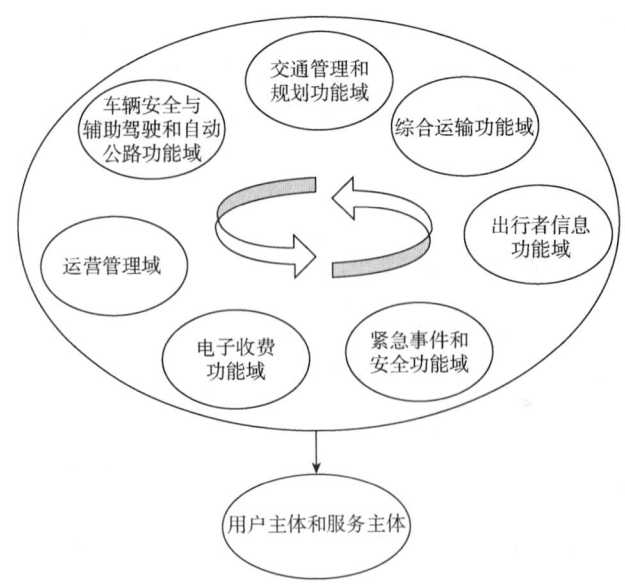

图 6-5-1 中国智能运输系统逻辑体系框架

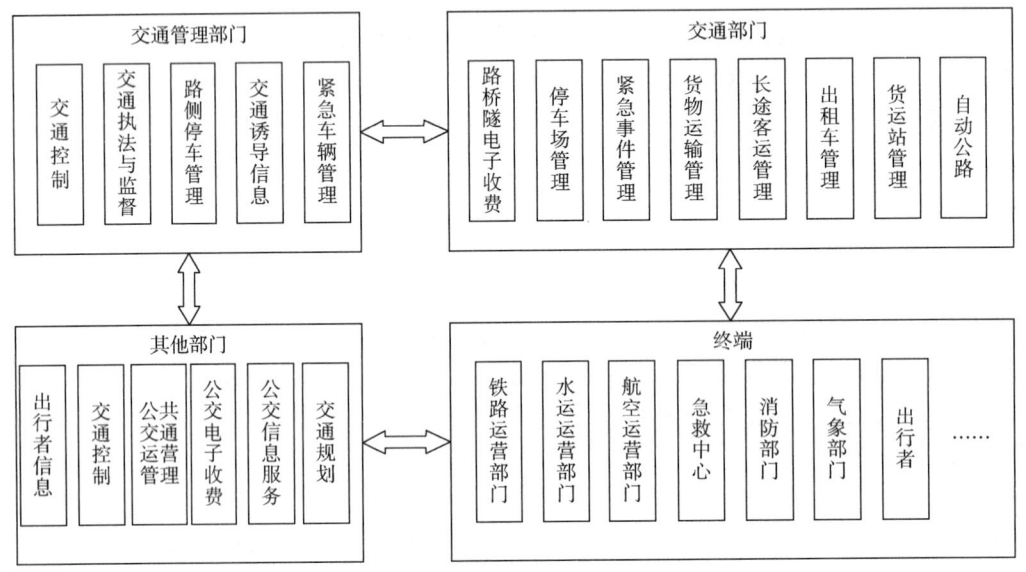

图 6-5-2 我国智能运输系统物理体系结构图

五、智能运输系统的应用关键技术

1.智能运输信息检测技术

交通信息采集与处理技术无论对城市的交通规划、路网建设、交通管理,还是对未来智能运输系统的实现,都非常重要,是城市交通发展规划和道路科学管理的最重要的基础和前提。

交通信息分为静态交通信息与动态交通信息两种。静态交通信息是指交通系统中一段时间内稳定不变的信息,主要包括道路网信息交通管理设施信息等交通基础设施信息,也包括机动车保有量、道路交通量等统计信息以及交通参与者出行规律在时间和空间上相对稳定的信息。动态交通信息是指实时道路交通流信息、交通控制状态信息以及实时交通环境信息等在时间和空间上相对变化的信息。这里主要探讨实时动态交通信息的采集与处理技术。

智能运输系统信息链如图 6-5-3 所示。

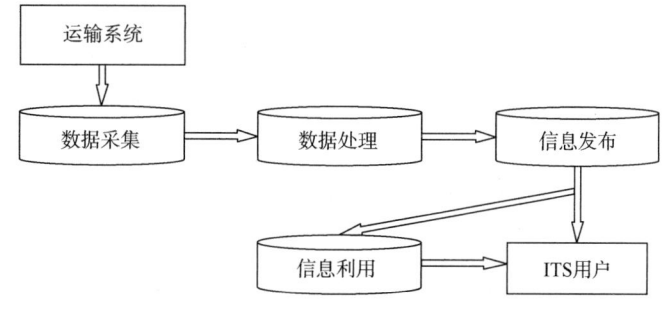

图 6-5-3　智能运输系统信息链

2. 智能运输信息传输技术

智能运输信息传输技术包括通信技术和计算机网络技术两大块。

(1)通信技术：主要包括光纤通信技术、卫星通信技术、移动通信技术和专用短程通信技术。

(2)计算机网络技术：计算机网络按大小区域划分，可分为局域网与广域网。计算机网络是将分布在不同地理位置的计算机设备连成一个网，进行高速数据通信，实现资源共享和分布处理。计算机网络是计算机技术与通信技术相结合的产物，它包括计算机硬软件、网络系统结构及通信技术等内容。

3. 数据库与数据存储技术

数据的结构越来越复杂，如何管理这些数据就成为一个极其重要的问题。数据管理是指对数据进行组织、存储、检索、更新和维护等工作，它是数据处理的核心。高效的组织方式、存储结构、检索手段和安全措施是数据管理研究的主要内容。由于数据库中存储的数据量大，又为多个用户共享使用，因此必须有一套专门的软件来建立、管理和维护数据库。数据库系统就是指引入了数据库管理系统、具有管理数据库能力的计算机系统。因此数据库系统实际上包括了计算机硬件、操作系统、数据库管理系统、数据库和在数据库理系统基础上开发的各种应用软件。

4. 智能运输信息处理技术

智能交通信息的巨量性、多源异构性、层次性及交通状态的复杂性，使得经验式的传统统计处理方法难以应对，因此需要智能化的方法进行自动处理和辅助决策。智能运输信息处理技术是通过借助近年来迅速发展的信息融合与数据挖掘技术等，采用新的思路和方法对智能运输信息进行处理的技术，其结果能够便于相关部门及时做出交通决策，从而使智能运输系统更加准确、高效运行。

智能运输信息处理流程如图 6-5-4 所示。

5. 地理信息系统应用技术

地理信息系统(GIS)是以地理空间数据库为基础，采用地理模型分析方法，适时提供多种空间的和动态的地理信息，为地理研究和地理决策服务的计算机技术系统。

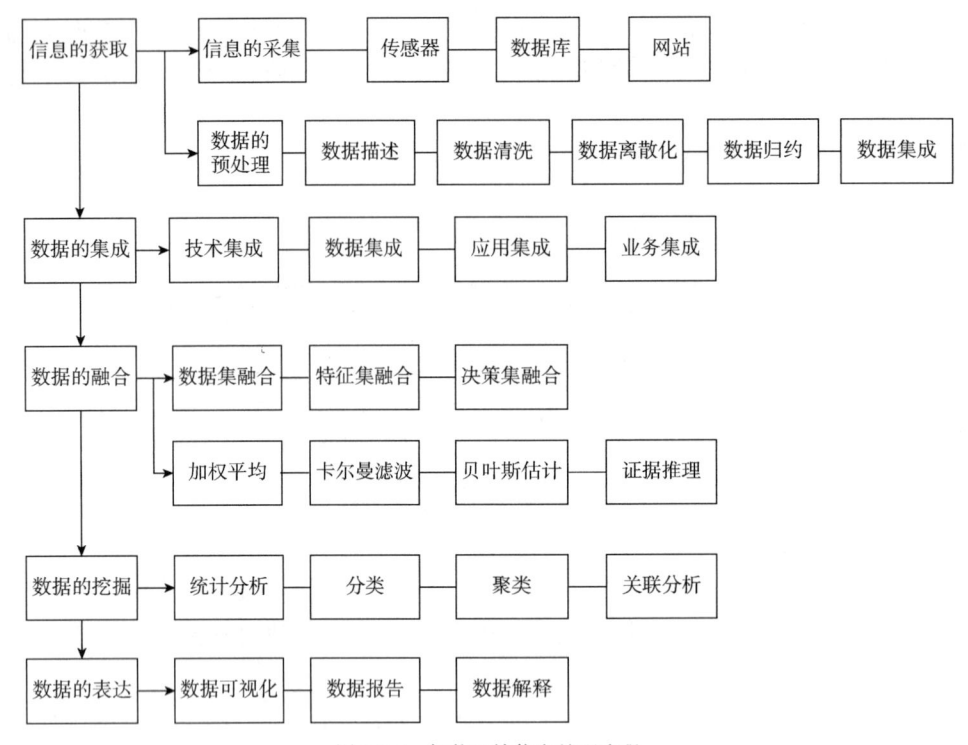

图 6-5-4 智能运输信息处理流程

一个缩小的、高度信息化的地图构建（GS），从视觉、计量和逻辑上能对地理信息进行模拟，信息的流动及信息流动的结果，完全由计算机程序运行和数据的变换来仿真，地理学家可以在 GIS 支持下提取 GIS 各不同侧面、不同层次的空间和时间特征，也可以快速模拟自然过程的演变或思维过程的结果，取得地理预测或试验的结果，选择优化方案，这种信息模拟几乎是没有什么代价的，可以避免错误决策带来的损失。当具有一定地理学知识的用户使用 GIS 时，其面对的就不再是毫无意义的数据，而是由空间数据组成的现实世界的一个抽象模型，它比地图所表达的自然世界模型更为丰富和灵活，用户可以按照应用的目的观察这个现实世界模型的各方面内容，也可以提取这个模型所表达现象的各种空间尺度指标。更为重要的是，它可以将自然发生或思维规划的过程加在这个数据模型之上，取得对自然过程的分析和预测的信息，用于管理和决策，这就是 GIS 的深刻内涵。

第二节　智能运输系统现状与发展

一、道路智能运输系统的现状与发展趋势

根据《国家公路网规划（2013 年—2030 年）》和各省（区、市）公路建设规划，我国在"十二五"和"十三五"期间需完成每年新增高速公路 5000km、新改建级公路 2 万 km 和建设农村公路 5 万 km，才能满足完成规划建设任务的需求。按以上规模测算，公路建设投资规

模每年约1万亿元以上。

近几年,我国智慧城市建设步伐不断提速,智慧城市试点工作正在全国上百个地方如火如荼地进行。根据国家发展和改革委员会、交通运输部等八部委起草并上报国务院的《关于促进智慧城市健康发展的指导意见》,智能交通被列为十大领域智慧工程建设之一。随着越来越多的城市开始建设智慧城市和智能交通,目前智能运输信息系统在我国主要城市都已完成数据采集设备的铺设工作,并得到了广泛应用。各地政府对智能运输系统的建设日益重视,部分城市的智能交通管理已达到较高水平,城市道路交通管控系统、非现场执法系统、交通信号灯系统、交通流采集系统、交通诱导系统、ETC、停车场资源引导系统均已经完成规模建设。道路信息发布、停车引导、路况信息推送等基于智能运输系统的服务已基本实现。总结我国道路智能运输系统的发展历程,可分为起步阶段、培育阶段、基础建设阶段、创新发展阶段和转型提升阶段这5个阶段。

(1)起步阶段(2000年之前):理念认知,基础研究

1996年,我国开始组团参加每年的世界ITS大会。1997年,中欧智能运输系统国际会议在我国首都北京召开。2000年,我国成立了首个全国ITS协调领导小组。同年,我国成立了智能交通系统工程技术研究中心、国家铁路智能运输系统工程中心、国家道路交通工程研究中心,开始形成我国ITS体系框架,并不断对我国ITS标准体系框架进行研究。

(2)培育阶段(2001—2005年):科技引导,应用示范

"十五"期间,国家科技攻关的重大专项包括:智能运输系统项目评价方法、基础交通信息采集与融合技术、智能运输系统数据管理技术、汽车安全辅助装置、专用短程通信设备、快速路系统通行能力、城市公共交通系统优化、自主知识产权的面向ITS领域的应用软件、车载信息装置、交通信息采集设备等。该阶段,我国主要在北京、上海、重庆、天津、广州、深圳、济南、青岛、杭州、中山等地进行ITS示范,开展智能化交通管理系统、停车诱导系统、智能化公交运营指挥调度系统及ITS共用信息平台。"十五"期间,中国在公路机电系统(收费、通信、监控)、交通一卡通、出租车监控—浮动车系统、电子地图与车辆导航及ETC等方面进行一定的研究,并在各方面取得相应的进展。同时,我国还开展卫星导航应用产业化专项、汽车电子产业化专项、下代联网示范工程等相关计划。

(3)基础建设阶段(2006—2010年):基础技术,集成应用

我国逐渐加快智能基础设施的建设,开展"863计划"综合交通运输系统与安全专题,设立了107个智能交通与安全方面的研究课题,同时涵盖了交通信息采集、处理与发布,智能化交通控制,智能公交,综合交通网络优化与配置等众多智能交通技术。该阶段的科技支撑项目包含国家综合智能交通技术集成应用示范、特大道路交通事故综合预防与处置集成技术开发与示范应用,以及大运量快速公交智能系统与公交优先关键技术研究与产业化等。同时,我国在该阶段还形成了国家智能交通综合技术集成应用示范,搭建了国家高速公路联网不停车收费和服务系统、北京奥运智能交通集成系统、上海世博智能交通技术综合集成系统、广州亚运智能交通综合信息平台系统、远洋船舶及战略物资运输在线监控系统。

(4)创新发展阶段(2011—2015年):关键技术,创新发展

该阶段,我国开展"973计划"项目,进行大城市综合交通系统基础科学问题研究;开展

"863 计划"项目,进行智能车路协同关键技术研究、大城市区域交通协同联动控制关键技术、综合交通枢纽智能管控关键技术、交通状态感知与交互处理关键技术、多模式地面公交网络高效协同控制技术以及环境友好型智能交通控制技术的研究。该阶段的支撑计划包括:城市道路交通智能联网联控技术集成及示范,大城市交通主动防控关键技术及示范,高速公路交通事故主动防控技术,道路交通安全技术集成应用,重点营运车辆安全监管服务技术,农村、山区公路安全性能提升技术,特种运输路径规划与实时监测关键技术及示范,特种运输物料状态检测与应急关键技术及示范。

(5)转型提升阶段(2016年以后):新技术,新理念,新模式

我国在关注大数据、人工智能、智能车路协同、智能网联汽车、自动驾驶、新一代智能运输系统等前沿热点的条件下,进行基础设施智能化建设、载运工具智能协同建设、交通运行监管与协调、大型交通枢纽协同运行、多方式综合运输一体化以及区域综合运输服务与安全风险防控等。

二、轨道智能交通运输系统的现状与发展趋势

国家高速列车科技发展"十二五"重点专项专家组组长及"十三五"国家重点研发计划先进轨道交通重点专项专家组组长、北京交通大学教授贾利民认为:新一代轨道交通智能运输系统(NG-RITS)是集成面向轨道交通需求或轨道交通需求导向的现代信息技术(如物联网、传感网、云计算、移动计算、大容量通信、现代大数据处理、系统与控制和智能自动化技术等),以实现轨道交通移动装备、固定设施和服务需求状态的全息化感知、诊断、辨识和决策为基础,通过动态高效配置与轨道交通全业务过程相关的所有时间、空间、设施、信息、人力等资源,以较低的成本达到更高的系统安全保障水平、更高的综合效能、更强的可持续性、更好的可互操作性。新一代轨道交通智能运输系统具备"系统集成化、业务一体化、运营管理与服务智能化、安全保障泛在化"内涵,和"可测、可视、可控、可响应"4个核心特征,设计满足最新要求和集成最新技术的,由感知层、传输层、融合层、业务层构成的 NG-RITS 总体架构。

与智能化的程度和水平相对应,轨道交通智能运输系统的发展也分为初级、较高级、高级3个阶段。初级阶段为铁路全面信息化阶段(或称为数字铁路阶段),较高级阶段为铁路协同集成化阶段(或称为智能铁路阶段),高级阶段为铁路高度自主化阶段(或称为高级轨道交通智能运输系统阶段)。初级阶段及较高级阶段的关键任务包括:制定轨道交通智能运输系统总体发展战略规划和体系框架,初步建立区域地理信息共享平台,建成高速宽带车—地双向数据传输系统,初步建成全路行车安全监控系统,初步建成基于互联网和手持移动设备的客货运输用户服务系统,初步建成基于无线和先进卫星定位技术的列车调度指挥系统、物流追踪系统,建成轨道交通智能运输系统应用示范等。高级阶段的关键任务包括:建成先进的全路地理信息共享数据平台,建立完善的各厂服务体系和电子商务系统,建成涵盖客运、货运、机车车辆等各类调度的综合调度系统,建成包括客货运、集装箱、特种货物运输的综合营运管理系统,建立与其他运输方式开放互操作接口等。当前我国铁路信息化和智能化建设取得了显著的成就,轨道交通智能运输系统的初级阶段、较高级阶段建设任务及高级阶段的部分任务基本完成,正在面临着向更高级阶段发展。

三、航空智能运输系统的现状与发展趋势

经过几十年的建设和发展,我国机场总量初具规模,机场密度逐渐加大,机场服务能力逐步提高,现代化程度不断增强,初步形成了以北京、上海、广州等枢纽机场为中心,以成都、昆明、重庆、西安、乌鲁木齐、深圳、杭州、武汉、沈阳、大连等省会(自治区首府)或重点城市机场为骨干及其他城市支线机场相配合的基本格局,我国民用运输机场体系初步建立。

"十二五"以来,我国通用航空作业总量、在册航空器、通航企业年均增长率分别为14.8%、17.2%、17.9%,2015年分别达到77.9万h、2235架和281家,通用航空从业人员达到12970人。截至2015年,我国共有210个运输机场,300余个通用机场,"十二五"时期通用机场数量年均增长4%左右,通用航空保障机场1.5h车程覆盖了全国94%的GDP、79%的人口、75%的国土面积,机场保障能力稳步提升。"十二五"时期,民航系统大力推进通用航空组织机构建设和政策规章建设,极大提升了通用航空管理能力,然而其发展依然存在一些问题。

"十二五"时期,我国通用航空运营总体处于盈亏平衡,在持续性的行业补贴条件下,仍然有60%左右的企业处于亏损,少量盈利性较好的企业主要来自进入门槛较高、具有垄断效应、较大市场占有率、较好盈利模式的小众行业。企业小而全,规模效应缺失,没有形成高效集约的发展模式,外来扰动影响明显,整体抗风险能力弱,自我发展能力较差,行业发展内生动力不强。"十三五"时期,是全面落实国家治理体系与能力现代化的推进期,是经济增长模式转换攻坚期。我国民航大众化、多样化发展趋势明显,快速增长仍是阶段性基本特征。通用航空作为我国新经济的重要战略构成,其产业链条长、服务领域广、带动效应强的优势将进一步显现。到2020年,通用航空安全保障能力、行业服务与质量明显提升,初步建成功能齐全、服务规范、类型广泛的通用航空服务体系,培育一批示范性骨干企业,实现发展规模、质量效益全面提升,较好适应国民经济社会发展需要。通用航空飞行总量达到200万h,机队规模达到5000架以上,公共服务业加快提升,新兴消费不断增强,发展结构不断优化。

四、水运智能运输系统的现状与发展趋势

"十二五"时期沿海港口基础设施建设完成总投资4870亿元,新增千吨级及以上生产性泊位812个,其中万吨级以上泊位549个,新增通过能力23.2亿t。截至2015年底,沿海港口共有千吨级及以上生产性泊位5114个,其中万吨级及以上生产性泊位2207个;码头通过能力79亿t,其中集装箱1.74亿TEU。根据对沿海港口吞吐量数据的修正和港口生产情况的跟踪评估,沿海港口通过能力适应度为1.05,总体适应发展需求;推进了电子口岸建设、港口集装箱多式联运信息服务系统建设;推广了船联网技术应用、船舶交通管理、港口电子数据交换等领域与世界接轨。大型港口企业基本建成智能化生产调度指挥系统,沿海大型集装箱港口信息化已经达到世界先进水平。

"十三五"时期是我国全面建成小康社会的决胜阶段,是实施"三大战略"的关键阶段,发展新理念、经济新常态、战略新导向和交通新态势等,将对"十三五"水运发展提出更高要求。

随着经济发展进入"新常态",水路运输需求将进入中速增长和结构优化的新阶段,要求水路运输行业逐步改变依靠规模扩张和资源消耗的传统路径,加大供给侧结构性改革,实现由规模速度型发展向质量效益型发展的转变,优化服务模式,提供更好的服务质量和品质,切实降低全社会物流成本,与社会、民众共享水路运输发展的效益。

要求切实发挥港口衔接多种运输方式的综合枢纽作用,特别是对接国际交通体系、物流体系核心枢纽作用,促进综合交通运输系统的进一步完善。内河水路运输仍是综合交通运输系统建设的薄弱环节,需要抓住国家加大内河水路运输发展的机遇,补齐短板,继续加强长江干线、西江干线及高等级航道建设。

全面深化改革要求水路运输行业加快完善现代市场体系,加强和优化政府公共服务,保障公平竞争,弥补市场失灵,推进政府治理体系和治理能力现代化;结合相关领域全面深化改革的进展,如大通关体制建设、国际贸易相关政策的创新、航运服务涉及的相关金融领域的开放创新等,全面推动水路运输行业的开放创新。以科技进步、基于移动互联的现代信息技术等支撑水路运输规划、建设、管理、运营全过程的创新发展。

参考文献

[1] 习近平:中国冰雪运动必须走科技创新之路[EB/OL].人民网,http://politics.people.com.cn/n1/2021/0120/c1001-32006221.html?form=rect.

[2] 万明.交通运输概论[M].北京:人民交通出版社股份有限公司,2015.

[3] 国家铁路局发布《2019年铁道统计公报》[EB/OL].中国政府网,http://www.gov.cn/xinwen/2020-04/30/content_5507768.htm.

[4] 国家铁路局.机车车辆车种、车型和车号编码规则 第2部分:客车:TB/T 3443.2—2016[S].北京:中国铁道出版社,2016.

[5] 国家铁路局.机车车辆车种、车型和车号编码规则 第3部分:货车:TB/T 3443.3—2016[S].北京:中国铁道出版社,2016.

[6] 铁道部.铁道车辆标志:GB/T 28791—2012[S].北京:中国铁道出版社,2013.

[7] 田四明,巩江峰.截至2019年底中国铁路隧道情况统计[J];隧道建设(中英文),2020,40(02).

[8] 五峰山长江大桥的"世界之最"[EB/OL].新华日报,http://xh.hby.net/pc/con/202012/12/content_863498.html.

[9] 沪苏通长江公铁大桥创多项世界之最[EB/OL].新华网,http://www.js.xinhuanet.com/2020-07/01/c_1126181865.htm.

[10] 交通运输部.2019年交通运输行业发展统计公报[EB/OL].http://xxgk.mot.gov.cn/2020/jigou/zhghs/202006/t20200630_3321335.html.

[11] 王炜,陈学武.交通规划[M].北京:人民交通出版社股份有限公司,2017.

[12] 裴玉龙.道路交通安全[M].北京:人民交通出版社,2007.

[13] 任明英,胡斌,孔卫国,等.道路运输文化[M].北京:人民交通出版社,2008.

[14] 交通运输部.2018年水路运输市场发展情况和2019年市场展望[EB/OL].http://xxgk.mot.gov.cn/jigou/syj/201903/t20190305_3172163.html.

[15] 2019年中国水路运输行业发展现状与前景分析[EB/OL].中国产业信息网,https://www.chyxx.com/industry/202005/863556.html.

[16] 2019年中国内河航运行业发展状况及发展前景展望[EB/OL].中国产业信息网,https://www.chyxx.com/industry/202006/872083.html.

[17] 杜亮.路途艰辛 继续前行——2019年全球船舶市场评述与2020年展望.中国船舶报,2019/12/02.

[18] 马银才.航空机载电子设备[M].北京:清华大学出版社,2012.

[19] 魏全斌.民航概论[M].北京:北京师范大学出版社,2014.

[20] 张会娟,武善杰.我国民用机场管理体制现状及相关建议[J].民航学报,2019,3(01).

[21] 民航局公布2019年民航行业发展统计公报[EB/OL].中国民用航空网,http://www.ccaonline.cn/zhengfu/zftop/590599.html.

[22] 彭星煜.油气管道运行与管理[M].北京:石油工业出版社,2019.

[23] 李秋扬,赵明华,任学军,等.中国油气管道建设现状及发展趋势[J].油气田地面工程,2019,38(S1):14-17.

[24] 2019年中国天然气管道市场发展现状及发展前景分析[EB/OL].中国产业信息网,https://www.chyxx.com/industry/201904/729069.html.

[25] 吴群琪,董彬,宋京妮.综合运输的本质及其特征研究[J].技术经济与管理研究,2016(11):105-109.

[26] 沈锐.见证国家沧桑巨变 助推民族伟大复兴——新中国铁路发展历程与展望[J].理论学习与探索,2019(06):20-23.

[27] 李红红.中国铁路服务"一带一路"发展战略研究[J].理论学习与探索,2019(05):60-62.

[28] 李轩.高铁文化自信彰显国人底气[EB/OL].2019-07-29.http://opinion.cctv.com/2019/07/29/ARTI1yuJwtEhUti1clcnC5dc190729.shtml.

后　记

《交通运输概论》自2015年3月出版以来，受到了在校师生及社会读者的广泛好评与欢迎，至今印数近4万册。

在与广大师生与读者互动的过程中，我们充分感受到，读者们不仅对本书围绕交通运输谋篇布局体现的"全面、简明、通俗、实用"的特色给予充分肯定，同时对编者基于混合教学模式、建构系列配套教学资源的做法深感认同。2016年至今，依托这本教材，我们组织骨干教师建设了"江西省精品在线开放课程"，目前已上线"中国大学MOOC（慕课）""爱课程""智慧树"等多个学习平台；获批了"江西省高校课程育人共享计划"；开发了"轨道交通综合实验""基于VR技术的多人协同城市轨道交通车站安全应急仿真实验""高速铁路S700K型转辙机控制与运维仿真实验""高速铁路道岔性能检测与运维仿真实验"等，课程依托江西省科普教育基地——"华东交通大学轨道交通科普教育基地"，通过理论与实践结合、线上与线下结合，突破了传统的学习时空与教学范式，极大地丰富了教材学习的支持条件，取得了令人满意的教学效果。2021年1月，《交通运输概论》被江西省列入"首届全国教材建设奖"，向教育部推荐。

然而，教材出版至今毕竟已逾5年，交通科技日趋进步，教学理念不断革新，加之读者在使用该教材时也反馈了诸多感受与体会，所有这些都在召唤并激励我们，有必要对这本教材进一步修订，以使其更为契合时代、契合定位、契合教学。综合本次教材再版的动因，可总结如下：

（1）读者建言。集中体现在两个方面：一是对于非交通运输专业背景的读者，书中部分知识专业性较强，希望从可读性与适用性考虑，进一步凝练语句，取舍内容，以更加有利于激发学习热情，提升学习效果；二是在当前课程思政大背景下，书中交通运输人文知识偏少，希望从思想性与鲜活性考虑，进一步彰显人文精神，强化立德树人，以更加有利于增进交通情怀，提升文化自信。

（2）交通发展。党的十九大以来，我国交通运输事业迈入了一个新的历史发展时期。交通运输部新闻发言人吴春耕在人民网主办的"2020人民财经高峰论坛"上表示，我国已经建成交通大国，走出了一条中国特色交通发展之路，交通进入了高质量发展的新时代，交通必须当好现代产业体系协调发展的坚实支撑，当好内外经济循环相互促进的重要纽带，当好产业链供应链安全稳定的保障基石,当好改善人民生活品质、促进共同富裕的开路先锋。中共中央、国务院2019年9月印发的《交通强国建设纲要》明确,到2035年,我国要基本建成交通强国,形成"三张交通网""两个交通圈"。作为身处高校的交通人,肩负着为国家培育交通英才的历史使命,我们在感慨交通运输事业蓬勃发展的同时,必须紧跟国家为交通发展指引的方向,将新时期交通运输行业最新规划、最新政策、最新态势融入教材中。

有鉴于此,我们在2019年6月就提出再版计划,通过磋商与交流,主编万明教授最终从三个方面为教材再版定好基调:一是基于教材的延续性,坚持"两不变",即谋篇布局风格基本不变,学校原编写人员基本不变;二是基于教材的教育性,注重"两个结合",即内容取舍要注重科学性与可读性相结合,思想教育注重历史观与价值观相结合;三是基于教材的时代性,注重将近年来我国交通发展的最新成就,有机融入教材中。根据这一思路,我们于2019年下学期针对本校师生、读者及相关交通从业人员组织开展了多次调研与座谈。在此基础上,自2020年4月至今,历时近一年,终于完成了本次修订工作。

在教材组稿的过程中,人民交通出版社股份有限公司的编辑们以高度的责任心,严格履行"三审三校"制度,特别是进入终审环节时,人民交通出版传媒管理有限公司党委委员、董事,交通运输部新型智库专家谭鸿围绕教材的政治性、时代性、权威性、规范性、目标性及时效性提出了许多十分中肯的建议,展现了其严谨认真的工作作风和扎实深厚的专业功底。在此,我们对谭鸿同志及编辑们的敬业精神致以深深的敬意!

行文及此,我们向读者简要介绍一下参与本次教材再版的编写人员。他们均为华东交通大学从事交通运输方向教学与科学研究工作的教师,多数老师直接承担了《交通运输概论》课程的教学任务。为了高质量完成本书的编写,他们付出了辛勤劳动。主编万明教授曾任华东交通大学党委书记,兼任江西省软科学研究会理事长、江西省重点新型智库"高铁与区域发展研究中心(交通强省研究院)"主任等,曾在交通行业工作、政府部门任职,长期致力于交通运输、区域经济等研究,《交通运输概论》也是他提议编写的;编者徐玉萍教授现任华东交通大学科学技术发展研究院院长(科研处处长),为华东交通大学轨道交通科普教育基地负责人、南昌市人文社科研究基地"轨道交通与城市协调发展研究中心"主任,为本书的编写做了大量的工作;编者徐国权副教授兼任本次教材再版工作的统稿人,现任华东交通大学交通运输与物流学院副院长。还有工作人员和研究生,为本书的编写和出版,默默奉献,在此一并致谢。

后 记

我们热切期待,在我国迈向交通强国的征程中,这本新版教材定能帮助读者,更好地树立交通意识、培育交通思维、创新交通科技,籍此为提升我国交通运输软实力贡献一份力量。同时,我们也真诚希望,读者们能一如既往地支持我们,提出批评建议,以便不断完善。

编　者

2021 年 4 月于南昌